# 高职高专土建教材编审委员会

**主任委员** 陈安生　毛桂平

**副主任委员** 汪　绯　蒋红焰　赵建军　李　达　金　文

**委　　员**（按姓名汉语拼音排序）

| | | | | |
|---|---|---|---|---|
| 蔡红新 | 常保光 | 陈安生 | 陈东佐 | 陈锦平 |
| 窦嘉纲 | 冯　斌 | 冯秀军 | 龚小兰 | 顾期斌 |
| 何慧荣 | 洪军明 | 胡建琴 | 胡世云 | 黄利涛 |
| 黄敏敏 | 蒋红焰 | 金　文 | 李春燕 | 李　达 |
| 李椋京 | 李　伟 | 李小敏 | 李自林 | 刘昌云 |
| 刘冬梅 | 刘国华 | 刘玉清 | 刘志红 | 毛桂平 |
| 孟胜国 | 潘炳玉 | 邵英秀 | 石云志 | 史　华 |
| 宋小壮 | 汤玉文 | 唐　新 | 汪　绯 | 汪　葵 |
| 汪　洋 | 王　波 | 王　刚 | 王庆春 | 王锁荣 |
| 吴继峰 | 夏占国 | 肖凯成 | 谢咸颂 | 谢延友 |
| 徐广舒 | 徐秀香 | 杨国立 | 杨建华 | 余　斌 |
| 曾学礼 | 张苏俊 | 张宪江 | 张小平 | 张轶群 |
| 张宜松 | 赵建军 | 赵　磊 | 赵中极 | 郑惠虹 |
| 郑建华 | 钟汉华 | | | |

高职高专规划教材

张宜松　主编

# 建筑工程经济与管理
## 第二版

JIANZHU GONGCHENG
JINGJI YU GUANLI

化学工业出版社
·北京·

本书以工程造价专业人才培养模式转变及教学方法改革为背景，紧紧围绕高等职业教育的特点，力求体现我国目前在工程经济分析、项目经济评价和企业管理中的实际做法。主要内容包括：绪论，资金的时间价值及表示，工程技术经济分析的基本要素、基本方法，不确定性分析，经营预测与决策，建筑工程招标与投标，工程合同，建筑企业质量管理，建筑工程项目管理。

本书为高职高专工程造价、工程管理、建筑工程技术等专业的教材，还可作为成人教育土建类及其他相关专业的教材，也可供从事建筑工程等技术工作的人员参考。

### 图书在版编目（CIP）数据

建筑工程经济与管理/张宜松主编.—2版.—北京：化学工业出版社，2015.7（2021.3重印）
高职高专规划教材
ISBN 978-7-122-23777-4

Ⅰ.①建⋯ Ⅱ.①张⋯ Ⅲ.①建筑经济学-高等职业教育-教材②建筑企业-工业企业管理-高等职业教育-教材
Ⅳ.①F407.9

中国版本图书馆 CIP 数据核字（2015）第 084538 号

责任编辑：王文峡　　　　　　　　　装帧设计：张　辉
责任校对：王　静

出版发行：化学工业出版社（北京市东城区青年湖南街 13 号　邮政编码 100011）
印　　装：北京七彩京通数码快印有限公司
787mm×1092mm　1/16　印张 18¼　字数 449 千字　2021 年 3 月北京第 2 版第 4 次印刷

购书咨询：010-64518888　　　　　　售后服务：010-64518899
网　　址：http://www.cip.com.cn
凡购买本书，如有缺损质量问题，本社销售中心负责调换。

定　价：49.00 元　　　　　　　　　　　　　　　　　　　　　版权所有　违者必究

# [ 前言 ]
## PREFACE

本教材第一版自 2009 年 8 月面世之后，受到众多读者和职业院校的关爱。但随着建筑业的快速发展以及工程项目管理中新技术、新方法、新材料的广泛应用。书中部分内容已不能适应我国建筑业与房地产业转型发展的需要，因此决定将该书修订再版。结合这几年使用该书教学的情况总结，做了如下修订：

1. 对部分陈旧的内容做了修订。
2. 按照住房城乡建设部　财政部关于印发《建筑安装工程费用项目组成》的通知建标〔2013〕44 号对第三章中建筑安装工程费内容进行了修改。
3. 对部分章的思考与练习做了修改。

经修订后的第二版更能体现职业教育学生对于技术经济与管理基本知识、基本方法、基本应用的呈现。

本书充分体现高职高专教育"以能力为本位，以应用为目的"的原则，注重实用性、实践性和可操作性。在体系结构上，以方法—应用、操作—应用为主线组织编写。在内容的组织上，既考虑学科知识的连贯性，又考虑专业内部课程之间的前后搭接，避免不同课程内容的交叉、重复。在内容的选取上，贯穿了"基本知识＋基本方法＋基本应用"这一主线。

本书全书共 10 章，主要介绍了绪论，资金的时间价值及表示，工程技术经济分析的基本要素，工程技术经济分析的基本方法，不确定性分析，经营预测与决策，建筑工程招标与投标，工程合同，建筑企业质量管理，建筑工程项目管理。为了便于教学和学生学习，在每章前附有知识目标和能力目标，每章后附有本章小结和思考与练习。本教材具有较强的针对性、实用性和实践性，附有大量的案例和电子教案，注重学生动手能力和实践能力的培养和提高。

本教材由张宜松担任主编，赵克超、刘艳萍、李谦、赵大川参与了编写工作。具体分工如下：第一章绪论，第二章资金的时间价值及表示，第四章工程技术经济分析的基本方法，第五章不确定性分析，第六章经营预测与决策，第七章建筑工程招标与投标由重庆工商职业学院张宜松负责编写；第八章工程合同，第十章建筑工程项目管理由河南工程学院赵克超负责编写；第三章工程技术经济分析的基本要素，第九章建筑企业质量管理由河北工程技术高等专科学校刘艳萍负责编写；教材中的部分案例由中建四局三公司总经理李谦和重庆渝海监理有限公司总监赵大川负责编写。全书由张宜松、李谦同志进行统稿。

本书在编写过程中参考了书后所列参考文献中的部分内容，在此向其作者致以诚挚的感谢。同时，对本书付出辛勤劳动的编辑表示衷心谢意！

由于时间和编写者水平及经验有限，书中不妥之处在所难免，恳请广大读者批评指正。

编　者
2015 年 4 月

# [第一版前言] PREFACE

　　高等职业教育的目标是培养德、智、体、美全面发展，具有某一专业领域必备的基础理论知识和专门知识，具备从事某一职业岗位或岗位群实际工作的基本能力和基本技能，具有创新和实践精神、良好的职业道德和健全体魄，适应生产、建设、管理、服务第一线需要的应用型专门人才。

　　建筑工程经济与管理是工程建设中十分重要的环节，也是建设单位和施工企业主要的生产经营活动之一。它包括工程经济学和建筑企业管理两个部分。工程经济学是以工程项目为对象，从技术经济方面，对项目的技术方案、技术措施以及企业（项目）的经济效果进行分析和评价。力求达到技术先进性与经济合理性的有机统一。建筑企业管理是以建筑企业为对象，从管理的角度，对企业的生产经营活动进行全过程的科学管理，力求达到人、财、物的合理消耗，努力实现低成本、高质量的工程。因此，建筑工程经济与管理课程以介绍基本概念和基本方法为主，以应用所学知识为主线，使学生能对建筑生产活动中提出的各种技术方案、计划安排、管理措施进行全面的技术经济评价，为科学地作出决策提供必要的分析，使生产技术通过有效的管理更好地提高建筑产品生产的经济效益。

　　本书是高职高专工程造价专业系列教材之一。以工程造价专业人才培养模式转变及教学方法改革为背景，按照教育部［2006］16号文件精神，紧紧围绕高等职业教育的特点，即"高等性、职业性、应用性、基层性、企业性和实践性"，力求体现我国目前在工程经济分析、项目经济评价和企业管理中的实际做法。其核心内容是以2006年7月新修订的《建设项目经济评价方法与参数》（第3版）为主要依据编写的，反映了我国投资体制改革的新要求。

　　本书充分体现了高职高专教育"以能力为本位，以应用为目的"的原则，注重实用性、实践性和可操作性。在体系结构上，以方法-应用、操作-应用为主线组织编写。在内容的组织上，既考虑学科知识的连贯性，又考虑专业内部课程之间的前后搭接，避免不同课程内容的交叉、重复。在内容的选取上，贯穿了"基本知识＋基本方法＋基本应用"这一路线。

　　全书共10章，主要介绍了绪论、资金的时间价值及表示、工程技术经济分析的基本要素、工程技术经济分析的基本方法、不确定性分析、经营预测与决策、建筑工程招标与投标、工程合同、建筑企业质量管理、建筑工程项目管理。为了便于教学和学生学习，在每章前附有知识目标和能力目标，每章后附有本章小结和思考与练习。本教材具有较强的针对性、实用性和实践性，附有大量的案例和电子教案，注重学生动手能力和实践能力的培养和提高，可作为高等职业院校、高等专科学校工程造价以及土建类专业的教学用书，也可作为从事建设工程工作的相关人员参加建造师、造价师、监理工程师等执业资格考试的参考用书。

　　本教材由张宜松担任主编，赵克超、刘艳萍、李永毅、赵大川参与了编写工作。具体分工如下：第一章、第二章、第四章、第五章、第六章、第七章由重庆工商职业学院张宜松编写；第三章、第九章由河北工程技术高等专科学校刘艳萍编写；第八章、第十章由河南工程学院赵克超编写；教材中的部分案例由重庆建工集团第九建筑工程有限公司教授级高级工程师李永毅和重庆渝海监理有限公司总监赵大川编写。全书由张宜松、李永毅同志进行统稿。

本书在编写过程中参考了书后所列参考文献中的部分内容，在此向其作者致以诚挚的感谢。同时，对为本书的出版付出辛勤劳动的工作人员表示衷心的感谢！

由于时间和编者水平及经验有限，书中欠妥之处在所难免，恳请广大读者批评指正。

编　者

2009 年 5 月

# 目录 CONTENTS

第一章　绪论 ……………………………………… 1
　第一节　本课程的性质、研究对象及
　　　　　主要内容 …………………… 1
　　一、本课程的性质 ……………………… 1
　　二、本课程的研究对象 ………………… 1
　　三、本课程的主要内容 ………………… 2
　第二节　建筑业与基本建设 ……………… 2
　　一、建筑业在我国国民经济中的地位
　　　　和作用 ………………………………… 2
　　二、基本建设的概念及分类 …………… 5
　　三、基本建设的内容和程序 …………… 7
　第三节　建筑产品及其生产的技术经济
　　　　　特点 ………………………………… 12
　　一、建筑产品的特点 …………………… 12
　　二、建筑产品生产的技术经济特点 …… 12
　　三、建筑产品生产经营管理的特点 …… 13
　第四节　建筑企业的类型和组织形式 …… 14
　　一、建筑企业的类型 …………………… 14
　　二、建筑企业组织结构形式 …………… 15
　第五节　建筑市场 ………………………… 18
　　一、建筑市场的概念、特点和内容 …… 18
　　二、建筑市场管理 ……………………… 19
　本章小结 …………………………………… 20
　思考与练习 ………………………………… 21

第二章　资金的时间价值及表示 ………… 24
　第一节　工程技术经济分析的基本原则
　　　　　及其基本原理 …………………… 24
　　一、工程技术经济分析必须遵循的
　　　　基本原则 ……………………………… 24
　　二、工程技术经济分析的基本原理 …… 27
　第二节　资金的时间价值及表示 ………… 30
　　一、资金时间价值的概念 ……………… 30
　　二、资金时间价值的度量 ……………… 30
　　三、单利计息与复利计息 ……………… 30
　第三节　现金流量 ………………………… 31
　　一、现金流量的概念 …………………… 31
　　二、现金流量表 ………………………… 32
　　三、现金流量图 ………………………… 32
　第四节　复利计算的基本公式 …………… 33
　　一、一次支付系列公式 ………………… 33
　　二、等额支付系列公式 ………………… 34
　　三、均匀梯度支付系列公式 …………… 36
　第五节　名义利率与实际利率 …………… 39
　　一、基本概念 …………………………… 39
　　二、年实际利率的计算公式 …………… 39
　　三、瞬时复利的年实际利率 …………… 40
　第六节　等值的计算 ……………………… 40
　　一、等值的概念 ………………………… 40
　　二、现值、终值和时值 ………………… 41
　　三、等值的计算 ………………………… 42
　本章小结 …………………………………… 46
　思考与练习 ………………………………… 46

第三章　工程技术经济分析的基本
　　　　要素 ……………………………… 50
　第一节　工程项目投资构成 ……………… 50
　　一、工程项目投资的概念 ……………… 50
　　二、设备、工器具购置费用 …………… 50
　　三、建筑安装工程费 …………………… 54
　　四、工程建设其他费用 ………………… 59
　　五、预备费 ……………………………… 61
　　六、建设期借款利息 …………………… 62
　　七、流动资金 …………………………… 63
　　八、建设投资估算方法 ………………… 63
　第二节　固定资产折旧及其计算 ………… 65
　　一、折旧的概念 ………………………… 65
　　二、折旧的计算 ………………………… 66
　第三节　工程项目生产经营期成本费用 … 69
　　一、生产成本的构成 …………………… 69
　　二、期间费用的构成 …………………… 69
　　三、工程经济中成本费用的计算 ……… 70
　　四、固定成本与变动成本 ……………… 70
　　五、经营成本 …………………………… 71
　第四节　销售收入、利润和税金 ………… 71
　　一、销售收入 …………………………… 71

二、利润 ……………………………… 71
　　三、税金 ……………………………… 73
　本章小结 ………………………………… 73
　思考与练习 ……………………………… 74

## 第四章　工程技术经济分析的基本方法 ……………………………… 77
　第一节　概述 …………………………… 77
　　一、建设项目的经济评价 …………… 77
　　二、经济评价方法的主要特点 ……… 77
　　三、经济评价方法的分类 …………… 78
　第二节　静态分析法 …………………… 78
　　一、投资回收期 ……………………… 79
　　二、差额投资回收期 ………………… 80
　　三、投资效果系数 …………………… 81
　第三节　动态分析法 …………………… 83
　　一、现值法 …………………………… 83
　　二、年值法 …………………………… 88
　　三、内部收益率法 …………………… 90
　　四、差额内部收益率法 ……………… 92
　　五、动态投资回收期法 ……………… 93
　本章小结 ………………………………… 94
　思考与练习 ……………………………… 95

## 第五章　不确定性分析 ………………… 98
　第一节　盈亏平衡分析 ………………… 98
　　一、线性盈亏平衡分析 ……………… 99
　　二、非线性盈亏平衡分析 …………… 101
　第二节　敏感性分析 …………………… 103
　　一、单因素敏感性分析 ……………… 103
　　二、双因素敏感性分析 ……………… 105
　　三、三因素敏感性分析 ……………… 106
　第三节　概率分析 ……………………… 107
　　一、计算经济指标在某一范围的概率 … 107
　　二、不确定型方案的比较 …………… 109
　本章小结 ………………………………… 110
　思考与练习 ……………………………… 110

## 第六章　经营预测与决策 ……………… 113
　第一节　经营预测方法 ………………… 113
　　一、经营预测概述 …………………… 113
　　二、定性预测方法 …………………… 115
　　三、定量预测方法 …………………… 116
　第二节　决策方法 ……………………… 123
　　一、决策方法概述 …………………… 123
　　二、确定型决策 ……………………… 125

　　三、风险型决策 ……………………… 125
　　四、不确定型决策 …………………… 131
　本章小结 ………………………………… 133
　思考与练习 ……………………………… 133

## 第七章　建筑工程招标与投标 ………… 137
　第一节　招标投标概述 ………………… 137
　　一、招标投标概念 …………………… 137
　　二、我国招标投标的特点和实行招标投标制的基本条件 ………………… 138
　第二节　建筑工程招标 ………………… 139
　　一、工程招标 ………………………… 139
　　二、工程招标方式和招标方法 ……… 139
　　三、工程招标程序 …………………… 140
　　四、工程招标文件的主要内容 ……… 142
　第三节　建筑工程投标 ………………… 146
　　一、工程投标 ………………………… 146
　　二、工程投标企业的条件 …………… 146
　　三、工程投标程序 …………………… 146
　　四、建筑企业投标准备工作及标函 … 148
　　五、建筑企业投标策略 ……………… 148
　第四节　开标、评标和中标 …………… 150
　　一、开标 ……………………………… 150
　　二、评标 ……………………………… 151
　　三、定标 ……………………………… 152
　第五节　国际工程招标与投标 ………… 155
　　一、国际工程招标 …………………… 155
　　二、国际工程投标 …………………… 160
　本章小结 ………………………………… 166
　思考与练习 ……………………………… 167

## 第八章　工程合同 ……………………… 173
　第一节　工程合同及其分类 …………… 173
　　一、工程合同的概念 ………………… 173
　　二、工程合同的分类 ………………… 174
　第二节　工程合同的主要内容 ………… 178
　　一、国内工程合同的主要内容 ……… 178
　　二、国际工程承包合同主要条款 …… 181
　第三节　工程合同的签订与管理 ……… 184
　　一、工程合同的签订 ………………… 184
　　二、工程合同的管理 ………………… 186
　第四节　工程索赔 ……………………… 188
　　一、工程索赔的概念和分类 ………… 188
　　二、工程索赔的依据和处理程序 …… 189
　　三、工程索赔的计算 ………………… 192
　　四、工程索赔的管理 ………………… 198

本章小结 ………………………… 200
思考与练习 ……………………… 201

## 第九章　建筑企业质量管理 ……… 204
### 第一节　质量管理概述 …………… 204
一、质量和质量管理 …………… 204
二、全面质量管理 ……………… 205
### 第二节　建筑工程质量控制、检查和评定 …………………… 207
一、建筑工程质量控制 ………… 207
二、建筑工程质量检查 ………… 210
三、建筑工程质量评定 ………… 211
### 第三节　建筑工程质量常用的统计分析方法 …………………… 212
一、排列图法 …………………… 212
二、因果分析图法 ……………… 214
三、频数分布直方图法 ………… 215
四、控制图法 …………………… 218
五、相关图法 …………………… 222
六、分层法 ……………………… 223
七、统计调查表法 ……………… 223
### 第四节　建筑企业质量管理体系 … 224
一、质量管理概念 ……………… 224
二、质量管理体系的基本要求 … 225
三、建筑企业质量管理体系的建立与实施 ……………………… 227
四、建筑企业质量管理体系的评价 ……… 227
五、建筑企业质量管理体系的持续改进 …………………… 228
本章小结 ………………………… 228
思考与练习 ……………………… 229

## 第十章　建筑工程项目管理 ……… 232
### 第一节　工程项目管理概述 ……… 232
一、工程项目管理的概念 ……… 232
二、工程项目管理的内容 ……… 234
### 第二节　工程项目进度管理 ……… 235
一、工程项目进度计划的编制 … 235
二、工程项目进度计划的实施 … 244
三、工程项目进度计划的检查与调整 …… 245
### 第三节　工程项目质量管理 ……… 246
一、工程项目质量控制 ………… 246
二、工程项目质量保证 ………… 249
### 第四节　工程项目成本管理 ……… 250
一、工程项目成本计划 ………… 251
二、工程项目成本核算 ………… 253
三、工程项目成本控制 ………… 255
本章小结 ………………………… 258
思考与练习 ……………………… 258

## 附录 ………………………………… 261
附录一　复利系数表 ……………… 261
附录二　均匀梯度系列因子 $(A/G, i, n)$ ……………… 278
附录三　标准正态分布表 ………… 280

## 参考文献 …………………………… 281

# 第一章 绪 论

【知识目标】
- 了解建筑工程经济与管理课程的性质、研究对象，建筑市场的概念、特点和内容。
- 理解建筑业在我国国民经济中的地位和作用，基本建设的内容，建筑产品生产经营管理的特点，建筑企业类型。
- 掌握基本建设的程序，建筑产品的特点，建筑产品生产的技术经济特点，建筑企业的组织形式。

【能力目标】
- 能解释建筑业、基本建设、固定资产。
- 能写出基本建设程序、建筑企业的基本条件。
- 能应用固定资产的标准，直线职能制、事业部制、矩阵制。

## 第一节 本课程的性质、研究对象及主要内容

### 一、本课程的性质

建筑工程经济与管理是研究建筑工程经济和建筑企业管理基本知识、基本方法、基本应用的一门综合性学科。它是一门融自然科学和社会科学为一体，研究工程技术与经济的一门边缘性学科。

### 二、本课程的研究对象

建筑工程经济与管理包括工程经济和建筑企业管理两个部分。工程经济是以工程项目为对象，从技术经济方面，对项目的技术方案、技术措施以及企业（项目）的经济效果进行分析和评价。力求达到技术先进性与经济合理性的有机统一。建筑企业管理是以建筑企业为对象，从管理的角度，对企业的生产经营活动进行全过程的科学管理。力求达到人、财、物的合理消耗，努力实现低成本、高质量的工程。

建筑业作为国民经济支柱产业的地位和作用日益彰显。党的十八届三中、四中全会强调，坚持走中国特色新型城镇化道路，推进以人为核心的城镇化，推动大中小城市和小城镇协调发展、产业和城镇融合发展，促进城镇化和新农村建设协调推进。同时允许地方政府通过发债等多种方式拓宽城市建设融资渠道，允许社会资本通过特许经营等方式参与城市基础设施投资和运营，研究建立城市基础设施、住宅政策性金融机构。推进农业转移人口市民化，逐步把符合条件的农业转移人口转为城镇居民。因此，今后的 20 年，我国基本建设、技术改造、房地产等固定资产投资规模将保持平稳发展的水平。全国城镇化进程不断加快为建筑业的发展奠定了可靠的基础；公用事业管理体制改革为建筑业的发展提供了新的市场空

间，我国建筑业正处于历史上较好的发展时期。随着国家重点建设项目规模越来越大、技术越来越复杂，对建筑业的技术水平和管理能力提出了更高的要求。因此，加强工程项目经济分析，用现代管理制度对建筑企业进行管理，实现优质、高效、低耗的目标，全面提高建筑企业的经济效益和管理效益成为必然。

### 三、本课程的主要内容

建筑工程经济与管理课程包括工程技术经济和建筑企业管理两部分内容。工程技术经济部分涉及：绪论，资金的时间价值及表示，工程技术经济分析的基本要素，工程技术经济的基本方法，不确定性分析；建筑企业管理部分涉及：经营预测与决策，建筑工程招标与投标，工程合同，建筑企业质量管理，建筑工程项目管理等内容。

## 第二节　建筑业与基本建设

### 一、建筑业在我国国民经济中的地位和作用

**1. 建筑业的概念**

建筑业是国民经济中一个独立的重要物质生产部门。它是从事建筑生产经营活动的行业，由建筑企业及其相关的企业、事业单位和建筑管理部门所组成。

建筑业的生产活动主要是从事建筑安装工程的施工，为物质生产领域各部门提供所需的建筑物、构筑物及各种设备的安装工作，为人民生活提供住宅和文化娱乐设施等。如各种生产与生活用房屋的建造，各种构筑物如铁路、公路、桥梁、水库等的修建，影剧院、运动场等的建造以及各种机器设备的安装；各种房屋、构筑物的维修更新和与建设对象有关的工程地质勘探及设计。总之，建筑业是一个独立的重要物质生产部门，是从事建筑工程勘察设计、施工安装和维修更新的物质生产部门。建筑业是围绕生产最终建筑产品的全过程来开展自己的生产经营活动的。

**2. 建筑业的职能和主要任务**

建筑业作为一种产业，其职能是为了满足生产和生活的需要，建造出各类房屋和构筑物。建筑业的生产经营活动要围绕建筑的最终产品，不断改善产品的功能，提高产品的质量。生产建筑产品的目的是为了人，要为人的生存、生活和生态提供适用、安全、经济、美观的产品。

建筑业的主要任务是以建设城乡住宅、公共建筑、工业建筑及基础设施为重点，加速提高产业整体素质和建筑业生产工艺与技术装备水平，全面提高勘察设计及建筑施工水平，使建筑业指标接近国际先进水平，并在国际建筑市场中具有较强的竞争能力，充分发挥建筑业在带动国民经济增长和结构调整中的先导产业作用，使建筑业成为名副其实的国民经济支柱产业。

**3. 建筑业是国民经济的支柱产业**

"十一五"期间，我国建筑业持续健康发展，在国民经济中的支柱产业作用更加突出，全国建筑市场监管工作得到进一步加强，整顿规范建筑市场秩序卓有成效，建筑市场中的突出问题得到有效治理，"十一五"期间的建筑业和建筑市场管理取得了可喜成就。

（1）建筑业在国民经济中的支柱产业作用更加突出　近年来，受我国稳健的经济运行政

策引导，建筑市场空前活跃，建筑活动交易规模大幅度增长，工程建设相关产业对于国民经济的支柱作用继续加强，建筑业得到持续快速健康发展。与此同时，建筑市场监管体系初步确立，全国统一规范的建筑市场逐步形成，针对建筑市场突出问题的监管力度大大加强，建筑市场秩序取得明显好转。

"十一五"期间，建筑业完成了一系列设计理念超前、结构造型复杂、科技含量高、使用要求高、施工难度大、令世界瞩目的重大工程；完成了上百亿平方米的住宅建筑，为改善城乡居民居住条件做出了突出贡献。

2013年，全国具有资质等级的总承包和专业承包建筑业企业完成建筑业总产值115206亿元，全社会建筑业实现增加值30451亿元；全国工程勘察设计企业营业收入9547亿元；全国工程监理企业营业收入1196亿元。"十一五"期间，建筑业增加值年均增长20.6%，全国工程勘察设计企业营业收入年均增长26.5%，全国工程监理企业营业收入年均增长33.7%，均超过"十一五"规划的发展目标。

"十一五"期间，建筑业增加值占国内生产总值的比重保持在6%左右，2010年达到6.6%。建筑业全社会从业人员达到4000万人以上，成为大量吸纳农村富余劳动力就业、拉动国民经济发展的重要产业，在国民经济中的支柱地位不断加强。

"十一五"期间，建筑企业积极开拓国际市场，对外承包工程营业额年均增长30%以上；2010年对外承包工程完成营业额922亿美元，新签合同额1344亿美元。

(2) 建筑市场监管工作进一步加强　建筑市场监管法规体系不断完善。"十一五"以来，政府部门出台了建筑市场监管、工程质量安全管理、标准定额管理等一系列规章制度和政策文件，监管机制逐步健全，监管力度逐步加大，工程质量安全形势持续好转。

加强对市场的监管。为保证工程建设的质量和安全，维护社会公共利益，根据《中华人民共和国建筑法》的规定实行市场准入制度：一是对工程项目实行施工许可证制度；二是对于从事建筑活动的勘察设计企业、建筑施工企业、建设监理企业、招标代理单位等实施以资质管理制度为主的市场准入制度；三是对从业人员实行注册制度（现已确定了注册建筑师、注册结构工程师、监理工程师、建造师等专业资格认证）。

整顿规范建筑市场秩序卓有成效。招投标监管机制进一步规范，有形建筑市场功能进一步加强。到目前为止，全国336个地级以上城市（含地、州、盟）已有325个建立了有形建筑市场，建筑市场的公开、公平、公正交易得到交易主体和社会各方的肯定和认可。专业工程进入有形市场不断增加，到目前，省市部分专业工程也纳入有形建筑市场的统一监管。

建筑市场信用体系建设工作开始启动。针对存在的问题，住建部出台了《关于加快推进建筑市场信用体系建设工作的意见》，将从四个方面切实推进这项工作：一是建立统一的诚信信息平台、诚信评价标准、诚信法规体系、诚信奖惩机制；二是加大整合协调力度，信用体系建设要涵盖建设过程中的各方主体和各环节；三是政府推动、各行业协会参与，共同推进行业信用建设；四是培育信用服务市场，健全信用服务体系。

据了解，下一步住房与城乡建设部着重抓好四件事：一是要继续推进和深化工程项目管理，实现"四个提升"，即实现工程项目管理水平的提升、实现企业经济效益的提升、实现企业技术创新能力的提升和实现项目文化建设水平的提升；二是要自始至终坚定不移地抓好施工现场工程质量和安全管理，建高品质工程；三是继续抓好从业人员素质，特别是一线工人操作技能水平的提高；四是继续推动工程总承包的发展，这是长期战略性的任务。

(3) 建筑市场发展趋势　"十二五"时期是全面建设小康社会的关键时期，是深化改革开放，加快转变经济发展方式的攻坚时期。随着我国工业化、信息化、城镇化、市场化、国际化深入发展，基本建设规模仍将持续增长，经济全球化继续深入发展，为建筑业"走出去"带来了更多的机遇。"十二五"时期仍然是建筑业发展的重要战略机遇期。

与此同时，建筑业也面临高、大、难、新工程增加，各类业主对设计、建造水平和服务品质的要求不断提高，节能减排外部约束加大，高素质复合型、技能型人才不足，技术工人短缺，国内外建筑市场竞争加剧等严峻挑战。

至"十二五"期末，实现如下目标。

1) 产业规模目标。以完成全社会固定资产投资建设任务为基础，全国建筑业总产值、建筑业增加值年均增长15%以上；全国工程勘察设计企业营业收入年均增长15%以上；全国工程监理、造价咨询、招标代理等工程咨询服务企业营业收入年均增长20%以上；全国建筑企业对外承包工程营业额年均增长20%以上。巩固建筑业支柱产业地位。

2) 人才队伍建设目标。基本实施勘察设计注册工程师执业资格管理制度，健全注册建造师、注册监理工程师、注册造价工程师执业制度。培养造就一批满足工程建设需要的专业技术人才、复合型人才和高技能人才。加强劳务人员培训考核，提高劳务人员技能和标准化意识，施工现场建筑工人持证上岗率达到90%以上。调整优化队伍结构，促进大型企业做强做大，中小企业做专做精，形成一批具有较强国际竞争力的国际型工程公司和工程咨询设计公司。

3) 技术进步目标。在高层建筑、地下工程、高速铁路、公路、水电、核电等重要工程建设领域的勘察设计、施工技术、标准规范达到国际先进水平。加大科技投入，大型骨干工程勘察设计单位的年度科技经费支出占企业年度勘察设计营业收入的比例不低于3%，其他工程勘察设计单位年度科技经费支出占企业年度营业收入的比例不低于1.5%；施工总承包特级企业年度科技经费支出占企业年度营业收入的比例不低于0.5%。特级及一级建筑施工企业，甲级勘察、设计、监理、造价咨询、招标代理等工程咨询服务企业建立和运行内部局域网及管理信息平台。施工总承包特级企业实现施工项目网络实时监控的比例达到60%以上。大型骨干工程设计企业基本建立协同设计、三维设计的设计集成系统，大型骨干勘察企业建立三维地层信息系统。

4) 建筑节能目标。绿色建筑、绿色施工评价体系基本确立；建筑产品施工过程的单位增加值能耗下降10%，C60以上的混凝土用量达到总用量10%，HRB400以上钢筋用量达到总用量45%，钢结构工程比例增加。新建工程的工程设计符合国家建筑节能标准要达到100%，新建工程的建筑施工符合国家建筑节能标准要求；全行业对资源节约型社会的贡献率明显提高。

5) 建筑市场监管目标。建筑市场监管法规进一步完善；市场准入清出、工程招标投标、工程监理、合同管理和工程造价管理等制度基本健全；工程担保、保险制度逐步推行；个人注册执业制度进一步推进；全国建筑市场监管信息系统基本完善；有效的行政执法联动、行业自律、社会监督相结合的建筑市场监管体系基本形成；市场各方主体行为基本规范，建筑市场秩序明显好转。

6) 质量安全监管目标。质量安全法规制度体系进一步完善，工程建设标准体系进一步健全；全国建设工程质量整体水平保持稳中有升，国家重点工程质量达到国际先进水平，工程质量通病治理取得显著进步，建筑工程安全性、耐久性普遍增强；住宅工程质量投诉率逐年下降，住宅品质的满意度大幅度提高；安全生产形势保持稳定好转，有效遏制房屋建筑和市政工程安全较大事故,坚决遏制重大及以上生产安全事故,2015 年,房屋建筑和市政工程生产安全事故死亡人数比 2010 年下降 11% 以上。

## 二、基本建设的概念及分类

### 1. 基本建设的含义

基本建设是指建筑、购置和安装固定资产的活动及与此相联系的其他工作。基本建设是存在于国民经济各部门以获得固定资产为目的的活动,即基本建设是一种投资的经济活动。

固定资产是指在社会再生产过程中,能够较长时期为生产、为人民生活等方面服务的物质资料。

根据我国财会〔2006〕3 号企业会计准则第 4 号——固定资产(2006),固定资产是指同时具有下列特征的有形资产:①为生产商品、提供劳务、出租或经营管理而持有的;②使用寿命超过一个会计年度。从固定资产的定义看,固定资产具有以下三个特征:

一是为生产商品、提供劳务、出租或经营管理而持有企业持有固定资产的目的是为了生产商品、提供劳务、出租或经营管理,即企业持有的固定资产是企业的劳动工具或手段,而不是用于出售的产品。其中"出租"的固定资产,是指企业以经营租赁方式出租的机器设备类固定资产,不包括以经营租赁方式出租的建筑物。后者属于企业的投资性房地产,不属于固定资产。

二是使用寿命超过一个会计年度。固定资产的使用寿命,是指企业使用固定资产的预计期间,或者该固定资产所能生产产品或提供劳务的数量。通常情况下,固定资产的使用寿命是指使用固定资产的预计期间,如自用房屋建筑物的使用寿命表现企业使用其的预计使用年限。对于某些机器设备或运输设备等固定资产,其使用寿命表现为以该固定资产所能生产产品或提供劳务的数量,如汽车或飞机等,按其预计行驶或飞行里程估计使用寿命。固定资产使用寿命超过一个会计年度,意味着固定资产属于非流动资产,随着使用和磨损,通过计提折旧方式逐渐减少账面价值。

三是固定资产是有形资产。固定资产具有实物特征,这一特征将固定资产与无形资产区别开来。有些无形资产可能同时符合固定资产的其他特征,如无形资产为生产商品、提供劳务而持有,使用寿命超过一个会计年度,但是,由于其没有实物形态,所以不属于固定资产。

对于工业企业所持有的工具、用具、备品备件、维修设备等资产,施工企业所持有的模板、挡板、架料等周转材料,以及地质勘探企业所持有的管材等资产,企业应当根据实际情况,分别管理和核算。尽管该类资产具有固定资产的某些特征,如使用期限超过一年,也能够带来经济利益,但由于数量多、单价低,考虑到成本效益原则,在实务中通常确认为存货。但符合固定资产定义和确认条件的,如企业(民用航空运输)的高价周转件等,应当确认为固定资产。

固定资产的各组成部分,如果各自具有不同使用寿命或者以不同方式为企业提供经济利益,从而适用不同折旧率或折旧方法的,该各组成部分实际上是以独立的方式为企业提供经济利益,企业应当分别将各组成部分确认为单项固定资产。如飞机的引擎,若其与飞机机身具有不同的使用寿命,适用不同折旧率或折旧方法,则企业应当将其确认为单项固定资产。

固定资产按其经济用途,分为生产性固定资产和非生产性固定资产两大类。生产性固定资产,是在物质资料生产过程中,能在较长时期内发挥作用而不改变其实物形态的劳动资料,是人们用来影响和改变劳动对象的物质技术手段。例如工厂的厂房、机器设备、矿井、水库、铁路等。非生产性固定资产,作为消费资料的一部分,直接服务于人民的物质文化生产方面,在较长时期内不改变其实物形态。例如住宅、医院、学校、剧院、办公楼和其他生活福利设施等。

固定资产和流动资产(是指企业在一年内或超过一年的一个营业周期内变现或者耗用的资产,包括现金及各种存款、短期投资、应收及预付款、存货等)在经济性质上不同,其主要区别如下。

a. 固定资产在生产过程中发挥着劳动资料的作用,而流动资产则起着劳动对象的作用。

b. 固定资产反复多次地参加生产过程,在生产过程中始终保持着原有的物质形态,直到完全损耗报废,才需要进行实物形态的补偿或替换;而流动资产只能参加一次生产过程,并在生产过程中改变或消失本身的实物形态,每一个生产周期后都必须在实物形态上得到补偿。

c. 固定资产在整个发挥作用的时期内,它的价值是按照损耗程度逐渐转移到产品中去的;而流动资产只参加一次生产过程,它的价值则是一次全部转移到产品中去。

**2. 基本建设的分类**

(1) 按建设项目的用途分为生产性建设和非生产性建设。

① 生产性建设  它是指直接用于物质生产或为满足物质生产需要的建设,包括以下各项:

 a. 工业建设;

 b. 建筑业建设;

 c. 农林水利气象建设;

 d. 运输邮电建设;

 e. 商业和物资供应建设;

 f. 地质资源勘探建设。

② 非生产性建设  它是指用于满足人们物质和文化生活需要的建设,包括以下各项:

 a. 住宅建设;

 b. 文化卫生建设;

 c. 科学实验研究建设;

 d. 公用事业建设;

 e. 其他建设。

(2) 按建设项目的建设性质分为新建项目、扩建项目、改建项目、恢复项目和迁建项目。

① 新建项目  它是指从无到有、新开始的建设项目。有的建设项目原有基础很小,重新进行总体设计,经扩大建设规模后,其新增加的固定资产价值超过原有固定资产价值3倍以上的也属于新建项目。

② 扩建项目  它是指原有企业和事业单位为扩大原有产品的生产能力和效益,或增加新产品的生产能力和效益而新建的主要生产车间或工程项目。

③ 改建项目  它是指原有企事业单位为提高生产效率,改进产品质量,或改进产品方向,对原有设备、工艺流程进行技术改造的项目。有些企事业单位为提高综合生产能力,增加一些附属和辅助车间或非生产性工程,也属于改建项目。

④ 恢复项目　它是指企业和事业单位的固定资产因自然灾害、战争或人为的灾害等原因已全部或部分报废，而后又投资恢复建设的项目。不论是按原来规模恢复建设的，还是在恢复的同时进行扩建的，都算恢复项目。

⑤ 迁建项目　它是指原有企业和事业单位由于各种原因搬迁到另外的地方建设的项目。搬迁到另外的地方建设，不论其建设规模是否维持原来的规模，都是迁建项目。

(3) 按项目建设的规模分为大型项目、中型项目和小型项目　对于工业建设项目和非工业建设项目的大、中、小型划分标准，国家计委、住建部、财政部都有明确规定。

生产单一产品的工业企业，其规模按产品的设计能力划分。如钢铁联合企业，年产钢量在 100 万吨以上的为大型项目；10 万～100 万吨的为中型项目；10 万吨以下的为小型项目。生产多种产品的工业企业，按其主要产品的设计能力划分；产品种类繁多，难以按生产能力划分的，则按全部投资额划分。

(4) 按项目建设的投资主体分为国家投资项目、地方投资项目、企业投资项目和个人投资项目

① 国家投资的建设项目　它是指全部或主要由国家财政性资金、国家直接安排的银行贷款资金和国家统借统还的外国政府或国际金融组织及其他资金投资的建设项目。

② 地方投资的建设项目　主要是指各级地方政府财政性资金及其他资金投资的建设项目。

③ 企业投资的建设项目　主要是指国有、集体、民营企业以及外资企业等用自有资金投资的建设项目。

④ 个人投资的建设项目　主要针对个人而言。

### 三、基本建设的内容和程序

**1. 基本建设的内容**

基本建设是一个物质资料生产的动态过程，这个过程概括起来，就是将一定的物资、材料、机器设备通过购置、建造和安装等活动把它转化为固定资产，形成新的生产能力或效益的建设工作。包括下列三部分内容。

(1) 建筑安装工程　建筑安装工程包括建筑工程和设备安装工程两部分。

① 建筑工程包括下列各项。

a. 各种房屋（如厂房、仓库、宿舍、办公楼、学校、医院等）和构筑物（如矿井、桥梁、公路、铁路、涵洞等）的建筑工程；列入建筑工程预算的各种管道（如蒸汽、压缩空气、石油、煤气、给水及排水等管道）、输电线和电信导线的敷设工程；

b. 设备基础、支柱、工作台、梯子等建筑工程，炼钢炉、炼焦炉等砌筑工程及金属结构工程；

c. 为施工而进行的建筑场地的布置、原有建筑物和障碍物的拆除、平整场地、设计中规定为施工进行的工程地质勘探以及建筑场地完工后的清理和绿化工作等；

d. 新矿井开凿、露天矿的开拓工程、石油和天然气的钻井工程；

e. 水利工程，如排水、灌溉、堰堤、码头、水坝、运河、水电及地下建筑等工程；

f. 防空等特殊工程，如洞库、地下铁道及地下建筑、人防工程等。

② 设备安装工程包括下列各项。

a. 生产、动力、电信、起重运输、医疗、实验等各种设备的装配、安装工程，与设备

相连的金属工作台、梯子等的安装工程，以及附属于被安装设备的管线敷设工程，被安装设备的绝缘、保温和油漆工程；

b. 为测定安装工作质量，对单个设备进行的各种测试和无荷试车等。

(2) 设备、工具、器具购置　是指购置或自制达到固定资产标准的设备、工具、器具的价值。包括一切需要安装和不需要安装设备的购买和加工制作。

(3) 其他基本建设　是指不属于上述各项的基本建设投资，其中包括建设单位的管理费，勘探设计费，科学研究试验费，土地征用费，建筑场地原有各种建筑物、坟墓、青苗等的迁移补偿费，联合试车费，生产人员培训费，施工单位转移费，农业开荒、造林费用和园林绿化费用，以及新建单位办公用和生活用的家具购置费等。

**2. 基本建设程序**

(1) 基本建设程序的含义　是指基本建设项目从设想、选择、评估、决策、设计、施工到竣工验收、投入生产或使用的整个过程中必须遵循的先后次序。

建设程序是人们在认识建设的客观规律的基础上制定出来的，是建设项目科学决策和顺利进行的重要保证。一个建设项目涉及的面很广，内外协作配合的环节很多，有些是前后衔接的，有些是左右配合的，有些是互相交叉的，这些工作必须按照一定的程序，依次进行，才能达到预期的效果。

(2) 建设程序的内容

① 项目建议书　项目建议书是建设项目正式开展前期工作的依据，是对建设项目轮廓的设想。其内容包括：

a. 建设项目提出的必要性和依据；

b. 产品方案、拟建规模和建设地点的初步设想；

c. 资源情况、建设条件、协作关系；

d. 投资估算和资金筹措设想；

e. 项目进度设想；

f. 经济效益、社会效益和环境效益的初步估计。

项目建议书按照国务院、国家计委规定的程序审批。经审查批准立项后，开展建设项目的可行性研究。

② 可行性研究报告　项目建议书被批准后，部门、地区、企业委托有资格的工程咨询单位进行可行性研究，对项目在技术、经济和外部协作方面，进行全面分析、论证，为决策提供可靠的依据。

中央投资、中央和地方合资的大中型和限额以上的可行性研究报告报送国家计委审批。国家计委在审批过程中要征求行业归口主管部门和国家专业投资公司的意见，同时委托有资格的工程咨询公司进行评估。通过项目评估，可行性研究报告才能得到认可。经批准的可行性研究报告，不得随意修改和变更。如果在建设规模、产品方案、建设地区、主要协作关系等方面有变动以及突破投资控制数时，应经原批准机关同意。可行性研究报告包括以下几方面的内容：

a. 建设项目的背景和历史，说明建设项目的背景、投资的必要性和经济意义、项目的名称、主办单位、销售方向等；

b. 根据经济预测、市场预测确定的建设规模和产品方案；

c. 资源、原材料、燃料、动力、供水、运输条件；

d. 建厂条件、厂址方案，说明工厂所在地区或城市的自然条件、技术经济条件、社会状况，厂址选择方案的比较、决定采用最佳方案的理由等；

e. 技术工艺、主要设备选型和相应的技术经济指标；

f. 主要单项工程、公用辅助设施、配套工程；

g. 环境保护、城市规划、防震、防洪等要求和相应采取的措施方案；

h. 企业组织、劳动定员和管理制度；

i. 建设进度和工期；

j. 投资估算和资金筹措；

k. 经济效益和社会效益。

③ 建设地点的选择 建设地点的选择，是在拟建地区、地点范围内具体确定建设项目坐落的位置。它是生产力布局最基本的环节，又是建设项目进行设计的前提。建设地点的确定，对于生产力的合理布局和城乡经济文化的发展具有深远的影响。它与各个部门都有着密切的联系，涉及面广，而且矛盾较多，是一项政策性很强的综合性工作。建设地点选择得当，有利于建设，有利于生产和使用，还有利于促进所在地区的经济繁荣和城镇面貌的改善。选择不当，则会增加建设投资，影响建设进度，给生产和使用带来后患，影响投资的经济效益，甚至造成严重的损失。在选择建设地点时，必须从实际出发，认真地进行调查研究，进行多方案选择比较，提出推荐方案，编制建设项目地点选择报告，慎重地确定建设场地。

建设地点的选择主要解决三个问题：一是工程地质、水文地质等自然条件是否可靠；二是建设时所需的水、电、运输条件是否落实；三是项目建设投产后的原材料、燃料是否具备。另外，还需考虑对当地环境的影响。

④ 编制设计文件 建设项目的可行性研究报告按规定程序经审查批准后，主管部门经设计招标或委托设计单位，按要求编制设计文件。

设计是一门涉及科学、技术、经济和方针政策等各个方面的综合性的应用技术科学。设计文件是安排建设项目和组织工程施工的主要依据。

编制设计文件是建设程序中必不可少的一个重要组成部分。在规划、项目、厂址等已定的情况下，它是建设项目能否实现综合经济效益的一个决定性的环节。

设计工作是分阶段进行的，一般建设项目（包括民用建筑），按初步设计和施工图设计两个阶段进行设计；重大项目和特殊项目，经主管部门指定，需增加技术设计阶段。设计各阶段是逐步深入和循序渐进的过程。对于一些大型联合企业、矿区和水利枢纽，为解决总体部署和开发问题，还需进行总体规划设计或总体设计。

总体规划设计这个名称是对一个大型联合企业或一个小区内若干建设项目的每一个单项工程的设计而言的，是与这些单项设计相对应而存在的，它本身并不代表一个单独的设计阶段。它的主要任务是对一个小区、一个大型联合企业或矿区中的每个单项工程根据生产运行上的内在联系，在相互配合、衔接等方面进行统一的规划、部署和安排，使整个工程在布置上紧凑，流程上通畅，技术上可靠，生产上方便，经济上合理。总体设计的主要内容包括：建设规模，产品方案，原材料来源，工艺流程概况，主要设备配置，主要建筑物、构筑物，公用辅助工程，"三废"治理和环境保护方案，占地面积估计，总图布置及运输方案，生产组织概况和劳动定员估计，生活区规划设想，施工基地的部署和地方材料的来源，建设总进度及进度配合要求，投资估算等。

初步设计是对批准可行性研究报告提出的内容进行概略的计算，作出初步的规定。它的作用是阐明在指定的地点、控制的投资额和规定的期限内，拟建工程在技术上的可能性和经济上的合理性，并对设计的项目作出基本的技术决定，同时编制项目的总概算。初步设计的主要内容，一般要包括下列文字说明和图纸：设计的依据，设计的指导思想，建设规模，产品方案，原料、燃料、动力的用量和来源，工艺流程，主要设备选型及配置，总图运输，主要建筑物、构筑物，公用辅助设施，主要材料用量，外部协作条件，占地面积和场地利用情况，"三废"治理和环境保护设施和评价，生活区建设，抗震和人防设施，生产组织和劳动定员，主要经济指标及分析，建设顺序和年限，总概算等。

技术设计是对重大项目和特殊项目进一步解决某些具体技术问题，或确定某些技术方案而进行的设计。它是对在初步设计阶段中无法解决而又需要进一步研究解决的问题进行设计的阶段。它的主要任务是解决类似以下几方面的问题：特殊工艺流程方面的试验、研究及确定；新型设备的试验、制作及确定；大型建筑物、构筑物某些关键部位的试验研究及确定。因此，技术设计的具体内容，需视工程项目的具体情况、特点和需要而定。在技术设计中，要编制修正总概算。

施工图设计是在初步设计或技术设计的基础上，将设计的工程加以形象化和具体化，绘制出正确、完整和尽可能详尽的建筑、结构、安装图纸。设计图纸一般包括：建筑总平面图，建筑平面、立面和剖面图，结构构件布置图，节点大样图，安装施工详图，非标准设备加工详图，以及设备和材料明细表等。施工图设计应全面贯彻初步设计的各项重大决策，其内容的详尽程度，应能满足以下要求：设备、材料的安排，各种非标准设备的制作，施工预算的编制，土建、安装工程的要求等。施工图设计是现场施工的依据。在施工图设计中，需要编制施工图预算。施工图预算一般不得突破初步设计总概算。

设计文件要按规定程序报告审批。其审批实行分级管理、分级审批的原则。

设计文件经批准后，就具有一定的严肃性，不能任意修改和变更。如果必须修改，也需经有关部门批准。

在施工过程中，设计部门应经常派人到现场配合施工，了解设计文件的执行情况。

⑤ 列入年度计划　建设项目必须有经过批准的初步设计和总概算，进行综合平衡后，才能列入年度建设计划，批准的年度建设计划是进行基本建设拨款或贷款的主要依据。

所有建设项目都必须纳入建设计划。大中型项目由国务院或国家计委批准，小型项目按隶属关系，由各省、市、自治区安排。用自筹资金安排的项目，要在国家确定的控制指标内编制计划。

建设项目要根据经过批准的总概算和工期，合理安排分年投资，年度计划投资的安排，要与长远规划的要求相适应。配套项目要同时安排，相互衔接。

⑥ 做好施工准备工作　为了保证施工的顺利进行，必须做好各项施工的准备工作。当建设项目可行性研究报告获得批准后，建设准备工作就摆到最主要的位置上来。建设项目都要按政企分开的原则组成项目法人，实行建设项目法人责任制，项目法定代表人对工程质量负总责。项目法人必须具有相应的政治、业务素质和组织能力，具备项目管理工作的实际经验。项目法人单位的人员素质、内部组织机构必须满足工程管理和技术上的要求。

施工准备工作的主要内容包括征地、拆迁、水文地质勘察、"三通一平"、临时设施等。

项目在报批开工前，必须由审计机关对项目的有关内容进行审计证明，审计机关主要是对项目的资金来源是否正当、是否落实，项目开工前的各项支出是否符合国家的有关规定，资金是否存入规定的专业银行进行审计。对重大项目要进行专项审计和跟踪审计。对审计中发现的问题，要依法严肃处理。

⑦ 组织施工　建筑安装工程施工，是根据计划确定的任务，按照图纸的要求，把建设项目的建筑物和构筑物建造起来，同时把机器设备安装完好的过程。

所有建设项目都必须列入国家年度计划，做好建设准备，具备开工条件，并经领导机关或委托的综合性咨询机构精确审核、严格批准后才能开工。

施工单位要做好施工准备工作，如熟悉与审查图纸，弄清工程范围、建设规模和技术要求，熟悉和掌握建设地区的自然条件和技术经济条件，认真编制施工图预算和施工组织设计等。没有做好施工准备，就不能开工。

工程要按照施工顺序合理组织施工。一般应坚持先地下、后地上，场内与场外、土建与安装各个工序要统筹安排，合理组织流水施工和立体交叉作业。在施工的全过程中，应严格掌握进度、质量、安全和成本等目标。凡是地下的隐蔽工程，特别是基础和结构的关键部位，一定要经过检验合格，并做好原始记录，才能进行下一道工序。

施工过程中，要严格按照设计要求和施工验收规范，确保工程质量，对不符合质量要求的工程，要及时采取措施，不留隐患。不合格的工程不得交工。要全面完成工程任务。

⑧ 生产准备　基本建设的最终目的是要形成新的生产能力或效益，为了保证项目建成后能及时投产，建设单位要根据建设项目的生产技术特点，组织专门的生产班子，抓好各项生产准备工作。如建立各级生产指挥系统和相应机构；制定颁发各种管理制度和安全生产操作规程；培训生产骨干和技术工人；组织工具、用具、备品、配件的采购与加工；签订原材料、燃料、动力、运输及生产协作的协议等。

⑨ 竣工验收　交付生产或使用。建设项目的竣工验收是建设全过程的最后一个环节。它是建设投资成果转入生产或使用的标志，是全面考核建设工作、检验设计和工程质量的重要环节；是建设单位按批准的设计内容，就其建成后的生产能力、质量、成本和效益等全面情况进行评价，交付新增固定资产的过程。竣工验收对促进建设项目及时投产，发挥投资效益，总结建设经验等都起到重要的作用。

竣工验收的组织要根据建设项目的重要性、规模大小和隶属关系而确定。大中型建设项目，国务院各部委直属的，由主管部门会同所在省、市、自治区组织验收；各省、市、自治区所属的，由所在省、市、自治区组织验收；特别重要的项目，由国家计委报国务院批准组织验收委员会验收；小型项目，由建设单位报上级主管部门组织验收。对于验收中各主管部门之间出现的争议，由各级主管建设的部门仲裁。

⑩ 建设项目后评价　建设项目后评价是工程项目竣工投产、生产运营一段时间后，再对项目的立项决策、设计施工、竣工投产、生产运营等全过程进行系统评价的一种技术经济活动。通过建设项目后评价，达到肯定成绩、总结经验、研究问题、吸取教训、提出建议、改进工作的目的。

我国目前开展的建设项目后评价一般都按以下三个层次组织实施。

a. 建设项目单位的评价；

b. 建设项目所属行业（或地区）的评价；

c. 各级计划部门（或主要投资方）的评价。

# 第三节  建筑产品及其生产的技术经济特点

建筑业是以最终的建筑产品为生产对象的。建筑产品的生产，同一般工业生产相比较，有一些共同的地方，它们同样是把资源投入产品的生产过程，其生产上的阶段性和连续性，组织上的专业化、协作和联合化，是和工业产品的生产相一致的。但是，建筑产品的生产同一般工业生产相比，它又具有一系列的技术经济特点。建筑产品的特点是：产品的固定性、多样性、体积庞大，由此而引出建筑产品生产的流动性、个体性、生产过程的综合性、受气候条件影响大、生产周期长等技术经济特点。这些特点，对建筑业生产的组织与管理影响很大。

## 一、建筑产品的特点

### 1. 建筑产品在空间上的固定性

建筑产品——各种建筑物和构筑物，在一个地方建造后不能移动，只能在建造的地方长期使用，它直接与作为基础的土地连接起来，在许多情况下，这些产品本身甚至就是土地的不可分割的一部分。例如油气田、地下铁道和水库等。

### 2. 建筑产品的多样性

由于建筑产品的功能要求是多种多样的，使得每个建筑物和构筑物都有其独特的形式和独特的结构，因而需要单独设计。即使功能要求相同，建筑类型相同，但由于地形、地质、水文、气候等自然条件不同及交通运输、材料供应等社会条件不同，在建造时，往往也需要对设计图纸及施工方法和施工组织等作相应的改变。由于建筑产品的这个特点，使得建筑业生产每个产品都具有其个体性。

### 3. 建筑产品的体积庞大

建筑产品的体积庞大，在建造过程中要消耗大量的人力、物力和财力，所需建筑材料数量巨大、品种复杂、规格繁多。据统计，每 $1000m^3$ 的民用建筑，需要 500t 以上的材料。需要材料的品种、规格数以万计。建筑产品需要的资金量大，少则几万、几十万，多则几十亿、上百亿、上千亿，如三峡水利枢纽工程，动态投资达到 1800 亿元人民币。

## 二、建筑产品生产的技术经济特点

### 1. 建筑产品生产的单件性

建筑产品有专门的用途，需采用不同的造型、不同的结构、不同的施工方法，使用不同的材料、设备和建筑艺术形式。根据使用性质、耐用年限和防震要求，采用不同的耐用等级、防火等级和防震等级。

### 2. 建筑生产的流动性

工业产品一般在工厂进行加工制造，加工后把成品运至使用地点，生产者和生产设备是固定的，而产品则在生产线上流动。建筑产品却与此不同，其位置是固定的，由于建筑产品的固定性和严格的施工顺序，必然带来建筑产品生产的流动性，使生产者和生产工具经常流动转移，要从一个施工段转到另一个施工段，从房屋这个部位转到那个部位，在工程完工后，还要从一个工地转移到另一个工地。

建筑产品生产流动性的特点，给施工企业的生产管理和生活安排带来很大的影响，例如生产基地的建立、生产组织形式的变化、生产过程中运输的经济问题等。当然，随着建筑工业化的发展，将大大减少建筑生产的流动性。

**3. 建筑产品的生产过程具有综合性**

建筑产品由于体积庞大，又是一个整体性的产品，在生产过程中涉及很多单位。例如，对一般工业厂房，参加的单位有建设单位、勘察设计单位、建筑施工和安装单位、建筑材料和设备生产单位及运输单位等。同样，民用房屋的建造也是如此。在完成建筑产品的过程中要将各方面的力量综合组织起来，围绕缩短工期、降低造价、提高工程质量和投资效益来进行，这是一项很复杂的工作。因此建筑生产过程的综合平衡和调度、指挥和控制、组织和管理就显得特别重要。

**4. 建筑生产受气候条件影响大**

建筑产品生产过程中影响的因素很多，如设计的变更、地质条件的变化、资金和物质供应条件、专业化协作状况、城市交通和环境因素等。这些因素对工程进度、工程质量、建筑成本等都有很大的影响。

由于建筑产品具有固定性，因而在露天进行施工的，受气候条件影响很大，生产者劳动条件较差。不管是烈日当空的夏天，还是天寒地冻的冬天，建筑工人仍然需要工作。

**5. 建筑生产过程的不可间断性**

首先，从一个建筑产品的生产过程来看：确定项目、选择地点、勘察设计、征地拆迁、购置设备和材料、建筑施工和安装、试车、验收直到竣工投产。这是一个不可间断的、完整的、周期性的生产过程。其次，从建筑施工和安装来看，要形成建筑产品，需要经过场地平整、基础工程、主体工程、装饰工程及交工验收等阶段。

建筑生产过程的不可间断性要求在产品的生产过程中，各阶段、各环节、各项工作必须有条不紊地组织起来，在时间上不间断，空间上不脱节。这一特点，要求必须合理组织、统筹安排建筑生产过程的各项工作，遵守施工程序，按照合理的施工顺序，科学地组织施工。

**6. 建筑产品的生产周期长**

生产周期是指产品自开始生产至完成生产的全部时间。建筑产品的生产周期则是指建设项目或单项工程在建设过程中所耗用的时间。即从开始施工起，到全部建成投产或交付使用、发挥效益时所经历的时间。

建筑产品与一般工业产品比较，其生产周期较长。有的建筑项目，少则几个月，多则几年，甚至超过十年。因此，必须科学地组织建筑生产，不断缩短生产周期，尽快提高投资效益。

建筑产品造型庞大而复杂，产品固定而又具有分割性，生产过程中需要投入大量的人力、物力、财力，这些都决定了建筑产品生产周期长的特点。

## 三、建筑产品生产经营管理的特点

以上建筑产品及其生产的特点，决定了建筑产品生产经营管理的特点。

**1. 建筑产品是先有用户后组织生产**

建筑产品的用户是指建设单位，又称发包单位（甲方）。组织建筑产品生产的单位是承包单位或施工单位（乙方），建筑产品一般来说是先有用户，然后根据用户的需要，由施工单位组织生产，经过竣工验收交付使用。而一般工业产品则是先成批制造，然后由使用者选购使用。

## 2. 生产经营业务不稳定

建设工程类型繁多，企业要根据特定用户的委托，按照专门用途的工程组织生产、管理和经营。生产经营业务不稳定，主要表现为时紧时松，时上时下，变化不定。如一个时期可能是组织大量的工业建筑，一个时期又可能是组织大量的民用住宅；建筑在经济发展时期，需求量大幅度增长，在经济调整时期，需求量急剧下降，而且建筑产品结构也会有很大的调整。生产经营业务不稳定的情况，要求施工企业要善于预测国家经济发展趋势，经营管理业务要同基本建设投资规模和方向相适应，企业必须有适应社会需求的较强的应变能力。

## 3. 管理环境多变

建筑产品地点的固定性造成建筑生产的流动性，从而造成企业管理环境的变化大，可变因素和不可预见因素多。管理环境可分为自然环境及社会环境。自然环境是指建设地点的地形、地质、水文、气象等，社会环境是指建设地区的劳动力来源、物质供应、运输和配套协作条件等，这些环境是经常变化的。在冬雨季要创造冬雨季的施工条件，夏季要采取防暑降温措施，在南方或北方施工条件也不相同。从地域上看，在大城市组织生产经营管理，无论是物资供应，还是运输或协作配套，条件均较为方便；相反，在边远地区，则有诸多不便。管理环境多变，使得生产经营的预见性、可控性难度都很大。

## 4. 机构人员变动大

建筑工程和施工条件不固定、不稳定，连续性差，变化因素多，企业难以实现有节奏地、均衡地施工，致使对职工的需要量起伏波动很大。不同工程、不同时间、对不同工种的配合比例很不容易协调。

建筑生产经营管理的这些特点，要求建筑企业领导人不但有较强的管理能力，而且要有丰富的管理经验，企业管理者要针对这些特点做好经营管理工作。如在经营管理方面，要加强经济预测和合同管理，研究投标策略，以获得足够的施工任务；生产管理要遵守基本建设程序、施工程序，合理使用人力、物力、财力；经济上要加强预算和决算管理等。只有根据这些特点对建筑企业进行适应性管理，才有可能取得较大的经济效益。

# 第四节 建筑企业的类型和组织形式

## 一、建筑企业的类型

### 1. 建筑企业的概念

建筑企业是指从事建筑与土木工程、线路管道设备安装工程、装修工程等新建、扩建、改建活动或提供建筑劳务的企业。具体来讲：建筑企业是从事铁路、公路、隧道、桥梁、堤坝、电站、码头、机场、运动场、房屋（如厂房、剧院、旅馆、医院、商店、学校和住宅等）等土木工程建筑活动，从事电力、通信线路、石油、燃气、给水、排水、供热等管道系统和各类机械设备、装置的安装活动，从事对建筑物内、外装修和装饰的设计、施工和安装活动的企业。建筑企业又称建筑施工企业。它通常包括建筑公司、建筑安装公司、机械化施工公司、工程公司及其他专业性建筑公司等。

### 2. 建筑企业的基本条件

建筑企业必须具备以下基本条件：

① 有独立组织生产的能力和独立经营的权利；

② 有与承担施工任务相适应的经营管理人员、技术人员和生产技术工人；
③ 有与承担工程任务相适应的注册资本；
④ 有健全的会计制度和经济核算办法，能独立进行经济核算；
⑤ 有保证工程质量和工期的手段和设施。

**3. 建筑企业的类型**

建筑企业本身可分为若干类型，通常按以下特征分类。

（1）按所有制分类　按所有制分为全民所有制企业、集体所有制企业、民营企业、在中国境内设立的从事建筑生产经营活动的中外合资经营企业、中外合作经营企业和外资企业。

（2）按企业经营范围分类　按企业经营范围分为综合性建筑企业和专业性建筑企业。综合性建筑企业指有能力从事建筑商品综合生产经营活动的企业，如大型建筑企业集团、综合建筑工程公司等。专业性建筑企业指专门从事某一类建筑商品或者某一单位工程（或分部工程）生产和经营的企业，如土石方工程、设备安装公司、机械化施工公司、装饰公司、构件加工厂等。

（3）按企业规模分类　按企业规模分为大型建筑企业、中型建筑企业和小型建筑企业。大、中、小型建筑企业的划分标准如表 1-1 所列。

表 1-1　大、中、小型建筑企业的划分标准

| 指标名称 | 计算单位 | 大型 | 中型 | 小型 |
| --- | --- | --- | --- | --- |
| 从业人员数 | 人 | 3000 及以上 | 600～3000 以下 | 600 以下 |
| 销售额 | 万元 | 30000 及以上 | 3000～30000 以下 | 3000 以下 |
| 资产总额 | 万元 | 40000 及以上 | 4000～40000 以下 | 4000 以下 |

（4）按企业资质条件分类　按企业资质条件分为施工总承包、专业承包和劳务分包三个序列。

企业资质是指企业的建设业绩、人员素质、管理水平、资金数量和技术装备等。

原建设部 2007 年制定的《建筑企业资质管理规定》中指出，"建筑业企业应当按照其拥有的注册资本、专业技术人员、技术装备和已完成的建筑工程业绩等资质条件申请资质，经审查合格，取得相应等级的资质证书后，方可在资质等级许可的范围内从事建筑活动"。

获得施工总承包资质的企业，可以对工程实行施工总承包或者对主体工程实行总包。承担施工总承包的企业可以对所承接的工程全部自行施工，也可以将非主体工程或者劳务作业分包给具有相应专业承包资质或者劳务分包资质的其他建筑企业。

获得专业承包资质的企业，可以承接施工总承包企业分包的专业工程或者建设单位按照规定发包的专业工程。专业承包的企业，可以对所承接的工程全部自行施工，也可以将劳务作业分包给具有相应劳务分包资质的劳务分包企业。

获得劳务分包资质的企业，可以承接施工总承包企业或者专业承包企业分包的劳务作业。

## 二、建筑企业组织结构形式

**1. 建立组织机构的原则**

（1）统一领导、分级管理的原则　即集权与分权的原则，这是组织机构设计的基本原则。统一领导就要恰当地集权，分级管理体现为适当地分权，要正确处理集权与分权的

关系。

企业内部的集权主要是指生产经营的决策指挥权、评价奖惩权必须相对集中于相应的领导者手中。不论是全企业范围，还是企业内各个层次、各个部门，凡是一个单位，都只能由一个领导人来行使权力，一切副职都是他的助手。集中领导不仅能够提高工作效率，而且可以提高各级各部门领导人的责任感，使他们能够独立负责，敢于负责，有利于培养企业家和管理人才。但是，由于现代建筑企业承担的工程任务，技术及经济情况十分复杂，为了防止指挥失误和失灵，一是要加强咨询、参谋机构的作用，或者配备得力的助手；二是要形成一个指挥等级链，实行逐级授权，这两者就要求把集权和分权结合起来。

(2) 分工与协作的原则　专业分工是社会化大生产的特点，不但生产要分工，企业管理工作也要实行专业分工，以提高管理工作的质量和效率，有利于创新。分工是把企业的任务作垂直和横向分解，并配备适当的人员从事工作。企业的分工包括部门或单位的划分、职位或岗位的设置、地区的分工、按施工或生产的专业分工、按工程任务分工等。分工要适当，过细的分工往往造成机构重叠，各自为政，不利于互相配合、共同完成任务。

协作是指在分工基础上的协调和配合。要达到分工基础上的良好协作，首先必须有高度的集权，没有高度的集权就没有统一的意志和行动。其次必须进行目标管理，使部门、岗位、层次的分目标成为总目标的有机组成部分，然后促成企业总目标的实现。第三是责任界限划分要明确，否则出现问题容易互相推诿，贻误企业目标的实现。同时还必须明确各不同部门、岗位、层次之间上、下、左、右的关系，关系不明确也很难协调配合好。

(3) 管理幅度和管理层次合理的原则　管理组织的指挥系统是在划分管理层次的基础上建立起来的，而管理层次的划分在组织规模相对稳定的情况下，又是根据适当的管理幅度来确定的。

所谓管理层次是指将企业内最高领导到基层员工之间划分成的隶属关系的数量，或者说是企业纵向管理系统从最高管理层到最低管理层划分的等级数量。管理层次应适当，不应过多，层次多，所需人员及设施多，费用就多，信息上下传递慢，指令常常走样，而且增加了协调上的困难。

所谓管理幅度是指一个领导者直接有效地指挥下属的人数。管理幅度应适当。如果过大，领导者由于时间、精力等原因可能管不过来；如果过小，又会造成人才浪费和管理层次的增多。一般应根据领导人员的素质、业务熟练程度和繁重程度以及管理业务本身方面的因素来确定管理幅度。

管理幅度和管理层次之间具有相互制约的关系。在企业人员总数不变的情况下，管理幅度大，管理层次就少；幅度小，层次就多。

(4) 精干高效多功能的原则　精干，就是要做到没有一个不必要的机构，没有一个不必要的管理人员；高效，主要指机构分工合理、关系明确、配合协调，整个管理环节要自我调节，信息畅通；多功能，是指机构设置应有明确的功能，性质相同、功能接近的，可合并设置，以达到精干高效的目的。

**2. 建筑企业的组织形式**

(1) 直线职能制　这是一种由直线制和职能制相结合而成的组织机构形式。直线制是在管理权和所有权完全一致的早期企业中采用的一种形式，它从企业最高管理层到最低管理层均按垂直系统进行管理。不专门成立职能机构，企业所有业务都必须由企业主亲自处理，一个下属单位只接受一个上级领导者的指挥。职能制是在各级领导者之下,按专业分工设置必要的职能部门,它发挥职能专业化的作用,下级领导者或执行者既要服从上级领导的指挥,又要接受上级各部门的指挥。直线职能制它综合了直线制和职能制的优点,领导者对下级实行垂直领导的同时,职能部门对下级机构进行业务指导。这样,既保证了集中统一领导,又发挥了职能部门的专业作用。直线职能制的职能部门一般都拥有某一方面的专业技术能力,虽然只规定让它发挥参谋作用,但实际的影响要大得多,职能部门往往拥有该领域的计划、方案、措施的决定控制权(见图1-1)。

(2) 事业部制　事业部制组织形式是从直线职能制结构转化而来的,其基本点是企业的生产经营活动按产品类别和工程任务分布地区划分部门,设立经营事业部。各事业部在公司统一领导下具有相应的经营自主权,并承担相应的经济责任。各事业部都是实现总公司目标的责任单位。它使企业最高领导层摆脱日常事务性工作,能集中精力研究战略性决策,有利于把专业化分工和协作结合起来;各事业部之间相互比较和竞争,发挥积极性和主动性,更好地适应市场变化,可以促进整体效率的提高等。但如果公司和各事业部都建立职能机构,会造成机构重叠,加大管理费用,且事业部之间会存在片面追求自身利益和较难协调等现象。这种组织形式一般适应规模大、工程任务多、分布地区广的建筑企业(见图1-2)。

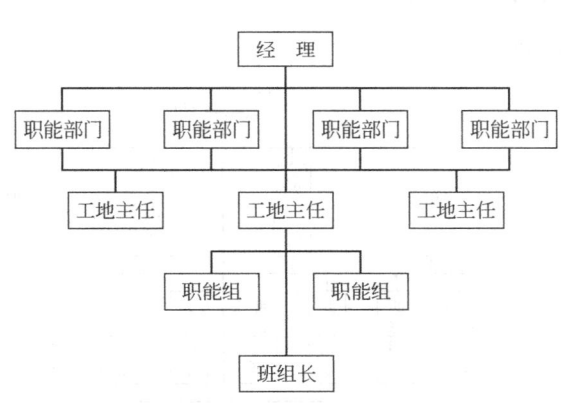

图1-1　直线职能制组织形式

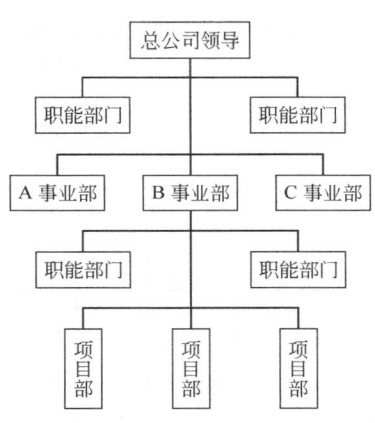

图1-2　事业部制组织形式

(3) 矩阵制　它是一种既有按职能划分的纵向部门系统,又有按完成特定任务需要而设立的横向组织系统的组织形式。两者纵横结合,使同一名小组工作人员既与职能部门保持组织和业务上垂直联系,又与工程项目组织保持横向联系,这种组织形式的优点是把上下左右、集权与分权进行了最优的结合,缺点是领导关系上的双重性往往会发生一些矛盾,它适用于工程项目比较复杂,需要集中各方面专业人员共同参加完成的大型建筑企业(见图1-3)。

**3. 建筑企业的组织机构**

建筑企业在组织生产经营活动中,必须建立相应的组织机构以及健全完善的管理体制和制度,才能保证企业正常工作,实现预定目标。

建筑企业组织指企业为了对生产经营活动进行有效的管理而建立的管理机构。企业组织工作包括部门设置、责任划分、权力分配、规章制度的建立等。

我国建筑企业按内部管理机构,一般分为三个管理层次或两个管理层次。通常称为三级管理和两级管理。三级管理指公司-分公司-项目部三个层次;两级管理指公司-项目部两个层次。

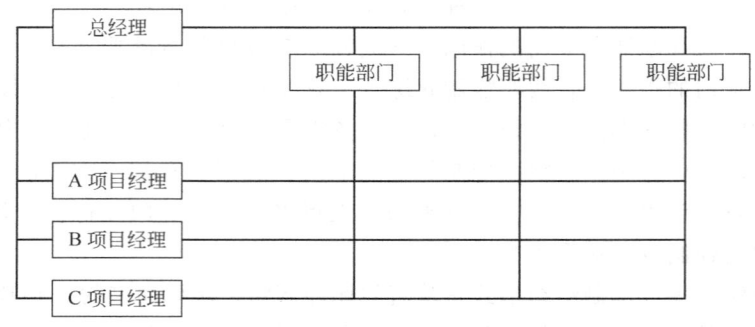

图 1-3 矩阵制组织形式

公司是企业生产经营的决策和行政指挥中心,具有法人地位,实行独立核算。凡是带有企业全局性、长远性的问题,以及对外签订经济合同、编制企业计划等,均由公司集中管理,统一领导。公司设置一定的职能机构,并对其下一级的职能机构进行业务指导。

三级管理制的分公司和两级管理制的项目经理部,是企业内部的生产管理机构,为内部核算单位。它们在公司统一领导下,组织施工生产,完成下达的计划任务,也可受公司的委托,对外代表公司参与经营活动。

(1) 建筑企业两级管理机构形式　可用图 1-4 表示。
(2) 建筑企业三级管理机构形式　可用图 1-5 表示。

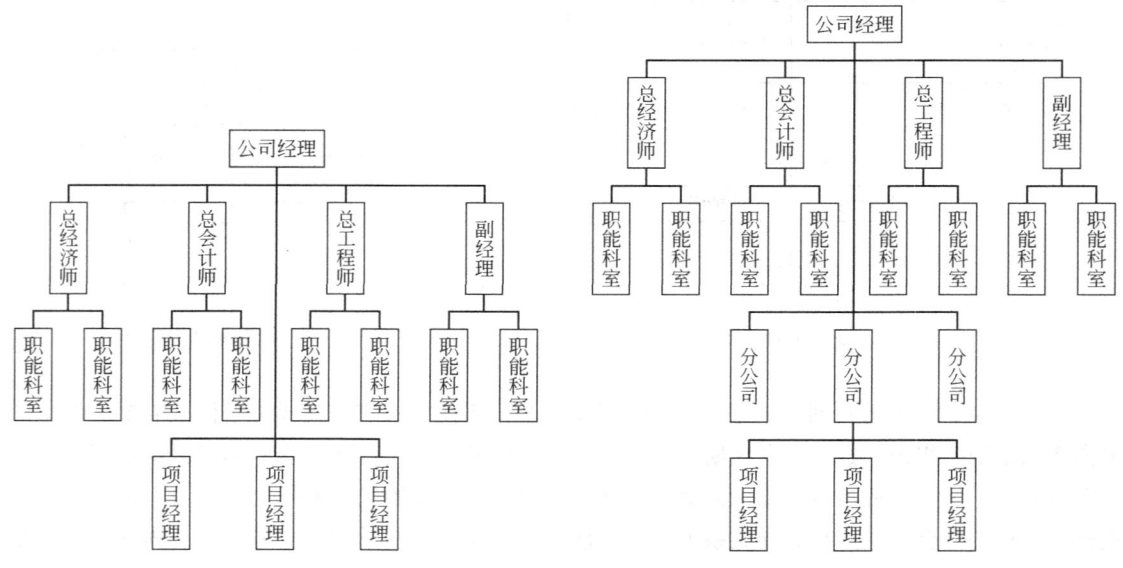

图 1-4 建筑企业两级管理机构形式　　　图 1-5 建筑企业三级管理机构形式

## 第五节　建筑市场

### 一、建筑市场的概念、特点和内容

**1. 建筑市场的概念**

建筑市场是指作为商品的建筑产品交易关系的总和。

狭义建筑市场专指建筑产品市场，即建筑产品需求者与生产者之间进行订货交易的市场。它是广义建筑市场的主体和核心。

广义建筑市场不仅包括建筑产品市场，还包括与建筑产品市场密切联系的其他一系列市场。如勘察设计市场、建筑生产资料市场、建筑劳动力市场、建筑技术与信息市场等。广义建筑市场是围绕建筑产品市场而展开的。

**2. 建筑产品市场的特征**

建筑产品有其自身特征，在经营管理方面也有很大不同。这使得建筑产品的交易与一般商品的交易相比，有着不同的特点。

① 建筑产品市场交易，一般采用预约生产的方式。建筑产品的用途、结构、功能各异，只能在使用地点按用户的设计要求，通过招标承包向生产者订货，在签订工程合同后生产建造，且完全按照需求者对进度、质量、造价的要求实施。

② 建筑产品与土地相连，只有所有权的转移。建筑产品的交易只有所有权和使用权的转移，不能像一般商品那样发生物流现象。

③ 建筑市场对建筑产品成交价是买卖双方实际支付价格的基础，但二者通常有差异。建筑市场的成交价格就是招标者选中的最合意的报价，双方据此签订承包合同，该价格成为业主和承包者一致同意的支付基础。但合同中通常还规定某些调整支付金额的条件和原则，以适应建筑产品生产周期长、影响因素多的情况。因此，产品竣工验收交付使用时，业主实际累计向承包者支付的总价格，可能会高于或接近于成交时约定的价格。

④ 建筑市场要选择有信誉的建设者，重视建筑公司的实际成绩。业主方通过招标选择有信誉的建设者，以满足对工程项目质量、进度、投资等目标的要求。建筑公司要想占领建筑市场，在激烈的竞争中脱颖而出，就必须保证质量、工期，做出实际成绩，树立起企业的信誉。

⑤ 现代建筑市场通常有监理市场的配套服务。建筑产品生产周期长、影响因素多，需要相当全面的专业知识才能生产和购买到适合业主需要的建筑产品。在实行了建设监理制度后，业主可以通过招标等方式聘请监理公司为其监督评价承包商生产建筑产品的整个过程，实现支付价格、工期、质量等的有效控制，处理承包商索赔事宜，办理验收支付手续等。监理市场的完善可以规范建筑市场各方的行为，提高建筑市场的运行效率，进一步优化建筑市场中的资源配置。

**3. 建筑市场的内容**

建筑市场可按地区范围、产品出售形式、市场构成内容性质进行分类。

按地区范围可分为：国际市场和国内市场、城市市场和农村市场、沿海市场和内地市场等。

按市场构成内容性质可分为建筑材料市场、建筑设备市场、建筑劳务市场、资金市场、技术市场、勘察设计市场、工程承包市场、工程监理咨询市场等。

## 二、建筑市场管理

**1. 建立和加强有形建筑市场管理**

全国338个地级以上的城市，至2012年12月止，已有328个建立了有形建筑市场（建设工程交易中心），要规范建筑市场运行，严格管理，进一步推动有形建筑市场的建设。

① 加强法制建设，不断完善监督约束机制。《中华人民共和国建筑法》已于1998年3

月1日起实施,这是我国工程建设和建筑业的一部大法,对加强建筑活动的监督管理,维护建筑市场秩序,保证建设工程质量和安全,促进建筑业的健康发展,提供了法律保证。《中华人民共和国招标投标法》于2000年1月1日起施行,为规范招标投标活动提供了法律依据。《建设工程质量管理条例》、《建设工程勘察设计管理条例》已分别于2000年1月和12月发布施行。

② 明确有形建筑市场的功能,充分发挥有形建筑市场的作用。有形建筑市场必须具备3个基本功能:及时收集、存储和公开发布各类工程信息;为工程交易活动,包括工程的开标、评标、定标提供设施齐全、服务周到的场所;为政府有关部门进驻市场办公,为工程交易各方办理有关手续提供配套服务。

全国大多数地级以上的城市都建立了有形建筑市场,现在要不断规范有形建筑市场的运行和管理,以保证有形建筑市场按照公开、公平、公正的竞争原则,高效廉洁地运行,充分发挥有形建筑市场的作用。

③ 建立和健全有形建筑市场的管理制度。制定有形建筑市场管理办法,建立和完善专家评标制度、监督检查制度以及工程招投标跟踪管理制度。凡是不按法规招标、投标和不按规定进入有形建筑市场交易的,以及搞层层转包、违法分包的,都要依法严肃处理。

④ 加快有形建筑市场计算机管理系统和建设工程信息网络的建设步伐。

⑤ 建立评标专家库,完善和健全评标方法。评标由招标人依法组建的评标委员会负责。评标委员会由招标人的代表和有关专家组成,因此评标专家要建立专家库,从专家库内的相关专业的专家名单中采取随机抽取的方式,与投标人有利害关系的人不得进入相关项目的评标委员会。

**2. 健全工程管理制度,规范有形建筑市场**

要健全以下几项工程管理制度:①项目报建制度;②招标投标制度;③工程监理制度;④合同管理制度;⑤施工许可制度;⑥竣工验收备案制度;⑦市场准入制度;⑧材料采购负责制度。

## 本 章 小 结

```
                ┌── 本课程的性质、研究对象、内容
                │
                │                    ┌── 基本建设概念
                ├── 建筑业与基本建设 ──┤   固定资产:时间标准、价值标准
                │                    │
                │                    └── 基本建设内容
                │                        基本建设程序
                │
                │                         ┌── 建筑产品的特点:固定性、多样性、体积庞大
  绪论 ─────────┤                         │
                │                         │── 建筑产品生产的技术经济特点:单件性、流动性、
                ├── 建筑产品及其生产的特点 ─┤    综合性、不可间断性、生产周期长、气候影响大
                │                         │
                │                         └── 建筑产品生产经营管理特点:先有用户后组织
                │                              生产、业务不稳定、环境多变、人员变动大
                │
                ├── 建筑企业的类型和组织形式 ── 建筑企业的组织形式:直线职能制、事业部制、矩阵制
                │
                └── 建筑市场
```

# 思考与练习

## 一、单项选择题

1. 建筑工程经济与管理包括工程经济学和建筑企业管理两个部分。工程经济学是以（　　）为对象，从技术经济方面，对项目的技术方案、技术措施以及企业（项目）的经济效果进行分析和评价的。
   A. 建筑企业　　　　　B. 建设单位　　　　　C. 工程项目　　　　　D. 项目经理

2. 下列（　　）不属于工程技术经济部分涉及的内容。
   A. 不确定性分析　　　　　　　　　　　　B. 资金的时间价值
   C. 静态和动态评价方法　　　　　　　　　D. 建筑企业质量管理

3. 建筑业在我国国民经济中的支柱产业作用非常明显，下列（　　）不是建筑业的支柱作用。
   A. 为全社会提供建筑产品
   B. 为国家增加收入、增加积累
   C. 技术创新的源泉
   D. 可容纳大量的就业人员，有创造外汇的巨大潜力

4. 固定资产按其经济用途，分为生产性固定资产和非生产性固定资产两大类。下列（　　）不属于生产性固定资产。
   A. 办公楼　　　　　B. 工厂的厂房　　　　　C. 机器　　　　　D. 设备

5. 流动资产是指企业在一年内或超过一年的一个营业周期内变现或者耗用的资产，下列（　　）不属于流动资产。
   A. 应付及预付款　　B. 存货　　　　　　C. 现金　　　　　D. 短期投资

6. 下列（　　）不属于工程项目建设地点选择时主要解决的问题。
   A. 建设时所需的水、电、运输条件是否落实
   B. 项目建设投产后的原材料、燃料是否具备
   C. 工程地质、水文地质等自然条件是否可靠
   D. 项目建设投产后的机构、人员是否到位

7. 下列（　　）不是建筑产品的特点。
   A. 产品体积庞大　　B. 生产过程的综合性　　C. 产品的多样性　　D. 产品的固定性

8. 下列（　　）不是直线职能制缺点。
   A. 部门间缺乏信息交流，不利于集思广益地作出决策
   B. 直线部门与职能部门（参谋部门）之间目标不易统一，职能部门之间横向联系较差，信息传递路线较长
   C. 系统刚性大，适应性差，容易因循守旧，对新情况不易及时作出反应
   D. 分工精细，责任清楚，各部门效率较高

## 二、多项选择题

1. 下列（　　）属于建筑企业管理部分涉及的内容。
   A. 建筑工程项目管理　　　　　　　　　B. 建筑工程合同管理
   C. 动态评价方法　　　　　　　　　　　D. 建筑企业质量管理

2. 建筑业是我国国民经济中的一个独立的重要的物质生产部门，这是因为它具有（　　）条件。

A. 建筑业生产具有区别于其他部门的技术经济特点
B. 建筑业生产同类产品，即使用原材料相同，生产工艺过程性质相同
C. 建筑业具备一定的生产规模、生产技术基础以及固定工人的数量
D. 建筑业能够创造大量的外汇

3. 施工准备工作的主要内容包括（　　　）。
A. 征地、拆迁工作　　　B. "三通一平"工作　　　C. 水文地质勘察工作
D. 施工图审核工作　　　E. 临时设施工作

4. 建筑产品生产的技术经济特点包括（　　　）。
A. 生产的流动性　　　B. 生产的多样性
C. 生产周期长　　　D. 生产受气候条件影响大
E. 生产过程的综合性

5. 建筑产品生产经营管理的特点包括（　　　）。
A. 机构人员变动大　　　B. 生产管理难度大
C. 管理环境多变　　　D. 生产经营业务不稳定
E. 建筑产品是先有用户后组织生产

6. 建筑企业必须具备的基本条件有（　　　）。
A. 有与承担工程任务相适应的注册资本
B. 有保证工程质量和工期的手段和设施
C. 有健全的会计制度和经济核算办法，能独立进行经济核算
D. 有承担类似工程的施工经验
E. 有独立组织生产的能力和独立经营的权利

7. 建立组织机构的原则有（　　　）。
A. 统一领导、分级管理的原则　　　B. 管理幅度和管理层次合理的原则
C. 分工与协作的原则　　　D. 精干高效多功能的原则
E. 监督与制约的原则

### 三、简答题

1. 什么是基本建设？基本建设经济活动按用途和性质如何分类？
2. 什么是固定资产和流动资产？二者的区别是什么？
3. 什么是建设程序？其主要内容有哪些？
4. 什么是可行性研究？可行性研究报告的主要内容包括哪些？
5. 建筑设计阶段如何划分？每个阶段的主要内容有哪些？
6. 建筑产品及生产的技术经济特点有哪些？
7. 建筑企业的基本条件是什么？建立组织机构的原则有哪些？
8. 简述建筑企业的组织形式。
9. 如何加强建筑市场管理？

### 四、案例分析

某建筑工程分为四个施工标段。一监理单位承担了该工程施工阶段的监理任务，一、二标段工程先行开工，项目监理机构组织形式如图所示。一、二标段工程开工半年后，三、四标段工程相继准备开工，为适应整个项目监理工作的需要，总监理工程师决定修改监理规划，调整项目监理机构组织形式，按四个标段分别设置监理组，增设投资控制部、质量控制部、进度控制部和合同管理部四个职能部门，以加强各职能部门的横向联系。

问题：1. 图中项目监理机构属于何种组织形式？说明其主要优点。

2. 调整后的项目监理机构属于何种组织形式？画出该组织结构示意图，并说明其主要缺点。

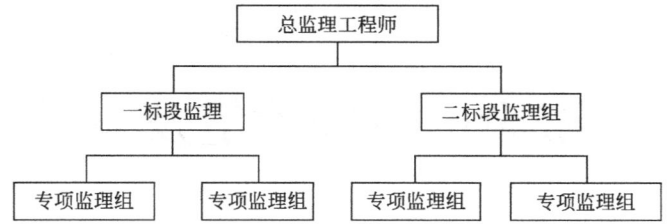

# 第二章 资金的时间价值及表示

**【知识目标】**
- 了解工程技术经济分析的基本原则、基本原理。
- 理解各备选方案可比性的条件，现金流量表，均匀梯度支付系列公式，名义利率与实际利率的差别，等值的概念。
- 掌握资金时间价值的度量，单利和复利计息的计算，绘制现金流量图，一次支付系列公式、等额支付系列公式，年实际利率的计算，等值的计算。

**【能力目标】**
- 能解释资金时间价值，单利、复利，净现金流量，名义利率、实际利率，等值。
- 能写出工程技术经济分析必须遵循的基本原则，一次支付终值公式、等额支付系列未来值公式，年实际利率的计算公式，计算未知利率、未知年数的公式。
- 能应用现金流量图的作图规则，一次支付系列公式、等额支付系列公式，年实际利率的计算公式，直线内插法。
- 能处理不同情况下的现金流量，灵活应用各种公式进行计算。

## 第一节 工程技术经济分析的基本原则及其基本原理

工程技术经济分析是对工程技术方案、建设项目的费用和效果进行比较，计算其经济效果并进行经济分析。

### 一、工程技术经济分析必须遵循的基本原则

**1. 技术方案必须满足宏观经济政策的要求**

国家的宏观经济政策是根据国民经济发展的具体情况科学地制定出来的。一经制定，将引导未来国民经济发展的实践，对未来各种技术的采用也起着指导和制约作用。因此，在比较、分析技术方案时，必须考虑其是否符合国家的宏观经济政策，凡不符合政策要求的方案均不能采用。

（1）技术方案必须符合国家产业政策　宏观产业政策是政府干预各产业发展的一系列措施、手段的总和。是政府干预、调节市场机制，从而影响产业结构运行和调控的主要手段。产业政策是依据国民经济未来发展目标、世界性技术进步方向、国内外市场需求、拥有资源状况等因素制定的，它规划和指导着产业结构的发展方向，并通过对各产业的发展以及产业间关系的协调来达到这一目的。产业政策的核心是确定整个产业结构的发展方向和选择及扶持相应的重点产业。如《国家产业结构调整指导目录（2013年本）》。因此，技术方案应当符合产业政策的要求，既立足于我国现实基础，又满足产业结构合

理化的需要。

（2）技术方案必须符合国家区域发展政策　我国地域辽阔，地区间的自然环境、资源状况、经济发展水平等都有很大差异。为此，国家根据各地区的资源状况、经济发展基础、比较优势等制定了宏观的区域发展政策，以利于各地区充分发挥优势，扬长避短，最终实现各地区经济的均衡发展。如我国的西部大开发、振兴东北老工业基地、促进中部地区崛起等。因此，技术方案必须符合国家区域发展政策，促进各区域经济的协调发展。

（3）技术方案必须符合可持续发展政策　1989年第十五届联合国环境署理事会通过了《关于可持续发展的声明》，对可持续发展作了定义："可持续发展是指满足当前需要而又不削弱子孙后代其需要之能力的发展，并且绝不能以自己国家的发展去侵犯别的国家的主权"。其核心思想是：健康的经济发展应该建立在生态可持续发展能力、社会公正和人民积极参与自身发展决策的基础上。它是指依靠技术进步，提高劳动生产率，保持生态平衡，实现经济长期持续稳定增长的有关经济政策。因此，技术方案必须有利于经济增长质量的提高和经济的可持续发展，有利于资源的合理配置与充分利用，有利于生态平衡和环境质量的提高。

**2. 必须充分论证技术方案的经济合理性**

技术方案的经济合理性包括技术上的先进性、适用性与经济上的必要性与可行性。

（1）技术方案必须具备技术上的先进性和适用性　要使国民经济以较高的速度持续稳定地发展，就必须不断地用现代科学技术装备国民经济各个部门，以形成尽可能高的劳动生产率。不仅新建项目及待实施的技术方案应尽可能采用先进技术，现有企业也应当不断地用先进技术加以改造和更新。先进技术可以带来较高的生产效率，可以减少资源的耗费，节约原材料、能源和工时消耗，提高产品质量和产量。技术方案的技术先进性，不仅能够提高企业的劳动生产率，降低生产成本，使企业获得良好的经济效果，而且可以改善人们的生活环境，提高生活质量，进而提高社会文明程度，获得良好的社会效果。

先进技术的应用，必须具备相应的条件。先进技术要形成现实生产力，必须要有相应的现有技术和设备设施与之配套，还必须要有相应的工程技术人员和技术工人去掌握、使用以及管理和维护。否则，先进的技术不仅不能达到应有的效果，反而会因为操作水平低以及管理落后，导致更大的经济损失。因此，先进技术的选用，要与国家的现有技术水平、对先进技术的学习消化能力、劳动者受教育程度及其掌握先进技术的能力、先进技术形成现实生产力所必须具备的相应配套技术和配套设施等相适应。所以，一项技术方案在选择技术时，不能过分强调选用的技术越先进越好，尤其是在选用国外先进技术时，更应当注意所选技术的实用性。

（2）技术方案必须具备经济上的必要性与可行性　我国经济建设的目的是在先进技术的基础上，不断发展生产力，用有限的资源尽可能满足人民日益增长的物质文化生活的需要。因此，选用的技术方案必须考虑能否直接或间接为这一目的服务。技术方案的实施不仅要有利于经济增长和生态平衡，有利于人民生活状况的改善和人口素质的提高，同时，还要避免投资和生产的盲目性，以及重复投资、重复建设。只有符合社会经济发展需要的技术方案才有可能为社会提供需要的使用价值，才能获得预期的经济效果。

**3. 参加备选方案必须具有可比性**

在技术经济分析中，方案的比较是极其重要的内容。而进行方案比较的基础，就是看参选方案是否具有可比性，如果具备可比性，才可以进行方案的比较选择，否则需要经过处理以后才能进行比较。技术经济分析的可比性主要表现在如下几个方面。

（1）满足需要可比　即参加比选的各方案都能同等程度地满足需要。如制作屋架，可用钢结构、木结构、钢筋混凝土结构，即使用同一材料，结构也可以有不同形式，只有它们都能满足特定的承载能力要求，能够互相替代，才能比较各方案的经济效果。再如，不同建筑体系的住宅建筑可以互相比较，因为它们的功能或使用价值是等同的，但相同建筑体系的住宅和厂房之间就不具备可比性，因为它们在满足需要方面是不同的。如果参与比较的各备选方案在满足需要方面出现程度不同的差异，则应当采取补救措施，使之变为可比。如某地区由于经济的发展需要建设 100 万千瓦的发电机组，有甲、乙两个厂址可供选择，甲地可建 100 万千瓦的火电厂，乙地受条件的限制，只能建设 80 万千瓦的火电厂。可见两厂因规模不同而缺乏可比性，为了能够比较，必须对乙地建厂方案进行补偿，即在另外的丙地建设一 20 万千瓦的火电厂，由乙和丙组成一个联合方案再与甲方案比较。

(2) 消耗费用可比  对技术方案进行经济效果比较，还应具备直接体现经济效果大小的劳动消耗的可比性。这里的劳动消耗可比性，主要是指各种消耗费用的计算范围、计算基础的一致性，以及计算原则和方法的统一性。

消耗费用的计算范围和计算基础的一致性表现为以下几点。一是应从整个社会总的全部消耗观点来综合考虑，不仅要计算实现技术方案本身的直接消耗费用，还应计算与现实方案密切相关的相关部门的投资或费用。例如计算混凝土构件厂方案的消耗费用，不仅要计算构件厂的投资费用，还应包括与之密切相关的原材料采集、加工、运输、成品储存运输等有关项目或设施所消耗的费用。二是应用系统的方法计算方案全过程的全部费用。以楼板结构的施工为例，如采用现浇方案，其费用包括：采购砂、石、水泥等的材料费，从供应地到现场的运输费和场内二次搬运费，模板制作和安装费，钢筋制作绑扎费，混凝土的备料、搅拌、水平和垂直运输费，浇筑、振捣、养护和模板拆除费用等。若采用预制安装方案，其费用包括：构配件的出厂价格，从工厂到工地的运输费，场内运输和吊装费，节点的处理费等。只有计算出全部环节的总费用，才能使两种方案具有可比性。

计算原则和方法的统一性，主要指采用统一的计算方法，即各项费用（如投资、生产成本等）的估算应采用相同的计算公式，采用统一的定额和取费标准等。

(3) 价格的可比性  价格的可比性要求所使用的价格必须满足价格性质相当及价格的时期相当两方面的要求。价格性质相当是指技术方案计算收入或支出时使用的价格应当真实反映价格和供求关系。如在计算方案消耗时，主要自然资源及人力资源应当采用受市场调节可真实反映其价值的市场价格或国家统一拟定的影子价格，而不应当使用国家计划调节下的受政策因素影响的规定价格；在计算方案收益时，生产出的供销售的产品也应当采用市场价格或影子价格；在国民经济评价时，各方案应一律采用影子价格。价格的时期相当是指各方案在计算经济效益时，应采用同一时期的价格。由于技术的进步和劳动生产率的提高，以及通货膨胀的影响，不同时期的价格标准是不一样的，各备选方案应当在相同时期的价格标准基础上，按方案的使用期适当换算，这样才能使经济效益值具有可比性。

(4) 时间的可比性  时间的可比性包括两方面的内容。首先，要求各备选方案应具有统一的计算期。计算期不同于方案的使用寿命或服务期，它是根据经济评价要求，在考虑了方案的服务年限、国民经济需要和技术进步的影响，以及经济资料的有效期等因素后综合分析得出的时期。如果备选方案的计算期不同，必须经过适当换算，使计算期相同后再互相比较。其次，必须考虑投入的时间先后与效益发挥的迟早对经济效果的影响。各种技术方案在投入的人力、物力和资源以及发挥效益的时间上，一般是不尽相同的。如有的技术方案建设年限短、有的长；有的方案投入运行的时间早、有的迟；有的方案服务年限长、有的短。众所周知，相同数量的产品和产值或相同数量的人力、物力和财力，早生产就能早发挥效益，创造更多的财富；反之，迟生产就迟发挥效益，少创造财富。因此，对不同技术方案进行比较时，除了考虑投入与产出的数量大小外，还应考虑这些投入与产出所发生的时间和延续的时间。

**4. 技术方案必须满足整体效果最佳**

整体效果最佳是指国民经济整体效果最佳，而不是只寻求部门或地区经济效果最佳，更不是只寻求单个企业经济效果最佳。在进行技术经济分析中，应当正确处理局部与整体的关系。有的方案从局部看是可行的，但是从全局看却是不可行的，具体在经济评价中表现为财务评价可行，国民经济评价不可行，在这种情况下，应当局部利益服从全局利益。如某工业项目，其产品具有巨大的国际市场前景和良好的企业财务效益，但是，该项目生产过程对环境污染严重，治理难度很大。因此，从国民经济整体效果最佳考虑，该项目仍为不可行方案。

强调整体效果最佳，就是要在技术经济分析中加强宏观经济分析，并以宏观经济分析结果为主，以微观经济分析为辅。如技术方案对国家宏观经济政策的满足程度、对发展地区经济和部门经济的影响、对国民经济其他部门的影响、对合理配置及充分利用资源的影响、对经济可持续发展的影响、对环境保护及生态平衡的影响、对科技进步的影响、对增加就业机会的影响等。

**5. 必须对技术方案进行不确定性分析**

不确定性分析包括盈亏平衡分析、敏感性分析和风险分析。因为技术经济分析具有未来性和预见性，所以，在对技术方案进行评价时和技术方案实施后的情况可能会有变化。受价格、利率、工期、成本等各种不确定因素的影响，工程项目或技术方案在具体实施中将会遇到较大的风险。为了避免决策的失误，必须在对项目进行财务评价和国民经济评价的基础上，模拟项目在未来实施过程中受各种不确定因素的影响，进行敏感性分析和风险性分析。

## 二、工程技术经济分析的基本原理

**1. 经济效果的概念**

人类所从事的任何社会经济活动都有一定的目的性，而且都可以获取一定的效果，这些效果称为该项活动的劳动成果，如各种产品、劳务等。但是要取得这些劳动产品必然要付出一定的代价，即必须投入一定数量的物化劳动和活劳动，付出的代价通常称为劳动消耗。

工程技术经济所研究的经济效果问题，主要是研究工程建筑领域内各种活动的劳动成果与劳动消耗的关系。因此，经济效果的概念可以表述为：人们在工程建设领域中的劳动成果与劳动消耗的比较。

（1）效率、效果与效益的关系　效率通常指单位时间内完成的工作量，为能力的量度。所谓效率高指在同样时间内完成更多的工作。效果指某种活动产生的结果，称之为凝固的效率。效益指有益的效果，即社会需要或为社会所接受的成果。

三者的关系为：

$$\text{效率} \xrightarrow{\text{与劳动资料结合}} \text{效果} \xrightarrow{\text{有效的经营管理}} \text{效益}$$

（2）经济效果与经济效益的区别　经济效果反映劳动消耗转化为劳动成果的程度，实际上是人们从事经济活动的一种必然结果。这种结果可能符合社会需要，也可能不符合社会需要。经济效益反映劳动消耗转化为有用或有效的劳动成果的程度，即：

$$\text{经济效益} = \frac{\text{有用的劳动成果}}{\text{劳动消耗}}$$

所以，经济效果与经济效益是两个既有联系又有区别的不同概念，不应该将其等同起来。但由于技术经济评价的预测性，这两者在许多场合往往是通用的。如在评价某项拟建工程项目的经济效益时，是假定它的产品适销对路，其全部劳动成果都是有效的。在这样的情况下，经济效益与经济效果便没有区别。以后若无特别说明，就认为这两个术语可以通用。

**2. 经济效果的评价原则**

（1）宏观经济效果与微观经济效果相结合　宏观经济效果指从国家整体利益出发考察技术方案的经济效果，微观经济效果则是从项目或企业本身的角度出发考察技术方案的经济效果。在多数情况下，二者是统一的，因为局部利益是全局利益的基础，全局包含局部。但有时也有矛盾，这时必须首先考虑宏观经济效果，因为必须首先从国民经济和全社会的角度出发考虑国家的整体利益，不能为追求局部利益而损害全局利益。

（2）近期经济效果与长远经济效果相结合　工程建设是百年大计，不仅要注意近期经济效果，而且要重视将来的发展前途。不仅要计算建设期间的劳动耗费，而且要计算生产服务期限内的经济因素，把拟建工程从投资开始到使用期终结这一周期作为完整系统来计算和评价。要把当前经济效果与长远经济效果很好地协调起来。当两者出现矛盾时，则应当"近期"服从"长远"。

（3）直接经济效果与间接经济效果相结合　直接经济效果是指方案本身的经济效果。间接经济效果也称外部经济效果，是指方案实施给国民经济其他部门带来的经济效果。如果技术方案的直接经济效果与间接经济效果相一致，就很容易决定其好坏，但二者经常不一致。如化工企业在追求本企业经济效果的同时，对周边环境造成了污染。此时，必须根据具体问题具体分析，不能简单地以直接经济效果好或者间接经济效果好作为判断标准。

（4）经济效果与社会效果相结合　经济效果是可以定量计算其价值量大小的经济活动后果，而社会效果是指经济活动对于人口素质、伦理道德、生活质量、社会安全等方面带来的后果，一般难以计算。因此，对方案进行评价时，既要考虑其经济效果，也要考虑其社会效果。如果方案的经济效果与社会效果一致，则方案的好坏容易判断；如二者不一致，情况就比较复杂。从当前看，应当在尽量不危害社会的前提下，依据经济效果进行评价；从长远看，则应当在尽可能提高经济效果的同时，以社会效果的好坏决定取舍。

**3. 经济效果的评价方法**

经济效果是劳动成果与劳动消耗的比较，而这种比较可以用"比率法"和"差值法"两种方法表示。

（1）比率法　用比率法表示经济效果，就是用比值的大小来反映经济效果的高低，其数学表达式为：

$$E=\frac{B}{C} \tag{2-1}$$

式中，$E$ 为经济效果；$B$ 为劳动成果；$C$ 为劳动消耗。

本公式表示了单位投入所获得的产出，其比值越大越好。现实中有以下四种类型。

① 劳动成果和劳动消耗均以价值形态表示。这时经济效果的单位为"价值/价值"。如劳动成果可以用国民生产总值、国内生产总值、销售收入、利润总额等指标表示；劳动消耗可以用固定资产投资、总成本、工资总额等指标表示。

② 劳动成果以价值形态表示，劳动消耗以实物形态表示。这时经济效果的单位为"价值/实物"。劳动消耗根据具体情况可以分别用"kg"、"m³"等指标表示。如每千克煤提供的产值"元/kg"表示能源的利用效率。

③ 劳动成果与劳动消耗均以实物形态表示。这时经济效果的单位为："实物/实物"。如每千克钢材提供的成品材料，"kg/kg"表示钢材成材率。

④ 劳动成果以实物表示，劳动消耗以价值表示。这时经济效果的单位为"实物/价值"。如用每百元固定资产占用提供的实物产品量"kg/100元"表示固定资产的利用效率。

（2）差值法　差值法是以减法的形式表示经济效果的大小，其数学表达式为：

$$E = B - C \quad (2-2)$$

在差值法中，无论是劳动成果还是劳动消耗，都必须用价值的形式表示，劳动成果用财政收入、销售收入等价值形态表示，劳动消耗用财政支出、成本支出等价值形态表示。计算出来的收支差额用纯收入、利润等价值形态表示，要求 $E \geqslant 0$，而且差额越大越好。

除比率法和差值法两种表示方法外，表示经济效果还可以用差值-比率法，即：

$$E = \frac{B - C}{C} \quad (2-3)$$

该式反映了单位消耗所创造的净收益，如每百元固定资产创造的利润等。这种表示方法综合了比率法和差值法的优点，其应用也非常广泛。

（3）常用的评价指标　在上述公式中，一般要求 $B$ 和 $C$ 都能用价值指标表示。但由于实际应用中遇到的费用与效益的多样化，许多因素难以用统一的价值指标来表示，因而难以直接应用上述公式进行评价。这样就派生出了多种评价指标，这些评价指标分为劳动占用指标、劳动消耗指标、时间资源指标、劳动成果指标和经济效果指标等。

① 劳动占用指标　该指标反映了在技术方案的实现和运行过程中所占用的资金和其他资源的情况，如每百元产值占用的固定资产原值、每百元产值占用的流动资金、土地占用等。

② 劳动消耗指标　该指标反映了在技术方案的实现和运行过程中消耗的活劳动和物化劳动的情况，具体如下。

a. 建设过程投入的劳动量；

b. 生产过程中的劳动生产率，即劳动者在一定时间内生产某种产品的数量；

c. 物料投入，即在技术方案的实现和使用过程中的材料、燃料、能源设备等的消耗量；

d. 成本，即获得某种使用价值或生产某种产品所支出的全部费用的总和，有年总成本和单位成本等。

③ 时间资源指标　如工期、建设周期和投资回收期等。

④ 劳动成果指标　如年产量、年产值和年利润等。

⑤ 经济效果指标　常见的指标有以下几种。

a. 成本利润率　成本利润率是单位产品利润与单位产品成本的比率，即：

$$成本利润率 = \frac{单位产品利润}{单位产品成本} \times 100\%$$

b. 投资利润率　投资利润率是项目达到设计生产能力后的一个正常生产年份的年利润总额或年平均利润总额与项目总投资的比率，即：

$$投资利润率 = \frac{年利润总额或年平均利润总额}{项目总投资} \times 100\%$$

c. 投资利税率　投资利税率是项目达到设计生产能力后一个正常年份的年利税总额或年平均利税总额与项目总投资的比率，即：

$$投资利税率 = \frac{年利税总额或年平均利税总额}{项目总投资} \times 100\%$$

# 第二节 资金的时间价值及表示

## 一、资金时间价值的概念

资金的时间价值是指同样数额的资金在不同的时间分布点上的不同价值。如今年的 100 元钱不等于明年的 100 元钱。

一项工程考虑时间价值的意义在于以下几点。

① 一项工程早一天建成投产，就能够早创造一天的价值，拖延一天竣工就会耽误一天生产，造成一笔损失。

② 考虑资金使用的时间价值，可以促使资金使用者加强管理，更充分地利用资金，以促进生产的发展。

③ 在借用贷款的情况下，不计算资金的时间价值，就无法还本付息。

从投资者的角度来看，资金的时间价值受以下因素的影响。

a. 投资额　投资的资金越多，资金的时间价值就越大。例如把 200 元存入银行，若存款年利率为 2%，则一年后的总值为 204 元。显然 200 元的时间价值比 100 元的时间价值大。

b. 利率　一般来讲，在其他条件不变的情况下，利率越高，资金的时间价值越大；利率越低，资金的时间价值越小。如银行存款年利率为 2% 时，100 元一年的时间价值是 2 元；银行存款年利率为 5% 时，100 元一年的时间价值是 5 元。

c. 时间　在其他条件不变的情况下，时间越长，资金的时间价值越大。如银行存款年利率为 2% 时，100 元一年的时间价值是 2 元；两年的时间价值是 4 元。

d. 通货膨胀因素　如果出现通货膨胀，会使资金贬值，贬值会减少资金的时间价值。

e. 风险因素　投资是一项充满风险的活动，项目建成以后，会受到诸如产品价格、寿命期、利率、汇率等因素的影响，既可能使项目遭受损失，也可能使项目获得意外的收益。这就需要对风险进行认真的预测与把握。

## 二、资金时间价值的度量

资金时间价值可以用利息和利率来度量。

利息是借款者支付给贷款者超出本金的那部分金额，是社会一部分国民收入的再分配。它是作为对储蓄的一种物质奖励和对借款的经济监督手段。

利率是一定时期内所付利息额与所借资金额之比，即利息与本金之比。用于表示计算利息的时间单位称为计息周期。以年为计息周期的利率称为年利率，以月为计息周期的利率称为月利率。年利率用百分比（%）表示；月利率用千分比（‰）表示，日利率用万分比（‱）表示。年利率、月利率和日利率三者之间关系如下：

$$年利率 \div 12 = 月利率 \quad 月利率 \div 30 = 日利率$$

## 三、单利计息与复利计息

**1. 单利计息的计算**

每期均按原始本金计息，这种计息方式称为单利。在单利计息的情况下，利息与时间呈线性关系，不论计息周期数为多大，只有本金计息，而利息不计利息，即"利不生利"。

设 $P$ 代表本金，$n$ 代表计息周期数，$i$ 代表利率，$I$ 代表总利息，则：

$$I = Pni \tag{2-4}$$

设 $F$ 代表期末的本利和，则：

$$F = P + I = P(1 + ni) \tag{2-5}$$

**【例 2-1】** 某拟建项目向建设银行贷款 500 万元，借款合同规定借期 5 年，年利率为 3%，单利计息，试问 5 年后应还多少？

**解：** $F = P + I = P(1 + ni) = 500(1 + 5 \times 3\%) = 575$（万元）

5 年后应归还本利和为 575 万元。

单利计息由于每期所得利息不再产生利息，所以实际上是假定利息不再投入资金周转过程，这是不符合资金运动规律的，它没有反映出各期利息的时间价值，因而不能完全反映资金的时间价值。

在我国，国库券和储蓄存款的利息就是以单利计算的。

**2. 复利计息的计算**

将本期利息转为下期的本金，下期按本期期末的本利和计息，这种计息方式称为复利。在以复利计息的情况下，除本金计息之外，利息再计利息，即"利生利"、"利滚利"。这时，复利计息的期末总利息 $I$ 应为：

$$I = P(1+i)^n - P \tag{2-6}$$

而期末本利和为：$F = P(1+i)^n$

**【例 2-2】** 在【例 2-1】中，若采用复利利息，试问 5 年后应还多少？

**解：** $F = P(1+i)^n = 500(1 + 3\%)^5 = 579.64$（万元）

从两个例题对比来看，利率相同，单利和复利利息的本利和是不同的，复利利息的本利和比单利利息的本利和多 $579.64 - 575 = 4.64$ 万元。利率越大，则差值也越大。

**【例 2-3】** 在【例 2-1】中，若前 3 年采用单利计息，后两年采用复利计息，试问 5 年后应该归还多少元？

**解：** 总利息 $I$ = 前 3 年利息 $I_1$ + 后两年利息 $I_2$

$$I_1 = Pni = 500 \times 3 \times 3\% = 45 \text{（万元）}$$
$$I_2 = P(1+i)^n - P = 500(1+3\%)^2 - 500 = 30.45 \text{（万元）}$$
$$F = P + I = 500 + 45 + 30.45 = 575.45 \text{（万元）}$$

# 第三节 现金流量

## 一、现金流量的概念

在对项目进行技术经济分析时，一般不用会计利润的概念，而要计算现金流量。为了全面考察新建项目的经济性，必须对项目在整个寿命期内的收入和支出进行研究。根据各阶段现金流动的特点，可把一个项目分为建设期、投产期、稳产期和回收处理期四个期间，如图 2-1 所示。

在技术经济分析中，企业所有的资金支出称为现金流出，实施项目带来的收入称为现金流入。现金流量即同一时期现金流入和现金流出的总称。同一时期的现金流入减去现金流出的余额称为这个时期的净现金流量，即：

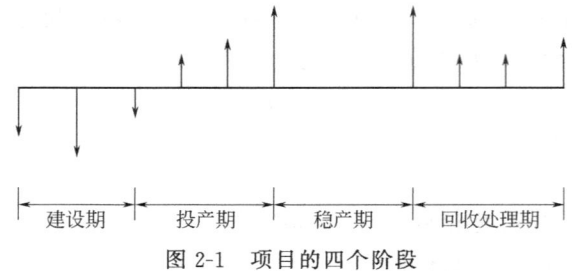

图 2-1 项目的四个阶段

某期净现金流量＝现金流入－现金流出

以企业生产为例，现金流入量表现为销售收入、固定资产期末残值回收和流动资金回收；现金流出则表现为固定资产投资、流动资金投入、经营成本和上缴税金。因此：

某期的净现金流量＝某期的销售收入＋回收（固定资产残值回收和流动资金回收）－
某期的经营成本－某期上缴的税金－某期的投资
（固定资产投资和流动资金投入）

## 二、现金流量表

现金流量表是以表格的形式反映项目计算期内现金运动的状况。通常格式见表 2-1。表 2-1 中的时期表示期末，本期末即下期初。

表 2-1 现金流量表（一）

| 名称 \ 时期 | 建设期 | 投产期 | 稳产期 | 回收处理期 |
|---|---|---|---|---|
|  | 0  1  2 | 3  4 | 5  6  … | …  $n$ |
| 生产负荷 | | | | |
| 1. 现金流入 | | | | |
| 1.1 销售收入 | | | | |
| 1.2 回收残值 | | | | |
| ⋮ | | | | |
| 2. 现金流出 | | | | |
| 2.1 固定资产投资 | | | | |
| 2.2 流动资金投入 | | | | |
| 2.3 经营成本 | | | | |
| 2.4 税金 | | | | |
| ⋮ | | | | |
| 3. 净现金流量 （现金流入－现金流出） | | | | |

## 三、现金流量图

现金流量图是以图形反映计算期内现金的运动状况。对于项目而言，现金流量图模拟了项目计算期内现金流量的发生情况。在现金流量图上，要表明现金流量的性质（流入或流出）、发生时点和金额大小。

现金流量图的作法和规则如下。

① 以横轴为时间轴，向右延伸表示时间延续，轴上时点表示期末，本期末即下期初。

② 箭头表示现金流动的方向。凡正现金流量以向上箭线表示，画在轴上方现金流量发生的时点；凡负现金流量以向下箭线表示，画在轴下方现金流量发生的时点。箭线长短与现金流量大小成比例。

③ 现金流量图与立脚点有关。

【例 2-4】 某项目拟在第一、二年末分别投入固定资产 1000 万元、1500 万元，第三年起投产，投产当年即达设计生产能力。每年销售收入 500 万元，税金 100 万元，经营成本 200 万元，项目计算期 18 年，残值 75 万元，正常年份需流动资金 150 万元。试进行该项目现金流量分析，作出现金流量表及现金流量图。

解：根据题目条件，可作出现金流量表（见表 2-2）。

表 2-2 现金流量表（二）　　　　　　　　　　单位：万元

| 名称 \ 时期 | 建设期 | | | 生产期 | | | | |
|---|---|---|---|---|---|---|---|---|
| | 0 | 1 | 2 | 3 | 4 | … | 17 | 18 |
| 生产负荷 | 0 | 0 | 0 | 100% | 100% | | 100% | 100% |
| 1. 现金流入 | | | | 500 | 500 | | 500 | 725 |
| 1.1 销售收入 | | | | 500 | 500 | | 500 | 500 |
| 1.2 回收残值 | | | | | | | | 75 |
| 1.3 回收流动资金 | | | | | | | | 150 |
| 2. 现金流出 | | 1000 | 1650 | 300 | 300 | | 300 | 300 |
| 2.1 固定资产投资 | | 1000 | 1500 | | | | | |
| 2.2 流动资金投入 | | | 150 | | | | | |
| 2.3 经营成本 | | | | 200 | 200 | | 200 | 200 |
| 2.4 税金 | | | | 100 | 100 | | 100 | 100 |
| 3. 净现金流量（现金流入－现金流出） | | −1000 | −1650 | 200 | 200 | | 200 | 425 |

根据表 2-2 中所示净现金流量，可作本项目现金流量图（见图 2-2）。

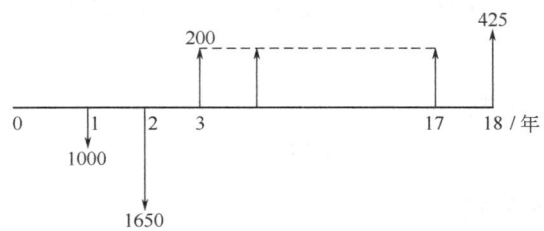

图 2-2 现金流量图（一）（单位：万元）

## 第四节　复利计算的基本公式

根据现金的不同支付方式，复利计算的基本公式有以下几种。

### 一、一次支付系列公式

**1. 一次支付终值公式**

一次支付终值公式，即前面介绍的复利计息本利和公式。

问题：当投资一笔资金 $P$，利率为 $i$，求 $n$ 期后可收回多少金额 $F$？或者，当借入一笔资金 $P$，利率为 $i$，求 $n$ 期后应归还多少金额 $F$？可用以下现金流量图和公式表示（见图 2-3）。

$$F = P(1+i)^n \tag{2-7}$$

式中，$(1+i)^n$ 称为一次支付终值系数，通常用符号 $(F/P, i, n)$ 表示，可从书后复利系数表中查出。

这样，式(2-7) 可以写成：

$$F = P(F/P, i, n)$$

【例 2-5】 某建筑公司进行技术改造，2010 年初贷款 100 万元，2011 年初贷款 200 万元，年利率 8%，2013 年末一次偿付，问其偿还多少元？

**解**：现金流量图如图 2-4 所示。

$$F = P(F/P, i, n) = 100(F/P, 8\%, 4) + 200(F/P, 8\%, 3) = 388(万元)$$

图 2-3 一次支付现金流量图　　　图 2-4 现金流量图（二）
　　　　　　　　　　　　　　　　　　　（单位：万元）

**2. 一次支付现值公式**

问题：如果计划 $n$ 年后积累一笔资金 $F$，利率为 $i$，问现在一次投资多少金额？从式(2-7)中容易推导出下列公式。

$$P = \frac{F}{(1+i)^n} \tag{2-8}$$

式中，$\dfrac{1}{(1+i)^n}$ 为一次支付现值系数，通常用符号 $(P/F, i, n)$ 表示，可从书后复利系数表中查出。

这样，式(2-8) 可以写成：

$$P = F(P/F, i, n)$$

## 二、等额支付系列公式

**1. 等额支付系列未来值公式**

问题：以利率 $i$，每年末等额存款 $A$，$n$ 年后累计一次提取终值 $F$，问 $F$ 为多少？可用图 2-5 所示的现金流量图表示。

$$F = A + A(1+i) + A(1+i)^2 + \cdots + A(1+i)^{n-2} + A(1+i)^{n-1}$$

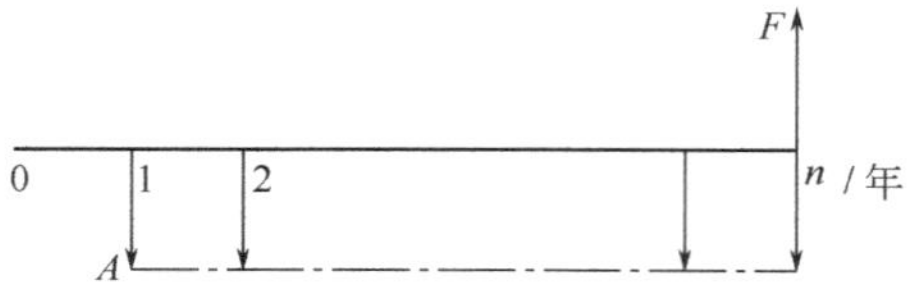

$$F = A \frac{(1+i)^n - 1}{i} \tag{2-9}$$

图 2-5 现金流量图（三）

式中，$\dfrac{(1+i)^n - 1}{i}$ 为等额支付系列未来值系数，用符号 $(F/A, i, n)$ 表示。可从书后复利系数表中查出。

这样,式(2-9)可以写成:
$$F=A(F/A,i,n)$$

【例 2-6】 某建筑企业每年纯利润 15 万元,利率 15%,问 20 年后总共有多少资金?分别用单利和复利计算其本利和 $F$。

解:先复利计算:
$$F=A(F/A,i,n)=15(F/A,15\%,20)=15\times102.444=1536.66(万元)$$

再单利计算:
$$\begin{aligned}F&=A+A(1+i)+A(1+2i)+A(1+3i)+\cdots+A(1+19i)\\&=15+15(1+15\%)+15(1+2\times15\%)+\cdots+15(1+19\times15\%)\\&=727.5(万元)\end{aligned}$$

**2. 等额支付系列偿债基金公式**

问题:为了在 $n$ 年末筹集一笔基金 $F$,利率为 $i$,问每年末等额存入的资金 $A$ 为多少?从式(2-9)中容易推导出下列公式。

$$A=F\frac{i}{(1+i)^n-1} \tag{2-10}$$

式中,$\dfrac{i}{(1+i)^n-1}$ 为等额支付系列偿债基金系数,用符号 $(A/F,i,n)$ 表示。

这样,式(2-10)可以写成:
$$A=F(A/F,i,n)$$

**3. 等额支付系列年金现值公式**

问题:现在必须投入多少资金,保证在以后 $n$ 年内每年末等额收入一笔年金 $A$?可用图 2-6 所示的现金流量图表示。

由 $F=P(1+i)^n$ 和 $F=A\dfrac{(1+i)^n-1}{i}$ 有:

$$P=A\frac{(1+i)^n-1}{i(1+i)^n} \tag{2-11}$$

式中,$\dfrac{(1+i)^n-1}{i(1+i)^n}$ 为等额支付系列年金现值系数,用符号 $(P/A,i,n)$ 表示。可从书后复利系数表中查出。

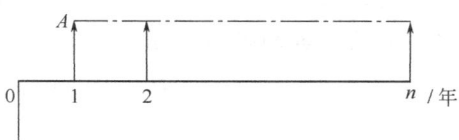

图 2-6 现金流量图(四)

这样,式(2-11)可以写成:
$$P=A(P/A,i,n)$$

【例 2-7】 某建筑公司打算贷款购买一台 10 万元的建筑机械,利率为 10%。据预测此机械使用年限为 10 年,每年平均可获净利润 2 万元。问所得净利润是否足以偿还银行贷款?

解:由式(2-11)有:
$$P=A(P/A,i,n)=2(P/A,10\%,10)=2\times6.144=12.288(万元)$$

由于 12.288 万元>10 万元,所以所得净利润足以偿还银行贷款。

**4. 等额支付系列资金回收公式**

问题:以利率 $i$ 投资一笔资金,分 $n$ 年等额回收,求每年末可收入多少?从式(2-11)

中容易推导出下列公式。

$$A = P \frac{i(1+i)^n}{(1+i)^n - 1} \quad (2\text{-}12)$$

式中，$\frac{i(1+i)^n}{(1+i)^n - 1}$ 为等额支付系列资金回收系数，用符号 $(A/P, i, n)$ 表示。

这样，式(2-12)可以写成：

$$A = P(A/P, i, n)$$

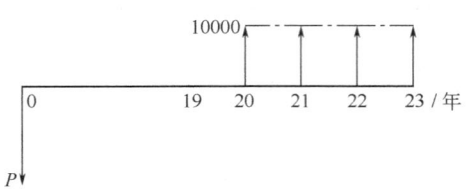

图 2-7 现金流量图（五）（单位：元）

【例 2-8】 某人现在进行一笔投资，打算从第 20 年到第 23 年，每年末回收 10000 元，投资利率为 5%，问这笔投资的现值是多少？

**解**：画出现金流量图，如图 2-7 所示。

**方法 1**：把发生的每一笔现金流量折现到期初，有：

$P = 10000(P/F, 5\%, 20) + 10000(P/F, 5\%, 21) + 10000(P/F, 5\%, 22) + 10000(P/F, 5\%, 23)$

$= 10000 \times 0.3769 + 10000 \times 0.3589 + 10000 \times 0.3418 + 10000 \times 0.3256$

$= 14032$（元）

**方法 2**：从第 20 年到第 23 年，每年回收 10000 元，可看成等额支付 $A$，先把它计算到第 19 年末，再换算到期初，有：

$P = 10000(P/A, 5\%, 4)(P/F, 5\%, 19)$

$= 10000 \times 3.546 \times 0.3957$

$= 14031.522$（元）

**方法 3**：从第 20 年到 23 年，每年回收 10000 元，可看成等额支付 $A$，先把它计算到第 23 年末，再换算到期初，有：

$P = 10000(F/A, 5\%, 4)(P/F, 5\%, 23)$

$= 10000 \times 4.310 \times 0.3256$

$= 14033.36$（元）

### 三、均匀梯度支付系列公式

问题：每年以一固定的数值递增（或递减）的现金支付情况。如机械设备由于使用而每年的维修费以固定的值增加。这种情况的现金流量如图 2-8 所示。

现在求 $n$ 年末的将来值 $F$、期初的现值 $P$ 和等额年金 $A$。

把图 2-8 分解成由两个系列组成的现金流量图，一个是等额支付系列，年金为 $A_1$，另一个是 $0, G, 2G, \cdots, (n-1)G$ 组成的梯度系列，如图 2-9、图 2-10 所示。

设等额支付系列的终值为 $F_1$，梯度系列的终值为 $F_2$。

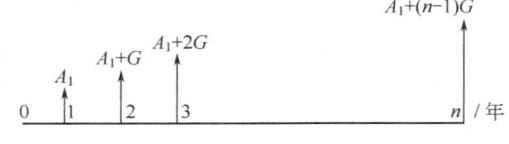

图 2-8 现金流量图（六）

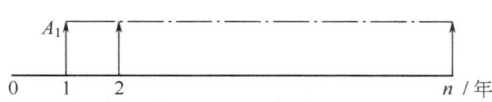
图 2-9 等额支付系列现金流量图

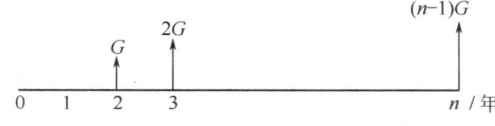
图 2-10 梯度系列现金流量图

$$F_1 = A_1 \frac{(1+i)^n - 1}{i} = A_1(F/A, i, n)$$

$$F_2 = G(F/A, i, n-1) + G(F/A, i, n-2) + \cdots + G(F/A, i, 2) + G(F/A, i, 1)$$

$$= G\left[\frac{(1+i)^{n-1} - 1}{i}\right] + G\left[\frac{(1+i)^{n-2} - 1}{i}\right] + G\left[\frac{(1+i)^{n-3} - 1}{i}\right] + \cdots +$$

$$G\left[\frac{(1+i)^2 - 1}{i}\right]G + \left[\frac{(1+i)^1 - 1}{i}\right]$$

$$= \frac{G}{i}[(1+i)^{n-1} + (1+i)^{n-2} + \cdots + (1+i)^2 + (1+i) - (n-1) \times 1]$$

$$= \frac{G}{i}[(1+i)^{n-1} + (1+i)^{n-2} + \cdots + (1+i)^2 + (1+i) + 1] - \frac{nG}{i}$$

$$= \frac{G}{i}\left[\frac{(1+i)^n - 1}{i}\right] - \frac{nG}{i}$$

$$= G \cdot \frac{1}{i}\left[\frac{(1+i)^n - 1}{i} - n\right]$$

式中，$\frac{1}{i}\left[\frac{(1+i)^n - 1}{i} - n\right]$ 为等额递增终值系数，用 $(F/G, i, n)$ 表示。

从而 $F = F_1 + F_2 = A_1\left[\frac{(1+i)^n - 1}{i}\right] + \frac{G}{i}\left[\frac{(1+i)^n - 1}{i}\right] - \frac{nG}{i}$

$$= \left(A_1 + \frac{G}{i}\right)\left[\frac{(1+i)^n - 1}{i}\right] - \frac{nG}{i} \tag{2-13}$$

均匀梯度支付系列的现值 $P$ 和等值年金 $A$ 的计算，可以在式(2-13) 的基础上，再按一次支付和等额支付系列的计算公式进一步计算，即：

$$P = F(P/F, i, n)$$
$$A = A_1 + F_2(A/F, i, n)$$

对于递减支付系列（即第一年末支付为 $A_1$，第二年末支付为 $A_1 - G$ 等）的情况，只需改变相应项的计算符号，即将其视为每年增加一个负的数额，仍可应用式(2-13) 进行计算。

【例 2-9】 某类建筑机械的维修费用，第一年 200 元，以后每年递增 50 元，服务年限为 10 年。问服务期内全部维修费用的现值为多少？$(i = 10\%)$

解：已知 $A_1 = 200$ 元，$G = 50$ 元，$n = 10$ 年，$i = 10\%$。
先求 $F$：

$$F = \left(A_1 + \frac{G}{i}\right)\left[\frac{(1+i)^n - 1}{i}\right] - \frac{nG}{i}$$

$$= \left(200 + \frac{50}{0.1}\right)\left[\frac{(1+0.1)^{10} - 1}{0.1}\right] - \frac{10 \times 50}{0.1}$$

$$= 6156.20 \text{（元）}$$

再求 $P$：

$$P = F(P/F, i, n) = 6156.20(P/F, 10\%, 10) = 6156.20 \times 0.3855 = 2373.21 \text{（元）}$$

因此，服务期内全部维修费用的现值为 2373.21 元。

【例 2-10】 王明同学 2010 年 7 月参加工作，为了买房，从当年 8 月 1 日开始每月存入银行 500 元，以后每月递增存款 20 元，连续存 5 年。若存款月利率为 2%，问：

(1) 王明同学 2015 年 8 月 1 日可以从银行取出多少钱？

(2) 他每月平均存入银行多少钱？

(3) 所有这些存款相当于 2010 年 7 月 1 日一次性存入银行多少钱？

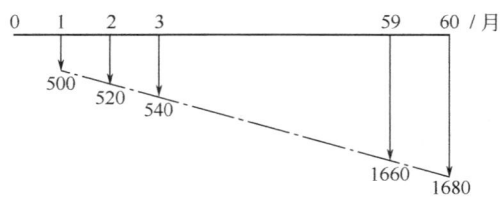

图 2-11 现金流量图（七）（单位：元）

**解：** 把 2010 年 8 月 1 日看成是第一个计息期末，5 年总共 $n = 12 \times 5 = 60$，$A_1 = 500$ 元，$G = 20$ 元，2010 年 7 月 1 日就是第 0 月，即时间轴的 0 点。因此，现金流量如图 2-11 所示。

(1) 王明同学 2015 年 8 月 1 日从银行取出的钱就是所有存款的未来值，即：

$$\begin{aligned}
F &= \left(A_1 + \frac{G}{i}\right)\left[\frac{(1+i)^n - 1}{i}\right] - \frac{nG}{i} \\
&= \left(500 + \frac{20}{0.02}\right)\left[\frac{(1+0.02)^{60} - 1}{0.02}\right] - \frac{60 \times 20}{0.02} \\
&= 111077.31 \text{（元）}
\end{aligned}$$

(2) 他每月平均存入银行的钱为：

$$\begin{aligned}
A &= A_1 + F_2(A/F, i, n) \\
&= A_1 + G\left[\frac{1}{i} - \frac{n}{(1+i)^n - 1}\right] \\
&= 500 + 20 \times \left[\frac{1}{0.02} - \frac{60}{(1+2\%)^{60} - 1}\right] \\
&= 973.92 \text{（元）}
\end{aligned}$$

(3) 所有这些存款相当于 2010 年 7 月 1 日一次性存入银行：

$$P = F(P/F, i, n) = 111077.31(P/F, 2\%, 60) = 33856.36 \text{（元）}$$

在应用上述公式时，应注意以下事项：

① 本期末即下期初；

② $P$ 发生在第一期初（0 期）；

③ $F$ 发生在 $n$ 期末；

④ 各期的等额系列 $A$ 发生在每期末，计算期数为 $A$ 的发生次数；

⑤ 各期的等额递增系列发生在从第二期起的每期末，计算期数为递增支付流量发生数加 1；

⑥ 当问题包括 $P$ 与 $A$ 时，$P$ 发生在第一个 $A$ 的前一期；当问题包括 $F$ 与 $A$ 时，$F$ 的发生与最后一个 $A$ 同期；

⑦ 当问题包括 $F$ 与 $G$ 时，$F$ 与最后一个 $G$ 同期发生；当问题包括 $P$ 与 $G$ 时，$P$ 发生在第一个 $G$ 的前两期；当问题包括 $A$ 与 $G$ 时，第一个 $A$ 发生在第一个 $G$ 的前一期，最后一

个 $A$ 与最后一个 $G$ 同期。

## 第五节  名义利率与实际利率

### 一、基本概念

所谓名义利率，一般是指按每一计息期利率乘以一年中计息期数所得的年利率。例如每月计息一次，月利率为 $1\%$，也就是一年中计息期数为 $12$ 次，于是名义利率等于 $1\% \times 12 = 12\%$，习惯上称为"年利率为 $12\%$，每月计息一次"。

所谓（年）实际利率，一般是指通过等值换算，使计息期与利率的时间单位（一年）一致的（年）利率。显然，一年计息一次的利率，其名义利率就是年实际利率。对于计息期短于一年的利率，二者就有差别了。

**【例 2-11】** 设本金 $P=100$ 元，年利率为 $10\%$，半年计息一次，求年实际利率。

**解：** 已知名义利率 $r=10\%$，计息期半年的利率为 $r/2=5\%$，于是年末本利和应为：

$$F = P(1+i)^n = 100(1+5\%)^2 = 110.25 (元)$$

年利息额 $= F - P = 110.25 - 100 = 10.25$（元）

$$年实际利率 = \frac{年利息额}{本金} = \frac{10.25}{100} = 10.25\%$$

可见，年实际利率比名义利率高一些。

### 二、年实际利率的计算公式

设 $r$ 为名义利率，$m$ 为一年中的计息期数，$r/m$ 为计息期的实际利率，根据一次支付终值公式，年末本利和为：

$$F = P\left(1 + \frac{r}{m}\right)^m$$

而年末利息额则为本利和与本金之差：

$$F = P\left(1 + \frac{r}{m}\right)^m - P$$

又按定义，利息与本金之比为利率，则年实际利率为：

$$i = \frac{P\left(1 + \frac{r}{m}\right)^m - P}{P} = \left(1 + \frac{r}{m}\right)^m - 1 \tag{2-14}$$

**【例 2-12】** 某公司向某国外银行贷款 $200$ 万元，借款期为 $5$ 年，年利率为 $15\%$，但每周复利计息一次。在进行资金运用效果评价时，该公司把年利率（名义利率）误认为实际利率，问该公司少算多少利息？

**解：** 若 $15\%$ 为年实际利率，则该公司借款期末应该偿还：

$$F_1 = 200(1+0.15)^5 = 402.27 (万元)$$

但是在这里 $15\%$ 为名义利率，为此，根据式(2-14) 计算其年实际利率。

$$i = \left(1 + \frac{r}{m}\right)^m - 1 = \left(1 + \frac{0.15}{52}\right)^{52} - 1 = 16.16\%$$

再计算借款期末应该偿还的数额。

$$F_2 = 200(1+0.1616)^5 = 422.97(万元)$$

该公司少算的利息为：

$$F_2 - F_1 = 422.97 - 402.27 = 20.70(万元)$$

### 三、瞬时复利的年实际利率

如果按瞬时计息（这种计息方式也称为连续复利），那么，复利可以在一年中按无限多次计算，年实际利率为：

$$i = \lim_{m \to \infty}\left(1+\frac{r}{m}\right)^m - 1 \tag{2-15}$$

式(2-15)中，$\left(1+\frac{r}{m}\right)^m = \left[\left(1+\frac{1}{\frac{m}{r}}\right)^{\frac{m}{r}}\right]^r$。根据基本极限公式：$\lim_{m \to \infty}\left(1+\frac{1}{\frac{m}{r}}\right)^{\frac{m}{r}} = e$

所以

$$i = \lim_{m \to \infty}\left(1+\frac{r}{m}\right)^m - 1 = e^r - 1 \tag{2-16}$$

为比较各种计息期年实际利率的变化情况，表 2-3 表示名义利率为 10%，分别按年、半年、季、月、周、日、瞬时计算的年实际利率。

表 2-3  名义利率与年实际利率对照表

| 计 息 期 | 每年计息次数($m$) | 计息期实际利率($r/m$) | 年实际利率($i$) |
| --- | --- | --- | --- |
| 年 | 1 | 10% | 10% |
| 半年 | 2 | 5% | 10.25% |
| 季 | 4 | 2.5% | 10.38% |
| 月 | 12 | 0.8333% | 10.46% |
| 周 | 52 | 0.1923% | 10.506% |
| 日 | 365 | 0.0274% | 10.516% |
| 瞬时 | ∞ | 0.000% | 10.517% |

**【例 2-13】** 现需贷款建设某项目，有两个方案：第一方案年利率为 16%，每年计息一次；第二方案年利率为 15%，每月计息一次。问应选用哪个贷款方案？

**解**：方案一的实际利率 $i_1 = 16\%$。

方案二的实际利率 $i_2 = \left(1+\frac{0.15}{12}\right)^{12} - 1 = 16.08\%$。

由于 $i_1 < i_2$，选用方案一归还本利和少于方案二，因此选用方案一贷款。

## 第六节 等值的计算

### 一、等值的概念

等值又称等效值。若不同时期、不同数额的资金，按一定利率计算，其实际价值是等价的，就称这些不同时期不同数额的资金为等值。例如，按年利率 10% 计算，现在的 1 元，10 年后的 2.594 元以及 20 年后的 6.727 元都是等值的。

货币的等值包括三个因素：①现金流量大小；②现金流量发生的时间；③利率。

如果两个现金流量等值,那么不管在任何时间其相应的值必定相等。图 2-12 现金流量 Ⅰ 和现金流量 Ⅱ 这两个等值,在任何时间都具有相等的价值。

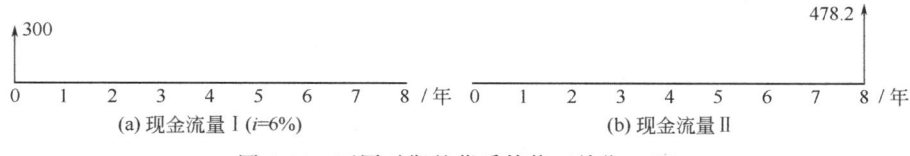

图 2-12　不同时期的货币等值（单位：元）

## 二、现值、终值和时值

### 1. 现值（present value）

现值又叫期初值。把未来时间收支的货币换算成现值,这种运算称为"折现"或"贴现"。实际上,折现是求货币等值的一种方法。表 2-4 所列是未来 1 元钱的现值。

表 2-4　未来 1 元钱的现值

| $i$ \ $n$ | 1 年 | 5 年 | 10 年 | 20 年 |
|---|---|---|---|---|
| 5% | 0.952 | 0.784 | 0.614 | 0.377 |
| 10% | 0.909 | 0.621 | 0.386 | 0.149 |
| 20% | 0.833 | 0.402 | 0.162 | 0.026 |

### 2. 终值（future value）

又叫未来值、期终值。计算终值就是资金的本利和。表 2-5 所列是现在 1 元钱的终值。

表 2-5　现在 1 元钱的终值

| $i$ \ $n$ | 1 年 | 5 年 | 10 年 | 20 年 |
|---|---|---|---|---|
| 5% | 1.05 | 0.28 | 0.63 | 2.65 |
| 10% | 1.10 | 0.61 | 2.59 | 6.73 |
| 20% | 1.20 | 2.49 | 6.19 | 38.34 |

### 3. 时值（time value）

所谓时值就是指定时点资金的等值。现值也可称为基期的时值,终值为期末的时值。

【**例 2-14**】　计算图 2-13 所示的现金流量图第 4 年末和第 7 年末的时值。

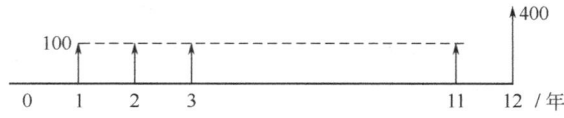

图 2-13　现金流量图（八）（单位：元, $i=8\%$）

**解**：第一步　先将各年的现金流量折现或求期终的本利和。这里,求其终值 $F$。

$$F = 100(F/A, 8\%, 12) + (400 - 100) = 100 \times 18.977 + 300 = 2197.7 \text{（元）}$$

第二步　再求第 4 年末和第 7 年末的时值。

$$P_4 = 2197.7(P/F, 8\%, 8) = 2197.7 \times 0.5403 = 1187.4 \text{（元）}$$

$$P_7 = 2197.7(P/F, 8\%, 5) = 2197.7 \times 0.6806 = 1495.8 \text{（元）}$$

## 三、等值的计算

### 1. 计算货币的未知量

已知利率 $i$，计息期数 $n$ 和现金流量，计算货币的现值、终值或等额年金。这时可利用式(2-7)～式(2-15) 计算出所求的值。

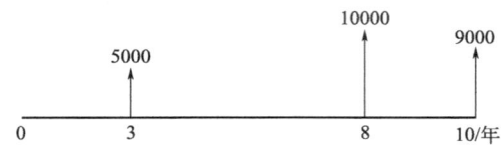

图 2-14 现金流量图（九）（单位：元）

【例 2-15】 若年利率为 8%，要使自今后第 3 年末可提取 5000 元，第 8 年末可提取 10000 元，第 10 年末可提取 9000 元，三次将本利和提取完毕，问：

(1) 应一次存入多少元？

(2) 若改为前 5 年筹集这笔款项，每年末应等额存入多少元？

**解**：绘出现金流量图，如图 2-14 所示。

(1) $P = 5000(P/F, 8\%, 3) + 10000(P/F, 8\%, 8) + 9000(P/F, 8\%, 10)$
$= 5000 \times 0.7938 + 10000 \times 0.5403 + 9000 \times 0.4632$
$= 13540.8$（元）

(2) $A = P(A/P, i, n) = 13540.8(A/P, 8\%, 5) = 13540.8 \times 0.25046$
$= 3391.43$（元）

【例 2-16】 某方案第 1 年末投资 100 万元，第 2 年末投资 150 万元，第 3 年初投产。投产第 1 年净收入 30 万元，以后每年净收入 50 万元，共可使用 7 年。投产时另投入流动资金 40 万元，届时回收残值 15 万元。年利率 $i = 10\%$，求方案现金流量现值。

**解**：绘出现金流量图，如图 2-15 所示。

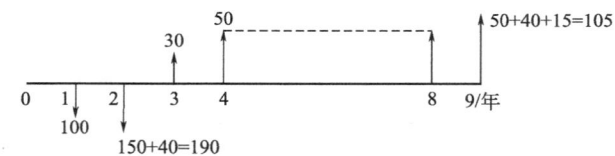

图 2-15 现金流量图（十）（单位：万元）

第 2 年末投入＝投资 150 万元＋流动资金 40 万元＝190 万元

第 9 年末净现金流量＝净收入 50 万元＋回收残值 15 万元＋回收流动资金 40 万元＝105 万元

$P = -100(P/F, 10\%, 1) - 190(P/F, 10\%, 2) + 30(P/F, 10\%, 3) + 50(P/A, 10\%, 5)$
$(P/F, 10\%, 3) + 105(P/F, 10\%, 9)$
$= -100 \times 0.9091 - 190 \times 0.8264 + 30 \times 0.7513 + 50 \times 3.791 \times 0.7513 + 105 \times 0.4241$
$= -38.4416$（万元）

### 2. 计算未知利率

已知现金流量 $P$、$F$、$A$ 和计息期数 $n$，计算利率 $i$。例如求方案的收益率、国民经济增长率就属于这种情况。

【例 2-17】 已知现在投资 300 元，9 年后可一次获得 525 元，求利率 $i$ 为多少？

**解**：由 $F = P(F/P, i, n)$ 有：

$$(F/P, i, 9) = \frac{525}{300} = 1.750$$

从复利系数表上查到，当 $n=9$ 时，1.750 落在利率 6% 和 7% 之间。从 6% 的位置查到 1.689，从 7% 的位置查到 1.838。用直线内插法（见图 2-16）可得：

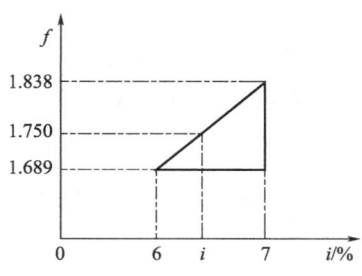

图 2-16 直线内插法（一）

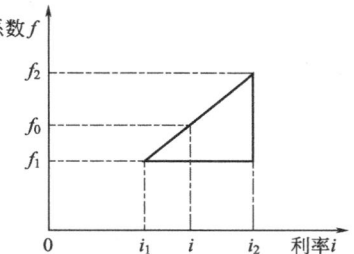

图 2-17 直线内插法（二）

$$i = 6\% + \frac{(1.750 - 1.689)}{(1.838 - 1.689)}(7\% - 6\%) = 6.41\%$$

把上述例子推广到一般情况，设两个已知的现金流量之比（$F/P$，$F/A$ 或 $P/A$）对应的系数为 $f_0$，与此最接近的两个利率为 $i_1$ 和 $i_2$，$i_1$ 对应的系数为 $f_1$，$i_2$ 对应的系数 $f_2$，如图 2-17 所示。

$$i = i_1 + \frac{f_0 - f_1}{f_2 - f_1}(i_2 - i_1) \tag{2-17}$$

【例 2-18】 某企业以分期付款的方式取得现值 300 万元的设备，每半年付款 50 万元，在第 4 年末全部付清。问付款的年名义利率和实际利率各为多少？

**解**：画出现金流量图，如图 2-18 所示。

设半年利率为 $i'$。共付款 8 次，由 $A = P(A/P, i', 8)$ 得：

$$(A/P, i', 8) = \frac{A}{P} = \frac{50}{300} = 0.1667$$

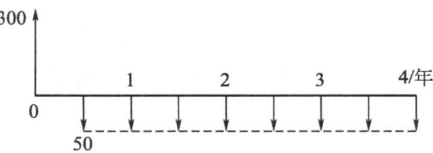

图 2-18 现金流量图（十一）（单位：万元）

查复利系数表有：

$n=8$ 时，$(A/P, 6\%, 8) = 0.16104$

$(A/P, 7\%, 8) = 0.1675$

所以 $i' = 6\% + \frac{0.1667 - 0.16104}{0.1675 - 0.16104}(7\% - 6\%) = 6.88\%$

年名义利率 $r = 2 \times 6.88\% = 13.76\%$

年实际利率 $i = (1 + 6.88\%)^2 - 1 = 14.23\%$

**3. 计算未知年数**

已知方案现金流量 $P$、$F$、$A$ 和利率 $i$，计算计息期 $n$。例如计算方案的投资回收期、借款清偿期等就属于这种情况。

【例 2-19】 假定国民经济收入的年增长率为 10%，如果要使国民经济收入翻两番，问从现在起需多少年？

**解**：设现在的国民经济收入为 $P$，若干年后翻两番则为 $4P$。根据一次支付终值公式

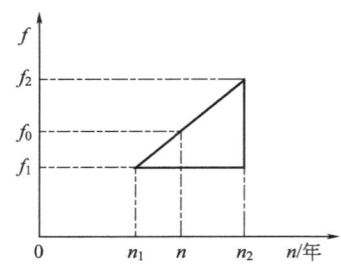

图 2-19 直线内插法（三）

(2-7) 的变形公式有：
$$4P = P(F/P, 10\%, n)$$
$$(F/P, 10\%, n) = 4$$

查复利系数表，当 $i=10\%$ 时，4 落在年数 14 年和 15 年之间。

$n=14$ 年时，$(F/P, 10\%, 14) = 3.797$

$n=15$ 年时，$(F/P, 10\%, 15) = 4.177$

用直线内插法可得：
$$n = 14 + \frac{4 - 3.797}{4.177 - 3.797}(15 - 14) = 14.54 \text{（年）}$$

上述例子推广到一般情况，如图 2-19 所示，有：
$$n = n_1 + \frac{(f_0 - f_1)}{(f_2 - f_1)}(n_2 - n_1) \tag{2-18}$$

【例 2-20】 某企业向银行贷款建设一项工程。现贷款 200 万元，年利率为 10%，第 3 年初投产，投产后每年收益 40 万元。问投产后多少年能还清本息？

**解**：画出现金流量图，如图 2-20 所示。

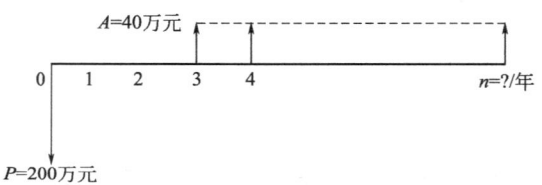

图 2-20 现金流量图（十二）

为使方案的计算能利用公式，将投产的第 2 年末作为基期，计算 $P_2$。
$$P_2 = 200(F/P, 10\%, 2) = 200 \times 1.210 = 242 \text{（万元）}$$

利用式(2-11) 计算从投产后算起的偿还期 $n$：
$$242 = 40(P/A, 10\%, n)$$
$$(P/A, 10\%, n) = \frac{242}{40} = 6.05$$

查复利系数表，当 $i=10\%$ 时，6.05 落在年数 9 年和 10 年之间。

$n=9$ 年时，$(P/A, 10\%, 9) = 5.759$

$n=10$ 年时，$(P/A, 10\%, 10) = 6.144$

用直线内插法可得：
$$n = 9 + \frac{6.05 - 5.759}{6.144 - 5.759}(10 - 9) = 9.8 \text{（年）}$$

即投产后 9.8 年（贷款后 $2 + 9.8 = 11.8$ 年）才能还清贷款本息。

【例 2-21】 某公司获得银行一笔优惠贷款，贷款金额为 1000 万元，年利率为 10%，贷款年限 10 年。并且，银行提出有五种可供选择的还款方式：

(1) 每年付利息，债务期末付清本金；

(2) 债务期末，整付本利和；
(3) 债务期间，每年均匀偿还本利和；
(4) 债务期间，每年按10%偿还本金，再加当年利息；
(5) 债务期过半后，再均匀偿还本利和。
作为公司负责人，你将选择哪种还贷方式？

**解**：分别对五种债务偿还方式进行等值计算，然后进行比较与讨论。

(1) 每年付利息，债务期末付清本金
$$F = P + Pni = 1000 + 10 \times 1000 \times 10\% = 2000 \text{（万元）}$$

(2) 债务期末，整付本利和
$$F = P(F/P, i, n) = 1000(F/P, 10\%, 10) = 1000 \times 2.594 = 2594 \text{（万元）}$$

(3) 债务期间，每年均匀偿还本利和
$$A = P(A/P, i, n) = 1000 \times 0.16275 = 162.75 \text{（万元）}$$

10年累计偿还本利和：$F = 10 \times A = 1627.5$（万元）

(4) 债务期间，每年按10%偿还本金，再加当年利息
用表2-6计算出10年内每年偿还的本金和利息。

表2-6　10年内每年偿还的本金和利息　　　　　　　　　单位：万元

| 债期($n$) | 偿还本金 | 支付利息 | 债期($n$) | 偿还本金 | 支付利息 |
|---|---|---|---|---|---|
| 1 | 100 | 100 | 7 | 100 | 40 |
| 2 | 100 | 90 | 8 | 100 | 30 |
| 3 | 100 | 80 | 9 | 100 | 20 |
| 4 | 100 | 70 | 10 | 100 | 10 |
| 5 | 100 | 60 | 合计 | 1000 | 550 |
| 6 | 100 | 50 | | | |

所以，$F = 1550$（万元）

(5) 债务期过半后，再均匀偿还本利和
画现金流量图，如图2-21所示。
将现值1000万元换算至第5年末的未来值。
$$F_5 = P(F/P, i, n) = 1000(F/P, 10\%, 5)$$
$$= 1611 \text{（万元）}$$
$$A = 1611(A/P, 10\%, 5) = 424.9818 \text{（万元）}$$

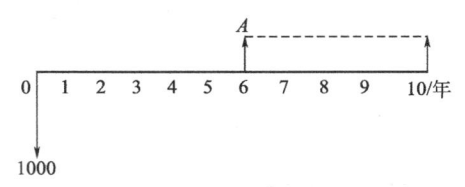

图2-21　现金流量图（十三）（单位：万元）

10年内这种方式所偿还的本利和：
$$F = 5 \times A = 2124.909 \text{（万元）}$$

根据等值的概念，上述5种不同偿还方式与原来的1000万元是等值的。

但是，从公司的角度出发，要判断选择哪一种还贷方式有利，这就要分析贷款偿还取决于哪些因素，在何种经济环境下采用何种还贷方式最为有利。

① 贷方（银行）的要求　有的银行规定了贷款利息率、期限和偿还方式，企业只有接受这些条件后，方可得到贷款。

② 借方（公司或企业）的利益　关键是企业的投资收益率，尤其是企业的税后利润率。若利润率高于银行贷款利息率，则企业期望把资金留在自己手中。这时，应选择债务期末整付本利和的方式偿还贷款，对企业有利。

③ 物价因素　假如在债务期间存在着较高的通货膨胀，则长期债务比短期债务对借款人更为有利。因为银行的贷款利率一旦确定后，一般不作调整，到债务期末整付本利和，看起来付款金额最多，实际货币已贬值，因此对借方有利。

## 本 章 小 结

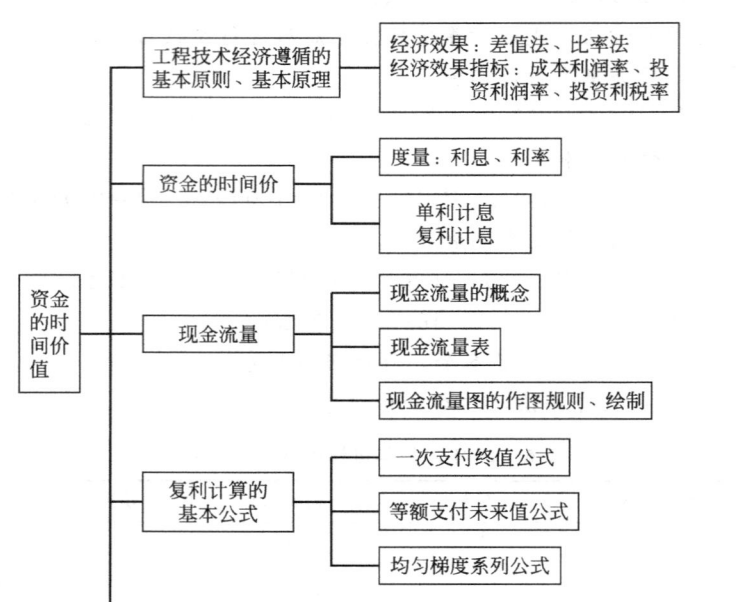

## 思考与练习

### 一、单项选择题

1. 参加备选方案必须具有可比性，下列（　　）不是可比性所要求的。
   A. 整体上可比　　B. 时间可比　　C. 消耗费用可比　　D. 满足需要可比
2. 下列（　　）不是经济效果的评价原则。
   A. 直接经济效果与间接经济效果相结合　　B. 近期经济效果与长远经济效果相结合
   C. 宏观经济效果与微观经济效果相结合　　D. 经济效益、社会效益、个人利益相结合
3. 下列（　　）不是经济效果指标。
   A. 年产值和年利润　　B. 投资利润率　　C. 投资利税率　　D. 成本利润率
4. 资金时间价值可以用（　　）来度量。
   A. 本金　　B. 计息期　　C. 利率　　D. 终值
5. 以企业生产为例，下列（　　）不属于现金流出。

A. 增值税 B. 经营成本
C. 流动资金投入和回收 D. 固定资产投资

6. 等额支付系列未来值公式可以用（　　）表示。
A. $A=F(A/F,i,n)$ B. $P=A(P/A,i,n)$
C. $F=A(F/A,i,n)$ D. $A=A(A/P,i,n)$

7. 设本金 $P=100$ 元，年利率为 10%，每季度计息一次，则年实际利率为（　　）。
A. 9.25% B. 10.25% C. 11.24% D. 10.38%

8. 当年利率为 12% 时，每半年计息一次，从现在起连续 3 年中，每半年存入 100 元，与其等值的第 0 年的现值是（　　）。
A. 451.25 元 B. 491.73 元 C. 493.67 元 D. 525.26 元

9. 假使某人希望第 4 年末得到 800 元的存款本息，银行每年按 5% 的利率复利计息，现在此人应当存入（　　）。
A. 651.25 元 B. 591.43 元 C. 658.16 元 D. 655.26 元

10. 某人每到年末在建设银行储蓄 500 元，连续 5 年。银行年利率为 5%。在第 5 年末他存入第 5 次存款时账上共有（　　）。
A. 2655 元 B. 2763 元 C. 2778 元 D. 2659 元

11. 某工程计划总投资额为 3000 万元，三年建成，第一年投资 1200 万元，第二年投资 1000 万元，第三年投资 800 万元，年利率为 8%，则在第三年终了时实际投资总额为（　　）。
A. 3000 万元 B. 2769 万元 C. 3345 万元 D. 3542 万元

12. 某工程国家要求建成投产前的投资总额不能超出 3000 万元，按计划分配，第一年投资 1200 万元，第二年投资 1000 万元，第三年投资 800 万元，建设银行贷款年利率为 8%，则第一、二、三年每年实际可用于建设工程的投资现值额分别为（　　）。
A. 857.34 万元、740.74 万元、952.599 万元
B. 740.74 万元、952.599 万元、857.34 万元
C. 952.599 万元、857.34 万元、740.74 万元
D. 952.599 万元、740.74 万元、857.34 万元
E. 740.74 万元、857.34 万元、952.599 万元

### 二、多项选择题

1. 工程技术经济分析必须遵循的基本原则有（　　）。
A. 必须对技术方案进行盈亏平衡分析、敏感性分析和风险分析
B. 参加备选方案必须具有可比性
C. 技术方案必须满足宏观经济政策的要求
D. 技术方案必须满足整体效果最佳
E. 必须充分论证技术方案的经济合理性

2. 下列（　　）属于劳动成果指标。
A. 年利润 B. 投资回收期 C. 年产值
D. 年产量 E. 投资利润率

3. 资金时间价值可以用（　　）来度量。
A. 本金 B. 计息期 C. 利率
D. 利息 E. 现值

4. 以企业生产为例，现金流入量表现为（　　）。
A. 经营成本 B. 流动资金回收 C. 销售收入

D. 上缴税金　　　　　　　E. 固定资产期末残值回收

5. 关于名义利率与年实际利率，下列说法正确的有（　　）。

A. 计息周期越长，计息的次数越少，则名义利率与年实际利率的差别就越小

B. 缩短计息期，可以提高年实际利率

C. 缩短计息期，可以降低年实际利率

D. 名义利率大于年实际利率

E. 当计息期短于一年时，名义利率小于年实际利率

6. 等值又称等效值，若不同时期、不同数额的资金，按一定利率计算，其实际价值是等价的，就称这些不同时期、不同数额的资金为等值。货币的等值包括（　　）因素。

A. 现金流量发生的方向　　　　　　B. 现金流量大小

C. 本金　　　　　　　　　　　　　D. 利率

E. 现金流量发生的时间

## 三、简答题

1. 工程技术经济分析必须遵循的基本原则是什么？
2. 技术经济分析的可比性主要表现在哪几个方面？
3. 什么是现金流量图？它的构成要素有哪些？绘制现金流量图时应注意哪些问题？
4. 什么是资金的时间价值？影响资金时间价值的因素有哪些？
5. 什么是名义利率和实际利率？二者的关系是什么？
6. 什么是单利和复利？各自的计算有何不同？它们有何关系？
7. 什么是资金的等值？资金的等值有哪些作用？

## 四、计算题

1. 某房地产公司有两个投资方案 A 和 B。A 方案的寿命周期为 4 年，B 方案的寿命周期为 5 年。A 方案的初期投资为 100 万元，每年的收益为 60 万元，每年的运营成本为 15 万元。B 方案的初期投资为 180 万元，每年的收益为 100 万元，每年的运营成本为 20 万元。试绘制两方案的现金流量图。

2. 某工程项目 5 年前投资 100 万元，第二年初就投入生产并获利。截止到目前每年收入 15 万元，每年的维修费为 2 万元。预计该工程还能继续使用 5 年，今后 5 年内每年收益为 10 万元，维修费仍为每年 2 万元。5 年后资产全部回收并报废。试绘制该项目的现金流量图。

3. 现有两个存款机会，一为投资 1000 元，期限为 3 年，年利率为 8%，单利计息；二为同样投资及年限，年利率为 6%，复利计息。问作为存款人应该选择哪种方式？

4. 某人以 8% 的单利借出 1500 元，借期 3 年，然后以 6% 的复利把所得本利和再借出，借期 10 年。问此人在第 13 年年末共可获得的本利和是多少？

5. 计算下列现在存款的未来值。

(1) 年利率 8%，5000 元存款期限 5 年；

(2) 年利率 8%，每季度计息一次，存款 5000 元，期限 8 年。

6. 计算下列将来支付的现值。

(1) 年利率 6%，第 5 年年末支付 5000 元；

(2) 年利率 8%，每月计息一次，第 5 年年末支付 5000 元。

7. 计算下列等额支付的未来值。

(1) 年利率 10%，每年年末存入银行 500 元，连续存 5 年；

(2) 年利率 8%，每季度计息一次，每季度末存入银行 1000 元，连续存 8 年。

8. 计算下列等额支付的现值。

(1) 年利率 12%，每年年末支付 800 元，连续支付 5 年；

(2) 年利率 10%，每半年计息一次，每年年末支付 2000 元，连续支付 8 年。

9. 现有一项目，第 1 年初支付 100 万元，第 2 年初支付 200 万元，第 3 年投产，投产第 1 年收益 30 万元，以后每年收益 50 万元，投产后可使用 8 年。投产时投入流动资金 30 万元（$i_0 = 10\%$）。求：(1) 现值 $P$；(2) 终值 $F$。

10. 某工程建设总投资额为 2000 万元，计划 3 年建成，第 1 年投资 800 万元，第 2 年投资 700 万元，第 3 年投资 500 万元，年利率 5%，则在第 3 年终了时实际投资总额为多少？

11. 某企业向银行贷款，第 1 年初借入 10 万元，第 3 年初借入 15 万元，利率为 10%；第 4 年年末偿还 20 万元，并打算第 5 年年末一次还清。试计算第 5 年年末应该偿还多少？

12. 某企业购置一台设备，估计能使用 20 年，每 5 年要大修一次，每次大修费用为 2000 元，现在应该存入银行多少钱足以支付 20 年寿命周期的大修费用支出？（按年利率 12% 计算）

13. 某人购买了一辆汽车，估计今后 5 年内的维修费分别为 220 元、250 元、280 元、310 元、340 元。问他现在应储足多少钱，才能够支付 5 年内的汽车维修费？（设利率为 5%）

14. 某企业兴建一工厂，第 1 年投资 200 万元，第 2 年投资 300 万元，第 3 年投资 200 万元，投资均发生在年初。其中第 1 年和第 2 年的投资使用银行贷款，银行贷款年利率为 6%。该项目从第 4 年年末开始获利并偿还贷款。估计项目的寿命期为 20 年，每年的净收益为 100 万元，该企业打算用 10 年时间偿还完第 1 年和第 2 年的贷款。试绘制现金流量图，并计算该企业 10 年内每年应该等额偿还银行多少钱。

15. 某企业向银行贷款 20000 元，在 5 年内以年利率 5% 还清全部本金和利息。有以下 4 种还款方式：

(1) 5 年后一次还本付息；

(2) 在 5 年中仅在每年年底归还利息 1000 元，最后在第 5 年年末将本金和利息一并归还；

(3) 将所借本金作分期均匀偿还，同时偿还到期利息，至第 5 年年末全部还清；

(4) 将所欠本金和利息全部分摊到每年作等额偿还，即每年偿还的本金加利息相等。

试列表计算各种还款方式所付出的总金额。

16. 某人现在向银行借款 30 万元购买商品房，借款期限为 20 年。银行规定的借款年利率为 6%，还款方式为每月等额偿还。问此人每月的还款额为多少？

# 第三章 工程技术经济分析的基本要素

**【知识目标】**
- 了解销售收入、利润及税金的概念。
- 熟悉我国现行建设项目投资构成；工程建设其他费用的构成建设期利息的计算；工程项目生产经营期成本费用组成。
- 掌握设备、工器具购置费用的构成及计算方法；建筑安装工程费用的构成及计算方法；折旧方法及计算。

**【能力目标】**
- 能解释工程技术经济分析的基本要素。
- 能计算建筑安装工程费用，固定资产的折旧。
- 能应用所学知识进行简单的经济分析。

## 第一节 工程项目投资构成

### 一、工程项目投资的概念

所谓工程建设项目投资，一般是指进行某项工程建设花费的全部费用，即该工程项目有计划地进行固定资产再生产和形成相应无形资产和铺底流动资金的一次性费用总和。它主要由设备工器具购置投资、建筑安装工程投资和工程建设其他投资组成。

我国现行的建设工程总投资构成以《建设项目经济评价方法与参数》第 3 版为依据，其构成如图 3-1 所示。

### 二、设备、工器具购置费用

设备、工器具购置费用是由设备购置费用和工具、器具及生产家具购置费用组成的。在工业建设工程中，设备、工器具费用与资本的有机构成相联系，设备、工器具费用占投资费用的比例大小，意味着生产技术的进步和资本有机构成的程度。

**1. 设备购置费的构成和计算**

设备购置费是指建设工程购置或自制的达到固定资产标准的设备、工具、器具的费用。新建项目和扩建项目的新建车间购置或自制的全部设备、工具、器具，不论是否达到固定资产标准，均计入设备、工器具购置费中。设备购置费包括设备原价和设备运杂费，即：

$$设备购置费＝设备原价或进口设备抵岸价＋设备运杂费$$

式中，设备原价系指国产标准设备、非标准设备的原价；设备运杂费系指设备原价中未包括的包装和包装材料费、运输费、装卸费、采购费及仓库保管费、供销部门手续费等。如果设备是由设备成套公司供应的，成套公司的服务费也应计入设备运杂费之中。

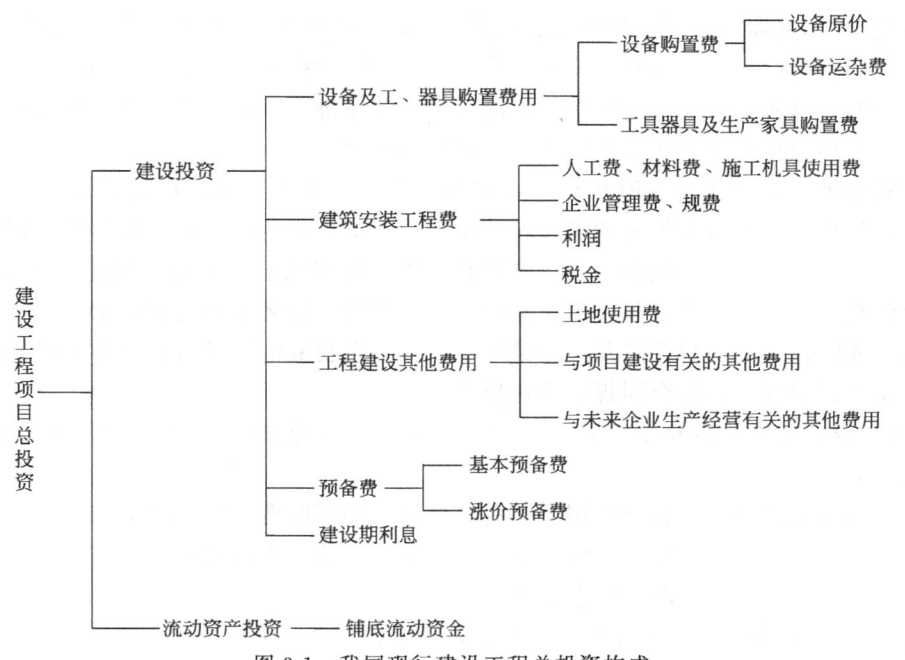

图 3-1 我国现行建设工程总投资构成

(1) 国产标准设备原价 国产标准设备是指按照主管部门颁布的标准图纸和技术要求，由设备生产厂批量生产的，符合国家质量检验标准的设备。国产标准设备原价一般指的是设备制造厂的交货价，即出厂价。如设备系由设备成套公司供应，则以订货合同价为设备原价。有的设备有两种出厂价，即带有备件的出厂价和不带有备件的出厂价。在计算设备原价时，一般按带有备件的出厂价计算。

(2) 国产非标准设备原价 非标准设备是指国家尚无定型标准，各设备生产厂家不可能在工艺过程中采用批量生产，只能按一次订货，并根据具体的设备图纸制造的设备。非标准设备原价有多种不同的计算方法，如成本计算估价法、系列设备插入估价法、分部组合估价法、定额估价法等。但无论哪种方法都应该使非标准设备计价的准确度接近实际出厂价，并且计算方法要简便。

(3) 进口设备抵岸价的构成及其计算 进口设备抵岸价是指抵达买房边境港口或边境车站，且交完关税以后的价格。

1) 进口设备的交货方式 进口设备的交货方式可分为内陆交货类、目的地交货类、装运港交货类。

内陆交货类即卖方在出口国内陆的某个地点完成任务。在交货地点，卖方及时提交合同规定的货物和有关凭证，并承担交货前的一切费用和风险；买方按时接受货物，交付货款，承担接货后的一切费用和风险，并自行办理出口手续装运出口。货物的所有权也在交货后由卖方转移给买方。

目的地交货类即卖方要在进口国的港口或内地交货，包括目的港船上交货价，目的港船边交货价（FOS）和目的港码头交货价（关税已付）及完税后交货价（进口国目的地的指定地点）。它们的特点是：买卖双方承担的责任、费用和风险是以目的地约定交货点为分界线，只有当卖方在交货点将货物置于买方控制下方算交货，方能向买方收取货款。这类交货价对卖方来说承担的风险较大，在国际贸易中卖方一般不愿意采用这类交货方式。

装运港交货类即卖方在出口国装运港完成交货任务。主要有装运港船上交货价（FOB），习惯称为离岸价；运费在内价（CFR）；运费、保险费在内价（CIF），习惯称为到岸价。它们的特点主要是：卖方按照约定的时间在装运港交货，只要卖方把合同规定的货物装船后提供货运单据便算完成交货任务，并可凭单据收回货款。

采用装运港船上交货价（FOB）时卖方的责任是：负责在合同规定的装运港口和规定的期限内，将货物装上买方指定的船只，并及时通知买方；负责货物装船前的一切费用和风险；负责办理出口手续；提供出口国政府或有关方面签发的证件；负责提供有关装运单据。买方的责任是：负责租船或订舱，支付运费，并将船期、船名通知卖方；承担货物装船后的一切费用和风险；负责办理保险及支付保险费，办理在目的港的进口和收货手续；接受卖方提供的有关装运单据，并按合同规定支付货款。

2）进口设备抵岸价的构成　进口设备如果采用装运港船上交货价（FOB），其抵岸价构成可概括为：

$$进口设备抵岸价＝货价＋国外运费＋国外运输保险费＋银行财务费＋$$
$$外贸手续费＋进口关税＋增值税＋消费税＋$$
$$海关监管手续费 \tag{3-1}$$

① 进口设备的货价　一般可采用下列公式计算：

$$货价＝离岸价(FOB价)×人民币外汇牌价 \tag{3-2}$$

② 国外运费　我国进口设备大部分采用海洋运输方式，小部分采用铁路运输方式，个别采用航空运输方式。

$$国外运费＝离岸价×运费率 \tag{3-3}$$

或

$$国外运费＝运量×单位运价 \tag{3-4}$$

③ 国外运输保险费　对外贸易货物运输保险是由保险人（保险公司）与被保险人（出口人或进口人）订立保险契约，在被保险人交付议定的保险费后，保险人根据保险契约的规定对货物在运输过程中发生的承包责任范围内的损失给予经济上的补偿。计算公式为：

$$国外运输保险费＝（离岸价＋国外运费）×国外保险费率 \tag{3-5}$$

④ 银行财务费　一般指银行手续费，计算公式为：

$$银行财务费＝离岸价×人民币外汇牌价×银行财务费率 \tag{3-6}$$

银行财务费率一般为 0.4%～0.5%。

⑤ 外贸手续费　是指按外经贸部规定的外贸手续费率计取的费用，外贸手续费率一般取 1.5%。计算公式为：

$$外贸手续费＝到岸价×人民币外汇牌价×外贸手续费率 \tag{3-7}$$

式中，到岸价(CIF)＝离岸价(FOB)＋国外运费＋国外运输保险费

⑥ 进口关税　关税是由海关对进出过境的货物和物品征收的一种税，属于流转性课税。计算公式为：

$$进口关税＝到岸价×人民币外汇牌价×进口关税率 \tag{3-8}$$

⑦ 增值税　增值税是我国政府对从事进口贸易的单位和个人，在进口商品报关进口后征收的税种。我国增值税条例规定，进口应税产品均按组成计税价格，依税率直接计算应纳税额，不扣除任何项目的金额或已纳税额。即：

$$进口产品增值税额＝组成计税价格×增值税率 \tag{3-9}$$

$$\text{组成计税价格} = \text{到岸价} \times \text{人民币外汇牌价} + \text{进口关税} + \text{消费税} \quad (3\text{-}10)$$

增值税基本税率为 17%。

⑧ 消费税 对部分进口产品（如轿车等）征收。计算公式为：

$$\text{消费税} = \frac{\text{到岸价} \times \text{人民币外汇牌价} + \text{关税}}{1 - \text{消费税率}} \times \text{消费税率} \quad (3\text{-}11)$$

⑨ 海关监管手续费

$$\text{海关监管手续费} = \text{到岸价} \times \text{人民币外汇牌价} \times \text{海关监管手续费率} \quad (3\text{-}12)$$

海关监管手续费是指海关对发生减免进口税或实行保税的进口设备，实施监管和提供服务收取的手续费。全额收取关税的设备，不收取海关监管手续费。

**【例 3-1】** 某进口设备的到岸价为 100 万元，银行财务费 0.5 万元，外贸手续费费率 1.5%，关税税率为 20%，增值税税率 17%，该设备无消费税和海关监管手续费。试计算进口设备的抵岸价。

解：① CIF＝100 万元
② 银行财务费＝0.5
③ 海关监管费＝CIF×1.5%
④ 关税＝CIF×20%
⑤ 增值税＝(关税＋CIF)×17%
进口设备抵岸价＝①＋②＋③＋④＋⑤＝100＋0.5＋(0.015＋0.2＋1.2×0.17)×100
＝142.4（万元）

（4）设备运杂费

1）设备运杂费的构成　设备运杂费通常由下列各项组成。

① 国产标准设备由设备制造厂交货地点起至工地仓库（或施工组织设计指定的需要安装设备的堆放地点）止所发生的运费和装卸费。

进口设备则由我国到岸港口、边境车站起至工地仓库（或施工组织设计指定的需要安装设备的堆放地点）止所发生的运费和装卸费。

② 在设备出厂价格中没有包含的设备包装和包装材料器具费；在设备出厂价或进口设备价格中如已包括了此项费用，则不应重复计算。

③ 供销部门的手续费，按有关部门规定的统一费率计算。

④ 建设单位（或工程承包公司）的采购与仓库保管费，是指采购、运输、验收、保管和收发设备所发生的各种费用，包括设备采购、保管和管理人员工资、工资附加费、办公费、差旅交通费、设备供应部门办公和仓库所占固定资产使用费、工具用具使用费、劳动保护费、检验试验费等。这些费用可按主管部门规定的采购保管费率计算。

2）设备运杂费的计算　设备运杂费按设备原价乘以设备运杂费率计算。其计算公式为：

$$\text{设备运杂费} = \text{设备原价} \times \text{设备运杂费率} \quad (3\text{-}13)$$

式中，设备运杂费率按各部门及省、市等的规定计取。

一般来讲，沿海和交通便利的地区，设备运杂费率相对低一些；内陆和交通不很便利的地区就要相对高一些，边远省份则要更高一些。对于非标准设备来讲，应尽量就近委托设备制造厂，以大幅度降低设备运杂费。进口设备由于原价较高，国内运距较短，因而运杂费比率应适当降低。

**2. 工具、器具及生产家具购置费的构成及计算**

工器具及生产家具购置费是指新建项目或扩建项目初步设计规定所必须购置的不够固定

资产标准的设备、仪器、工卡模具、器具、生产家具和备品备件的费用。其一般计算公式为：

$$工器具及生产家具购置费 = 设备购置费 \times 定额费率 \qquad (3-14)$$

### 三、建筑安装工程费

#### 1. 建筑安装工程费用项目组成

建筑安装工程费由人工费、材料（包含工程设备，下同）费、施工机具使用费、企业管理费、利润、规费和税金组成。其中人工费、材料费、施工机具使用费、企业管理费和利润包含在分部分项工程费、措施项目费、其他项目费中。如图3-2所示（建标 [2013] 44号

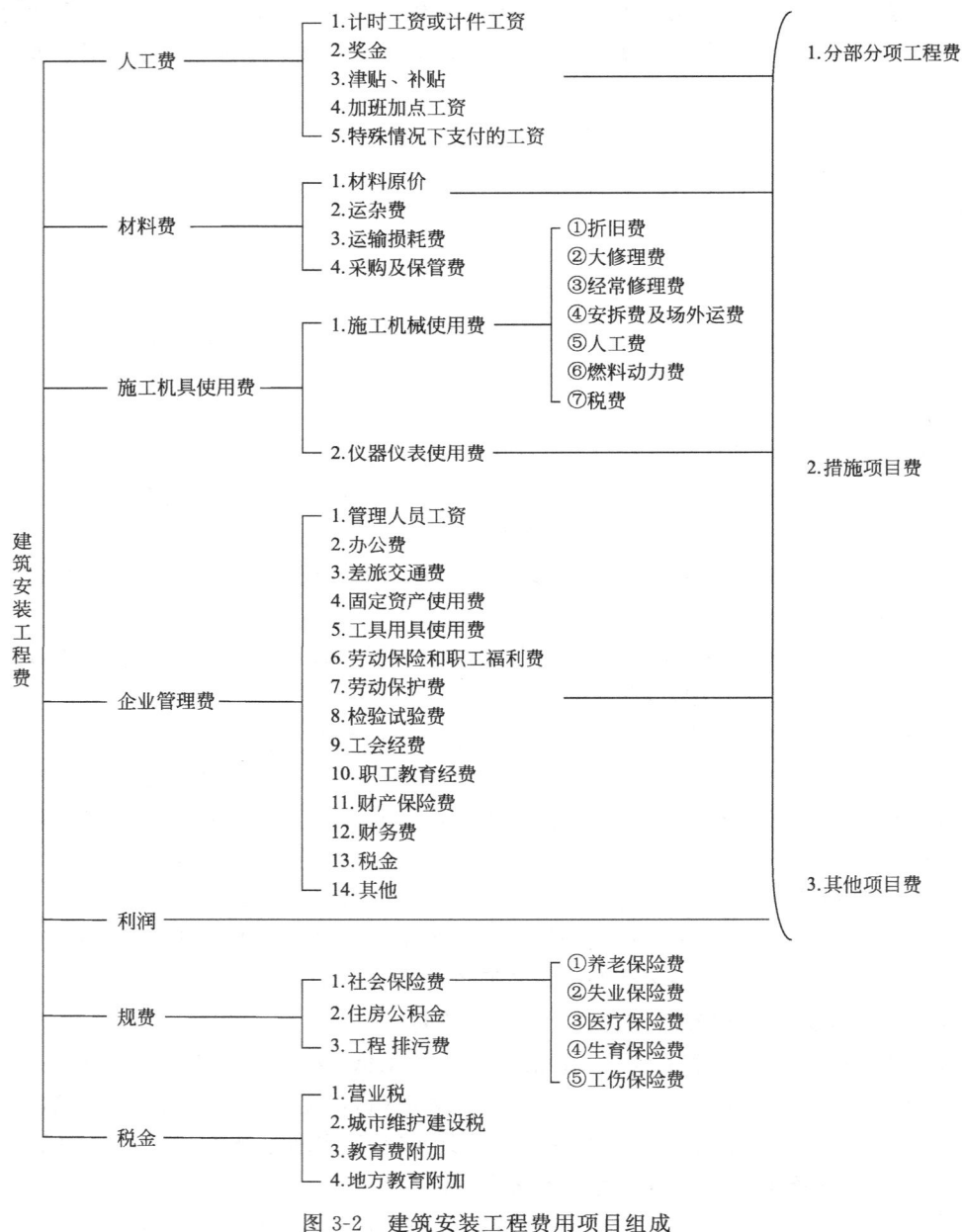

图 3-2 建筑安装工程费用项目组成

关于印发《建筑安装工程费用项目组成》的通知)。

**2. 人工费**

是指按工资总额构成规定,支付给从事建筑安装工程施工的生产工人和附属生产单位工人的各项费用。内容包括以下各项。

① 计时工资或计件工资:是指按计时工资标准和工作时间或对已做工作按计件单价支付给个人的劳动报酬。

② 奖金:是指对超额劳动和增收节支支付给个人的劳动报酬,如节约奖、劳动竞赛奖等。

③ 津贴补贴:是指为了补偿职工特殊或额外的劳动消耗和因其他特殊原因支付给个人的津贴,以及为了保证职工工资水平不受物价影响支付给个人的物价补贴。如流动施工津贴、特殊地区施工津贴、高温(寒)作业临时津贴、高空津贴等。

④ 加班加点工资:是指按规定支付的在法定节假日工作的加班工资和在法定日工作时间外延时工作的加点工资。

⑤ 特殊情况下支付的工资:是指根据国家法律、法规和政策规定,因病、工伤、产假、计划生育假、婚丧假、事假、探亲假、定期休假、停工学习、执行国家或社会义务等原因按计时工资标准或计时工资标准的一定比例支付的工资。

人工费的计算如下:

$$人工费 = \sum (工日消耗量 \times 日工资单价) \tag{3-15}$$

$$日工资单价 = \frac{生产工人平均月工资(计时、计件) + 平均月(奖金+津贴补贴+特殊情况下支付的工资)}{年平均每月法定工作日}$$

注:式(3-15)主要适用于施工企业投标报价时自主确定人工费,也是工程造价管理机构编制计价定额确定定额人工单价或发布人工成本信息的参考依据。

$$人工费 = \sum (工程工日消耗量 \times 日工资单价) \tag{3-16}$$

日工资单价是指施工企业平均技术熟练程度的生产工人在每工作日(国家法定工作时间内)按规定从事施工作业应得的日工资总额。

工程造价管理机构确定日工资单价应通过市场调查、根据工程项目的技术要求,参考实物工程量人工单价综合分析确定,最低日工资单价不得低于工程所在地人力资源和社会保障部门所发布的最低工资标准的一定倍数:普工为1.3倍、一般技工为2倍、高级技工为3倍。

工程计价定额不可只列一个综合工日单价,应根据工程项目技术要求和工种差别适当划分多种日人工单价,确保各分部工程人工费的合理构成。

注:式(3-16)适用于工程造价管理机构编制计价定额时确定定额人工费,是施工企业投标报价的参考依据。

**3. 材料费**

是指施工过程中耗费的原材料、辅助材料、构配件、零件、半成品或成品、工程设备的费用。内容包括以下各项。

① 材料原价:是指材料、工程设备的出厂价格或商家供应价格。

② 运杂费:是指材料、工程设备自来源地运至工地仓库或指定堆放地点所发生的全部费用。

③ 运输损耗费:是指材料在运输装卸过程中不可避免的损耗。

④ 采购及保管费:是指为组织采购、供应和保管材料、工程设备的过程中所需要的各项费用,包括采购费、仓储费、工地保管费、仓储损耗。

工程设备是指构成或计划构成永久工程一部分的机电设备、金属结构设备、仪器装置及其他类似的设备和装置。

材料费的计算如下。

$$材料费=\Sigma(材料消耗量×材料单价) \quad (3-17)$$

材料单价=[(材料原价+运杂费)×(1+运输损耗率)]×[1+采购保管费率(%)]

工程设备费的计算如下。

$$工程设备费=\Sigma(工程设备量×工程设备单价) \quad (3-18)$$

工程设备单价=(设备原价+运杂费)×[1+采购保管费率(%)]

**4. 施工机具使用费**

是指施工作业所发生的施工机械、仪器仪表使用费或其租赁费。

(1) 施工机械使用费：以施工机械台班耗用量乘以施工机械台班单价表示，施工机械台班单价应由下列七项费用组成。

① 折旧费：指施工机械在规定的使用年限内，陆续收回其原值的费用。

② 大修理费：指施工机械按规定的大修理间隔台班进行必要的大修理，以恢复其正常功能所需的费用。

③ 经常修理费：指施工机械除大修理以外的各级保养和临时故障排除所需的费用。包括为保障机械正常运转所需替换设备与随机配备工具附具的摊销和维护费用，机械运转中日常保养所需润滑与擦拭的材料费用及机械停滞期间的维护和保养费用等。

④ 安拆费及场外运费：安拆费指施工机械（大型机械除外）在现场进行安装与拆卸所需的人工、材料、机械和试运转费用以及机械辅助设施的折旧、搭设、拆除等费用；场外运费指施工机械整体或分体自停放地点运至施工现场或由一施工地点运至另一施工地点的运输、装卸、辅助材料及架线等费用。

⑤ 人工费：指机上司机（司炉）和其他操作人员的人工费。

⑥ 燃料动力费：指施工机械在运转作业中所消耗的各种燃料及水、电等。

⑦ 税费：指施工机械按照国家规定应缴纳的车船使用税、保险费及年检费等。

(2) 仪器仪表使用费：是指工程施工所需使用的仪器仪表的摊销及维修费用。

单位工程量施工机械使用费的计算公式为：

$$施工机械使用费=\Sigma(施工机械台班消耗量×机械台班单价) \quad (3-19)$$

机械台班单价=台班折旧费+台班大修费+台班经常修理费+台班安拆费及场外运费+台班人工费+台班燃料动力费+台班养路费及车船使用税。

注：工程造价管理机构在确定计价定额中的施工机械使用费时，应根据《建筑施工机械台班费用计算规则》结合市场调查编制施工机械台班单价。施工企业可以参考工程造价管理机构发布的台班单价，自主确定施工机械使用费的报价，如租赁施工机械。

$$施工机械使用费=\Sigma(施工机械台班消耗量×机械台班租赁单价)$$

仪器仪表使用费的计算如下。

$$仪器仪表使用费=工程使用的仪器仪表摊销费+维修费 \quad (3-20)$$

**5. 企业管理费**

是指建筑安装企业组织施工生产和经营管理所需的费用。内容包括以下各项。

① 管理人员工资：是指按规定支付给管理人员的计时工资、奖金、津贴补贴、加班加点工资及特殊情况下支付的工资等。

② 办公费：是指企业管理办公用的文具、纸张、账表、印刷、邮电、书报、办公软件、

现场监控、会议、水电、烧水和集体取暖降温（包括现场临时宿舍取暖降温）等费用。

③ 差旅交通费：是指职工因公出差、调动工作的差旅费、住勤补助费、市内交通费和误餐补助费，职工探亲路费，劳动力招募费，职工退休、退职一次性路费，工伤人员就医路费，工地转移费以及管理部门使用的交通工具的油料、燃料等费用。

④ 固定资产使用费：是指管理和试验部门及附属生产单位使用的属于固定资产的房屋、设备、仪器等的折旧、大修、维修或租赁费。

⑤ 工具用具使用费：是指企业施工生产和管理使用的不属于固定资产的工具、器具、家具、交通工具和检验、试验、测绘、消防用具等的购置、维修和摊销费。

⑥ 劳动保险和职工福利费：是指由企业支付的职工退职金、按规定支付给离休干部的经费，集体福利费、夏季防暑降温、冬季取暖补贴、上下班交通补贴等。

⑦ 劳动保护费：是企业按规定发放的劳动保护用品的支出。如工作服、手套、防暑降温饮料以及在有碍身体健康的环境中施工的保健费用等。

⑧ 检验试验费：是指施工企业按照有关标准规定，对建筑以及材料、构件和建筑安装物进行一般鉴定、检查所发生的费用，包括自设试验室进行试验所耗用的材料等费用。不包括新结构、新材料的试验费，对构件做破坏性试验及其他特殊要求检验试验的费用和建设单位委托检测机构进行检测的费用，对此类检测发生的费用，由建设单位在工程建设其他费用中列支。但对施工企业提供的具有合格证明的材料进行检测不合格的，该检测费用由施工企业支付。

⑨ 工会经费：是指企业按《中华人民共和国工会法》规定的全部职工工资总额比例计提的工会经费。

⑩ 职工教育经费：是指按职工工资总额的规定比例计提，企业为职工进行专业技术和职业技能培训，专业技术人员继续教育、职工职业技能鉴定、职业资格认定以及根据需要对职工进行各类文化教育所发生的费用。

⑪ 财产保险费：是指施工管理用财产、车辆等的保险费用。

⑫ 财务费：是指企业为施工生产筹集资金或提供预付款担保、履约担保、职工工资支付担保等所发生的各种费用。

⑬ 税金：是指企业按规定缴纳的房产税、车船使用税、土地使用税、印花税等。

⑭ 其他：包括技术转让费、技术开发费、投标费、业务招待费、绿化费、广告费、公证费、法律顾问费、审计费、咨询费、保险费等。

企业管理费费率的计算。

① 以分部分项工程费为计算基础

$$企业管理费费率(\%) = \frac{生产工人年平均管理费}{年有效施工天数 \times 人工单价} \times 人工费占分部分项工程费比例(\%)$$

② 以人工费和机械费合计为计算基础

$$企业管理费费率(\%) = \frac{生产工人年平均管理费}{年有效施工天数 \times (人工单价 + 每一工日机械使用费)} \times 100\%$$

③ 以人工费为计算基础

$$企业管理费费率(\%) = \frac{生产工人年平均管理费}{年有效施工天数 \times 人工单价} \times 100\%$$

注：上述公式适用于施工企业投标报价时自主确定管理费，是工程造价管理机构编制计价定额确定企业管理费的参考依据。

工程造价管理机构在确定计价定额中企业管理费时，应以定额人工费或（定额人工费＋定额机械费）作为计算基数，其费率根据历年工程造价积累的资料，辅以调查数据确定，列入分部分项工程和措施项目中。

**6. 利润**

是指施工企业完成所承包工程获得的盈利。

① 施工企业根据企业自身需求并结合建筑市场实际自主确定，列入报价中。

② 工程造价管理机构在确定计价定额中利润时，应以定额人工费或（定额人工费＋定额机械费）作为计算基数，其费率根据历年工程造价积累的资料，并结合建筑市场实际确定，以单位（单项）工程测算，利润在税前建筑安装工程费的比重可按不低于5％且不高于7％的费率计算。利润应列入分部分项工程和措施项目中。

**7. 规费**

是指按国家法律、法规规定，由省级政府和省级有关权力部门规定必须缴纳或计取的费用。包括以下各项。

（1）社会保险费

① 养老保险费：是指企业按照规定标准为职工缴纳的基本养老保险费。

② 失业保险费：是指企业按照规定标准为职工缴纳的失业保险费。

③ 医疗保险费：是指企业按照规定标准为职工缴纳的基本医疗保险费。

④ 生育保险费：是指企业按照规定标准为职工缴纳的生育保险费。

⑤ 工伤保险费：是指企业按照规定标准为职工缴纳的工伤保险费。

（2）住房公积金：是指企业按规定标准为职工缴纳的住房公积金。

（3）工程排污费：是指按规定缴纳的施工现场工程排污费。

其他应列而未列入的规费，按实际发生计取。

规费的计算。

① 社会保险费和住房公积金　社会保险费和住房公积金应以定额人工费为计算基础，根据工程所在地省、自治区、直辖市或行业建设主管部门规定费率计算。

$$社会保险费和住房公积金 = \Sigma (工程定额人工费 \times 社会保险费和住房公积金费率) \quad (3\text{-}21)$$

式中，社会保险费和住房公积金费率可以每万元发承包价的生产工人人工费和管理人员工资含量与工程所在地规定的缴纳标准综合分析取定。

② 工程排污费　工程排污费等其他应列而未列入的规费应按工程所在地环境保护等部门规定的标准缴纳，按实计取列入。

**8. 税金**

是指国家税法规定的应计入建筑安装工程造价内的营业税、城市维护建设税、教育费附加以及地方教育附加。

税金的计算。

$$税金 = 税前造价 \times 综合税率(\%) \quad (3\text{-}22)$$

综合税率的不同算式如下。

① 纳税地点在市区的企业

$$综合税率(\%)=\frac{1}{1-3\%-(3\%\times7\%)-(3\%\times3\%)-(3\%\times2\%)}-1$$

② 纳税地点在县城、镇的企业

$$综合税率(\%)=\frac{1}{1-3\%-(3\%\times5\%)-(3\%\times3\%)-(3\%\times2\%)}-1$$

③ 纳税地点不在市区、县城、镇的企业

$$综合税率(\%)=\frac{1}{1-3\%-(3\%\times1\%)-(3\%\times3\%)-(3\%\times2\%)}-1$$

④ 实行营业税改增值税的，按纳税地点现行税率计算。

$$企业管理费费率(\%)=\frac{生产工人年平均管理费}{年有效施工天数\times人工单价}\times100\%$$

## 四、工程建设其他费用

工程建设其他费用是指从工程筹建到工程竣工验收交付使用止的整个建设期间，除建筑安装工程费用和设备、工器具购置费以外的，为保证工程建设顺利完成和交付使用后能够正常发挥效用而发生的一些费用。

工程建设其他费用，按其内容大体可分为三类。第一类为土地使用费，由于工程项目固定于一定地点与地面相连接，必须占用一定量的土地，也就必然要发生为获得建设用地而支付的费用；第二类是与项目建设有关的费用；第三类是与未来企业生产和经营活动有关的费用。

### 1. 土地使用费

（1）农用土地征用费　农用土地征用费由土地补偿费、安置补助费、土地投资补偿费、土地管理费、耕地占用税等组成，并按被征用土地的原用途给予补偿。

征用耕地的补偿费用包括土地补偿费、安置补助费以及地上附着物和青苗的补偿费。

① 征用耕地的土地补偿费，为该耕地被征用前3年平均年产值的6～10倍。

② 征用耕地的安置补助费，按照需要安置的农业人口计算。需要安置的农业人口数，按照被征用的耕地数量除以征地前被征用单位平均每人占有耕地的数量计算。每一个需要安置的农业人口的安置补助费标准，为该耕地被征用前3年平均年产值的4～6倍。但是，每公顷被征用耕地的安置补助费，最高不得超过被征用前3年平均年产值的15倍。

征用其他土地的土地补偿费和安置补助费标准，由省、自治区、直辖市参照征用耕地的土地补偿费和安置补助费的标准规定。

③ 征用土地上的附着物和青苗的补偿标准，由省、自治区、直辖市规定。

④ 征用城市郊区的菜地，用地单位应当按照国家有关规定缴纳新菜地开发建设基金。

（2）取得国有土地使用费　取得国有土地使用费包括土地使用权出让金、城市建设配套费、拆迁补偿与临时安置补助费等。

① 土地使用权出让金　是指建设工程通过土地使用权出让方式，取得有限期的土地使用权，依照《中华人民共和国城镇国有土地使用权出让和转让暂行规定条例》规定，支付的土地使用权出让金。

② 城市建设配套费　是指因进行城市公共设施的建设而分摊的费用。

③ 拆迁补偿与临时安置补助费　此项费用由两部分构成，即拆迁补偿费和临时安置补助费或搬迁补助费。拆迁补偿费是指拆迁人对被拆迁人，按照有关规定予以补偿所需的费用。拆迁补偿的形式可分为产权调换和货币补偿两种形式。产权调换的面积按照所拆迁房屋

的建筑面积计算；货币补偿的金额按照被拆迁人或者房屋承租人支付拆迁补助费。在过渡期内，被拆迁人或者房屋承租人自行安排住处的，拆迁人应当支付临时安置补助费。

**2. 与项目建设有关的其他费用**

（1）建设单位管理费　建设单位管理费是指建设工程从立项、筹建、建设、联合试运转到竣工验收交付使用及后评价等全过程管理所需的费用。内容如下。

① 建设单位开办费　是指新建项目为保证筹建和建设工作正常进行所需的办公设备、生产家具、用具、交通工具等的购置费用。

② 建设单位经费　包括工作人员的基本工资、工资性补贴、职工福利费、劳动保护费、劳动保险费、办公费、差旅交通费、工会经费、职工教育经费、固定资产使用经费、工具用具使用费、技术图书资料费、生产人员招募费、工程招标费、合同契约公证费、工程质量监督检查费、工程咨询费、法律顾问费、审计费、业务招待费、排污费、竣工交付使用清理及竣工验收费、后评价等费用。不包括计入设备、材料预算价格的建设单位采购及保管设备材料所需的费用。计算公式为：

$$建设单位管理费 = 工程费用 \times 建设单位管理费指标 \qquad (3-23)$$

工程费用是指建筑安装工程费用及工具、器具购置费用之和。

（2）勘察设计费　勘察设计费是指为本建设工程提供项目建议书、可行性研究报告及设计文件等所需的费用。内容如下。

① 编制项目建议书、可行性研究报告及投资估算、工程咨询、评价以及为编制上述文件所进行的勘察、设计、研究试验等所需费用。

② 委托勘察、设计单位进行初步设计、施工图设计及概预算编制所需费用。

③ 在规定范围内由建设单位自行完成的勘察、设计工作所需费用。

勘察设计费应按照国家计委颁发的《工程勘察设计收费标准》计算。

（3）研究试验费　研究试验费是指为本建设工程提供或验证设计参数、数据资料等需进行的必要的研究试验以及设计规定在施工中进行的试验、验证所需费用，包括自行或委托其他部门研究试验所需人工费、材料费、试验设备及仪器使用费，支付的科技成果、先进技术的一次性技术转让费。按照设计单位根据本工程项目的需要提出的研究试验内容和要求计算。

（4）临时设施费　临时设施费是指建设期间建设单位所需临时设施的搭设、维修、摊销费用或租赁费用。

临时设施包括：临时宿舍、文化福利及公用事业房屋与构筑物、仓库、办公室、加工厂以及规定范围内道路、水、电、管线等临时设施和小型临时设施。计算公式为：

$$临时设施费 = 建筑安装工程费 \times 临时设施费标准 \qquad (3-24)$$

（5）工程监理费　工程监理费是指委托工程监理企业对工程实施监理工作所需的费用，根据国家计委、建设部文件规定计算。

（6）工程保险费　工程保险费是指建设工程在建设期间根据需要，实施工程保险部分所需的费用。包括以各种建筑工程及其在施工过程中的物料、机器设备为保险标的的建筑工程一切险，以安装工程中的各种机器、设备为保险标的的安装工程一切险，以及机器损坏保险等。根据不同的工程类别，分别以其建筑安装工程费乘以建筑、安装工程保险费率计算。

（7）引进技术和进口设备其他费　引进技术及进口设备其他费用，包括出国人员费用、国外工程技术人员来华费用、技术引进费、分期或延期利息、担保费以及进口设备检验鉴定费。

① 出国人员费用　指为引进技术和进口设备派出人员到国外培训和进行设计联络、设

备检验的差旅费、制装费、生活费等。这项费用根据设计规定的出国培训和工作的人数、时间及派往国家，按照财政部、外交部规定的临时出国人员费用开支标准及中国民用航空公司现行国际航线票价等进行计算，其中使用外汇部分应计算银行财务费用。

② 国外工程技术人员来华费用　指为安装进口设备，引进国外技术等聘用外国工程技术人员进行技术指导工作所发生的费用。包括技术服务费、外国技术人员的在华工资、生活补贴、差旅费、医药费、住宿费、交通费、宴请费、参观旅游等招待费用。这项费用按每人每月费用指标计算。

③ 技术引进费　指为引进国外先进技术而支付的费用。包括专利费、专有技术费（技术保密费）、国外设计及技术资料费、计算机软件费等。这项费用根据合同或协议的价格计算。

④ 分期或延期付款利息　指利用出口信贷引进技术或进口设备采取分期或延期付款的办法所支付的利息。

⑤ 担保费　指国内金融机构为买方出具保函的担保费。这项费用按有关金融机构规定的担保率计算（一般可按承包金的 5‰ 计算）。

⑥ 进口设备检验鉴定费用　指进口设备按规定付给商品检验部门的进口设备检验鉴定费。这项费用按进口设备货价的 3‰～5‰ 计算。

**3. 与未来企业生产经营有关的其他费用**

（1）联合试运转费　联合试运转费是指新建企业或新增加生产工艺过程的扩建企业在竣工验收前，按照设计规定的工程质量标准，进行整个车间的负荷试运转发生的费用支出大于试运转收入的亏损部分。费用包括：试运转所需的原料、燃料、油料和动力的费用，机械使用费用，低值易耗品及其他物品的购置费用和施工单位参加联合试运转人员的工资等。试运转收入包括试运转产品的销售和其他收入。不包括应由设备安装工程费开支的单台设备调试费及无负荷联动试运转费用。以"单项工程费用"总和为基础，按照工程项目的不同规模分别规定的试运转费率计算或以试运转费的总金额包干使用。

（2）生产准备费　生产准备费是指新建企业或新增生产能力的企业，为保证竣工交付使用进行必要的生产准备所发生的费用。费用内容如下。

① 生产职工培训费。自行培训、委托其他单位培训人员的工资、工资性补贴、职工福利费、差旅交通费、学习资料费、学费、劳动保护费。

② 生产单位提前进厂参加施工、设备安装、调试等以及熟悉工艺流程及设备性能等人员的工资、工资性补贴、职工福利费、差旅交通费、劳动保护费等。

应该指出，生产准备费在实际执行中是一笔在时间上、人数上、培训深度上很难划分的活口很大的支出，尤其要严格掌握。

（3）办公和生活家具购置费　办公和生活家具购置费是指为保证新建、改建、扩建项目初期正常生产、使用和管理所必须购置的办公和生活家具、用具的费用。改、扩建项目所需的办公和生活用具购置费，应低于新建项目。其范围包括办公室、会议室、资料档案室、阅览室、文娱室、食堂、浴室、理发室和单身宿舍等。这项费用按照设计定员人数乘以综合指标计算。

### 五、预备费

按我国现行规定，包括基本预备费和涨价预备费。

**1. 基本预备费**

基本预备费是指在项目实施中可能发生难以预料的支出，需要预先预留的费用，又称不可预见费。主要指设计变更及施工过程中可能增加工程量的费用。计算公式为：

基本预备费＝(设备及工器具购置费＋建筑安装工程费＋工程建设其他费)× 基本预备费率  (3-25)

### 2. 涨价预备费

是指建设工程在建设期内由于价格等变化引起投资增加，需要实现预留的费用。涨价预备费以建筑安装工程费、设备工器具购置费之和为计算基数。计算公式为：

$$PC = \sum_{t=1}^{n} I_t [(1+f)^t - 1] \quad (3-26)$$

式中，$PC$ 为涨价预备费；$I_t$ 为第 $t$ 年的建筑安装工程费、设备及工器具购置费之和；$n$ 为建设期；$f$ 为建设期上涨指数。

**【例 3-2】** 某建设工程建筑工程费 600 万元，设备工器具购置费 800 万元，安装工程费 180 万元，工程建设其他费用 210 万元，基本预备费 90 万元，项目建设期 2 年，第 2 年计划投资 40%，年平均价格上涨率为 3%，则第 2 年的涨价预备费为多少？

**解**：第 2 年的涨价预备费为：

$PC = I_2[(1+f)^2 - 1] = (600+800+180) \times 0.4[(1+0.03)^2 - 1] = 38.49$（万元）

## 六、建设期借款利息

建设期借款利息是指项目借款在建设期内发生并计入固定资产的利息。为了简化计算，在编制投资估算时通常假定借款均在每年的年中支用，借款第 1 年按半年计息，其余各年份按全年计息。计算公式为：

各年应计利息＝(年初借款本息累计＋本年借款额/2)×年利率  (3-27)

**【例 3-3】** 某新建项目，建设期为 3 年，共向银行贷款 1300 万元，贷款时间为：第 1 年 300 万元，第 2 年 600 万元，第 3 年 400 万元。年利率 6%，计算建设期利息。

**解**：在建设期，各年利息计算如下：

第 1 年应计利息 $= \frac{1}{2} \times 300 \times 6\% = 9$（万元）

第 2 年应计利息 $= \left(300 + 9 + \frac{1}{2} \times 600\right) \times 6\% = 36.54$（万元）

第 3 年应计利息 $= \left(300 + 9 + 600 + 36.54 + \frac{1}{2} \times 400\right) \times 6\% = 68.73$（万元）

建设期利息总和为 $9 + 36.54 + 68.73 = 114.27$（万元）

**【例 3-4】** 某建设工程在建设期初的建筑安装工程费和设备工器具购置费 45000 万元。项目建设期为 3 年，投资分年使用比例为：第 1 年 25%，第 2 年 55%，第 3 年 20%，建设期内预计年平均价格总水平上涨率为 5%。建设期贷款利息为 1395 万元，建设工程其他费用为 3860 万元，基本预备费率为 10%。试估算该项目的建设投资。

**解**：(1) 计算项目的涨价预备费

第 1 年末的涨价预备费 $= 45000 \times 25\% \times [(1+0.05)^1 - 1] = 562.5$（万元）

第 2 年末的涨价预备费 $= 45000 \times 55\% \times [(1+0.05)^2 - 1] = 2536.88$（万元）

第 3 年末的涨价预备费 $= 45000 \times 20\% \times [(1+0.05)^3 - 1] = 1418.63$（万元）

该项目建设期的涨价预备费 $= 562.5 + 2536.88 + 1418.63 = 4518.01$（万元）

(2) 计算项目的建设投资

建设投资＝设备及工器具购置费＋建筑安装工程费＋工程建设其他费用＋预备费＋建设期贷款利息＝45000＋3860＋(45000＋3860)×10％＋4518.01＋1395＝59659.01（万元）

## 七、流动资金

流动资金是指生产经营性项目投产后，为进行正常生产运营，用于购买原材料、燃料，支付工资及其他经营费用等所需的周转资金。流动资金估算一般是按照现有同类企业的状况采用分项详细估算法，个别情况或者小型项目可采用扩大指标法。

**1. 分项详细估算法**

对计算流动资金需要掌握的流动资产和流动负债这两类因素应分别进行估算。在可行性研究中，为简化计算，仅对存货、现金、应收账款这三项流动资产和应付账款这项流动负债进行估算。

**2. 扩大指标估算法**

① 按建设投资的一定比例估算。例如，国外化工企业的流动资金，一般是按建设投资的 15％～20％计算。

② 按经营成本的一定比例估算。

③ 按年销售收入的一定比例估算。

④ 按单位产量占用流动资金的比例估算。

流动资金一般在投产前开始筹措。在投产第一年开始对生产负荷进行安排，其借款部分按全年计算利息。流动资金利息应计入财务费用。项目计算期末回收全部流动资金。

## 八、建设投资估算方法

建设投资由工程费用（建设工程费、设备购置费、安装工程费）、工程建设其他费用和预备费（基本预备费和涨价预备费）组成。建设投资的估算采用何种方法应取决于要求达到的精确度，而精确度又由项目前期研究阶段的不同以及资料数据的可靠性决定。因此在投资项目的不同前期研究阶段，允许采用详简不同、深度不同估算方法。常用的估算方法有：生产能力指数法、资金周转率法、比例估算法、综合指标投资估算法。

**1. 生产能力指数法**

这种方法起源于国外对化工厂投资的统计分析，据统计，生产能力不同的 2 个装置，它们的初始投资与 2 个装置生产能力之比的指数幂成正比。计算公式为：

$$C_2 = C_1 \left(\frac{x_2}{x_1}\right)^n C_f \tag{3-28}$$

式中，$C_2$ 为拟建项目或装置的投资额；$C_1$ 为已建同类型项目或装置的投资额；$x_2$ 为拟建项目的生产能力；$x_1$ 为已建同类型项目的生产能力；$C_f$ 为价格调整系数；$n$ 为生产能力指数。

该法中生产能力指数 $n$ 是一个关键因素。不同行业、性质、工艺流程、建设水平、生产率水平的项目，应取不同的指数值。选取 $n$ 值的原则是：靠增加设备、装置的数量，以及靠增大生产场所扩大生产规模时，$n$ 取 0.8～0.9；靠提高设备、装置的功能和效率扩大生产规模时，$n$ 取 0.6～0.7。另外，拟建项目生产能力与已建同类项目生产能力的比值应有一定的限值范围，一般这一比值不能超过 50 倍，而在 10 倍以内效果较好。生产能力指数法多用于估算生产装置投资。

**2. 资金周转率法**

该法是从资金周转率的定义推算出投资额的一种方法。

当资金周转率为已知时，则：

$$C = \frac{QP}{T} \tag{3-29}$$

式中，$C$ 为拟建项目总投资；$Q$ 为产品年产量；$P$ 为产品单价；$T$ 为资金周转率，$T = \dfrac{年销售总额}{总投资}$。

该法概念简单明了，方便易行，但误差较大。不同性质的工厂或生产不同产品的车间，资金周转率不同，要提高投资估算的精确度，必须做好相关的基础工作。

**3. 比例估算法**

① 以拟建项目或装置的设备费为基数，根据已建成的同类项目的建筑安装工程费和其他费用等占设备价值的百分比，求出相应的建筑安装工程及其他有关费用，其总和即为拟建项目或装置的投资额。计算公式为：

$$C = E(1 + f_1 P_1 + f_2 P_2 + f_3 P_3) + I \tag{3-30}$$

式中，$C$ 为拟建项目的建设投资额；$E$ 为根据设备清单按现行价格计算的设备费（包括运杂费）的总和；$P_1$，$P_2$，$P_3$ 为已建成项目中的建筑、安装及其他工程费用分别占设备费的百分比；$f_1$，$f_2$，$f_3$ 为由于实践因素引起的定额、价格、费用标准等变化的综合调整系数；$I$ 为拟建项目的其他费用。

这种方法适用于设备费所占比例较大的项目。

② 以拟建项目中主要的、投资比例较大的工艺设备的投资（含运杂费，也可含安装费）为基数，根据已建类似项目的统计资料，计算出拟建项目各专业工程费占工艺设备的比例，求出各专业投资，加和得工程费用，再加上其他费用，求得拟建项目的建设投资费。

**4. 综合指标投资估算法**

综合指标投资估算法又称概算指标法。是依据国家有关规定，国家或行业、地方的定额、指标和取费标准以及设备和主材价格等，从工程费用中的单项工程入手，来估算初始投资。采用这种方法，还需要相关专业提供较为详细的资料，有一定的估算深度，精确度相对较高。其估算要点如下。

(1) 设备和工器具购置费的估算　分别估算各单项工程的设备和工器具购置费，需要主要设备的数量、出厂价格和相关运杂费资料，一般运杂费可按设备价格的百分比估算。进口设备要注意按照有关规定和项目实际情况估算进口环节的有关税费，并注明需要的外汇额。主要设备以外的零星设备费可按占主要设备费的比例估算，工器具购置费一般也按占主要设备费的比例估算。

(2) 安装工程费的估算　可行性研究阶段，安装工程费一般可以按照设备费的比例估算，该比例需要通过经验判定，并结合该装置的具体情况确定。安装工程费中含有进口材料的，也要注意按照有关规定和项目实际情况估算进口环节的有关税费，并注明需要的外汇额。安装工程费中的材料费应包括运杂费。

安装工程费也可按设备吨位乘以吨安装费指标，或安装实物量乘以相应的安装费指标估算。

对于条件成熟的，可按概算法进行估算。

（3）建筑工程费的估算　建筑工程费的估算一般按单位综合指标法，即用工程量乘以相应的单位综合指标估算，如单位建筑面积（每平方米）投资，单位土石方（每立方米）投资，单位矿井巷道（每延米）投资，单位路面铺设（每平方米）投资等。

对于条件成熟的，也可按概算法进行估算。

**5. 工程建设其他费用的估算**

其他费用种类较多，无论采用何种投资估算分类，一般其他费用都需要按照国家地方或部门的有关规定逐项估算。要注意随地区和项目性质的不同，费用科目可能会有所不同。在项目的初期阶段，也可以按照工程费用的百分数综合估算。

**6. 基本预备费的估算**

基本预备费以工程费用、第二部分其他费用之和为基数，乘以适当的基本预备费率（百分数）估算，或按固定资产费用、无形资产费用和其他资产费用三部分之和为基数，乘以适当的基本预备费率估算。预备费率的取值一般按行业规定，并结合估算深度确定。通常对外汇和人民币部分取不同的预备费率。

**7. 涨价预备费估算**

一般以各年工程费用为基数，分别估算各年的涨价预备费，再行加和，求得总的涨价预备费。

## 第二节　固定资产折旧及其计算

### 一、折旧的概念

固定资产在使用（或闲置）过程中会逐渐磨损，这是造成其价值减少的原因。磨损的形式有两种——有形磨损和无形磨损。

固定资产的有形磨损又称为物理磨损，是由于使用、自然侵蚀、灾害破坏，从而使固定资产的功能下降，价值减少。

固定资产的无形磨损又称为精神磨损，是由于新技术、新设备的出现，提高了劳动生产率，节约社会平均劳动量的原因而发生的贬值。

折旧是指在固定资产的使用过程中，随着资产损耗而逐渐转移到产品费用中的那部分价值。

因此，应从三个方面来认识折旧。

① 就价值观念而言，折旧是对固定资产在使用过程中由于性能衰退、贬值和技术落后而损耗的价值补偿；

② 就生产经营企业而言，折旧是为企业的固定资产能够得到及时更新而筹集资金的方式；

③ 就投资观念而言，由于投资往往是在建设期预先垫支的，所以在项目使用期内如何计提折旧实际上就是如何合理分摊投资费用并收回投资。

根据我国财务会计的有关规定，企业下列固定资产应计提折旧：房屋和建筑物；在用的机器设备、仪器仪表、运输车辆、工具器具；季节性停用和修理停用的设备；以经营租赁方式租出的固定资产；以融资租赁方式租入的固定资产。

下列固定资产不计提折旧：房屋、建筑物以外的未使用、不需用的固定资产；以经营租赁方式租入的固定资产；已提足折旧继续使用的固定资产；按规定提取维修费的固定资产；破产、关停企业的固定资产；以及以前已经估价单独入账的土地等。

折旧与哪些因素有关呢？

美国注册公众会计师委员会认为："折旧是一种会计方法，其目的在于按照一种系统、合理的方式，把有形资产减去残值后的成本或其他基础价值，在该资产项目的估计有效寿命期间内进行分摊"。

由上述定义可知，折旧的计算涉及到三个因素：折旧基数、净残值和使用年限。

### 1. 折旧基数

又叫固定资产原始价值或固定资产原值，即固定资产投入使用时的初始价值。在不同情况下，固定资产原值包含的内容也不相同：①对于新建项目，固定资产原值包括勘测设计费、建设场地准备费、设备工器具购置费、建筑安装工程费、建设期利息等；②对于改建、扩建或技术改造项目，其原值是指改建、扩建或技术改造前的原值，加上改建、扩建或技术改造过程中的费用支出，减去不需要和报废的原值后的价值；③购置的固定资产原值则等于购置、运输、安装、调试等费用支出之和。

### 2. 净残值

固定资产净残值就是固定资产残值减去固定资产清理费用后的差额。即：

$$固定资产净残值 = 固定资产残值 - 清理费用 \qquad (3-31)$$

由于固定资产净残值只能在固定资产使用寿命结束时发生，只能预计，所以存在主观性。为了统一，我国财务制度规定：预计净残值一般不得低于固定资产原值的3%，不得高于5%。

### 3. 使用年限

又叫折旧年限。它直接决定折旧率的大小，在确定固定资产使用年限时，不仅要考虑固定资产的有形磨损，还要考虑固定资产的无形磨损。由于这两种磨损很难准确估计，因此只能预计，具有主观随意性。我国财务制度对固定资产的最短年限作出了如下规定：房屋、建筑物20年；火车、轮船、机械设备10年。

## 二、折旧的计算

计算折旧的基本公式为：

$$应计提折旧额 = 折旧率 \times 折旧基数 \qquad (3-32)$$

### 1. 平均年限法

又叫直线折旧法，是在固定资产使用年限内，按期（年、月）平均分摊应折旧总金额的方法。计算公式为：

$$年折旧额 = \frac{固定资产原值 - 净残值}{折旧年限} \qquad (3-33)$$

$$年折旧率 = \frac{年折旧额}{固定资产原值} \qquad (3-34)$$

$$月折旧率 = \frac{年折旧率}{12}$$

此时，每期末固定资产净值可通过下式得到：

$$\text{期末固定资产净值} = \text{固定资产原值} - \text{累计折旧} \tag{3-35}$$

**【例 3-5】** 某建筑设备的原始价值为 25000 元,预计使用 10 年,预计残值 1500 元,清理费用需 500 元,试按平均年限法计算该设备的折旧率、折旧额和第 8 年、第 10 年末净值。

**解:** 该设备年折旧额 $= \dfrac{\text{固定资产原值} - \text{净残值}}{\text{折旧年限}} = \dfrac{25000-(1500-500)}{10} = 2400$（元）

$$\text{年折旧率} = \dfrac{2400}{2500} \times 100\% = 9.6\%$$

第 8 年末净值 $= (25000 - 2400 \times 8) = 5800$（元）

第 10 年末净值 $= (25000 - 2400 \times 10) = 1000$（元）

从上述事例中可以知道,平均年限法这种方法简单,计算简便,应用广泛,但折旧费在使用年限内分摊不合理。

**2. 工作量法**

工作量法又称作业量法,是以固定资产的使用状况为依据计算折旧的方法。企业专业车队的客运汽车、某些大型设备折旧可采用工作量法。

采用工作量法的固定资产折旧额的计算公式如下。

① 按照行驶里程计算折旧的公式:

$$\text{单位里程折旧额} = \dfrac{\text{原值}(1-\text{预计净产值率})}{\text{总行驶里程}} = \dfrac{\text{固定资产原值} - \text{净残值}}{\text{总行驶里程}} \tag{3-36}$$

$$\text{年折旧额} = \text{单位里程折旧额} \times \text{年行驶里数} \tag{3-37}$$

② 按照工作小时计算折旧公式:

$$\text{每工作小时折旧额} = \dfrac{\text{原值}(1-\text{预计净产值率})}{\text{总工作小时数}} \tag{3-38}$$

$$\text{年折旧额} = \text{每工作小时折旧额} \times \text{年工作小时}$$

这种方法的关键或不足之处就是对总工作量的规定,既带有主观性,又不易准确。

**3. 双倍余额递减法**

双倍余额递减法是以平均年限法折旧率两倍的折旧率计算每年折旧额的方法。其计算公式为:

$$\begin{aligned} &\text{年折旧率} = \dfrac{2}{\text{折旧年限}} \times 100\% \\ &\text{年折旧额} = \text{固定资产净值} \times \text{年折旧率} \\ &\text{月折旧率} = \dfrac{\text{年折旧率}}{12} \\ &\text{月折旧额} = \text{固定资产净值} \times \text{月折旧率} \end{aligned} \tag{3-39}$$

固定资产原始价值（原值）是指企业在建造、购置和安装某固定资产时所支出的货币总额。

固定资产净值,是指固定资产原值减去折旧后的余额。

在采用双倍余额递减法时,应注意以下两点。

① 计提折旧时,残值不能从固定资产价值中扣减。

② 由于不能使末年固定资产账面净值低于其预计残值。所以我国财务制度规定,实行双倍余额递减法的固定资产,应在其固定资产折旧年限到期前两年内,将固定资产账面净值扣除预计净残值后的净额平均摊销。

**【例 3-6】** 某高新技术设备原值 40000 元，预计使用年限为 5 年，预计残值 2000 元，清理费 400 元。计算每年的折旧额。

**解**：年折旧率 $=\dfrac{2}{\text{折旧年限}}\times 100\%=\dfrac{2}{5}\times 100\%=40\%$

第 1 年折旧额 $=40000\times 40\%=16000$（元）

第 2 年折旧额 $=(40000-16000)\times 40\%=9600$（元）

第 3 年折旧额 $=(40000-16000-9600)\times 40\%=5760$（元）

第 4、5 年折旧额 $=\dfrac{(40000-16000-9600-5760)-(2000-400)}{2}=3520$（元）

### 4. 年数总和法

年数总和法是根据固定资产原值减去预计净残值后的余额，按照逐年递减的年折旧率计算每年的折旧额。其计算公式为：

$$\text{年折旧率}=\dfrac{\text{折旧年限}-\text{已使用年限}}{\text{折旧年限}\times\dfrac{\text{折旧年限}+1}{2}}\times 100\%$$

年折旧额 $=$（固定资产原值 $-$ 预计净残值）$\times$ 年折旧率  (3-40)

月折旧率 $=\dfrac{\text{年折旧率}}{12}$

月折旧额 $=$（固定资产原值 $-$ 预计净残值）$\times$ 月折旧率

这种方法的特征是，折旧率是一个逐年递减的百分率，而折旧基数固定不变。

**【例 3-7】** 某固定资产原值为 50000 元，预计使用 4 年，净残值 1500 元。计算每年的折旧额。

**解**：第 1 年折旧率 $=\dfrac{4}{10}=40\%$   第 2 年折旧率 $=\dfrac{3}{10}=30\%$

第 3 年折旧率 $=\dfrac{2}{10}=20\%$   第 4 年折旧率 $=\dfrac{1}{10}=10\%$

这样，第 1 年折旧额 $=(50000-1500)\times 40\%=19400$（元）

第 2 年折旧额 $=(50000-1500)\times 30\%=14550$（元）

第 3 年折旧额 $=(50000-1500)\times 20\%=9700$（元）

第 4 年折旧额 $=(50000-1500)\times 0.1\%=4850$（元）

**【例 3-8】** 一台设备原值 12000 元，预计使用年限为 5 年，净残值为 500 元，试用平均年限法、双倍余额递减法、年数总和法计算年折旧费。

**解**：计算如表 3-1 所列。

表 3-1　年折旧费计算　　　　　　　　　　　单位：元

| 年限 | 平均年限法 | 双倍余额递减法 | 年数总和法 |
| --- | --- | --- | --- |
| 1 | 2300 | $12000\times 40\%=4800$ | $(12000-500)\times 5/15=3833$ |
| 2 | 2300 | $7200\times 40\%=2880$ | $11500\times 4/15=3067$ |
| 3 | 2300 | $4320\times 40\%=1728$ | $11500\times 3/15=2300$ |
| 4 | 2300 | $(2592-500)/2=1046$ | $11500\times 2/15=1533$ |
| 5 | 2300 | $(2592-500)/2=1046$ | $11500\times 1/15=767$ |
| 合计 | 11500 | 11500 | 11500 |

## 第三节 工程项目生产经营期成本费用

费用是指企业为销售商品、提供劳务等日常活动所发生的经济利益的流出,具体表现为资产的减少或负债的增加。

费用的特征如下。

① 费用最终会导致企业资源的减少或牺牲。费用在本质上是企业资源流出,最终会使企业资源减少或牺牲,具体表现为企业现金或非现金支出,例如,支付工人工资、支付管理费用、消耗原材料等。也可以是预期的支出,例如,承担一项在未来期间履行的负债——应付材料款等。

② 费用最终会减少企业的所有者权益。一般而言,企业的所有者权益会随着收入的增加而增加;相反,费用的增加会减少企业的所有者权益。费用通常是为取得某项收入而发生的耗费,这些耗费可以表现为资产的减少或负债的增加,最终会减少企业的所有者权益。

费用按照经济用途可以分为生产成本和期间费用两大类。

### 一、生产成本的构成

生产成本是指构成产品实体、计入产品成本的那部分费用。施工企业的生产成本,就是指工程成本,是施工企业为生产产品提供劳务而发生的各种施工生产费用,包括直接材料费、直接工资、其他直接支出和制造费用。

工程成本是指施工企业在建筑安装工程施工过程中的实际耗费,包括物化劳动的耗费和活劳动中必要劳动的耗费,前者是指工程耗用的各种生产资料的价值,后者是指支付给劳动者的报酬。工程成本是工程造价的重要组成部分,应由工程本身来承担,工程成本的高低,直接体现着企业工程价款中用于生产耗费补偿数额的大小。工程成本还是反映施工企业工作质量的一个综合指标。

成本虽说也是一种耗费,但和费用不是一个概念。成本和费用的区别在于,成本是针对一定的成本核算对象(如某工程)而言的;费用则是针对一定的期间而言的。二者的联系在于都是企业经济资源的耗费。

**1. 直接材料费**

直接材料费包括企业生产经营过程中实际消耗的原材料、辅助材料、设备零配件、外购半成品、燃料、动力、包装物、低值易耗品以及其他直接材料费。

**2. 直接工资**

直接工资包括企业直接从事产品生产人员的工资、奖金、津贴和补贴。

**3. 其他直接支出**

其他直接支出包括直接从事产品生产人员的职工福利费。

**4. 制造费用**

制造费用是指企业各个生产单位(分厂、车间)为组织和管理生产所发生的各项费用,包括生产单位(分厂、车间)管理人员工资、职工福利费、折旧费、维简费、修理费、低值易耗品摊销费、劳动保护费、水电费、办公费、差旅费、运输费、保险费、租赁费(不含融资租赁费)、设计制图费、试验检验费、环境保护费。

### 二、期间费用的构成

期间费用是施工企业当期发生的费用中的重要组成部分,主要包括管理费用、财务费用和销售费用三部分。期间费用于发生时直接计入当期损益。

**1. 管理费用**

管理费用是指施工企业为管理和组织企业生产经营活动而发生的各项费用。包括公司经费、工会经费、职工教育经费、劳动保险费、待业保险费、董事会费、聘请中介机构费、咨询费、诉讼费、排污费、税金、技术转让费、研究与开发费、无形资产摊销、业务招待费、计提的坏账准备和存货跌价准备、存货盘亏、毁损和报废损失、其他管理费用等。

**2. 财务费用**

财务费用是指企业为筹集生产所需资金等而发生的费用,包括应当作为期间费用的利息支出(减利息收入)、汇兑损失(减汇兑收益)以及相关的手续费等。

**3. 销售费用**

销售费用是指企业在销售产品、自制半成品和提供劳务等过程中发生的各项费用以及专设销售机构的各项经费,包括应由企业负担的运输费、装卸费、包装费、保险费、委托代销费、广告费、展览费、销售服务费用、销售部门人员工资、职工福利费、差旅费、办公费、折旧费、修理费、低值易耗品摊销费等。

### 三、工程经济中成本费用的计算

$$年成本费用 = 生产成本 + 销售费用 + 管理费用 + 财务费用 \tag{3-41}$$

或者:

$$年成本费用 = 外购原材料、燃料及动力 + 工资及福利费 + 修理费 + 折旧费 +$$
$$维简费 + 摊销费 + 利息支出 + 其他费用 \tag{3-42}$$

式中,修理费包括大修理费用和中小修理费用。可按折旧费的一定百分比计算;维简费是指采掘、采伐工业按生产产品数量(采矿按每吨原矿产量,林区按每立方米原木产量)提取的固定资产更新和技术改造资金,即维持简单再生产的资金。这类采掘、采伐企业不计提固定资产折旧;摊销费是指无形资产和递延资产在一定期限内分期摊销的费用。

### 四、固定成本与变动成本

产品成本费用按其与产量变化的关系,一般分为固定成本和变动(可变)成本两类。固定成本和变动成本构成生产产品的总成本,再加上利润和税金构成产品的出厂价格。

**1. 固定成本**

固定成本在一定时期内不随企业产量的增减而变化,如车间经费和企业管理费。车间经费包括车间管理人员工资及附加费、办公费、折旧费、修理费、劳动保护费等。企业管理费是为管理和组织企业生产所耗的费用,包括全厂管理部门人员工资及附加费、办公费、折旧费(全厂性设备和厂房)、修理费、运输费、仓库保管费、差旅费等。以上费用均应列为企业的固定开支,因而称为固定费用。

其实,有些费用,如车间管理人员的工资及附加费、修理费等,只有当产量在一定范围内变动时,它才是不变的。当产量变化超过一定范围时,它就会有所增减,因此,它是相对固定的费用。

**2. 变动(可变)成本**

变动成本随着企业产量的增减而变化。如原材料费、直接人工工资及附加费、燃料动力费、废品损失费等。当产量增加时,费用总额也成比例增加。但也有不是成比例变化的,如价格的变化、工资的变化、原材料价格的波动等。

## 五、经营成本

经营成本是工程经济分析中经济评价的专用术语，用于项目财务评价的现金流量分析。因为一般产品销售成本中包含有固定资产折旧费用、维简费（采掘、采伐项目计算此项费用，以维持简单的再生产）、无形资产及递延资产摊销费和利息支出等费用。在工程经济分析中，建设投资是计入现金流出的，而折旧费用是建设投资所形成的固定资产的补偿价值，如将折旧费用随成本计入现金流出，会造成现金流出的重复计算；同样，由于维简费、无形资产及其他资产摊销费也是建设投资所形成的，只是项目内部的现金转移，而非现金支出，故为避免重复计算也不予考虑；贷款利息是使用借贷资金所要付出的代价，对于项目来说是实际的现金流出，但在评价项目总投资的经济效果时，并不考虑资金来源问题，故在这种情况下也不考虑贷款利息的支出；在资本金财务现金流量表中由于已将利息支出单列，因此，经营成本也不包括利息支出。由此可见，经营成本是从投资方案本身考察的，是在一定期间（通常一年）内由于生产和销售产品及提供劳务而实际发生的现金支出。按下式计算：

$$经营成本＝总成本费用－折旧费－维简费－摊销费－利息支出 \quad (3-43)$$

## 第四节  销售收入、利润和税金

### 一、销售收入

工程项目的收入是估算项目投入使用后生产经营期内各年销售产品或提供劳务等所取得的收入。销售产品的收入称销售收入，提供劳务的收入称营业收入。

销售收入是项目建成投产后补偿成本、上缴税金、偿还债务、保证企业再生产正常进行的前提。它是进行利润总额、销售税金及附加和增值税估算的基础数据。销售收入的计算如下：

$$销售收入＝产品销售单价×产品年销售量 \quad (3-44)$$

### 二、利润

建筑企业利润是指企业在一定时期内经营活动所取得的财务成果，亦即企业的盈利。它是评价企业经济效益好坏的综合指标。

建筑企业的利润总额由营业利润、投资净收益、营业外收支净额组成，即

$$利润总额＝营业利润＋投资净收益＋营业外收支净额 \quad (3-45)$$

**1. 营业利润**

建筑施工企业的营业利润，由工程结算利润加其他业务利润减管理费用和财务费用组成，即：

$$营业利润＝工程结算利润＋其他业务利润－管理费用－财务费用 \quad (3-46)$$

（1）工程结算利润　施工企业的工程结算利润，是指企业及其内部独立核算的施工单位已向工程发包单位（或总包单位）办理工程价款结算后形成的利润，是企业利润的主要组成部分。

（2）其他业务利润　建筑施工企业的其他业务利润，是指除工程价款收入以外的其他业务收入扣除其他业务成本及应负担的费用、流转税金及附加后的所得利润。一般包括以下

内容。

① 产品销售利润 指企业内部独立核算的工业企业销售产品获得的利润。

② 材料销售利润 指企业及其内部独立核算的材料供应部门销售材料所获得的利润。

③ 劳务、作业利润 指企业对外单位或企业内部其他独立核算单位提供劳务、进行修理、运输等作业所获得的利润。

④ 多种经营利润 指企业举办一些与工程施工无直接联系的其他行业的经营业务而获得的利润（如饮食服务、服装加工、商品流通业务等）。

⑤ 机具设备租赁利润 指企业对外单位或企业内部其他独立核算单位出租施工机具、生产设备等所获得的利润。

⑥ 其他业务利润 包括：技术转让利润、联合承包节省投资分成收入、提前竣工投产利润分成收入等。

**2. 投资净收益**

投资净收益是指企业投资收益扣除企业投资损失后的净额。投资收益和投资损失是指企业对投资所取得的收益和发生的损失。

投资收益包括对外投资分得的利润、股利、债券利息，投资到期收回或中途转让取得款项高于账面价值的差额，以及按照权益法核算的股权投资在被投资单位增加的净资产中所拥有的数额等。

投资损失包括对外投资分担的亏损、投资到期收回或中途转让取得款项低于账面价值的差额，以及按照权益法核算的股权投资在被投资单位的净资产中所分担的数额等。

**3. 营业外收支净额**

营业外收支净额为营业外收入减去营业外支出的差额。企业营业外收入和营业外支出是指与企业生产经营无直接关系的各项收入和支出。

营业外收入包括固定资产的盘盈和出售（报废清理）净收益，因债权人单位变更或撤销等原因而无法支付的应付款项、罚款收入、教育费附加返还款，以及其他非营业性收入。

营业外支出包括固定资产盘亏、报废、毁损和出售的净损失、非季节性和非大修理期间的停工损失、非常损失（指自然灾害造成的企业全部损失扣除保险赔偿款和残值等的净损失，及由此造成的停工损失和善后清理费用）、自办职工子弟学校经费和技工学校经费、公益救济性捐赠、未履行经济合同支付的赔偿金、违约金、罚款等。

在项目的技术经济分析中，只考虑项目投资的经济效益，与项目投资没有关系的，不必考虑。如投资净收益、营业外收支净额，而其他业务利润无法预测。这样，财务评价中利润总额可简化为：

$$利润总额 = 销售收入 - 销售税金及附加 - 总成本费用 \tag{3-47}$$

如图 3-3 所示。

企业实现的利润总额在依法缴纳所得税后成为可供分配的利润，根据《企业财务通则》规定，除国家另有规定外，可按下列顺序分配。

① 用于抵补被没收财务损失、支付违反税法规定的各项滞纳金和罚款；

② 弥补超过用税前抵补期限，按规定须用税后利润弥补的亏损；

③ 提取法定盈余公积金，用于发展企业生产经营、弥补亏损或按国家规定转增资本金；

④ 按规定提取公益金，用于企业职工集体福利方面的支出；

⑤ 支付优先股股利；

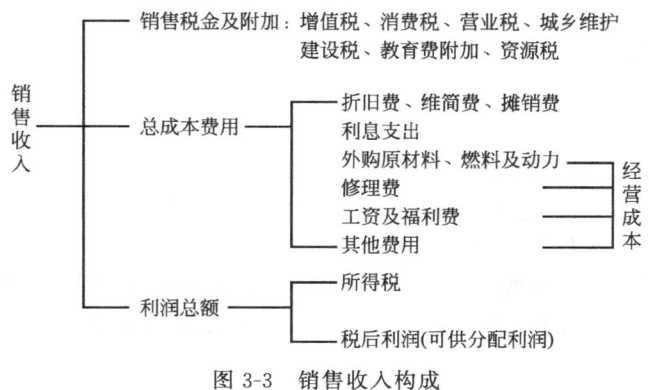

图 3-3 销售收入构成

⑥ 提取任意盈余公积金，可用于派发股东股利；

⑦ 支付普通股股利，企业以前年度未分配的利润可以并入本年度向投资者分配。

## 三、税金

税金是指企业根据国家税法规定向国家缴纳的各种税款，是企业为国家提供积累的重要方式。我国现行税制工商税金科目繁多，按照课税对象的不同性质，税收可以分为流转税类、资源税类、财产税类和行为税类四大类。

在工程经济财务评价中，涉及的税费主要有：从销售收入中扣除的增值税、营业税、消费税、城市维护建设税及教育费附加和资源税；计入总成本费用的房产税、土地使用税、车船使用税和印花税等；计入建设投资的固定资产投资方向调节税（目前国家暂停征收），以及从利润中扣除的所得税等。

### 本章小结

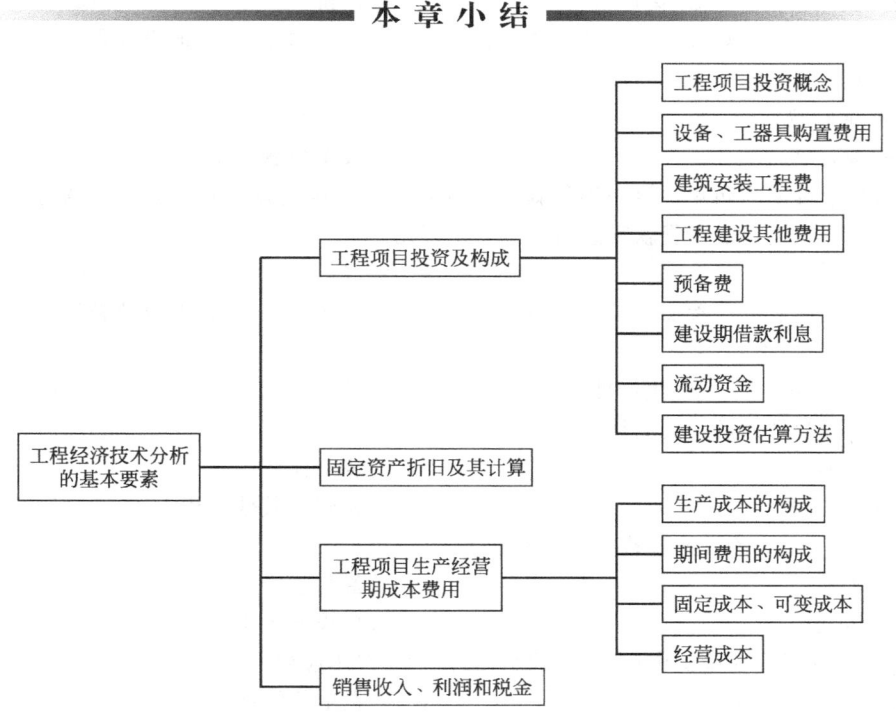

# 思考与练习

**一、单项选择题**

1. 建设工程项目总投资由建设投资和（　　）组成。
   A. 流动资产投资　　B. 建筑安装工程费　　C. 设备及工器具购置费　　D. 预备费

2. 设备购置费的组成为（　　）。
   A. 设备原价＋采购与保管费
   B. 设备原价＋运费＋装卸费
   C. 设备原价＋运费＋采购与保管费
   D. 设备原价＋设备运杂费

3. 国产标准设备是指（　　）。
   A. 按照企业自定的图纸和技术要求，由设备生产厂批量生产的，符合质量检测标准的设备
   B. 按照主管部门颁布的标准图纸和业主提出的技术要求，由我国设备生产厂生产的，符合国家质量检测标准的设备
   C. 按照业主提供的图纸和技术要求，由我国设备生产厂生产的，符合国家质量检测标准的设备
   D. 按照主管部门颁布的标准图纸和技术要求，由我国设备生产厂生产的，符合国家质量检测标准的设备

4. 某项目进口一批工艺设备，其银行财务费为 4.25 万元，外贸手续费为 18.9 万元，关税税率为 20%，增值税税率为 17%，抵岸价格为 1792.19 万元。该批设备无消费税、海关监管手续费，则进口设备的到岸价格为（　　）万元。
   A. 747.19　　B. 1260　　C. 1291.27　　D. 1045

5. 进口设备外贸手续费＝（　　）×人民币外汇牌价×外贸手续费率。
   A. 到岸价　　B. 离岸价　　C. 出厂价　　D. 组成计税价格

6. 根据设计要求，对某一框架结构进行破坏性试验，以提供和验证设计数据，该过程支出的费用属于（　　）。
   A. 检验试验费
   B. 研究试验费
   C. 勘察设计费
   D. 建设单位管理费

7. 某项目建设期为两年，第一年贷款 100 万元，第二年贷款 200 万元，贷款分年度均衡发放，年利率 10%，则建设期贷款利息为（　　）万元。
   A. 20.5　　B. 15　　C. 25.5　　D. 25

8. 生产单位提前进厂参加施工、设备安装、调试等人员的工资、工资性补贴、劳动保护费等应从（　　）中支付。
   A. 建安工程费　　B. 生产准备费　　C. 设备购置费　　D. 预备费

9. 建设单位管理人员工资应计入（　　）。
   A. 建筑工程费
   B. 安装工程费
   C. 市政工程费
   D. 工程建设其他费用

10. 工器具及生产家具购置费的计算基础是（　　）。
    A. 设备原价
    B. 设备购置费
    C. 设备运杂费
    D. 进口设备抵岸价

11. 根据设计规定在施工中进行的试验、验证所需费用应列入（　　）。
    A. 建安工程其他费用
    B. 建设单位管理费
    C. 建安工程间接费
    D. 工程建设其他费用

12. 我国现行建设项目总投资的构成中，工程建设其他费用包括（    ）。
   A. 基本预备费					B. 税金
   C. 建设期贷款利息				D. 与未来企业生产经营有关的其他费用
13. 某项固定资产的原值为 1000 万元，预计净残值为 10%，预计使用年限为 5 年，那么在年数总和法下第 4 年计提的折旧为（    ）万元。
   A. 120		B. 240		C. 133.33		D. 266.67

## 二、多项选择题

1. 建设项目总投资中的预备费包含基本预备费和涨价预备费，其中基本预备费以（    ）为计算基准。
   A. 设备及工器具购置费				B. 建筑安装工程费
   C. 工程建设其他费用				D. 铺底流动资金
   E. 税金
2. 国产标准设备的原价一般是指（    ）。
   A. 设备制造厂的交货价				B. 建设项目工地的交货价格
   C. 设备预算价格					D. 设备出厂价
   E. 设备成套公司的成套合同价
3. 计算进口设备抵岸价时，外贸手续费的计费基础是（    ）之和。
   A. 离岸价		B. 国外运费		C. 银行财务费
   D. 进口关税		E. 国外运输保险费
4. 在设备购置费的构成中，不包括（    ）。
   A. 设备运输、包装费				B. 设备安装保险费
   C. 设备联合试运转费				D. 设备采购费
   E. 设备检验鉴定费
5. 下列各项中不包含关税的有（    ）。
   A. 到岸价		B. 抵岸价		C. FOB
   D. CIF		E. 装运港船上交货价
6. 建设项目总投资中的设备购置费包括（    ）。
   A. 设备原价					B. 设备国内运输费用
   C. 设备安装调试费				D. 设备采购保管费
   E. 装卸费
7. 建设投资是由（    ）、预备费及工程建设其他费用构成的。
   A. 建筑安装工程费				B. 设备及工器具购置费
   C. 固定资产投资方向调节税			D. 流动资产投资
   E. 建设期利息
8. 以下费用中以 FOB 价为计算基础的有（    ）。
   A. 国外运费					B. 银行财务费
   C. 进口设备货价				D. 海关监管手续费
   E. 国外运输保险费
9. 在下列各项中，属于工程项目建设投资的有（    ）。
   A. 建设期利息					B. 设备及工器具购置费
   C. 预备费					D. 流动资产投资
   E. 工程建设其他费用

## 三、简答题

1. 简述我国现行建设工程投资构成。
2. 简述设备、工器具购置费用的构成。
3. 简述建筑安装工程费用的构成。
4. 简述工程建设其他费用的构成。
5. 固定资产的折旧方法有哪些？
6. 简述生产经营期成本费用的构成。

## 四、计算题

1. 某项目总投资 1300 万元，分 3 年均衡发放，第 1 年投资 300 万元，第 2 年投资 600 万元，第 3 年投资 400 万元，建设期内年利率为 12%，计算建设期应付利息。

2. 一台建筑设备原值为 28000 元，预计服务年限为 6 年，净残值为 2000 元，试用直线折旧法、年数总和法、双倍余额递减法分别计算折旧费。

3. 某设备原值为 16000 元，使用年限为 10 年，残值为 0，前 6 年用双倍余额递减法折旧，从第 7 年开始，用直线法折旧，试分别计算第 5 年的折旧费和第 8 年的折旧费及第 5 年年末、第 8 年年末的账面余额。

4. 某建筑企业施工机械原值 30 万元，预计净残值 1 万元，按规定可使用 3000 个台班，当年实际使用 400 个台班，试计算当年应计提的折旧额。

5. 某工程项目，招标文件中工程量清单标明的混凝土工程量为 2400m²，投标文件综合单价分析表显示：人工单价为 100 元/工日，人工消耗量为 0.40 工日/m²；材料费单价为 273 元/工日；机械台班消耗量为 0.025 台班/m²，机械台班单价为 1200 元/台班。采用以直接费为计算基础的综合单价法进行计算。其中，措施费为直接工程费的 5%，间接费费率为 10%，利润率为 8%，综合计税系数为 3.41%。试计算混凝土工程的直接工程费和全费用综合单价分别是多少。

6. 某建设项目计算期 10 年，其中建设期 2 年。项目建设投资（不含建设期贷款利息）1200 万元，第一年投入 500 万元，全部为投资自有资金；第二年投入 700 万元，其中 500 万元为银行贷款，贷款年利率 6%。贷款偿还方式为：第三年不还本付息，从第四年开始，分四年等额还本，当年还清当年利息。项目第三年总成本费用为 900 万元，第四年总成本费用为 1500 万元，第 3、4 年的折旧费均为 100 万元。试计算项目建设期贷款利息、第三年应计利息为多少？第 3、4 年的经营成本分别是多少？

# 第四章 工程技术经济分析的基本方法

【知识目标】
- 了解项目经济评价方法的主要特点，以及项目经济评价方法的分类。
- 理解静态和动态投资回收期、现值法、年值法、内部收益率法。
- 掌握静态和动态投资回收期的计算，净现值法、现值成本法的计算，净年值法的计算，内部收益率法的计算。

【能力目标】
- 能解释项目的财务评价和国民经济评价、静态和动态投资回收期、净现值、净年值、内部收益率。
- 能写出项目经济评价方法的主要特点，静态和动态投资回收期的计算公式，净现值、净年值的表达式，内部收益率法的计算公式。
- 能应用静态和动态投资回收期的计算公式，净现值、净年值的表达式，内部收益率法的计算公式。
- 能处理不同方案项目的评价。

工程技术经济分析的基本方法就是对不同技术方案实施所需的投入与所取得的效果进行计算、分析、比较论证，对参选方案进行评价，从而作出方案取舍的一套方法，主要有专家评价法、经济评价法、系统分析法和不确定分析法。本章主要讨论经济评价方法。

## 第一节　概　述

### 一、建设项目的经济评价

建设项目的经济评价是项目建议书和可行性研究报告的重要组成部分，其任务是在完成市场预测、厂址选择、工艺技术方案选择的基础上，对拟建项目投入产出的各种经济因素进行调查研究、计算及分析论证经济效果，比较选择推荐最优方案。

建设项目的经济评价包括财务评价和国民经济评价。财务评价是在国家现行财税制度和价格体系的条件下，计算项目范围内的效益和费用，分析项目的盈利能力、清偿能力，以考察项目在财务上的可行性。国民经济评价是在合理配置国家资源的前提下，从国家整体的角度分析项目对国民经济的净贡献，以考察项目的经济合理性。

### 二、经济评价方法的主要特点

**1. 动态与静态分析相结合，以动态分析为主**

经济评价方法强调考虑时间因素，利用复利计算方法进行等值计算，即将不同时间内效益费用的流入流出折算成同一时点的价值，为不同方案和不同项目的经济比较提供了相同的基础，并能反映出未来时期的发展变化情况。

在强调动态指标的同时并不排斥使用静态指标。静态指标一般比较简单、直观，使用起来比较方便，在评价过程中根据工作阶段和深度要求的不同，计算静态指标，进行辅助分析。

**2. 定量与定性分析相结合，以定量分析为主**

经济评价的本质要求是通过效益和费用的计算，对项目建成和生产过程中的诸多经济因素给出明确、综合的数量概念，从而进行经济分析和比较。但一个复杂的建设项目，总会有一些不能量化的经济因素，不能直接进行数量分析，此时应进行实事求是的、准确的定性描述，并与定量分析结合在一起进行评价。

**3. 全过程与阶段性经济效益分析相结合，以全过程分析为主**

经济评价方法强调把项目评价的出发点和归宿点放在全过程的经济分析上，采用了能够反映项目整个计算期内经济效益的内部收益率、净现值等指标，并用这些指标作为项目取舍的判断依据。

**4. 宏观与微观效益分析相结合，以宏观效益分析为主**

对项目进行经济评价，不仅要看项目本身获利多少，有无财务生存能力，还要考察项目的建设和经营对国民经济有多大的贡献以及需要国民经济付出多大的代价。

**5. 价值量与实物量分析相结合，以价值量分析为主**

在项目经济评价中，要设立若干价值指标和实物指标，经济评价方法强调把物资因素、劳动因素、时间因素等量化为价值因素，在评价中对不同项目或方案都用可比的同一价值量进行分析，并据以判断项目或方案的可行性。

**6. 预测分析与统计分析相结合，以预测分析为主**

进行项目经济评价，既要以现有状况为基础，又要作有根据的预测，在对效益费用流入流出的时间、数据进行常规预测的同时，还应对某些不确定性因素和风险作出估计，包括敏感性分析、盈亏平衡分析和概率分析。

### 三、经济评价方法的分类

经济评价方法分为静态评价方法和动态评价方法，如图 4-1 所示。

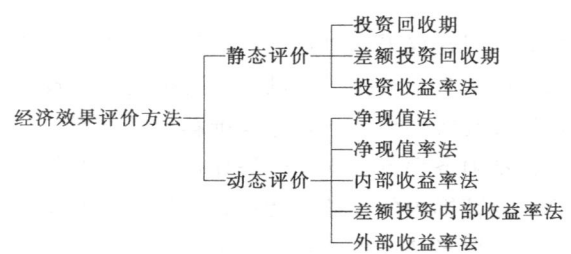

图 4-1　经济评价方法的分类

## 第二节　静态分析法

静态分析法是不考察项目的整个寿命期，也不考察资金时间价值的一种简易经济效果分析法。

其计算特点是：①利率为 0；②计算建设项目资金流量时只选择某个典型的年度或取平均值。

适用范围为：①适用于技术方案的初步评价，如建设项目的初步可行性研究；②适用于时间跨度较短的技术方案的评价。

## 一、投资回收期

投资回收期是指以项目的净收益抵偿全部投资所需要的时间。投资回收期越短，经济效果越好。

投资回收期是考察项目在财务上投资回收能力的主要静态评价指标。投资回收期通常以年表示，一般从建设开始年算起，若从投产年算起，应予注明。其表达式为：

$$\sum_{t=0}^{T}(CI-CO)_t=0 \tag{4-1}$$

式中，$CI$ 为现金流入量（cash inflow）；$CO$ 为现金流出量（cash outflow）；$(CI-CO)_t$ 为第 $t$ 年净现金流量；$T$ 为投资回收期。

如果项目满足以下条件：投资在期初一次性投入，当年受益且从项目投产至项目计算期终结每年收益相同，可用下式计算：

$$T=\frac{I}{NB} \tag{4-2}$$

式中，$I$ 为总投资，包括固定资产投资和流动资金、建设期借款利息；$NB$ 为年净收益，等于年利润加年折旧费，或等于年销售收入减年经营成本再减年税金。

【例 4-1】 某工程建设项目有两个可供选择的投资方案，有关指标如表 4-1 所列。试计算两个方案的投资回收期。

表 4-1 【例 4-1】投资方案数据

| 方案名称 | 固定资产投资/万元 | 流动资金/万元 | 年销售收入/万元 | 年经营成本/万元 | 年税金/万元 | 使用年限/年 |
| --- | --- | --- | --- | --- | --- | --- |
| A | 2000 | 250 | 1900 | 1200 | 200 | 6 |
| B | 3000 | 400 | 1900 | 900 | 200 | 8 |

**解**：先计算各方案的年净收益和总投资。

方案 A：$NB_A=1900-1200-200=500$（万元）
　　　　$I_A=2000+250=2250$（万元）
方案 B：$NB_B=1900-900-200=800$（万元）
　　　　$I_B=3000+400=3400$（万元）

接着计算各方案的投资回收期。

$$T_A=\frac{I_A}{NB_A}=\frac{2250}{500}=4.5\text{（年）}$$

$$T_B=\frac{I_B}{NB_B}=\frac{3400}{800}=4.25\text{（年）}$$

由于 $T_B<T_A$，所以方案 B 为优。

投资回收期可根据财务现金流量表中累计净现金流量求得。计算公式为：

$$\text{投资回收期}=\begin{bmatrix}\text{累计净现金流量开}\\\text{始出现正值年份数}\end{bmatrix}-1+\frac{\text{上年累计净现金流量的绝对值}}{\text{当年净现金流量}} \tag{4-3}$$

投资回收期反映了投资得到回收所需时间的长短。显然，投资回收期 $T$ 越短，投资方案的经济效益就越好。若投资回收期过长，经济效益不好，方案就不可取。但 $T$ 到底长到什么程度，方案在经济上便不可行呢？必须有一个标准，也就是要确定一个基准的投资回收期 $T_0$，当 $T<T_0$ 时，方案是可行的；当 $T>T_0$ 时，方案是不可行的。$T$ 越短，方案就越优。

基准投资回收期，是提高资金利用效率的控制指标，它是由国家、部门（行业）或地区来制定的，它能起到限制经济效益差的项目投资的作用，以保证投资尽快回收。

但确定基准投资回收期是不容易的，各部门的生产性质、技术特点往往差别很大，收回投资的时间也会悬殊较大。目前我国未规定各部门、各行业的基准投资回收期。可参考国外的有关资料：一般轻工业、机械工业、化学工业为 3~5 年，冶金工业为 7 年，燃料动力部门为 7~10 年。

**【例 4-2】** 某项目现金流量如表 4-2 所列，设 $T_0=7$ 年，试用投资回收期评价项目的可行性。

表 4-2 【例 4-2】现金流量表

| 年限 | 0 | 1 | 2 | 3 | 4 | 5 | 6 | 7 |
|---|---|---|---|---|---|---|---|---|
| 投资/万元 | 700 | 300 | | | | | | |
| 净收益/万元 | | | 200 | 400 | 500 | 500 | 500 | 500 | 800 |

**解：** 为便于计算，通过简单累计制成表 4-3。

表 4-3 【例 4-2】现金流量累计

| 年限 | 0 | 1 | 2 | 3 | 4 | 5 | 6 | 7 |
|---|---|---|---|---|---|---|---|---|
| 投资/万元 | 700 | 300 | | | | | | |
| 净收益/万元 | | | 200 | 400 | 500 | 500 | 500 | 500 | 800 |
| 净现金流量/万元 | -700 | -100 | 400 | 500 | 500 | 500 | 500 | 800 |
| 累计净现金流量/万元 | -700 | -800 | -400 | 100 | 600 | 1100 | 1600 | 2400 |

$$T=3-1+\frac{400}{500}=2.8 \text{（年）}$$

因为 $T<T_0$，因此该项目在经济上是可行的。

静态投资回收期作为评价指标已在国际上使用了多年并仍在使用，其主要优点是能反映项目本身的资金回收能力，容易理解，较为直观，便于衡量投资风险，同时在一定程度上能反映投资效果的优劣。其主要缺点是没有考虑资金的时间价值，过分强调迅速获得财务效益，没有考虑资金回收后的情况，而且没有评价项目计算期内的总收益和获利能力。

## 二、差额投资回收期

又名追加投资回收期，它是用投资多的方案获得的超额收益或节约的费用来回收超额投资的期限。其计算公式为：

$$\Delta T=\frac{I_2-I_1}{C_1-C_2}=\frac{\Delta I}{\Delta C} \tag{4-4}$$

式中，$I_1$，$I_2$ 为两个比较方案的全部投资；$C_1$，$C_2$ 为两个比较方案的年总经营成本；$\Delta T$ 为追加投资回收期。

或采用追加投资回收期的一般表达式：

$$\sum_{t=0}^{\Delta T}(CF_1-CF_2)_t=0$$

式中，$CF_1$，$CF_2$ 为两比较方案的净现金流量；$(CF_1-CF_2)_t$ 为两比较方案第 $t$ 年净现金流量之差；$\Delta T$ 为追加投资回收期。

追加投资回收期是一个相对经济效果指标，它主要用于互斥方案之间的比较，判断方案间的相对经济性。

评价方法如下。

当 $\Delta T < T_0$ 时，则投资大的方案为优。也就是投资大的方案，所追加的投资，用年成本的节约额去补偿所需的年数小于基准投资回收期，因此投资大的方案是可行的。

当 $\Delta T > T_0$ 时，则投资小的方案为优。说明投资大的方案多花的投资，通过年经营费用的节约来回收，所需的年数超过了国家规定的回收年限，故此投资大的方案是不可行的。

【例 4-3】 某建设项目有三个技术方案，基本数据如表 4-4 所列。已知 $T_0=5$ 年，试比较各方案的优劣。

表 4-4 【例 4-3】基本数据

| 方　案 | 投资 $I$/万元 | 年经营成本 $C$/万元 |
|---|---|---|
| 方案 1 | 100 | 22 |
| 方案 2 | 124 | 16 |
| 方案 3 | 142 | 13 |

**解**：先取方案 1、2 比较，有：

$$\Delta T_1=\frac{I_2-I_1}{C_1-C_2}=\frac{124-100}{22-16}=4 \text{ 年} < T_0$$

由此可见，方案 1、2 比较的结果，投资大的方案 2 为优，故淘汰方案 1。

再将方案 2、3 进行比较，有：

$$\Delta T_2=\frac{I_3-I_2}{C_2-C_3}=\frac{142-124}{16-13}=6 \text{ 年} > T_0$$

由此可见，方案 2、3 比较的结果，投资小的方案 2 为优。所以，以上 3 个方案的比较结果，以方案 2 为最优。

实践证明，追加投资回收期这种方法存在一些缺陷。第一，它是用静态的方法评价动态投资的经济效果，因此它是不全面的、粗略的，可能导致错误结论；第二，它不能反映企业施工期长短对投资效果的影响。工期长就推迟投产时间，另外还要负担商业银行巨额贷款利息，这些均会影响方案的经济性，而追加投资回收期不能反映这一事实；第三，它也不能反映企业因服务年限不同引起经济效果的差异。项目计算期不同对项目经济效果有显著影响，计算期长可以多收益多积累资金；第四，标准偿还年限难以确定。

## 三、投资效果系数

投资效果系数又称为投资收益率，定义为每年获得的净收入与原始投资的比值，记为 $E$。它是考察项目单位投资盈利能力的静态指标。其计算公式如下：

$$E=\frac{NB}{I} \tag{4-5}$$

式中，$I$ 为总投资，指固定资产投资＋固定资产投资方向调节税＋建设期利息＋流动资金；$NB$ 为年净收益，按投产后正常年份的净收益计算，或按项目寿命期内的平均收益计算。年净收益等于年利润＋年折旧费，或者等于年销售收入－年经营成本－年税金。

以投资收益率来评价方案：①投资收益率应高于银行贷款利率；②投资收益率应不低于国家或部门规定的基准投资效果系数 $E_0$；③多方案比较，以投资收益率最高者为优。

投资收益率与静态投资回收期互为逆指标。

**【例 4-4】** 某工程建设项目有两个可供选择的投资方案，有关指标如表 4-5 所列。试计算两个方案的投资收益率。

表 4-5 【例 4-4】投资方案数据

| 方案名称 | 固定资产投资<br>/万元 | 流动资金<br>/万元 | 年销售收入<br>/万元 | 年经营成本<br>/万元 | 年税金<br>/万元 | 使用年限<br>/年 |
|---|---|---|---|---|---|---|
| A | 2000 | 250 | 1900 | 1200 | 200 | 6 |
| B | 3000 | 400 | 1900 | 900 | 200 | 8 |

**解**：由式(4-5) 可知：

$$E_A = \frac{NB_A}{I_A} = \frac{1900-1200-200}{2250} = 22.2\%$$

$$E_B = \frac{NB_B}{I_B} = \frac{1900-900-200}{3400} = 23.5\%$$

由于 $E_A < E_B$，所以方案 B 为优。

**【例 4-5】** 拟建某厂固定资产投资为 81.21 万元，流动资金投入 10 万元，固定资产投资按 20 年直线折旧计算，该企业年总成本为 17.45 万元，年销售收入 20.69 万元，若标准投资效果系数 $E_0 = 0.15$，该厂是否应投资？

**解**：年折旧费 $= \frac{81.21}{20} = 4.06$（万元/年）

年净收益 $NB = 20.69 - (17.45 - 4.06) = 7.3$（万元）

$$E = \frac{NB}{I} = \frac{7.3}{81.21+10} = 0.08 < E_0$$

所以此方案不可取。

在具体应用投资效果系数时，有下面 3 个指标。

(1) 投资利润率　投资利润率是指项目达到设计生产能力后的一个正常生产年份的年利润总额或年平均利润总额与项目总投资的比例。其计算公式为：

$$投资利润率 = \frac{年利润总额或年平均利润总额}{项目总投资} \times 100\% \quad (4-6)$$

式中，年利润总额＝年产品销售收入－年产品销售税金及附加－年总成本费用；年产品销售税金及附加＝年增值税＋年营业税＋年城市建设维护税＋年教育费附加；项目总投资＝固定资产投资＋建设期利息＋流动资金投入。

(2) 投资利税率　投资利税率是指项目达到设计生产能力后的一个正常生产年份的年利税总额或年平均利税总额与项目总投资的比例。其计算公式为：

$$投资利税率 = \frac{年利税总额或年平均利税总额}{项目总投资} \times 100\% \quad (4-7)$$

式中，年利税总额＝年产品销售收入－年总成本费用，或年利税总额＝年利润总额＋年销售税金及附加。

(3) 资本金利润率　资本金利润率是指项目达到设计生产能力后的一个正常生产年份的年利润总额或年平均利润总额与项目资本金的比例。其计算公式为：

$$资本金利润率 = \frac{年利税总额或年平均利税总额}{资本金} \times 100\% \quad (4-8)$$

式中，资本金＝企业自有资金－资本溢价。

【例 4-6】　某项目总投资 65597 万元，两年建设，投产后运行 10 年，利润总额为 155340 万元，销售税金及附加为 56681 万元，自有资本金总额为 13600 万元，国家投资 13600 万元，其余为国内外借款。试计算投资利润率、投资利税率和资本金利润率。

解：投资利润率 $= \dfrac{155340/10}{65597} \times 100\% = 23.7\%$

投资利税率 $= \dfrac{(155340+56681)/10}{65597} \times 100\% = 32.3\%$

资本金利润率 $= \dfrac{155340/10}{13600} \times 100\% = 114.2\%$

## 第三节　动态分析法

动态分析法是一种考虑了资金时间因素的技术经济分析方法，它是将项目不同时期资金的流入和流出，换算成同一时点的价值进行分析、比较。这对投资者和决策者树立资金价值观念、利息观念、投入产出观念，以及合理利用建设资金，不断提高经济效益，具有十分重要的意义。

### 一、现值法

根据现金流量等值的概念，将投资项目在整个有效期中不同时点上发生的有关现金流量，按预定的贴现率或目标收益率折算为时间零点的现值，再进行方案或项目的评价比较，这种方法就叫做现值法（present value）。

现值法又可分为净现值法、净现值率法和现值成本法。

**1. 净现值法**（net present value，简写为 NPV 法）

净现值法是目前国内外评价投资项目经济效果最普遍、最重要的方法之一。它是按某个设定的折现率，将项目计算期内各年净现金流量折现到建设期初的现值之和。如果净现值之和大于零，说明该投资方案能取得大于基准收益率的良好经济效果，说明该方案在经济上是可行的，净现值越大，投资方案就越好。反之，净现值之和小于零，说明该投资方案达不到基准收益率，故方案是不可行的。

净现值法计算、分析步骤如下：

（1）确定基准收益率　若已制定了部门或行业的基准收益率，则按部门或行业规定计算。若没有规定，则可根据项目追求的投资效果确定一个目标收益率。目标收益率的选定要适当，目标收益率定得太高，可能会使许多效益较好的投资方案遭到拒绝，如果定得太低，则可能接受的投资方案效益较差，甚至亏损。因此，确定这一目标收益的基本原则是：不论是用银行贷款，还是用自筹资金进行投资，目标收益率均应高于贷款利率。一般情况下，投资者可根据自身发展战略、经营策略、具体项目特点与风险、资金成本、投资收益的期望、机会成本，以及考虑国家经济发展水平、经济环境、通货膨胀和银行贷款利率等因素确定。

为简单起见,以在贷款利率的基础上再加5%为宜。

(2) 画现金流量图,计算净现值　具体如下:

$$NPV = \sum_{t=0}^{n} \frac{(CI-CO)_t}{(1+i_0)^t} = \sum_{t=0}^{n}(CI-CO)_t(P/F,i_0,t) \quad (4-9)$$

式中,$n$ 为项目计算期;$i_0$ 为基准收益率;$(CI-CO)_t$ 为第 $t$ 年净现金流量。

(3) 方案的评价　若 $NPV>0$,则投资方案可行;若 $NPV<0$,则投资方案不可行;若 $NPV=0$,说明投资方案达到基准收益率的要求,应视具体情况,考虑其他因素,再确定方案是否可行。

【例 4-7】　某建设项目计算期内的净现金流量如表 4-6 所列,设行业基准收益率 $i_0=10\%$,求该项目的净现值。

表 4-6　【例 4-7】现金流量

| 年　份 | 1 | 2 | 3 | 4 | 5 | 6 | 7 | 8 | 9 | 10 | 11 | 12 |
|---|---|---|---|---|---|---|---|---|---|---|---|---|
| 净现金流量/万元 | -910 | -100 | 50 | 250 | 250 | 250 | 250 | 250 | 250 | 250 | 250 | 350 |

**解**:先画出现金流量图,如图 4-2 所示。

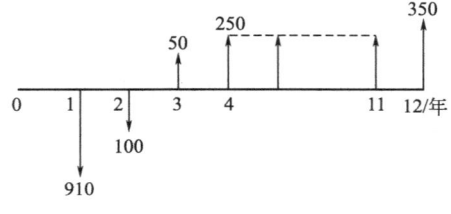

图 4-2　【例 4-7】现金流量图
(单位:万元)

再计算净现值:
$$NPV = -910(P/F,10\%,1) - 100(P/F,10\%,2) + 50(P/F,10\%,3) + 250(P/A,10\%,8) + (P/F,10\%,3) + 350(P/F,10\%,12)$$
$$= 241.20(万元)$$

由于 $NPV>0$,故该项目在经济上是可行的。

【例 4-8】　有两种建筑设备都能满足相同的需要,有关资料如表 4-7 所列。试用净现值法确定选择哪种设备为优。

表 4-7　【例 4-8】投资方案数据

| 方　案 | 投资/元 | 寿命/年 | 年收入/元 | 年支出/元 | 基准收益率/% | 残值/元 |
|---|---|---|---|---|---|---|
| 设备 A | 10000 | 5 | 5000 | 2200 | 8 | 2000 |
| 设备 B | 15000 | 10 | 7000 | 4500 | 8 | 0 |

**解**:由于两种建筑设备使用寿命不同,用净现值法评价时,必须统一计算期,为此取最小公倍数,即用 A、B 两种建筑设备使用寿命的最小公倍数 10 年。

画出现金流量图,如图 4-3 所示。

计算净现值:
$$NPV_A = 2800(P/A,8\%,10) + 2000(P/F,8\%,10) - 10000 - (10000 - 2000)(P/F,8\%,5)$$
$$= 2800 \times 6.710 + 2000 \times 0.4632 - 10000 - 8000 \times 0.6806$$
$$= 4269.6(元)$$
$$NPV_B = (7000-4500)(P/A,8\%,10) - 15000$$
$$= 2500 \times 6.710 - 15000$$
$$= 1775.0(元)$$

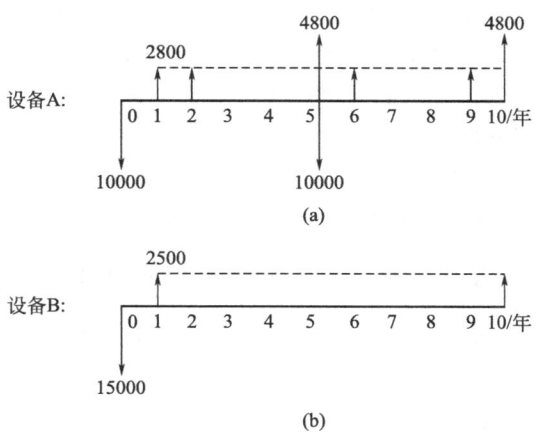

图 4-3 【例 4-8】现金流量图（单位：元）

由于 $NPV_A>0$，$NPV_B>0$，说明 A、B 设备除均能获得 8% 的收益率外，在 10 年内还能分别获得 4269.6 元和 1775.0 元的净现值收入，证明购买 A 或 B 设备在经济上都是可行的，但由于 $NPV_A>NPV_B$，所以 A 设备为最优。

净现值法考虑了资金的时间价值以及投资项目在整个寿命周期内的费用和收益，因此是可行的和可用的，但需注意：①净现值法对单个投资方案的评价是一种常用的方法；②对两个以上投资方案进行比较时，则项目的寿命周期必须相同或者进行调整（用最小公倍数）；③当两个方案投资相差很大时，仅以净现值法决定方案的取舍，可能会导致错误的选择。

【例 4-9】 某投资项目有 A、B 两个方案，有关数据见表 4-8，基准收益率为 10%，问哪个方案较优？

表 4-8 【例 4-9】投资方案数据

| 项 目 | 方案 A | 方案 B | 项 目 | 方案 A | 方案 B |
| --- | --- | --- | --- | --- | --- |
| 投资/元 | 150000 | 30000 | 寿命/年 | 10 | 20 |
| 年净收益/元 | 31000 | 11000 | 残值/元 | 15000 | 1000 |

解：取 A、B 两个方案寿命周期的最小公倍数 20 年作为统一计算期。

画出方案 A 的现金流量图，并计算净现值，如图 4-4 所示。

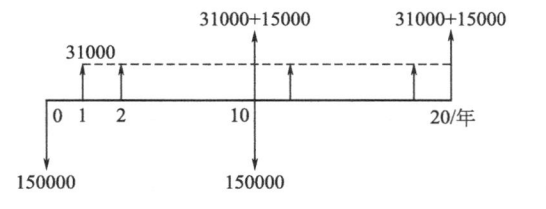
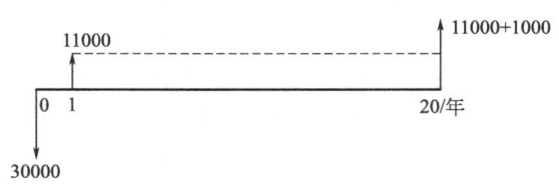

图 4-4 【例 4-9】方案 A 的现金流量图　　　图 4-5 【例 4-9】方案 B 的现金流量图
（单位：元）　　　　　　　　　　　　　　（单位：元）

$$NPV_A = 31000(P/A,10\%,20)+15000(P/F,10\%,20)-150000-\\(150000-15000)(P/F,10\%,10)\\=31000\times 8.514+15000\times 0.1486-150000-135000\times 0.3855\\=64120.5（元）$$

再画出方案 B 的现金流量图，并计算净现值，如图 4-5 所示。

$$NPV_B = 11000(P/A,10\%,20) + 1000(P/F,10\%,20) - 30000$$
$$= 11000 \times 8.514 + 1000 \times 0.1486 - 30000$$
$$= 63802.6 （元）$$

由于 $NPV_A > NPV_B$，所以 A 方案为最优。但仔细看看已知条件和计算结果就发现，A 方案在 20 年内要进行两次投资，投资额均为 15 万元，折合成现值约为 21 万元。而 B 方案仅需一次投资 3 万元，大约仅占 A 方案的 $\frac{1}{7}$。A 方案在 20 年中的收益净现值只比 B 方案多 317.9 元。就是说，B 方案以少得多的投资获得了与 A 方案几乎相同的经济效果。如果认为 A 方案为最优，显然不合理。可见净现值只是一个绝对经济效果指标，它并不反映方案的相对指标。当两个方案投资相差很大时，仅以净现值法决定方案的取舍，可能会导致错误的选择。

为了解决这个问题，就需引入净现值率这一概念与评价方法。

**2. 净现值率法**（net present value ratio，简写为 NPVR 法）

净现值率，又称为净现值指数，是指项目或方案的净现值与总投资现值之比，即反映单位投资现值所获得的收益。它主要用于有资金约束的方案的选择，反映资金的使用效率。其计算公式为：

$$\text{NPVR} = \frac{NPV}{\sum_{t=0}^{n} \frac{I_t}{(1+i_0)^t}} \quad (4-10)$$

式中，$I_t$ 为第 $t$ 年的投资额；NPVR 为净现值指数。

当 NPVR>0 时，说明方案除满足设定收益率 $i_0$ 外，还可获得投资的超额收益，方案在经济上可行。显然 NPVR 值越大，说明方案的单位投资现值所产生的收益越大，方案的经济性越好。

**【例 4-10】** 将【例 4-9】的案例中用净现值率法计算，哪个方案为优？

**解**：在【例 4-9】中已经计算得出：

$$NPV_A = 64120.5 \text{ 元} \qquad NPV_B = 63802.6 \text{ 元}$$

由式(4-10) 有：

$$\text{NPVR}_A = \frac{64120.5}{150000 + 150000(P/F,10\%,10)} = 0.309$$

$$\text{NPVR}_B = \frac{63802.6}{30000} = 2.127$$

由于 $\text{NPVR}_B > \text{NPVR}_A$，所以 B 方案为优。

一般把 NPVR 法作为 NPV 法的辅助指标，当各个方案投资额相差很大时或资金缺乏时，用 NPVR 法确定最优方案更恰当一些。

**3. 现值成本法**（present cost，简写为 PC 法）

有些项目所产生的收益是难以计算的，例如在交通拥挤处架设人行天桥，它的替代方案是挖掘地下通道。对于这对互斥方案来说，收益是难以确定的，不能确定修建天桥和地下通道能带来多大的收益，因而我们不能使用前文所介绍的指标来评价这两个方案。但另一方面，这两种方法提供了相同的功能，满足了相同的需求：即在交通拥挤处实现人车分流，减少发生交通事故的可能。于是可以通过比较两方案的成本来选择和评价方案。

现值成本（PC）法是把各方案在投资有效期内发生的所有费用均换算成现值之和，即现值成本,其数值最低的方案为优。计算方法与净现值法相同。

**【例 4-11】** 某建设项目有两个方案,其生产能力和产品质量相同,其余数据如表 4-9 所列。基准收益率为 10%,试用 PC 法选择项目方案。

表 4-9 【例 4-11】投资方案数据

| 项 目 | 方案 A | 方案 B | 项 目 | 方案 A | 方案 B |
|---|---|---|---|---|---|
| 初始投资/万元 | 4000 | 5000 | 残值/万元 | 500 | 800 |
| 寿命期/年 | 5 | 5 | 年经营成本/万元 | 1500 | 1200 |

**解**:画出方案 A、B 的现金流量图如图 4-6 所示,并计算其现值成本。

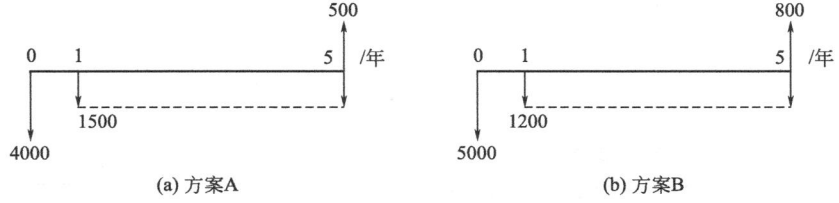

图 4-6 【例 4-11】现金流量图(单位:万元)

$PC_A = 4000 + 1500(P/A,10\%,5) - 500(P/F,10\%,5) = 9376.05$(万元)

$PC_B = 5000 + 1200(P/A,10\%,5) - 800(P/F,10\%,5) = 9052.48$(万元)

由于 $PC_A > PC_B$,即方案 B 的费用现值较小,故选择方案 B。

**【例 4-12】** 某公司购一笔地产,地产价不超过 60 万元,对方提出两种付款方式:

(1) 若 5 年内分 6 次分期付款,当时付 10 万元,以后每年年末付 10 万元;

(2) 若当时一次付清,则愿意以 50 万元售出。

设此时银行利率为 9%,试问以哪一种方式付款对公司有利 [$(P/A,9\%,5) = 3.890$]?

**解**:依题意画出两种付款方式的现金流量图,如图 4-7 所示。

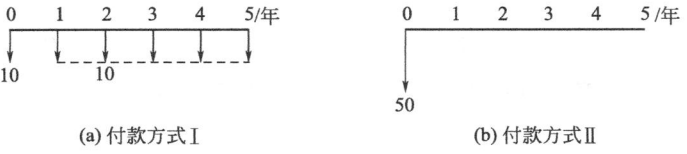

图 4-7 【例 4-12】的现金流量图(单位:万元)

计算现值成本:

$$PC_I = 10 + 10(P/A,9\%,5) = 10 + 10 \times 3.890 = 48.9 \text{(万元)}$$

$$PC_{II} = 50 \text{(万元)}$$

由于 $PC_I < PC_{II}$,所以第一种付款方式对买方公司有利,应该接受第一种付款方式。

**4. 永久性工程项目评价方法**

投资过程三要素之一就是投资有效期,一般工业生产投资过程的有效期都是有限的,但也有一些投资过程延续时间很长的,甚至可以认为是无限长的,例如大桥、高速公路、铁路、拦河大坝及附属水电工程等。

对于一个有效期为无限长的投资活动,可以认为所投资金在无限远的时刻收回,即 $n \to \infty$。

现在探讨:假定某项工程既具有一次投资 $P$,又具有永久性等年值投资费用 $A$ 的现金

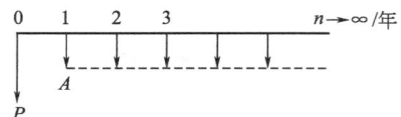

图 4-8 现金流量图

流,其现金流量图如图 4-8 所示。

现在求现值成本：

$$PC = P + P_1$$

式中，$P_1$ 为等年值投资费用 $A$ 折现到零期的现值。当 $n$ 为有限时，$P$ 与 $A$ 之间有下列关系：

$$P = A\left[\frac{(1+i)^n - 1}{i(1+i)^n}\right]$$

当 $n \to \infty$，则：

$$P_1 = \lim_{n\to\infty} A\left[\frac{(1+i)^n - 1}{i(1+i)^n}\right] = \lim_{n\to\infty} \frac{A}{i}\left[1 - \frac{1}{(1+i)^n}\right] = \frac{A}{i}$$

所以，有：

$$PC = P + \frac{A}{i} \tag{4-11}$$

**【例 4-13】** 某城市获得一笔数为 500 万元的捐赠款，用以修建一座建筑陈列馆，陈列馆每年的维修费为 15 万元。此外，到每 10 年末还要支付 25 万元用作大修。若银行存款年利率为 6%，问还有多少钱可以用作陈列馆的修建费？

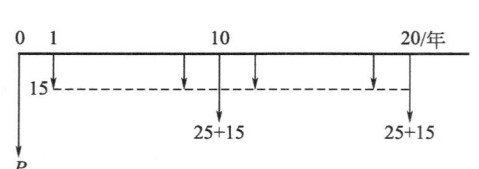

图 4-9 【例 4-13】现金流量图
（单位：万元）

**解：** 依题意，有：$PC = 500$ 万元，$i = 6\%$。

画现金流量图。如图 4-9 所示。

根据现金流量图 4-9，求 $A$。

$$A = 15 + 25(A/F, 6\%, 10) = 15 + 25 \times 0.07587 = 16.8968（万元）$$

由式(4-11) 得：

$$P = PC - \frac{A}{i} = 500 - \frac{16.8968}{0.06} = 218.387（万元）$$

说明此项赠款中，用 218.387 万元把陈列馆修建好以后，把剩下的 281.613 万元存入银行，按 6% 的利率，由它所得的利息就够此陈列馆永久维修之用。

## 二、年值法

年值法（annual value，简写为 AV 法）是将备选方案的现金流量折算为与其等值的年金，用以评价方案经济效益的技术经济分析方法。

用现值法进行方案比较，如果备选的所有方案的投资有效期相同，可直接比较。但若有效期不同，则要用有效期的最小公倍数，调整现金流量，然后折算成现值并求和，才能进行比较，这样做比较麻烦。而年值法就比较方便，由于方案在有效期内的年值与重复投资的次数无关，因此用年值法评价投资有效期不同的方案时，可以直接计算各个方案投资有效期内的年值并加以比较。

年值法又分为净年值法和年值成本法。

**1. 净年值法**（net annual value，简写为 NAV 法）

净年值是把项目或方案计算期内的净现金流量按某个设定的折现率或要求达到的收益率折算成与该现金流量序列等值的、分布在各年末的等额支付系列的指标。其表达式为：

$$NAV = NPV(A/P, i_0, n) \tag{4-12}$$

评价方法是：NAV>0，方案可行；NAV<0，方案不可行；NAV=0，视情况而定。在多方案比较时，NAV 越大，方案越优；反之，则越差。

对同一方案而言，净现值和净年值的评价结论是一致的。对于互斥方案的选择情况则有所不同。

**【例 4-14】** 某厂扩建一条生产流水线，有表 4-10 所列的均可满足工艺要求的 3 种方案可供选择。企业的目标收益率为 20%，问哪种方案为最优？

表 4-10 【例 4-14】投资方案数据

| 方案<br>项目 | A | B | C |
|---|---|---|---|
| 投资/万元 | 20 | 150 | 50 |
| 使用寿命/年 | 5 | 12 | 10 |
| 残值/万元 | 4 | 10 | 0 |
| 年收益/万元 | 6 | 40 | 20 |

**解**：画出现金流量图，如图 4-10 所示，计算净年值。

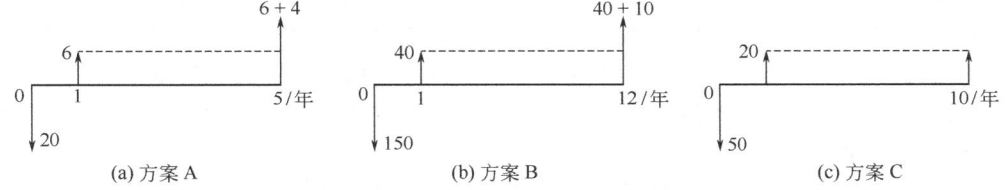

(a) 方案 A　　　　　　(b) 方案 B　　　　　　(c) 方案 C

图 4-10 【例 4-14】现金流量图（单位：万元）

$NAV_{(A)} = 6 + 4(A/F, 20\%, 5) - 20(A/P, 20\%, 5) = 6 + 4 \times 0.13438 - 20 \times 0.33438 = -0.15008$（万元）

$NAV_{(B)} = 40 + 10(A/F, 20\%, 12) - 150(A/P, 20\%, 12) = 40 + 10 \times 0.02528 - 150 \times 0.22526 = 6.4638$（万元）

$NAV_{(C)} = 20 - 50(A/P, 20\%, 10) = 8.074$（万元）

通过上面计算可知，由于 $NAV_{(A)} < 0$，故 A 方案不可行。$NAV_{(B)} > 0$，$NAV_{(C)} > 0$，说明 B、C 两方案在经济效益上均可选择，但 $NAV_{(C)} > NAV_{(B)}$，故 C 方案最优。

**2. 年成本法**（annual cost，简写为 AC 法）

年成本法是一种特定情况下的净年值法。在比较方案中，当两个方案的生产能力相同，即销售收入相同时，或者两个方案的效益基本相同，但为无形效益而难以估算时，为简化计算，可比较其支出。此时，净年值法便成为年成本法。同理，为方便计算，在计算中通常略去支出项的负号，计算期末回收残值则相应变为负号。年成本最低的方案为可取方案。其表达式为：

$$AC = PC(A/P, i, n) \qquad (4-13)$$

**【例 4-15】** 某污染治理工程有两个备选方案。第一个方案投资 10 万元，第一年运行费为 0.5 万元，以后每年递增 0.1 万元，使用 15 年；第二个方案主体工程投资 10 万元，年运行费为 0.5 万元，可使用 20 年，另需附加设备，投资 2 万元，年运行费为 0.2 万元，附加设备可用 10 年，残值为 0.2 万元，试选择最优方案（$i_0 = 10\%$）。

**解**：两个备选方案的现金流量图如图 4-11 所示。

计算两个方案的年成本：

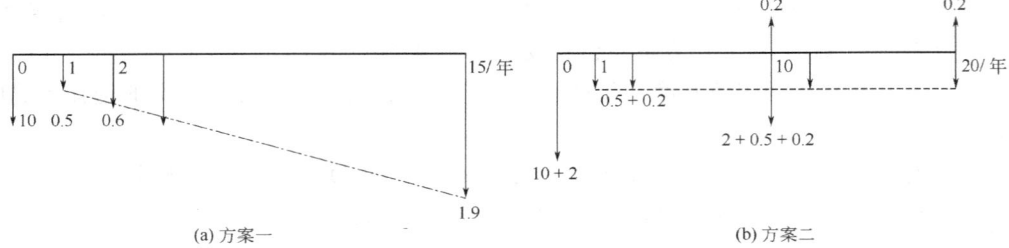

图 4-11 【例 4-15】现金流量图（单位：万元）

$$AC_1 = 10(A/P,10\%,15) + 0.5 + 0.1(A/G,10\%,15) = 2.23 （万元/年）$$
$$AC_2 = 0.7 + [12 + 1.8(P/F,10\%,10)](A/P,10\%,20) - 0.2(A/F,10\%,20)$$
$$= 2.19 （万元/年）$$

由于 $AC_1 > AC_2$，故方案二为优。

### 三、内部收益率法

内部收益率法（internal rate of return，简写为 IRR 法）也是西方项目评价的通行方法之一。净现值方法虽然简单，但采用该法时，必须事先给定一个贴现率或目标收益率，而且只知其结论是否达到或超过基本要求的效率，而并没求出项目实际达到的效率。内部收益率正是净现值的补充，它求出的是项目实际能达到的投资效率，而且不用事先给定贴现率。

**1. 内部收益率的定义**

内部收益率是指在整个计算期内各年净现金流量现值累计等于零时的折现率。它反映项目所占用资金的盈利率，是考察项目盈利能力的主要动态评价指标。其表达式为：

$$\sum_{t=0}^{n} \frac{(CI-CO)_t}{(1+IRR)^t} = 0 \tag{4-14}$$

用内部收益率法评价一个投资方案是否可行，是用内部收益率与基准收益率比较。其评价方法为：

$IRR > i_0$ 时，投资项目方案可行；$IRR < i_0$ 时，投资项目方案不可行；$IRR = i_0$ 时，视具体情况而定。

$IRR$ 越大，即项目投资收益率越大，方案越优，反之，则越差。

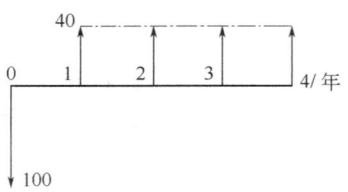

图 4-12 【例 4-16】现金流量图
（单位：万元）

为了进一步加深对内部收益率的理解，并论证用内部收益率法与用现值法所得结论是否一致，现举例说明。

**【例 4-16】** 设某项目投资额为 100 万元，投产后每年净收益为 40 万元，有效期为 4 年，无残值。画出现金流量图，并计算净现值。

**解**：现金流量图如图 4-12 所示。
列出净现值表达式：
$$NPV_{(i)} = 40(P/A,i,4) - 100$$

上式中的收益率 $i$，采用不同值来计算净现值，可得到一系列相应的数值，构成了净现值对收益率 $i$ 的函数关系（见表 4-11）。

表 4-11　净现值与收益率 $i$ 的对应值

| 收益率 $i$/% | 0 | 10 | 20 | 22 | 30 | 40 | 50 |
|---|---|---|---|---|---|---|---|
| $NPV(i)$/万元 | 60 | 26.8 | 3.5 | 0 | -13.3 | -26.0 | -35.8 |

现以纵坐标表示净现值（NPV），横坐标表示投资收益率 $i$，可得到净现值与收益率 $i$ 的函数图如图4-13所示。

从表4-11和图4-13中可以看出，随着收益率 $i$ 的增长，净现值 NPV 减小，函数曲线与横坐标相交于 IRR 点，此点就是内部收益率，$IRR=22\%$。

当 $IRR<22\%$ 时，$NPV>0$；
$IRR=22\%$ 时，$NPV=0$；
$IRR>22\%$ 时，$NPV<0$。

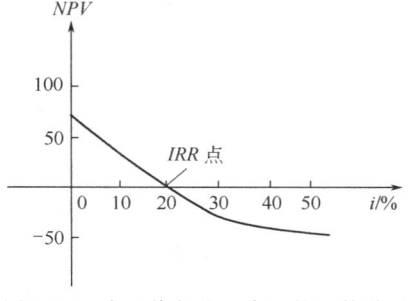

图4-13　净现值与收益率 $i$ 的函数关系

可见，采用内部收益率法与采用净现值法所得出的结论是一致的。

**2. 内部收益率法的计算**

由内部收益率的定义可知，IRR 是使得净现值函数 $NPV_{(i)}$ 为零的值，因此内部收益率可由下面的方程式解出：

$$\sum_{t=0}^{n}(CI-CO)_t(1+i)^{-t}=0 \tag{4-15}$$

由于该方程是一个非线性方程，很难求解。可用试算法近似求得内部收益率，其步骤如下。
① 计算各年的现金流入、现金流出，并得到各年的净现金流量；
② 列出净现值函数。

$$NPV_{(i)}=\sum_{t=0}^{n}\frac{(CI-CO)_t}{(1+i)^t}$$

③ 当 $i_1=i_0$ 时，计算 $NPV_{(i)}$，若 $NPV_{(i)}<0$，则方案不可行；否则，继续计算 $i_2>i_1$ 时的净现值；重复计算直到有两个利率值满足：$i_{k+1}>i_k$，$NPV_{(i_k)}>0$ 且 $NPV_{(i_{k+1})}<0$，注意相邻两个折现率之差以不超过5%为宜。
④ 用线性内插法，可近似求得方程的解 $i^*$。

$$i^*=i_k+\frac{|NPV_{(i_k)}|}{|NPV_{(i_k)}|+|NPV_{(i_{k+1})}|}(i_{k+1}-i_k) \tag{4-16}$$

$i^*$ 即是 IRR 的近似值。求解思路可参照图4-14。

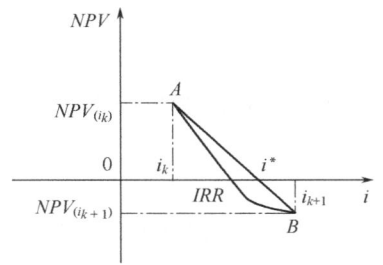

图4-14　$i^*$ 与 IRR 的关系

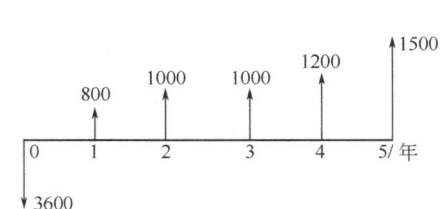

图4-15　【例4-17】现金流量图（单位：万元）

**【例4-17】** 设某项目的现金流量如图4-15所示，试用试算法求解项目的 IRR。已知 $i_0=10\%$，试评价该项目是否可行。

**解**：列出净现值函数：

$$NPV_{(i)}=-3600+800(P/F,i,1)+1000(P/A,i,2)(P/F,i,1)+\\1200(P/F,i,4)+1500(P/F,i,5)$$

当 $i_1=i_0=10\%$ 时，$NPV_1=-3600+800\times0.9091+1000\times1.736\times0.9091+1200\times$
$$0.6830+1500\times0.6209$$
$$=456.43（万元）$$

当 $i_2=12\%$ 时，$NPV_2=-3600+800\times0.8929+1000\times1.690\times0.8929+1200\times0.6355+$
$$1500\times0.5674$$
$$=237.02（万元）$$

当 $i_3=15\%$ 时，$NPV_3=-3600+800\times0.8696+1000\times1.626\times0.8696+1200\times0.5718+$
$$1500\times0.4972$$
$$=-58.39（万元）$$

由式(4-16)可得：
$$i^*=12\%+\frac{237.02}{58.39+237.02}(15\%-12\%)=14.41\%$$

所以，$IRR=14.41\%$。

由于 $IRR>i_0$，故该项目在经济上是可行的。

**3. 内部收益率方法的评价**

① 不含任何外部因素制约，完全决定于项目本身的现金流量。

② 能直接表示项目的盈利率。

③ 计算较为复杂。

④ 不能直接用来进行多方案比较。

⑤ 适用于寻常投资方案。寻常投资方案是指项目在寿命期内除建设期净现金流量为负值外，其余均为正值。即项目寿命周期内净现金流量的符号只变化一次，所有负现金流量都出现在正现金流量之前。

### 四、差额内部收益率法

**1. 差额内部收益率的定义**

差额内部收益率是指两个方案各年净现金流量差额的现值之和等于0时的折现率。其表达式为：

$$\sum_{t=0}^{n}\frac{[(CI-CO)_2-(CI-CO)_1]_t}{(1+\Delta IRR)^t}=0 \quad (4-17)$$

式中，$(CI-CO)_2$ 为投资大的方案的年净现金流量；$(CI-CO)_1$ 为投资小的方案的年净现金流量；$\Delta IRR$ 为差额内部收益率。

差额内部收益率的经济意义：追加投资的收益率。

评价方法：当 $\Delta IRR>i_0$ 时，投资大的方案较优；当 $\Delta IRR<i_0$ 时，投资小的方案较优。

**2. 计算步骤**

差额内部收益率法适用于互斥方案比较。其计算步骤如下。

① 先计算各方案各年的净现金流量，再把方案按照初始投资的递增次序进行排列。

② 将投资最低的方案 $A_1$ 与基准方案 $A_0$（不投资方案）进行对比。这相当于求 $A_1$ 的内部收益率 $IRR$，若 $IRR>i_0$，淘汰 $A_0$；否则，淘汰 $A_1$，比较 $A_2$ 与 $A_0$。

③ 依次进行 $A_2$ 与 $A_1$ 的比较，求出（$A_2-A_1$）的差额内部收益率 $\Delta IRR$。若 $IRR>i_0$，淘汰 $A_1$；否则，淘汰 $A_2$，进行随后的方案比较。如此反复进行，直到最后两个方案比较

完毕。

**【例 4-18】** 某工程项目有三个投资方案可供选择,按照初始投资的递增次序排列的各方案净现金流量的情况如表 4-12 所列。假定 $i_0=15\%$,试用差额内部收益率法选择最优方案 $[(P/A,11\%,10)=5.889,(P/A,17\%,10=4.659),(P/A,18\%,10=4.494)]$。

表 4-12 【例 4-18】现金流量

| 年 末 | 方案的净现金流量/万元 | | | |
|---|---|---|---|---|
| | $A_0$ | $A_1$ | $A_2$ | $A_3$ |
| 0 | 0 | −5000 | −8000 | −10000 |
| 1~10 | 0 | 1400 | 1900 | 2500 |

**解:** 先把方案按照初始投资的递增次序排列,然后按次序进行两两比较。

先比较 $A_1$ 与 $A_0$,求 $(A_1-A_0)$ 的内部收益率。

$$-5000+1400(P/A,\Delta IRR_1,10)=0$$
$$(P/A,\Delta IRR_1,10)=3.571$$

查表,$\Delta IRR_1=25.0\%>i_0$,所以 $A_1$ 优于 $A_0$。

接着,比较 $A_2$ 与 $A_1$,求 $(A_2-A_1)$ 的内部收益率。

$$-8000-(-5000)+(1900-1400)(P/A,\Delta IRR_2,10)=0$$
$$(P/A,\Delta IRR_2,10)=6$$

查表,$\Delta IRR_2$ 落在 10% 和 11% 之间,用直线内插法有:

$$\Delta IRR_2=10\%+\frac{6.144-6}{6.144-5.889}(11\%-10\%)=10.57\%<i_0$$

所以 $A_1$ 优于 $A_2$,淘汰 $A_2$。

然后,比较 $A_3$ 与 $A_1$,求 $(A_3-A_1)$ 的内部收益率。

$$-10000-(-5000)+(2500-1400)(P/A,\Delta IRR_3,10)=0$$
$$(P/A,\Delta IRR_3,10)=4.545$$

查表,$\Delta IRR_3$ 落在 17% 和 18% 之间,用直线内插法有:

$$\Delta IRR_3=17\%+\frac{4.659-4.545}{4.659-4.494}(18\%-17\%)=17.69\%>i_0$$

所以 $A_3$ 优于 $A_1$,淘汰 $A_1$。

最后,按差额内部收益率得出的方案优选顺序为:$A_3$,$A_1$,$A_2$,$A_0$。

## 五、动态投资回收期法

动态投资回收期法是指考虑资金时间价值的情况下,将项目计算期各年净现金流量折现而将全部投资回收所需的时间。即:

$$\sum_{t=0}^{T^*}(CI-CO)_t(1+i_0)^{-t}=0 \tag{4-18}$$

判断标准为:当 $T^*<T_0$ 时,项目可以被接受;否则应予以拒绝。

在实际中,投资回收期可根据财务现金流量表中累计净现金流量现值求得。计算公式为:

$$投资回收期=\begin{bmatrix}累计净现值开始\\出现正值年份数\end{bmatrix}-1+\frac{上年累计净现金流量现值的绝对值}{当年净现金流量现值} \tag{4-19}$$

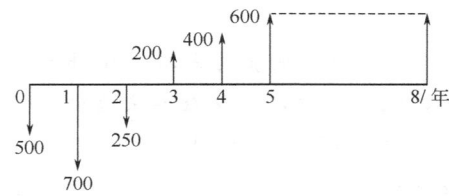

图 4-16 【例 4-19】现金流量图（单位：万元）

【例 4-19】 某公司新建项目，预计各年现金流量如图 4-16 所示。设 $i_0=8\%$，$T_0=7$ 年，试计算动态投资回收期，并判断该项目能否被接受。

**解**：根据现金流量图（见图 4-16）分别计算各年现金流量的现值，再计算逐年累计净现值，列于表 4-13 中。

表 4-13 【例 4-19】现金流量

| 年 份 | 0 | 1 | 2 | 3 | 4 | 5 | 6 | 7 | 8 |
| --- | --- | --- | --- | --- | --- | --- | --- | --- | --- |
| 现金流量/万元 | -500 | -700 | -250 | 200 | 400 | 600 | 600 | 600 | 600 |
| 净现值（NPV） | -500 | -648.2 | -214.3 | 158.8 | 294 | 408.6 | 378 | 349.8 | 324 |
| 累计净现值 | -500 | -1148.2 | -1362.5 | -1203.7 | -909.7 | -501.1 | -123.1 | 226.7 | 550 |

由 $T_0=7$ 年

$$T^* = \left[\begin{array}{c}\text{累计折现值出现}\\\text{正值年份数}\end{array}\right] - 1 + \frac{\text{上年累计净现金流量现值的绝对值}}{\text{当年净现金流量现值}}$$

$$= 7 - 1 + \frac{123.1}{349.8} = 6.35 \text{（年）} < T_0$$

所以方案是可行的。

动态投资回收期虽然反映了投资回收的时间，但未能反映方案在整个寿命期的盈利情况。因此，它只能被广泛地用作辅助指标。当几种评价方法出现矛盾时，一般以净现值法的结论为依据。只有当资金特别紧缺，投资风险很大的情况下，才把动态投资回收期作为评价方案最主要的依据之一。

# 本 章 小 结

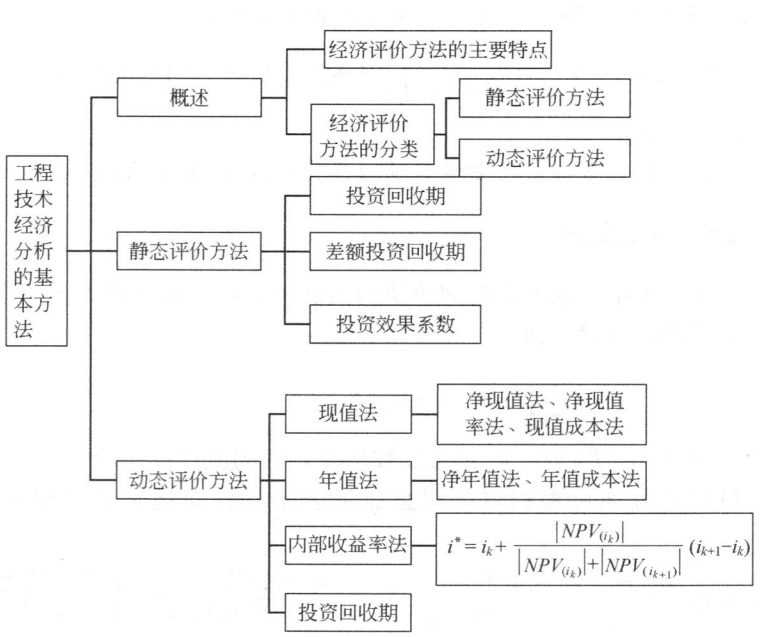

# 思考与练习

## 一、单项选择题

1. 下列（　　）不是静态评价方法。
   A. 静态投资回收期　　B. 投资收益率法　　C. 内部收益率法　　D. 差额投资回收期

2. 下列（　　）不是项目经济评价方法的主要特点。
   A. 宏观与微观效益分析相结合，以宏观效益分析为主
   B. 定量与定性分析相结合，以定性分析为主
   C. 预测分析与统计分析相结合，以预测分析为主
   D. 价值量与实物量分析相结合，以价值量分析为主

3. 下列（　　）不是静态投资回收期的主要缺点。
   A. 过分强调迅速获得财务效益　　　　B. 计算过于简单
   C. 没有考虑资金的时间价值　　　　　D. 没有评价项目计算期内的总收益

4. 某项目初始投资 2000 万元，建设期 3 年，投产后前两年每年的收益为 200 万元，以后每年的收益为 400 万元，则该项目的投资收益率为（　　）。
   A. 10%　　　　B. 20%　　　　C. 15%　　　　D. 不能确定

5. 某工程项目初始投资 1000 万元，一年建成投产并获得收益。每年的收益和经营成本如表 4-14 所列，则该项目的静态投资回收期为（　　）。

表 4-14　投资方案数据（一）

| 项目＼年份 | 0 | 1 | 2 | 3 | 4 | 5 | 6 | 7 | 8 | 9 | 10 |
|---|---|---|---|---|---|---|---|---|---|---|---|
| 投资额/万元 | −1000 | | | | | | | | | | |
| 年收入/万元 | | 400 | 500 | 500 | 530 | 550 | 550 | 550 | 550 | 550 | 580 |
| 年经营成本/万元 | | 300 | 300 | 200 | 250 | 200 | 200 | 200 | 200 | 200 | 250 |

   A. 5 年　　　　B. 4 年　　　　C. 4.34 年　　　　D. 5.24 年

6. 某项目在可行性研究报告中，当折现率为 17% 时，累计净现值为 +18.7 万元，当折现率为 18% 时，累计净现值为 −74 万元，则内部收益率为（　　）。
   A. 17%　　　　B. 18%　　　　C. 17.2%　　　　D. 17.8%

## 二、多项选择题

1. 项目经济评价方法的主要特点有（　　）。
   A. 全过程与阶段性经济效益分析相结合，以阶段性分析为主
   B. 价值量与实物量分析相结合，以价值量分析为主
   C. 预测分析与统计分析相结合，以预测分析为主
   D. 定量与定性分析相结合，以定量分析为主
   E. 宏观与微观效益分析相结合，以宏观效益分析为主

2. 项目的动态评价方法有（　　）。
   A. 内部收益率法　　B. 差额投资内部收益率法
   C. 净现值率法　　　D. 投资利润率法
   E. 外部收益率法

3. 追加投资回收期这种方法存在一些缺陷，主要有（　　）。
A. 标准偿还年限难以确定
B. 不能反映企业施工期长短对投资效果的影响
C. 用动态的方法评价动态投资的经济效果
D. 这种方法不全面、比较粗略
E. 不能反映企业因服务年限不同引起经济效果的差异

4. 投资效果系数又称为投资收益率，常用的有（　　）。
A. 投资利润率　　　　B. 年产值　　　　C. 资本金利润率
D. 年利润　　　　　　E. 投资利税率

5. 关于净现值法，下列说法正确的有（　　）。
A. 净现值法对单个投资方案的评价是一种常用的方法
B. 当两个方案投资相差很大时，仅以净现值法决定方案的取舍，可能会导致错误的选择
C. 对多个投资方案进行比较时，项目的寿命周期必须相同
D. 考虑了资金的时间价值以及投资项目在整个寿命周期内的费用和收益
E. 对多个投资方案进行比较时，项目的寿命周期可以不同，但必须进行调整

6. 关于内部收益率方法，下列说法正确的有（　　）。
A. 计算较为复杂　　　　　　　　　B. 不能直接用来进行多方案比较
C. 适用于非寻常投资方案　　　　　D. 能直接表示项目的盈利率
E. 需要事先给定一个折现率

7. 基准收益率是企业、行业或投资者以动态的观点所确定的、可接受的投资方案最低标准的收益水平。确定基准收益率必须考虑（　　）等因素。
A. 投资者自身发展战略、经营策略　　　B. 资金成本
C. 具体项目的特点与风险　　　　　　　D. 通货膨胀
E. 银行贷款利率

## 三、简答题

1. 项目经济评价方法的主要特点是什么？
2. 什么是投资回收期？它有什么特点？为什么只能作为辅助评价指标？
3. 什么是投资收益率？它与投资回收期有什么关系？
4. 什么是净现值和净现值指数？它们在评价方案时有什么异同？
5. 什么是内部收益率？如何计算内部收益率？
6. 动态投资回收期与静态投资回收期有何不同？它们有何关系？

## 四、计算题

1. 某投资方案的数据如表4-15所列，基准收益率为10%。
（1）画出现金流量图；
（2）计算静态和动态投资回收期；
（3）计算方案的净现值，并评价项目的可行性。

表 4-15　投资方案的数据（二）

| 年　末 | 现金流量/万元 |
| --- | --- |
| 0 | −2500 |
| 1 | −2000 |
| 2～10 | 1200 |

2. 某房地产公司有两个投资方案 A 和 B。A 方案的寿命周期为 4 年，B 方案的寿命周期为 5 年。A 方案的初期投资为 100 万元，每年的收益为 60 万元，每年的运营成本为 15 万元。B 方案的初期投资为 180 万元，每年的收益为 100 万元，每年的运营成本为 20 万元。基准收益率为 10%，试用净现值法评价方案 A 和 B。

3. 某项目净现金流量如表 4-16 所列。当基准折现率 $i_0=12\%$ 时，试用内部收益率指标判断该项目在经济效果上是否可以接受？

表 4-16　投资方案的数据（三）

| 年末 | 0 | 1 | 2 | 3 | 4 | 5 |
|---|---|---|---|---|---|---|
| 净现金流量/万元 | -100 | 20 | 30 | 20 | 40 | 40 |

4. 某工程项目投资 200 万元，每年的净收益为 30 万元，问该项目的投资回收期和投资收益率为多少？若基准收益率为 10%，那么此时的投资回收期又为多少？如果第一年的净收益为 25 万元，以后每年递增 2 万元，分别求出静态和动态投资回收期。

5. 某工程项目投资 100 万元，第 2 年年初就投入生产并获利。前 5 年每年收入 15 万元，每年的维修费为 2 万元。后 5 年内每年收益为 10 万元，维修费仍为每年 2 万元。若基准收益率为 12%，试用净现值率法评价该方案。

6. 某项目净现金流量，当折现率为 30% 时，累计净现值为 131.3 万元，当折现率为 35% 时，累计净现值为 -51.36 万元，试计算内部收益率，并绘出简图。

7. 某城市拟跨河修建一座桥，现有两个方案可供选择：一是索桥方案，初始投资 3080 万元，年维修费 1.5 万元，混凝土桥面每 10 年翻修一次，需 5 万元；二是桁架桥方案，初始投资 2230 万元，年维修费 0.8 万元，每 3 年涂刷一次，需 1 万元，每 10 年大修一次，需 10 万元。若基准收益率为 12%，试对两方案进行比较，确定在经济上选择哪个方案为优。

8. 某施工机械有两种不同的型号，其有关数据如表 4-17 所列，利率为 10%，试问购买哪种型号的机械比较经济？（用净年值法计算）

表 4-17　投资方案的数据（四）

| 方案 | 初始投资/元 | 年经营收入/元 | 年经营费/元 | 残值/元 | 寿命/年 |
|---|---|---|---|---|---|
| A | 12000 | 8000 | 6000 | 2000 | 10 |
| B | 9000 | 8000 | 6500 | 1000 | 8 |

# 第五章 不确定性分析

**【知识目标】**
- 了解什么是不确定性分析，经营安全率，三因素敏感性分析。
- 理解线性盈亏平衡分析的前提条件，单因素敏感性分析、双因素敏感性分析的原理，不确定型方案的比较。
- 掌握线性和非线性盈亏平衡点的确定，如何进行单因素和双因素敏感性分析，经济指标在某一范围的概率计算。

**【能力目标】**
- 能解释不确定性分析、盈亏平衡分析、敏感性分析和概率分析。
- 能写出盈亏平衡点产量的计算公式，盈亏平衡点生产能力利用率，经济指标的期望值、标准差及标准离差的计算公式。
- 能应用线性和非线性盈亏平衡分析，单因素和双因素敏感性分析。

前面在讨论静态和动态分析法进行技术经济分析时，所用的基础数据如投资、产量、成本、利润、收益率、寿命期等，都来自预测和估算。实际上，经济活动中各项因素，受到企业内外环境的影响，总是在不断变化，这样就构成了对方案评价的不确定性，从而导致选择的方案具有一定的风险性。

这些客观存在着的、随时间的变化而变化的因素，称为不确定性因素。为了提高方案经济评价的可靠性，提高决策的科学性，需要在经济评价后，作不确定性分析。不确定性分析就是分析不确定性因素对经济评价指标的影响和影响程度，以估计项目可能承担的风险，确定项目在经济上的可靠性。

不确定性分析包括盈亏平衡分析、敏感性分析和概率分析。

## 第一节 盈亏平衡分析

盈亏平衡分析是通过盈亏平衡点（break even point，简称 BEP）分析项目成本与收益的平衡关系的一种方法。它主要是通过确定项目的产量盈亏平衡点，分析、预测产品产量（或生产能力利用率）对项目盈亏的影响。

所谓盈亏平衡点是指项目的盈利和亏损的分界点，即当达到一定产量（销售量）时，项目收入等于总成本，项目不盈不亏，利润等于零的那一点。通过盈亏平衡分析，一般希望达到以下目的：

① 求出企业不亏损的最低年产量，即平衡点产量；
② 确定企业的最佳年产量；
③ 通过盈亏平衡分析，控制企业的盈亏平衡形势，以便针对企业出现的不同情况采取相应的对策，从而保证企业获得较好的经济效益。

盈亏平衡分析一般可通过损益表和盈亏平衡图进行。

根据生产成本、销售收入与产量之间是否呈线性关系，盈亏平衡分析可分为线性盈亏平衡分析和非线性盈亏平衡分析。因此，盈亏平衡图也分为线性盈亏平衡图和非线性盈亏平衡图。

## 一、线性盈亏平衡分析

线性盈亏平衡分析是用于分析生产成本及销售收入与产量之间呈线性关系的项目。进行线性盈亏平衡分析要求具备如下四个前提条件：

① 产量等于销售量；
② 产量变化，单位可变成本不变，从而总成本是产量的线性函数；
③ 产量变化，销售单价不变，从而销售收入是销售量的线性函数；
④ 只生产单一产品，或者生产多种产品，但可以换算为单一产品计算。

**1. 盈亏平衡点（BEP）的确定**

设生产某种产品，产销量为 $Q$，产品的售价为 $P$，则销售收入为 $PQ$。因此，销售收入 $S$ 随产销量 $Q$ 的增加而线性增加。

而在分析成本的时候，可以把成本分为固定成本和可变成本两部分。可变成本与产量成正比，随产量的增加而按比例增加。如生产工人的计件工资、原材料成本等。

设单位产品可变成本为 $V$，则可变成本为 $VQ$。

固定成本指在一定的生产规模限度内不随产量的变动而变动的费用，如企业管理费、固定资产折旧费等。固定成本以 $C_0$ 表示，则总成本为：

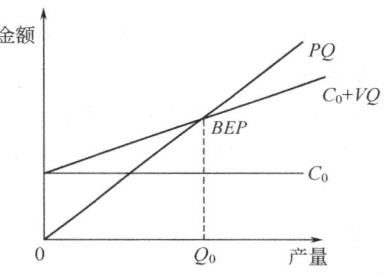

图 5-1　线性盈亏平衡图

$$总成本＝固定成本＋可变成本＝C_0+VQ$$

把销售收入线和成本线一起画在图 5-1 中。

根据盈亏平衡的条件，收入与成本相等，利润为 0。则有：

$$PQ_0=C_0+VQ_0$$

故

$$Q_0=\frac{C_0}{P-V} \tag{5-1}$$

若项目设计生产能力为 $R$，则盈亏平衡点的生产能力利用率为：

$$E_0=\frac{Q_0}{R}\times100\%=\frac{C_0}{(P-V)R}\times100\% \tag{5-2}$$

**2. 考虑销售税金时盈亏平衡点的确定**

前面所讲各式，是从国家的角度计算的，因此成本中没计入税收。若从企业的角度考虑，则应该考虑税收问题。设建设项目的销售税率为 $e$，则：

① 盈亏平衡点产量为

$$Q'_0=\frac{C_0}{P(1-e)-V} \tag{5-3}$$

② 盈亏平衡点生产能力利用率为：

$$E'_0=\frac{C_0}{P(1-e)-V}\times\frac{1}{R}\times100\% \tag{5-4}$$

## 3. 线性盈亏平衡分析的应用

盈亏平衡分析的概念和方法在生产经营决策中有广泛的应用。

(1) 合理确定生产销售目标

【例 5-1】 某厂根据市场情况，计划本月销售产品 10000 件，预计固定成本 58000 元，单位产品可变成本为 12 元/件，单位产品售价为 20 元/件，求本月盈利多少？如果该厂希望获得 30000 元利润，问应生产销售多少产品？

解：先计算盈亏平衡点的产量。

$$Q_0 = \frac{C_0}{P-V} = \frac{58000}{20-12} = 7250 \text{（件）}$$

当产销量为 10000 件时，企业处于盈利区，利润为：

$$M = PQ - C_0 - VQ = 20 \times 10000 - 58000 - 12 \times 10000 = 22000 \text{（元）}$$

由公式 $M = PQ - C_0 - VQ$ 得：

$$Q = \frac{M+C_0}{P-V} = \frac{30000+58000}{20-12} = 11000 \text{（件）}$$

(2) 零件自制与外购决策　企业中常碰到这样的情况，需用的某种零件或物料可以自制，也可以外购解决。从经济效益的角度考虑，主要是分析成本的高低作出决策。

【例 5-2】 某厂需要 A 零件数量若干。如自制则需要购买一台设备，购买价及安装费为 15000 元，使用寿命 5 年，残值 3000 元，运输费及材料费每个产品 2.5 元。如果外购则 A 零件每个购价 4.5 元。设基准收益率为 10%，试分析 A 零件自制或是外购哪个为优？

解：在这种情形下，应考虑不同的需要数量。设每年的需要量为 $Q$。则自制的每年费用为：

$$AC_{自} = 15000(A/P, 10\%, 5) - 3000(A/F, 10\%, 5) + 2.5Q$$
$$= 15000 \times 0.2638 - 3000 \times 0.1638 + 2.5Q$$
$$= 3465.6 + 2.5Q$$
$$AC_{外} = 4.5Q$$

作图如图 5-2 所示。

由图 5-2 可见，在需要量较大时，外购成本较高，以自制为宜。在需要量较小时，自制成本较高，以外购为宜。

令 $3465.6 + 2.5Q = 4.5Q$，有：

$$Q_0 = 1733 \text{（个/年）}$$

可见如果每年需要量在 1733 个以下宜外购，每年需要量在 1733 个以上宜自制。

(3) 工艺方案的评选　企业的生产工艺往往有若干方案可供选择，亦可以通过盈亏平衡分析进行决策。

【例 5-3】 某企业生产 A 产品，有三种工艺可供选择。投资大的方案因为设备先进，效率高，性能优越，因而单位产品可变费用较低，资料如表 5-1 所列，试分析如何选择工艺方案。

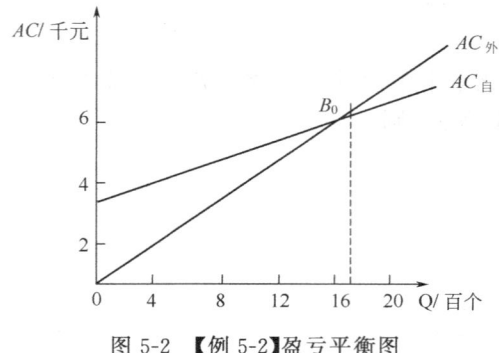

图 5-2 【例 5-2】盈亏平衡图

表 5-1 投资方案数据

| 方案 | 投资/元 | 单位产品可变费用/元 |
|---|---|---|
| 甲 | 60000 | 1 |
| 乙 | 30000 | 1.5 |
| 丙 | 10000 | 2 |

**解**：设 A 产品总产量为 $Q$，则三种方案的总成本分别为：

$$C_甲 = 60000 + Q$$
$$C_乙 = 30000 + 1.5Q$$
$$C_丙 = 10000 + 2Q$$

将甲、乙、丙三种工艺方案的成本与产量的关系作图，如图 5-3 所示。

由图 5-3 可见，交点 $B_1$ 和 $B_2$，把对应的产量划分为三个范围：

当 $0 < Q < Q_1$ 时，以丙方案成本最低；

当 $Q_1 < Q < Q_2$ 时，以乙方案成本最低；

当 $Q > Q_2$ 时，以甲方案成本最低。

在 $B_1$ 点，$C_乙 = C_丙$，即：

$$30000 + 1.5Q = 10000 + 2Q$$

故 $Q_1 = 40000$（件）

在 $B_2$ 点，$C_乙 = C_甲$，即：

$$30000 + 1.5Q = 60000 + Q$$

故 $Q_2 = 60000$（件）

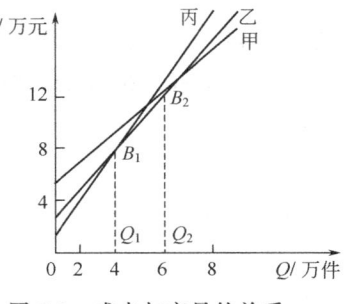

图 5-3 成本与产量的关系

(4) **判断企业经营的安全状况** 根据盈亏平衡模型，产销量达到盈亏平衡点则可避免亏损，产销量超过盈亏平衡点时，产销量越多利润越大，经营状况越好。

一般以经营安全率表示经营状况：

$$经营安全率 = \frac{R - Q_0}{R}$$

式中，$R$ 为企业的产销量；$Q_0$ 为盈亏平衡点产量。

经营安全率的数值越大，说明企业实际产销量超过盈亏平衡点产销量越多，经营活动越安全。相反，如果经营安全率的数值是负数或很小的正数，说明企业已发生亏损或已接近亏损。实践中，可以参考表 5-2 所列的数值判断企业的经营状况。

表 5-2 企业的经营状况表

| 安全状况 | 安全 | 较安全 | 不太好 | 要警惕 | 危险 |
|---|---|---|---|---|---|
| 经营安全率 | >30% | 25%～30% | 15%～25% | 10%～15% | <10% |

## 二、非线性盈亏平衡分析

实际工作中，某些费用并不呈线性变化。例如，产量增加到一定程度，一些固定的费用项目也会有所增加，如需要添置一些设备工具等。而加班加点扩大产量也会导致增加额外的酬金。这样就会使得生产经营的费用并不随产量的增加而呈直线增加，而是呈一条上翘的曲

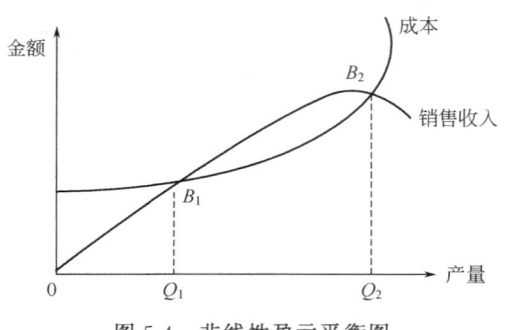

图 5-4 非线性盈亏平衡图

线。为了促进销售，往往对购买数量大的客户给予价格方面的优惠。因此，单位产品售价随销售量的增加而降低。销售收入不是与产销量呈正比例增长，而是呈一条下翘的曲线。这种情形下的分析称为非线性盈亏平衡分析，如图 5-4 所示。

由图 5-4 可知，盈亏平衡点有 $B_1$、$B_2$ 两个，产量分别为 $Q_1$、$Q_2$。

当 $0<Q<Q_1$ 及 $Q>Q_2$ 时，企业亏损；

当 $Q_1<Q<Q_2$ 时，企业盈利。

【例 5-4】 已知企业生产某种产品，年固定支出 10000 元，可变成本为 30 元/件，单位产品售价按 $50-0.005Q$ 的规律变化。求企业的盈亏平衡点及最优产量。

**解：** 收入函数 $S(Q)=(50-0.005Q)Q$

成本函数 $C(Q)=10000+30Q$

则利润函数 $M=S-C=-0.005Q^2+20Q-10000$

令 $M=0$ 得：

$Q_1=586$ 件，$Q_2=3414$ 件

令 $\dfrac{dM}{dQ}=0$，有： $-0.01Q+20=0$

$Q=2000$（件）

因为 $\dfrac{d^2M}{dQ^2}=-0.01<0$，即 2000 件为利润最大时的产销量。

此时，利润 $M=10000$ 元。

【例 5-5】 某项投资方案年固定成本为 66000 元，单位可变成本为 27 元，由于原材料供应货源充足，原材料价格随进货数量的增加而有所下降，这使单位可变成本略有节约，节约率为 1/‰，单位售价在 58 元的基础上随销售量而下降 3.5‰。销售税率为 6%，求盈亏平衡点和最大利润时的销售量。

**解：** 已知 $C_0=66000$ 元/件，$V=27-0.001Q$，$P=58-0.0035Q$，$e=0.06$

收入函数 $S(Q)=P(1-e)Q=(58-0.0035Q)(1-e)Q$

成本函数 $C(Q)=66000+(27-0.001Q)Q$

则利润函数 $M=S-C=-0.0035\times0.94Q^2+0.01Q^2+58\times0.94Q-27Q-66000$

令 $M=0$ 得：

$Q_1=3310$ 件，$Q_2=8708$ 件

令 $\dfrac{dM}{dQ}=0$，有：

$Q=6009$ 件

因为 $\dfrac{d^2M}{dQ^2}=-0.00458<0$，即 6009 件为利润最大时的产销量。

此时，利润 $M=16680$ 元。

## 第二节 敏感性分析

一个技术方案的投资一般要经过较长时间才能收回，而在这期间往往会遇到许多不确定因素，如原材料价格上涨、销售量减少、销售价格降低等，使方案达不到预期的经济效益，这就是投资的风险。在投资方案的评价中，除了根据预测数据计算一系列经济效益指标外，还应对方案所能承受的风险大小进行估计，以便更科学地进行投资决策。

对方案的风险分析一般需解决这样几个问题：其一，指出风险最大的因素及其影响；其二，投资方案对各主要影响因素的承受力如何；其三，各种风险出现的可能性有多大，后果如何？

解决前两个问题的主要方法是敏感性分析，解决第三个问题的主要方法是概率分析。

敏感性分析是通过分析，预测项目主要因素发生变化时对经济评价指标的影响，从中找出敏感因素，并确定其影响程度。在项目计算期内可能发生变化的因素如下。

① 投资额，包括固定资产与流动资金占用；
② 项目建设期限、投产期限；
③ 产品产量及销售量；
④ 产品价格或主要原材料与动力价格；
⑤ 经营成本，特别是其中的变动成本；
⑥ 项目寿命期；
⑦ 项目寿命期末的资产残值；
⑧ 折现率；
⑨ 外币汇率。

根据每次变动因素数目的不同，敏感性分析方法可以分为单因素敏感性分析、双因素敏感性分析和三因素敏感性分析。

### 一、单因素敏感性分析

每次只变动一个因素，而其他因素保持不变时所进行的敏感性分析，叫做单因素敏感性分析。其分析步骤如下。

① 确定分析指标。首先应根据项目的基本情况，选择能够全面反映技术方案经济效果的指标，作为敏感性分析中的评价指标。上一章中的各种经济效果评价指标，如净现值、净年值、内部收益率、投资回收期等，都可以作为敏感性分析的指标。
② 选择不确定性因素，并设定这些因素的变动范围。
③ 计算各不确定因素在可能的变动范围内发生不同幅度变动所导致的方案经济效果指标的变动结果，建立起一一对应的关系，并用图或表的形式表示出来。
④ 确定敏感因素，对方案的风险情况作出判断。

**【例 5-6】** 已知某方案的初始投资为 5000 万元，年净收益 900 万元，寿命期 10 年，基准收益率为 10%，期末残值 700 万元。试对主要参数初始投资 $K$、年净收益 $M$、寿命期 $n$ 进行净现值的单因素敏感性分析。

**解**：第一步确定分析指标。根据题目，用净现值作为分析指标。

第二步设各参数变化率为 $k$，变化范围为 $\pm 30\%$，间隔 $10\%$。

第三步计算各参数单独变化时所得的净现值。

用 $NPV_j(j=1,2,3)$ 分别表示初始投资 $K$、年净收益 $M$、寿命期 $n$ 的净现值，则：
$$NPV_1 = 900(P/A, 10\%, 10) + 700(P/F, 10\%, 10) - 5000(1+k)$$
$$NPV_2 = 900(1+k)(P/A, 10\%, 10) + 700(P/F, 10\%, 10) - 5000$$
$$NPV_3 = 900[P/A, 10\%, 10(1+k)] + 700[P/F, 10\%, 10(1+k)] - 5000$$

其结果如表 5-3 所列。

表 5-3 单因素敏感性分析

| NPV 参数 \ k | −30% | −20% | −10% | 0 | 10% | 20% | 30% |
|---|---|---|---|---|---|---|---|
| 初始投资 $K$ | 2300 | 1800 | 1300 | 800 | 300 | −200 | −700 |
| 年净收益 $M$ | −859 | −306 | 247 | 800 | 1353 | 1906 | 2459 |
| 寿命期 $n$ | −259 | 128 | 480 | 800 | 1091 | 1355 | 1596 |

画出敏感性分析图，如图 5-5 所示，横坐标表示参数变化率，纵坐标表示净现值。

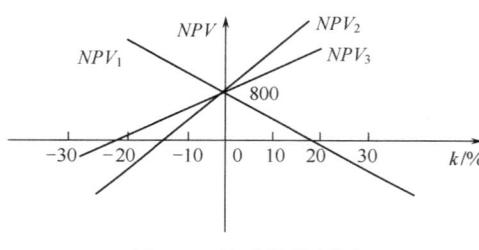

图 5-5 敏感性分析图

第四步确定敏感因素，对方案的风险情况作出判断。

可以采用图解法和代数法来确定敏感因素。

(1) 图解法 在敏感性分析图上找出各敏感曲线与横坐标的交点，这一点上的参数值就是使净现值等于零的临界值。

初始投资的敏感曲线与横坐标的交点约为 17%，此时初始投资为：
$$K = 5000(1+17\%) = 5850 \text{（万元）}$$

即初始投资增加到 5850 万元时，净现值等于零，说明初始投资必须控制在 5850 万元以下，方案才是可行的。

年净收益的敏感曲线与横坐标的交点约为 −15%，即使方案可行的年净收益为：
$$M \geqslant 900(1-15\%) = 765 \text{（万元）}$$

寿命期的敏感曲线与横坐标的交点约为 −22%，即使方案可行的寿命期为：
$$n \geqslant 10(1-22\%) = 7.8 \text{（年）}$$

(2) 代数法 即令净现值计算式大于或等于零，求变化率 $k$ 及相应的参数值。

令 $NPV_1 \geqslant 0$，得 $k_1 \leqslant 17\%$，初始投资 $K \leqslant 5000(1+17\%) = 5850$（万元）

$NPV_2 \geqslant 0$，得 $k_2 \geqslant -14.5\%$，年净收益 $M \geqslant 900(1-14.5\%) = 769.5$（万元）

$NPV_3 \geqslant 0$，得 $k_3 \geqslant -22\%$，寿命期 $n \geqslant 10(1-22\%) = 7.8$（年）

对比各参数的临界变化率 $k_i$ 及敏感曲线的形状，可知临界变化率较小则敏感曲线较陡，相应参数的变化对净现值的影响就较大。因此，本例净现值对各参数的敏感性由强到弱排列为：年净收益、初始投资、寿命期。

评价经济效益的指标除用净现值外，还可以用净年值或内部收益率，分析结果是一致的。

## 二、双因素敏感性分析

单因素敏感性分析可用于确定最敏感因素，得到各参数变化的临界值，但其应用有局限性。这是因为，在实际分析中经常出现不止一个不确定因素的情况，这对项目所造成的风险更大，应当对此进行敏感性分析。

设方案的其他参数不变，每次仅考察两个参数同时变化对经济效益的影响，称为双因素敏感性分析。这种分析往往建立在单因素敏感性分析的基础之上，即先通过单参数分析确定两个敏感性大的参数，然后通过双因素敏感性分析考察这两个参数同时变化对项目经济效益的影响。

双因素敏感性分析主要借助图形进行，其分析步骤为：

① 建立直角坐标系，横轴 $x$ 与纵轴 $y$ 分别表示两个参数的变化率；

② 建立项目经济效益评价指标随两参数变化率 $x$ 和 $y$ 而变化的关系式，令该指标值为临界值（即 $NPV=0$，$NAV=0$ 或 $IRR=i_0$），即可得到一个关于 $x$、$y$ 的函数式，称为临界方程。

③ 在直角坐标图上画出临界方程的曲线，它表明了两个变化率之间的约束关系。

④ 该临界线把平面分成两部分，一部分是方案可行区域，另一部分则是方案的不可行区域，据此可对具体情况进行分析。

【例 5-7】 已知某方案主要参数的预测值如表 5-4 所列，试进行双因素敏感性分析。

表 5-4 投资方案数据

| 初始投资/元 | 年净收益/元 | 残值/元 | 寿命/年 | 基准收益率/% |
|---|---|---|---|---|
| 170000 | 32000 | 20000 | 10 | 12 |

**解**：用净年值作为考察项目经济效益的主要指标，经过单因素敏感性分析（分析过程从略），得到四个参数的临界变化率分别为：初始投资 10.26%，年净收益 -9.53%，寿命 -18%，基准收益率 19.43%。其中最为敏感的两个因素是年净收益和初始投资，为此对这两个因素进行双因素敏感性分析。

设初始投资变化率为 $x$，年净收益变化率为 $y$，有：

$$NAV = 32000(1+y) + 20000(A/F, 12\%, 10) - 170000(1+x)(A/P, 12\%, 10)$$
$$= 32000 + 32000y + 20000 \times 0.05698 - 170000(1+x) \times 0.17698$$
$$= 3050 - 30090x + 32000y$$

令 $NAV=0$，有：$y = 0.9403x - 0.0953$

在坐标系上画出这一直线，如图 5-6 所示。

临界线 $NAV=0$ 在 $x$ 轴和 $y$ 轴上截得的点分别是 (10.26%, 0) 和 (0, -9.53%)，10.26% 和 -9.53% 正是单因素变化时初始投资、年净收益的临界变化率。因此，如果先进行了单因素敏感性分析，对呈线性变化的因素进行双因素敏感性分析就可以简化，只要将两个参数的临界变化率找到，连接而成的直线即双参数临界线。

从图 5-6 可知，临界线 $NAV=0$ 把平面分成两个部分，左上平面在年净收益增加、初始投资减少的方向，显然应是方案的可行区域；右下平面在年净收益减少、初始投资增加的方向，是

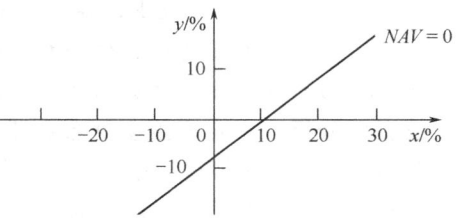

图 5-6 双因素敏感性分析图

方案的不可行区域。

由临界方程及其图形,就可以对其具体情况进行分析。比如:若初始投资增加10000元、年净收益减少2000元,问该方案能否经受这种变化?

分析如下:

$$x=\frac{10000}{170000}=5.9\%, y=\frac{-2000}{32000}=-6.25\%$$

在图5-6上标出点A(5.9,-6.25),该点位于方案的不可行区域,表明原方案无法承受这种变化。

由临界方程可以计算,当$x=5.9\%$时,$y$的值为:

$$y=0.9403x-0.0953=-0.0398=-3.98\%$$

即初始投资增加10000元,年净收益最多只能减少的金额为:

$$32000\times3.98\%=1274(元)$$

### 三、三因素敏感性分析

三因素敏感性分析主要是在其他参数不变的情况下,研究有三个因素同时变化对项目经济效益的影响。其分析方法与双因素敏感性分析类似,其做法是:在三个因素中选定一个因素,令其在某一变化范围内间断取值,对每一取值都可得到另外两个因素的临界曲线,最终得到一组双因素临界方程和对应的一组临界曲线,即可用于实际分析。

【例5-8】 已知条件如【例5-7】,要求对初始投资、年净收益和寿命三个因素进行三因素敏感性分析。

**解:** 设初始投资变化率为$x$,年净收益变化率为$y$,寿命为$n$时的净年值计算式为:

$NAV(n)=32000(1+y)+20000(A/F,12\%,n)-170000(1+x)(A/P,12\%,n)$

在变化范围为±30%内,寿命分别取7~13年中的7个整年数,代入上式,可得到7个临界方程。即:

$NAV(7)=32000(1+y)+20000(A/F,12\%,7)-170000(1+x)(A/P,12\%,7)$

令$NAV(7)=0$,得$y=1.164x+0.1020$

类似地,有:

令$NAV(8)=0$,得$y=1.069x+0.0186$

令$NAV(9)=0$,得$y=0.9972x-0.0452$

令$NAV(10)=0$,得$y=0.9403x-0.0953$

令$NAV(11)=0$,得$y=0.8946x-0.1356$

令$NAV(12)=0$,得$y=0.8574x-0.1684$

令$NAV(13)=0$,得$y=0.8272x-0.1952$

作出三因素敏感性分析图,如图5-7所示。

由图5-7可知,寿命减少,临界线上移,可行区域变小;寿命增加,临界线下移,可行区域变大。利用该图可进行具体分析,如投资增加10%,年净收益减少10%,可得点A,位于$n=13$临界线上方,说明此时只有在寿命为13年,即增加30%时,方案才可行。

敏感性分析在一定程度上就各种不确定因素的变动对方案经济效果的影响作了定量描述。有助于确定在决策过程中及方案实施过程中需要重点研究与控制的因素。但是,敏感性分析没有考虑各种不确定因素在未来发生变动的概率,这可能会影响分析结论的准确性。为此,必须进行概率分析。

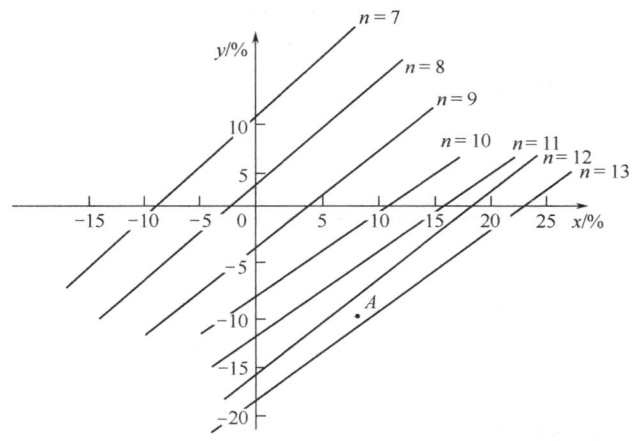

图 5-7　三因素敏感性分析图

## 第三节　概率分析

概率分析运用概率与数理统计理论，对方案某经济效益指标的取值作出概率描述，以反映方案的不确定程度。即应用不确定因素变化的概率来分析预测经济评价指标所受到的影响。概率分析可以解决两个问题：一是方案遇到某种风险的可能性有多大，这一问题的解决通常表现为计算方案不可行（或可行）的概率以及获得某指标值的概率；二是对不确定方案应该如何比较其优劣，这一问题的解决通常表现为计算方案的风险系数。

### 一、计算经济指标在某一范围的概率

解决这个问题的具体步骤如下。

**1. 计算经济指标的期望值及标准差**

期望值计算式为：

$$E(x) = \sum_{i=1}^{n} x_i p_i \tag{5-5}$$

式中，$E(x)$ 为经济指标 $x$ 的期望值；$x_i$ 为第 $i$ 种情况下的经济指标值；$p_i$ 为第 $i$ 种情况出现的概率，等于第 $i$ 种情况中参数值出现的概率的乘积。

**【例 5-9】** 已知某方案各参数的不同取值及相应的概率如表 5-5 所列，计算方案净现值的期望值。

表 5-5　投资方案数据

| 投资额 | | 年收益 | | 寿命/年 | 基准收益率/% |
|---|---|---|---|---|---|
| 数值/万元 | 概率 | 数值/万元 | 概率 | | |
| 300 | 0.6 | 50 | 0.3 | 10 | 12 |
| 400 | 0.4 | 60 | 0.4 | | |
| | | 70 | 0.3 | | |

**解：** 投资额和年收益不同取值交叉组合成 6 种情况，各种情况下的联合概率及相应的净现值列于表 5-6 中。

表 5-6 各种组合情况

| 组合情况 | 1 | 2 | 3 | 4 | 5 | 6 |
|---|---|---|---|---|---|---|
| 投资额/万元 | 300 | 300 | 300 | 400 | 400 | 400 |
| 年收益/万元 | 50 | 60 | 70 | 50 | 60 | 70 |
| 联合概率 $p_i$ | 0.18 | 0.24 | 0.18 | 0.12 | 0.16 | 0.12 |
| 净现值/万元 | −17.49 | 39.01 | 95.51 | −117.49 | −60.99 | −4.49 |

方案净现值期望值为：

$$E(NPV) = -17.49 \times 0.18 + 39.01 \times 0.24 + 95.51 \times 0.18 - 117.49 \times 0.12 - 60.99 \times 0.16 - 4.49 \times 0.12$$
$$= -0.99 \text{（万元）}$$

经济指标标准差的计算式为：

$$\delta_x = \sqrt{\sum_{i=1}^{n} P_i [x_i - E(x)]^2} \tag{5-6}$$

标准差是描述随机变量取值集中程度的一个数字特征，方差小，取值集中；方差大，取值分散。

因此，本题净现值的标准差为：

$$\delta_{NPV}^2 = (-17.49 + 0.99)^2 \times 0.18 + (39.01 + 0.99)^2 \times 0.24 + (95.51 + 0.99)^2 \times 0.18 +$$
$$(-117.49 + 0.99)^2 \times 0.12 + (-60.99 + 0.99)^2 \times 0.16 +$$
$$(-4.99 + 0.99)^2 \times 0.12$$
$$= 4515.35 \text{（万元）}^2$$

$$\delta_{NPV} = \sqrt{4315.35} = 65.69 \text{（万元）}$$

**2. 计算标准离差**

标准离差计算式为：

$$Z = \frac{X - E(x)}{\delta_x} \tag{5-7}$$

式中，$Z$ 为标准离差；$X$ 为指定的经济指标值。

例如，某方案年期望值 $E(NAV) = 23$ 万元，标准差为 16 万元，则净年值为 30 万元时的标准离差为：

$$Z = \frac{X - E(x)}{\delta_x} = \frac{30 - 23}{16} = 0.4375$$

**3. 计算经济指标值在某一范围内的概率**

方案经济指标 $x$ 小于或等于某一取值 $X$ 时的概率为：$P(x \leqslant X) = P(Z)$；大于 $X$ 的概率为 $P(x > X) = 1 - P(Z)$；在 $X_1 \sim X_2$ 之间的概率为：$P(X_1 < x \leqslant X_2) = P(Z_2) - P(Z_1)$。其中 $P(Z)$ 可通过标准正态分布表查得。

**【例 5-10】** 某方案净现值取值服从正态分布，期望值为 150 万元，标准差为 79 万元。试求：(1) 方案净现值小于 100 万元的概率；(2) 方案在经济上可行的概率；(3) 方案净现值在 200 万～250 万元之间的概率。

**解**：已知：$E(NPV) = 150$ 万元，$\delta_{NPV} = 79$ 万元

$$Z = \frac{NPV - E(NPV)}{\delta_{NPV}} = \frac{NPV - 150}{79}$$

(1) 当净现值等于 100 万元时，有：

$$Z = \frac{100 - 150}{79} = -0.6329$$

查标准正态分布表得：

$$P(Z) = 0.2643$$

因此，方案净现值小于 100 万元的概率为：

$$P(NPV \leqslant 100) = 0.2643 = 26.43\%$$

(2) 方案在经济上可行的标准是 $NPV > 0$。

当 $NPV = 0$ 时，有：

$$Z = \frac{0 - 150}{79} = -1.8987$$

查标准正态分布表得：

$$P(Z) = 0.0287$$

因此，方案在经济上可行的概率为：

$$P(NPV > 0) = 1 - P(Z) = 0.9713 = 97.13\%$$

(3) 当 $NPV_1 = 200$ 万元，$NPV_2 = 250$ 万元时

$$Z_1 = \frac{200 - 150}{79} = 0.6329 \qquad Z_2 = \frac{250 - 150}{79} = 1.2658$$

查标准正态分布表得：

$$P(Z_1) = 0.7357 \qquad P(Z_2) = 0.8980$$

因此，方案净现值在 200 万～250 万元之间的概率为：

$$P(200 < NPV \leqslant 250) = P(Z_2) - P(Z_1) = 0.8980 - 0.7357 = 0.1623 = 16.23\%$$

## 二、不确定型方案的比较

当各参数具有较大的不确定性时，方案的比较应同时考虑经济指标期望值与风险大小两方面因素，按下列原则进行选择。

① 经济指标期望值近似相等时，以标准差最小的方案为优。

② 经济指标期望值不相等，但相差不大时，以变异系数最小的方案为优。变异系数 $V_x$ 的计算式为：

$$V_x = \frac{\delta_x}{E(x)} \tag{5-8}$$

③ 经济指标期望值相差很大时，一般以期望值最大方案为优，同时参考变异系数取值。

【例 5-11】 甲、乙两方案的净现值均有 3 个预测值，其概率分布如表 5-7 所列，试选择最优方案。

表 5-7 投资方案数据

| 经济状况 | 概 率 | 甲方案的净现值/万元 | 乙方案的净现值/万元 |
|---|---|---|---|
| 差 | 0.25 | 200 | 0 |
| 一般 | 0.5 | 250 | 250 |
| 好 | 0.25 | 300 | 500 |

**解**：先计算甲、乙两方案净现值的期望值。

甲方案：$E(NPV) = 200 \times 0.25 + 250 \times 0.5 + 300 \times 0.25 = 250$（万元）

乙方案：$E(NPV)=0\times0.25+250\times0.5+500\times0.25=250$（万元）

两方案净现值的期望值相等，比较标准差。

$$\delta_甲^2=(200-250)^2\times0.25+(250-250)^2\times0.5+(300-250)^2\times0.25$$
$$=1250（万元）^2$$
$$\delta_甲=35.36（万元）$$
$$\delta_乙^2=31250（万元）^2$$
$$\delta_乙=176.27（万元）$$

由于 $\delta_甲<\delta_乙$，故甲方案为优。

**【例 5-12】** 某项目拟定了甲、乙、丙三个技术方案，各方案的净年值期望值分别为 15.25 万元、15 万元、20.25 万元，标准差分别为 10.27 万元、10.72 万元、15.20 万元，试比较方案的优劣。

**解**：各方案的净年值期望值不相等，比较变异系数。

$$V_甲=\frac{\delta_x}{E(x)}=\frac{10.17}{15.25}=0.67$$

$$V_乙=\frac{\delta_x}{E(x)}=\frac{10.72}{15}=0.715$$

$$V_丙=\frac{\delta_x}{E(x)}=\frac{15.20}{20.25}=0.75$$

由于 $V_甲<V_乙<V_丙$，应以甲方案为优。

## 本章小结

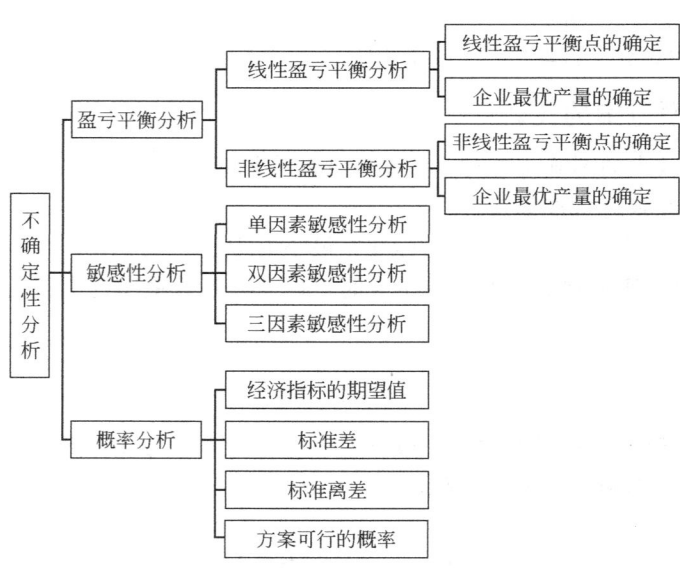

## 思考与练习

**一、单项选择题**

1. 线性盈亏平衡分析是用于分析生产成本及销售收入与产量之间呈线性关系的项目。下列（　　）不是进行线性盈亏平衡分析所要求的前提条件。

A. 产量变化，销售单价不变，从而销售收入是销售量的线性函数
B. 产量等于销售量
C. 产量变化，总成本不变
D. 只生产单一产品，或者生产多种产品，但可以换算为单一产品计算

2. 企业的经营安全率如果为 18%，说明企业经营处于（    ）。
   A. 较安全          B. 安全          C. 需要警惕          D. 不太好

3. 某项目的设计年产量为 30 万件，每件售价 10 元，单位产品可变成本为 8 元，年固定成本为 40 万元，则盈亏平衡点的产量为（    ）。
   A. 220000 件      B. 200000 件     C. 180000 件        D. 240000 件

4. 某设计方案年产量为 12 万吨，已知每吨产品的销售价格为 675 元，每吨产品缴付的销售税金为 165 元，单位可变成本为 250 元，年总固定成本为 1500 万元，则该方案的盈亏平衡点生产能力利用率为（    ）。
   A. 50%            B. 48.08%        C. 45.68%           D. 不能确定

5. 某工程项目的净现值为随机变量，并有表 5-8 所列的各种情况，则净现值的期望值为（    ）。

表 5-8  数据表

| 净现值的可能状态/万元 | 1000 | 1500 | 2000 | 2500 |
|---|---|---|---|---|
| 相应的概率 | 0.1 | 0.5 | 0.25 | 0.15 |

   A. 1700           B. 1720          C. 1725             D. 1750

## 二、多项选择题

1. 不确定性分析包括（    ）。
   A. 敏感性分析       B. 风险分析       C. 盈亏平衡分析
   D. 决策分析         E. 概率分析

2. 线性盈亏平衡分析要求具备的前提条件有（    ）。
   A. 产量变化，单位可变成本不变，从而总成本是产量的线性函数
   B. 只生产单一产品，或者生产多种产品，但可以换算为单一产品计算年产量
   C. 产量变化，销售单价不变，从而销售收入是销售量的线性函数
   D. 产量变化，可变成本不变              E. 产量等于销售量

3. 在项目计算期内可能发生变化的因素有（    ）来度量。
   A. 项目寿命期      B. 产品价格       C. 项目寿命期末的资产残值
   D. 折现率          E. 固定资产投资

4. 根据每次变动因素数目的不同，敏感性分析方法可以分为（    ）。
   A. 双因素敏感性分析              B. 单因素敏感性分析
   C. 非因素敏感性分析              D. 多因素敏感性分析
   E. 三因素敏感性分析

## 三、简答题

1. 线性盈亏平衡分析的前提假设是什么？盈亏平衡点的生产能力利用率说明了什么问题？
2. 敏感性分析的目的是什么？要经过哪些步骤？
3. 什么是概率分析？敏感性分析和概率分析有什么区别？

## 四、计算题

1. 某建设项目拟定产品销售单价为 8 元，生产能力为 200000 单位，单位生产成本中可变费

用为 4 元，总固定费用为 300000 元。试用产量、生产能力利用率表示盈亏平衡点并求出具体数值。

2. 某工厂生产一种产品，单位产品可变成本为 60 元，年固定成本为 120 万元，单位产品售价为 150 元，设计能力为年产量 30000 件，销售税率为 8%。试求该厂盈亏平衡点的年产量、生产能力利用率并评价经营安全状况。

3. 某厂需用一种零件，如果由本厂生产，每件可变成本为 40 元，同时需负担购置机械设备等固定成本费用 12 万元/年，若从市场购买，每个单价为 100 元。该厂应如何决策？

4. 生产某产品可供选择的工艺方案有三个，甲方案机械化程度较低，年固定成本为 20 万元，单位产品可变成本为 10 元；乙方案机械化程度较高，年固定成本为 30 万元，单位产品可变成本为 8 元；丙方案为自动化生产方案，年固定成本为 60 万元，单位产品可变成本为 4 元。试分析如何根据不同产量水平采用最合算的工艺方案。

5. 某企业计划购进一台设备，需投资 15 万元，使用寿命为 10 年，不计残值，该设备年度收益 7 万元，使用成本费 4 万元，利率为 10%。现考虑以投资、年收益、年使用成本费为变量因素，变动范围在 ±30%，间隔 10%，试进行单因素敏感性分析。

6. 某企业为研究一项投资方案，提供了如表 5-9 所列的因素估计。

表 5-9 方案因素估计值

| 因素 | 初始投资/万元 | 寿命/年 | 残值/万元 | 年销售收入/万元 | 年经营费用/万元 | 基准收益率/% |
|---|---|---|---|---|---|---|
| 数值 | 100 | 10 | 20 | 120 | 80 | 8 |

（1）分析当寿命、基准收益率和年经营费用每改变一项时对净现值的敏感性，指出最敏感因素，画出敏感性曲线。

（2）进行投资和年销售收入对净现值的双因素敏感性分析。

7. 某方案需投资 25000 元，预期寿命为 5 年，残值为 0，每年净现金流量为随机变量，其可能发生的情况如表 5-10 所列。若利率为 12%，试计算净现值的期望值与标准差。

表 5-10 数据表

| 净现金流量的可能值/元 | 5000 | 10000 | 12000 |
|---|---|---|---|
| 相应的概率 | 0.3 | 0.5 | 0.2 |

8. 某商品住宅小区开发项目现金流量的净现值和可能状态发生的概率如表 5-11 所列。若基准收益率为 12%。试计算该项目净现值的期望值，以及该项目净现值大于零及大于或等于 3000 万元的概率。

表 5-11 数据表

| 可能状态 | 1 | 2 | 3 | 4 | 5 | 6 | 7 | 8 | 9 |
|---|---|---|---|---|---|---|---|---|---|
| 状态概率 | 0.12 | 0.06 | 0.02 | 0.36 | 0.18 | 0.06 | 0.12 | 0.06 | 0.02 |
| 净现值/万元 | 3123.2 | 5690.4 | 8245.7 | −141.3 | 2423.7 | 4888.0 | −1765.0 | −836.7 | 1725.3 |

9. 假定某项目的技术方案净现值服从期望值为 11.74 百万元、标准差为 9.43 百万元的正态分布，试求：

（1）方案净现值大于等于零的概率。

（2）方案净现值大于 1750 万元的概率。

# 第六章 经营预测与决策

**【知识目标】**
- 了解经营预测的作用，经营预测的分类，经营预测的步骤，决策的程序，决策分析的内容与类别。
- 理解经营预测的基本原则，预测误差，最小二乘法原理，不确定型决策。
- 掌握特尔菲法，时间序列预测法，回归预测法，决策树法。

**【能力目标】**
- 能解释经营预测，定性预测方法和定量预测方法，决策等概念。
- 能写出经营预测的基本原则，指数平滑预测法公式，一元线性回归预测法回归系数 $a$、$b$ 的计算公式，确定型决策、风险型决策、不确定型决策的基本条件，决策树的组成。
- 能应用特尔菲法，时间序列预测法，一元线性回归预测法，决策树法。
- 能处理不同情况下的企业经营预测与决策问题。

## 第一节 经营预测方法

### 一、经营预测概述

**1. 经营预测的作用**

预测是人们通过对事物历史、现状和环境分析，应用一定的科学方法，对事物未来的发展趋势进行的估计和推测。

经营预测是对与企业经营活动密切相关的经济现象或经济变量未来发展趋势的预计和推测。

经营预测在建筑企业生产经营管理中起着重要的作用。

首先，经营预测是经营决策的前提。在市场经济条件下，企业的生存和发展与市场密切相关，如果不了解建筑市场的动态和发展趋势，企业经营决策将缺乏依据，出现盲目经营，势必给企业带来损失。只有通过预测，掌握大量第一手的市场动态与发展的数据资料，才能作出正确的经营决策，不断改善经营管理，取得最佳经济效益。

其次，经营预测是制订规划、编制计划的依据。通过预测，掌握建筑产品的投资方向、类型及构成比例，掌握企业的资源需求情况与供应条件，对企业未来的生产能力和技术发展有所估计，才能确立正确的经营目标，制订出切实可行的经营计划。

再次，经营预测有助于增强企业的竞争能力和应变能力。在实行工程招投标的情况下，建筑企业的竞争能力主要表现为中标率的高低。企业依靠科学的预测，充分了解竞争的形势和竞争对手的情况，才能采取合理的投标策略，在竞争中取得主动。同时，通过对生产任务、施工条件变化以及各种不可控因素的充分估计，针对不同情况准备几套应变方案，就可以提高企业对各种情况的应变能力。

**2. 经营预测的基本原则**

(1) 连续性原则　连续性原则，也称连贯性原则或惯性原则。它是把事物未来的发展同过去和现在联系起来，通过认识预测对象的过去和现在，推知它的未来。

(2) 类推原则　类推原则是指许多事物之间在发展变化上有类似之处。因此，掌握了某一类事物的发展变化规律，就可以推测出其他类似事件的发展变化规律。这就是所谓的"举一反三"或"以此类推"。

(3) 相关原则　各种事物之间都存在着直接的或间接的联系。例如，当国家固定资产投资额改变时，工程施工任务也会相应增减。认识这种相关的因素，就可以进行预测。后面要介绍的因果分析中的回归分析法，就是根据这一原则建立的。

(4) 可控制原则　可控制原则是指企业对所预测的客观经济事件的未来发展趋向和进程，在一定程度上是可控制的。在企业中，可控因素主要指本企业的人、财、物。

**3. 经营预测的分类**

(1) 按预测的方法分为定性预测与定量预测　定性预测是利用直观材料，采用调查研究的方式，依靠个人的判断和分析能力，对事物未来进行的预测。常用的有个人预测法、专家判断法、相互影响分析法等。

定量预测是根据所研究现象的历史数据，运用数理统计预测的方法对事物未来的数量变化、可能达到的规模水平进行预计和推断。常用的有移动平均数法、指数平滑法、趋势外推法、回归分析法、投入产出法等。

(2) 按预测的范围分为宏观预测与微观预测　宏观预测是指涉及较大范围的事物整体方面的预测，如国民收入、物价变动率、国民生产总值等。

微观预测是指对局部或个别经济问题进行的预测，如企业销售额、利润率等。

(3) 按预测的时间分为短期预测、中期预测和长期预测　短期预测是指1年以内各月或各季的预测，它为当前生产经营计划提供依据。中期预测是指1年以上，5年以下的预测，其目的在于制订较为切实的企业发展计划。长期预测是指5年以上的预测，它是有关生产能力、产品系列、服务构成变化等远景规划的基础。

**4. 经营预测的步骤**

经营预测一般按下列基本步骤进行，如图6-1所示。

(1) 确定预测的目标　根据预测的对象和内容，确定预测的范围，规定预测的期限，选择预测的方法。预测的目标一定要明确，尽可能用数量单位来描述。

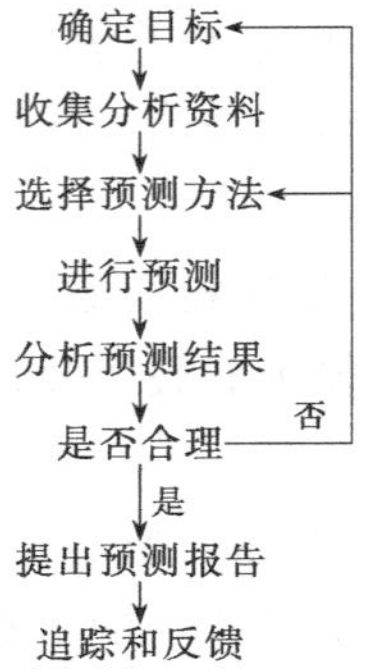

(2) 收集资料、分析数据　调查收集整理的资料是进行预测的依据。由于预测涉及的因素复杂，要求收集的资料种类很多，数据量很大，因此，为了提高预测工作效率和质量，必须掌握事物的变化规律，同时注意数据资料的可靠性和完整性，分析研究数据的代表性，排除个别因偶然因素影响所出现的异常数据。

(3) 选择预测方法，确定预测模型，进行科学预测　根据不同的预测时间、不同的数据资料、不同的预测精度要求，并考虑预测所需的费用和预测方法的实用性，合理选择预测方法进行预测。

(4) 分析评价　分析评价是指研究预测结果或其主要构成因素之间的函数关系，检验其是否符合客观规律。

图6-1　经营预测示意图

(5) 追踪与反馈　对预测结果进行追踪检查，了解预测的结论和建议被采纳的程度、实际的效果以及预测结论与实际情况是否一致等。随时对追踪的结果进行反馈，以便在今后预测时改进方法，纠正偏差。

**5．预测的误差**

预测数同实际数的差异叫预测误差。

对预测误差的测定和分析，有助于认识预测的准确程度，进而分析产生误差的原因，以便改进预测工作，使预测尽可能符合实际。

(1) 预测准确度　预测准确度是预测值与实际值相接近的程度，用相对数表示。公式为：

$$预测准确度 = 1 - \frac{|y - \hat{y}|}{y} \times 100\%$$

式中，$y$ 为实际值；$\hat{y}$ 为预测值。

通常预测准确度达到 90% 以上就为高预测准确度，低于 70% 为预测不准，介于二者之间则为预测基本准确。

(2) 测定预测误差的综合指标

① 平均绝对误差

$$平均绝对误差 = \frac{|y_i - \hat{y}_i|}{n} \quad (i = 1, 2, \cdots, n)$$

② 均方误差　均方误差是求出各个时期预测误差值的平方，再计算这些误差值平方的平均数。其公式为：

$$均方误差 = \frac{\sum(y_i - \hat{y}_i)^2}{n} \quad (i = 1, 2, \cdots, n)$$

均方误差大，预测准确程度差，反之，准确程度就高。

③ 均方根误差　均方根误差是均方误差的平方根。

$$均方根误差 = \sqrt{\frac{\sum(y_i - \hat{y}_i)^2}{n}} \quad (i = 1, 2, \cdots, n)$$

通常把具有最小均方误差的预测方法作为最好的预测方法。

均方根误差在研究误差分布、进行区间预测和控制预测误差上有极其重要的作用。

## 二、定性预测方法

**1．概念**

定性预测法是利用直观材料，依靠人的经验、知识和主观判断并进行逻辑推理，对事物未来趋势进行估计和推测的方法。它的优点是简单易行，时间快，是应用历史比较悠久的一种方法，至今在各类预测方法中仍占重要地位。它的缺点是易带片面性、精度不高。定性预测方法很多，这里只介绍专家预测法和特尔菲法。

**2．专家预测法**

专家预测法是由专家们根据自己的经验和知识，对预测对象的未来发展作出判断，然后把专家们的意见归纳整理形成预测结论。它又分为专家个人预测法和专家会议预测法两种。

(1) 专家个人预测法　向专家们分别提出预测的问题，同时提供有关的信息，由专家们独自分析（不开会讨论），最后把意见整理和归纳，形成预测结论。这种方法可以最大限度地利用个人的创造能力，不受外界影响，没有心理压力。但依据个人判断易受专家知识面、知识深度等因素的影响，难免有一定的片面性。

（2）专家会议预测法　专家们根据提出的预测问题和提供的信息，先进行准备，然后在专家会议上提出自己的预测意见，经过相互讨论、启发、补充、修正之后得出预测的结果。这种方法有助于直接交换意见，相互启发，集思广益，分析的因素比较全面。但是，会上发表意见可能不够充分，有时易受心理因素影响，如屈服于权威和大多数人的意见，忽视少数人的正确意见等。

**3. 特尔菲法**

特尔菲法是美国兰德公司于1964年首先用于技术预测的。特尔菲是古希腊传说中的神谕之地，城中有座阿波罗神殿，可以预卜未来，因而借用其名。

特尔菲法是专家集体预测法的一种发展。它采取匿名方式，通过几轮函询，征求专家们的意见，然后将他们的意见综合、整理、归纳，再反馈给各个专家，供他们分析判断，提出新的论证。如此多次反复，意见逐步趋于一致，得出预测的结果。特尔菲法预测的步骤如下。

① 选择对预测问题具有专门知识的专家若干人，预测机构与专家们用信件联系，专家彼此不联系。

② 首次联系，向专家提出预测目标，并提供有关信息资料。

③ 首次反馈，专家们回函提出自己的分析意见。

④ 多次联系，由预测机构将各位专家预测的情况，用匿名的方式传递给各位专家，并继续提供资料，请专家提出修改后的预测意见。

⑤ 多次反馈，把专家们最后预测的意见加以归纳，形成预测结论。

这种方法兼有专家调查法的优点，同时可避免其缺点。据国外统计，特尔菲法在定性预测中应用甚广，效果显著。

此法具有3个特点：匿名性，消除了专家之间心理因素的影响；多次反馈沟通情况；预测结果采用统计方法进行处理。

为了保证特尔菲法的预测精度，组织预测时应注意以下几点。

① 对特尔菲法作出充分说明。

② 预测的问题要集中。

③ 避免组合事件。

④ 用词要确切。

⑤ 调查表要简化。

⑥ 领导小组意见不应强加于调查表中。

⑦ 问题的数量要限制。

⑧ 支付适当报酬。

⑨ 结果处理工作量的大小。

⑩ 轮问时间间隔。

## 三、定量预测方法

**1. 概念**

定量预测方法是根据历史数据，应用数理统计方法来推测事物的发展状况，或利用事物内部因果关系来预测事物发展的未来状况的方法。它主要有时间序列预测分析法和回归分析法等。时间序列预测分析法是将预测对象的历史资料，按时间顺序排列起来，运用数学方法寻求其内在规律和发展趋势，预测未来状态的方法。回归分析法是从事物发展变化的因素关系出发，通过大量数据的统计分析找出各相关因素间的内在规律，从而对事物的发展趋势进行预测的方法。

**2. 时间序列预测法**

（1）简单算术平均数法

$$\overline{x}_{n+1} = \frac{x_1 + x_2 + \cdots + x_n}{n} = \frac{\sum_{i=1}^{n} x_i}{n} \tag{6-1}$$

式中，$x_i$ 为历史统计数据（$i=1,2,\cdots,n$）；$\overline{x}_{n+1}$ 为第 $n+1$ 期的预测值。

此法适用于预测对象变化不大且无明显上升或下降趋势的情形。

（2）平均增减量趋势预测　如果一个时间数列的逐期增减量大致相同，就可以用平均增减量趋势预测法进行趋势预测。

设 $d_1, d_2, \cdots, d_n$ 依次为各期的逐期增减量，则平均增减量为：

$$\overline{d} = \frac{d_1 + d_2 + \cdots + d_n}{n}$$

式中，$\overline{d}$ 为逐年增长量的平均值。

设 $x_0$ 为基期预测值，$\hat{x}_t$ 为第 $t$ 期的预测值，则平均增减量预测公式为：

$$\hat{x}_t = x_0 + t\overline{d} \tag{6-2}$$

**【例 6-1】** 某建筑公司 2010～2014 年施工产值如表 6-1 所列，试预测 2015 年该公司的施工产值。

表 6-1 【例 6-1】施工产值表

| 年份 | 2010 | 2011 | 2012 | 2013 | 2014 |
|---|---|---|---|---|---|
| 施工产值/百万元 | 50 | 52.5 | 56 | 59 | 62.5 |

**解**：列表计算，如表 6-2 所列。

表 6-2 【例 6-1】施工产值逐年增长量计算表

| 年份 | 年顺序 $t$ | 施工产值/百万元 $x_t$ | 逐年增长量 $d_t = x_t - x_{t-1}$ | 年份 | 年顺序 $t$ | 施工产值/百万元 $x_t$ | 逐年增长量 $d_t = x_t - x_{t-1}$ |
|---|---|---|---|---|---|---|---|
| 2010 | 0 | 50 | — | 2013 | 3 | 59 | 3 |
| 2011 | 1 | 52.5 | 2.5 | 2014 | 4 | 62.5 | 3.5 |
| 2012 | 2 | 56 | 3.5 | | | | |

$$\overline{d} = \frac{2.5 + 3.5 + 3 + 3.5}{4} = 3.125 \text{（百万元）}$$

而 $x_0 = 50$

因此，该公司 2015 年的施工产值为：

$$\hat{x}_t = x_0 + t\overline{d} = 50 + 3.125t = 50 + 3.125 \times 5 = 65.625 \text{（百万元）}$$

（3）平均发展速度趋势预测　如果时间数列的逐期发展速度大致相同，根据逐期发展速度计算其平均数，据以推算各期的预测值。其计算公式如下：

$$\hat{x}_t = x_0(\overline{x})^t \tag{6-3}$$

式中，$x_0$ 为基期观测值；$\overline{x}$ 为平均发展速度；$\hat{x}_t$ 为第 $t$ 期的观测值。

**【例 6-2】** 某建筑公司 2010 年至 2014 年总产值如表 6-3 所列，试预测 2015 年该公司的总产值。

表 6-3 【例 6-2】总产值表

| 年份 | 2010 | 2011 | 2012 | 2013 | 2014 |
|---|---|---|---|---|---|
| 总产值/亿元 | 1.80 | 2.13 | 2.57 | 3.11 | 3.75 |

**解**：列表计算，如表 6-4 所列。

表 6-4 【例 6-2】逐期发展速度计算表

| 年 份 | 年顺序 $t$ | 总产值 $X_t$ /亿元 | 逐期发展速度 $x_t/x_{t-1}$ | 逐年增长量 $d_t = x_t - x_{t-1}$ |
|---|---|---|---|---|
| 2010 | 0 | 1.80 | — | — |
| 2011 | 1 | 2.13 | 1.183 | 0.33 |
| 2012 | 2 | 2.57 | 1.207 | 0.44 |
| 2013 | 3 | 3.11 | 1.210 | 0.54 |
| 2014 | 4 | 3.75 | 1.206 | 0.64 |

从逐年增长量看，不适合用平均增长量来预测，可用平均发展速度来预测。
年平均发展速度为：

$$\overline{x} = \sqrt[4]{\frac{x_1}{x_0} \times \frac{x_2}{x_1} \times \frac{x_3}{x_2} \times \frac{x_4}{x_3}} = \sqrt[4]{\frac{x_4}{x_0}} = 1.202$$

而 $x_0 = 1.80$，所以：

$$\hat{x}_5 = x_0(\overline{x})^5 = 1.80 \times (1.202)^5 = 4.52 \text{（亿元）}$$

（4）**移动平均趋势预测** 移动平均趋势预测是在简单平均数法的基础上，以近期资料为依据，并考虑事物发展趋势的一种预测方法。其计算公式为：

$$\hat{x}_{t+1} = \frac{x_t + x_{t-1} + \cdots + x_{t-(n-1)}}{n} \tag{6-4}$$

式中，$x_t$，$x_{t-1}$，$\cdots$，$x_{t-(n-1)}$ 为前 $n$ 期的数据。

该法的关键是选定恰当的 $n$ 值。$n$ 的确定应根据时间数列的数值变动情况而定。如果数据出现周期性波动，$n$ 值则应和周期波动保持一致。

**【例 6-3】** 某公司 2005～2014 年的施工产值分别为 12000 万元、12500 万元、13000 万元、11500 万元、13500 万元、14000 万元、14600 万元、13700 万元、14200 万元、15000 万元，试预测 2015 年的施工产值。

**解**：设 4 个数据为一段，则

$$\hat{x}_{11} = \frac{x_7 + x_8 + x_9 + x_{10}}{4} = \frac{14600 + 13700 + 14200 + 15000}{4} = 14375 \text{（万元）}$$

一般认为，在时间数列中，近期的数值对预测期的影响较大，远期的数值对预测期的影响较小。因此预测时，给予不同的权数（近期的数值以较大的权数，远期的数值以较小的权数）。这种方法称为加权移动平均预测法。

设 $f$ 代表权数，且 $f_t > f_{t-1} > \cdots > f_{t-(n-1)}$，则加权移动平均预测公式为：

$$\hat{x}_{t+1} = \frac{x_t f_t + x_{t-1} f_{t-1} + \cdots + x_{t-(n-1)} f_{t-(n-1)}}{f_t + f_{t-1} + \cdots + f_{t-(n-1)}} \tag{6-5}$$

现在看本例题，取权数分别为1、2、3、4。则2015年该公司的施工产值为：

$$\hat{x}_{11} = \frac{1 \times 14600 + 2 \times 13700 + 3 \times 14200 + 4 \times 15000}{1+2+3+4} = 14460 \text{（万元）}$$

（5）指数平滑预测法（指数修均预测法） 指数平滑预测法是把本期的实际数和以往对本期的预测值，经过修均后得出下期的预测值。计算公式为：

$$\hat{x}_{t+1} = \alpha x_t + (1-\alpha)\hat{x}_t \tag{6-6}$$

式中，$x_t$ 为第 $t$ 期的实际值；$\hat{x}_t$ 为第 $t$ 期的预测值；$\hat{x}_{t+1}$ 为第 $t+1$ 期的预测值；$\alpha$ 为平滑系数（$0 \leqslant \alpha \leqslant 1$）。

在实际应用中，要注意以下两个问题。

① $\alpha$ 的确定 平滑常数 $\alpha$ 实际上是一个加权系数，它是新旧数据的分配比值。平滑常数 $\alpha$ 越大，则近期的影响越大；$\alpha$ 越小，则远期的影响越大。$\alpha$ 值一般应根据具体情况和实际经验选定。当时间序列变化较为缓慢，或虽有不规则的起伏波动，但长期趋势为接近稳定的常数时，$\alpha$ 取较小值；如果时间序列有明显迅速变动的倾向，$\alpha$ 则应取较大值。

② 初始平滑值 $\hat{x}_1$ 的确定 初始平滑值是指 $t=0$ 以前所有历史数据的指数平滑值。

a. 如果历史数据较少，初始值对后期预测影响就较大，可利用研究时期以前一段时间的资料，用适当方法求其平均数作初始值。

b. 如果历史数据较多时（50个以上），初始平滑值对预测的影响较小，可用第一期 $x_1$ 作为首期的预测值。

【例 6-4】 在【例 6-3】中，试用指数平滑法预测2015年的施工产值。

**解**：设 $\alpha=0.3$ 和 $\alpha=0.7$，列表计算（见表6-5）。

表 6-5 【例 6-4】指数平滑法计算表

| $t$ | $x_t$/万元 | 预测值（$\alpha=0.3$）/万元 | 预测值（$\alpha=0.7$）/万元 |
| --- | --- | --- | --- |
| 1 | 12000 | 12000.00 | 12000.00 |
| 2 | 12500 | 12000.00 | 12000.00 |
| 3 | 13000 | 12150.00 | 12350.00 |
| 4 | 11500 | 12405.00 | 12805.00 |
| 5 | 13500 | 12133.50 | 11891.50 |
| 6 | 14000 | 12543.45 | 13017.45 |
| 7 | 14600 | 12980.42 | 13705.24 |
| 8 | 13700 | 13466.29 | 14331.57 |
| 9 | 14200 | 13536.40 | 13889.47 |
| 10 | 15000 | 13735.40 | 14106.84 |
| 2015年 | | 14114.84 | 14732.05 |

**3. 回归预测法**

回归预测法是用变量来表示事物的变化及有关的变化因素，并找出它们之间的函数关系，从而导出回归方程，然后利用回归方程来预测变量数值的一种预测方法。

确定回归方程，是进行回归预测的关键。回归预测的程序如下。

① 选择自变量。根据绘制相关图分析，或计算预测变量与自变量之间的相关关系来确定。

② 确定回归模型的形式。选择恰当的数学方程式去近似表示变量之间的相关关系。

③ 估算模型中的参数值。由历史数据估算模型中的参数值。

④ 利用回归方程进行预测。

回归方程的分类如图 6-2 所示。

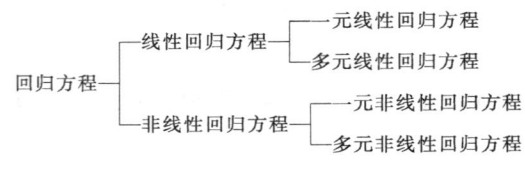

图 6-2 回归方程分类

(1) 一元线性回归预测法 若一组观察值 $(x_i, y_i)$ $(i=1,2,\cdots,n)$ 呈线性关系。那么总可以找到一条反映这些数据变化的直线。这条直线就叫回归直线，其数学表达式就叫回归方程：

$$y = a + bx \qquad (6-7)$$

式中，$a$ 和 $b$ 为回归系数。

显然，只要求出回归系数 $a$ 和 $b$，方程便可唯一确定。

① 建立回归方程　建立回归方程的基本原理：将数据用描点法在坐标内描出，看其分布是否近似呈直线变化，如是则说明可用直线回归法分析；用最小二乘法原理作出一条最接近各数据的直线，使直线到点的距离总和最小，这条直线的方程就是回归方程。

a. 根据已知数据绘出散点图。并在散点图上作一直线，使直线上面的点与直线下面的点大致相等。

b. 假定满足线性关系，有：

$$y = a + bx$$

下面利用最小二乘法求回归系数 $a$ 和 $b$。

对任意给定的 $x_i$，可得 $y$ 的预测值为：

$$\hat{y}_i = a + bx_i$$

它与实际值 $y_i$ 之间存在着误差，误差值为：

$$\delta_i = y_i - \hat{y}_i = y_i - a - bx_i$$

由于误差有正有负，不能简单相加 $\delta_i$，取绝对值在数学处理时会造成困难。因此，定义总误差 $Q$ 为：

$$Q = \sum_{i=1}^{n} \delta_i^2 = \sum_{i=1}^{n} (y_i - \hat{y}_i)^2 = \sum_{i=1}^{n} (y_i - a - bx_i)^2$$

而回归直线就是平面上所有直线中，误差平方和 $Q$ 最小的一条直线。根据数学分析中求函数极值的原理，要使 $Q$ 达到极小，其必要条件是它对 $a$ 和 $b$ 的一阶偏导数等于零。即：

$$\frac{\partial Q}{\partial a} = -2\sum_{i=1}^{n}(y_i - a - bx_i) = 0$$

$$\frac{\partial Q}{\partial b} = -2\sum_{i=1}^{n}(y_i - a - bx_i)x_i = 0$$

解此方程得到

$$\sum y = na + b\sum x$$
$$\sum xy = a\sum x + b\sum x^2$$

经过求解得：

$$b = \frac{n\sum x_i y_i - (\sum x_i)(\sum y_i)}{n\sum x_i^2 - (\sum x_i)^2} = \frac{\sum(x_i - \overline{x})(y_i - \overline{y})}{\sum(x_i - \overline{x})^2} \quad (6-8)$$

$$a = \overline{y} - b\overline{x} \quad (6-9)$$

式中，$\overline{x}$ 为 $x_i$ 的平均值，$\overline{x} = \frac{1}{n}\sum_{i=1}^{n} x_i$；$\overline{y}$ 为 $y_i$ 的平均值，$\overline{y} = \frac{1}{n}\sum_{i=1}^{n} y_i$。

c. 利用回归方程预测。

**【例 6-5】** 某建筑公司 2009～2014 年的年利润和每年的承包施工任务如表 6-6 所列。试判断年承包施工任务为 1200 万元时，年利润可能的期望值。

表 6-6 【例 6-5】建筑公司利润和施工任务表

| 年 份 | 2009 | 2010 | 2011 | 2012 | 2013 | 2014 |
|---|---|---|---|---|---|---|
| 施工任务/万元 | 500 | 1100 | 400 | 500 | 300 | 200 |
| 年利润/万元 | 31 | 40 | 30 | 34 | 25 | 20 |

**解**：第一步绘制散点图，如图 6-3 所示。

第二步建立回归方程，列表计算，如表 6-7 所列。

表 6-7 【例 6-5】回归分析计算表

| 年 份 | $x_i$ | $y_i$ | $x_i^2$ | $y_i^2$ | $x_i y_i$ |
|---|---|---|---|---|---|
| 2009 | 500 | 31 | 250000 | 961 | 15500 |
| 2010 | 1100 | 40 | 1210000 | 1600 | 44000 |
| 2011 | 400 | 30 | 160000 | 900 | 12000 |
| 2012 | 500 | 34 | 250000 | 1156 | 17000 |
| 2013 | 300 | 25 | 90000 | 625 | 7500 |
| 2014 | 200 | 20 | 40000 | 400 | 4000 |
| 合计 | 3000 | 180 | 2000000 | 5642 | 100000 |

$$b = \frac{n\sum x_i y_i - (\sum x_i)(\sum y_i)}{n\sum x_i^2 - (\sum x_i)^2} = \frac{6 \times 100000 - 3000 \times 180}{6 \times 2000000 - 3000^2} = 0.02$$

$$a = 30 - 0.02 \times 500 = 20$$

故所求回归方程为：

$$y = 20 + 0.02x$$

第三步进行预测。将 1200 万元代入回归方程计算，得出如下结果。

$$y = 20 + 0.02 \times 1200 = 44 \text{（万元）}$$

② 回归方程拟合度检验 从上述可知，对任何 $n$ 组数据，都可以配出一条回归直线来。但是，在 $x$ 和

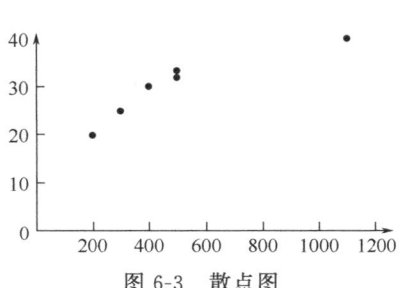

图 6-3 散点图

$y$ 之间究竟有没有线性关系？回归直线有没有实用价值？为此，引进相关系数的概念。

$$r=\frac{\sum(x_i-\overline{x})(y_i-\overline{y})}{\sqrt{\sum(x_i-\overline{x})^2\sum(y_i-\overline{y})^2}}=\frac{n\sum x_iy_i-(\sum x_i)(\sum y_i)}{\sqrt{[n\sum x_i^2-(\sum x_i)^2][n\sum y_i^2-(\sum y_i)^2]}} \qquad (6\text{-}10)$$

相关系数 $r$ 具有以下特征。

a. $r$ 取值范围为 $-1 \leqslant r \leqslant 1$。

b. $r$ 的符号与 $b$ 相同。当 $r>0$ 时，称为正线性相关，这时 $y_i$ 随 $x_i$ 的增加而增加；当 $r<0$ 时，称为负线性相关，$y_i$ 随 $x_i$ 的增加而减小。

c. $r$ 绝对值越接近于 1，$y_i$ 与 $x_i$ 之间的线性相关程度就越高，反之则越低。当 $r=0$ 时，称为完全非线性相关。

实际中，只要 $r>0.85$ 时，就可以认为 $x$ 与 $y$ 线性相关。

**【例 6-6】** 对【例 6-5】所建立的方程进行拟合度检验。

**解：** 列表计算，如表 6-8 所列。

表 6-8 【例 6-6】相关系数检验表

| 年 份 | $x_i$ | $y_i$ | $x_i^2$ | $y_i^2$ | $x_iy_i$ |
|---|---|---|---|---|---|
| 2009 | 500 | 31 | 250000 | 961 | 15500 |
| 2010 | 1100 | 40 | 1210000 | 1600 | 44000 |
| 2011 | 400 | 30 | 160000 | 900 | 12000 |
| 2012 | 500 | 34 | 250000 | 1156 | 17000 |
| 2013 | 300 | 25 | 90000 | 625 | 7500 |
| 2014 | 200 | 20 | 40000 | 400 | 4000 |
| 合计 | 3000 | 180 | 2000000 | 5642 | 100000 |

$$r=\frac{n\sum x_iy_i-(\sum x_i)(\sum y_i)}{\sqrt{[n\sum x_i^2-(\sum x_i)^2][n\sum y_i^2-(\sum y_i)^2]}}=\frac{6\times100000-3000\times180}{\sqrt{[6\times2000000-3000^2][6\times5642-180^2]}}=0.91$$

$r$ 大于 0.85，说明所建回归方程与实际点的拟合度良好。

(2) 二元线性回归预测法　二元线性回归预测法是指预测值受两个变量的影响。其预测模型如下：

$$y=a+b_1x_1+b_2x_2$$

式中，$a$ 为常数项；$b_1$ 和 $b_2$ 分别为 $y$ 对 $x_1$ 和 $x_2$ 的回归系数。

确定 $a$、$b_1$、$b_2$ 数值的方法仍是最小二乘法。设总误差 $Q$ 为：

$$Q=\sum_{i=1}^{n}\delta_i^2=\sum_{i=1}^{n}(y_i-\hat{y}_i)^2=\sum_{i=1}^{n}[y_i-(a+b_1x_{1i}+b_2x_{2i})]^2$$

为使拟合直线的误差平方和 $Q$ 最小，分别对 $a$、$b_1$、$b_2$ 求偏导数，并设：

$$\frac{\partial Q}{\partial a}=-2\sum_{i=1}^{n}[y_i-(a+b_1x_{1i}+b_2x_{2i})]=0$$

$$\frac{\partial Q}{\partial b_1}=-2\sum_{i=1}^{n}[y_i-(a+b_1x_{1i}+b_2x_{2i})]x_{1i}=0$$

$$\frac{\partial Q}{\partial b_2}=-2\sum_{i=1}^{n}[y_i-(a+b_1x_{1i}+b_2x_{2i})]x_{2i}=0$$

化解得到 3 个变量的方程式：

$$\sum y_i=na+b_1\sum x_{1i}+b_2\sum x_{2i}$$

$$\sum x_{1i}y_i = a\sum x_{1i} + b_1 \sum x_{1i}^2 + b_2 \sum x_{1i}x_{2i}$$
$$\sum x_{2i}y_i = a\sum x_{2i} + b_1 \sum x_{1i}x_{2i} + b_2 \sum x_{2i}^2$$

解方程组，可得回归常数 $a$、$b_1$、$b_2$ 的计算公式。

## 第二节 决 策 方 法

### 一、决策方法概述

**1. 基本概念**

决策是企业经营的重点，是指为达到同一目标，在一定的约束条件下，从两个以上的可行方案中选择一个合理方案的分析判断过程。

上述决策概念，包含着以下几个要点。

① 决策要有明确的目标。这个目标，就是经营目标及其体系中的中间目标和具体目标。

② 决策要有可行方案。为了实现经营目标，在决策中必须提出几种可行方案，决策的过程也就是对这几种可行方案进行选择的过程。

③ 决策要进行分析评价。实现经营目标的方案不同，对经营效益带来的作用和影响也不同。因此，在选择方案作出决策时，要进行决策分析和方案评价，以便比较各个可行方案的优劣。

④ 决策要贯彻优化原则。在分析评价的基础上，根据优化原则选出最佳方案。优选方案须注意两点：一是选定恰当的评价标准，标准恰当才可能选出满意的方案，标准失当，选择就失去了科学的基础；二是选用科学的方法，标准恰当并不意味着一定能选出最佳方案，还须借助于科学的决策方法。确定决策方法，是决策中的一个重要环节。

⑤ 决策是行动的基础。企业的经营活动是在决策的基础上行动的，没有正确的决策也就没有合理的行动。

一个正确的决策，可以给企业带来活力，使企业沿着正确的方向前进，并能提高企业的竞争能力和对外部环境的适应能力。甚至还能使奄奄一息的企业起死回生；反之，一个错误的决策，不仅会给企业带来经济损失，还会严重地阻碍企业的生存和发展，甚至会使一个兴旺发达的企业一败涂地。所以决策的正误，对企业的兴衰存亡起着决定性的作用。可见，企业经营管理的核心问题就是决策。

决策技术就是决策时所用的一系列科学理论、方法和手段的总称。科学技术的发展为决策技术提供了理论基础，系统工程的发展为决策提供了科学的方法，计算机和计算技术为决策提供了有效的手段。

**2. 决策的程序**

企业经营决策，是一个发现问题、分析问题、解决问题的系统分析过程。因此，要使决策正确，必须遵守科学的决策程序，这种程序具体如下。

（1）确定决策目标　决策就是要达到预定的目标，所以确定目标是决策的前提。如果目标确定得不合适或不明确，决策就不可能正确。目标在时间上可分为近期（1～5 年）、中期（5～10 年）、远期（10 年以上），在经济内容上可分为产量、质量、成本、利润等。目标应分主次，有些目标是必须达到的，有些则是希望达到的。必须达到的目标是不能打折扣的，对希望达到的目标，就不必绝对地限制，只要表示相对的需要就行了。目标的确定与预测正确与否有直接的关系，而正确预测又是科学决策的基础。

（2）拟定各种可行方案　根据确定的目标，收集各种需要的信息，对其未来进行预测，拟定多个可行方案。只有提出的方案是可行的，才能从中选出最优方案。

在评定方案是否可行时需要有一个统一的原则和标准。对建设项目而言，就是从整体出发，要求技术上合理，经济上合算，投资回收期短。整体原则是根本原则，一个方案如果从本单位或本行业看是可行的，但从全局看是不利的，就不能算最优方案。技术上合理不等于技术上最先进，这要根据我国国情和实际水平确定。经济上合算要考虑到经济效益。投资回收期短就是要讲究投资效果，重视考虑时间因素，作动态分析。

（3）方案的评价和选择　在拟定多个可行方案后，各方案经常要面对几种不同的自然状态（或称客观条件），如产品的销路好、销路一般、销路差；又如天气好、天气不好等。客观条件迫使人们要针对各种不同的自然状态，在不同方案中选定一个最优方案加以实施，这就构成了决策问题。为了正确评价多个方案，就要建立决策模型，通过科学的决策方法进行决策。

（4）方案的实施与追踪　作出决策以后，还要抓好决策方案的实施，并以执行的结果来鉴定、检查决策是否正确。根据实际和反馈的情况对决策作出相应的调整或改变。

**3. 决策分析的内容与类别**

（1）决策分析的内容　决策贯穿于经济管理的各方面和全过程，其内容是非常广泛的，它包括以下几方面。

① 经营战略方面的决策　具体包括经营目标的决策、经营方针的决策、经营策略的决策、经营组织的决策、经营计划执行过程的决策。

② 开发与改造决策　包括重大科研项目、新产品开发、技术改造以及技术改进的决策等。

③ 生产技术方面的决策　包括产品质量决策、生产计划决策、生产组织决策、生产指挥与调度决策、生产控制决策等。

④ 市场销售方面的决策　包括价格决策、推销与服务决策、销售计划决策、销售组织决策等。

⑤ 财务与人事决策　包括目标利润与目标成本决策、财务收支平衡决策、资金信贷决策、采购与库存决策、经理或厂长人选的决策、职工培训决策等。

（2）决策的类别

① 按决策的重要程度来划分，可以把决策分为战略决策、管理决策和业务决策。战略决策是指涉及国家、地区、部门或单位全局问题的决策。如经营目标、市场开拓、产品更新等方面的决策。战略决策由企业领导层组织执行。管理决策又称战术决策，是指为实现战略决策，对一些具体问题的决策。如施工方案、计划平衡等。由企业中级管理层负责组织开展。业务决策是指在实际工作中，为提高生产效率开展的决策。一般由基层负责制定。

② 按决策范围来划分，分为宏观决策和微观决策。宏观决策是指对较大范围的全局性、长远性问题所作的决策，如全国的政治、军事、经济决策。微观决策是指对较小范围内的局部性、短期性问题所作的决策，如企业的决策。

③ 按决策的性质来划分，分为程序性决策和非程序性决策。程序性决策是指可按一套常规的处理方式进行的决策，主要适用于企业的例行性工作或经常反复出现的活动。非程序

性决策是指未出现过，或不经常出现问题的决策。这类问题比较复杂，决策时无章可循，难度较大，只能依靠决策者的经验、知识来分析判断。

④ 按决策问题的条件不同，可把决策分为确定型决策、风险型决策和不确定型决策。确定型决策是指对某种自然状态下的不同行动方案，均有肯定结果的问题的决策。企业经营管理中的运输问题、任务分配问题，以及在有限人力、物力资源约束下，如何安排生产获得最佳效益等问题，大多属于确定型决策。风险型决策是指决策者对决策问题诸方案在各自然状态下的结果不能确切肯定，但能根据历史数据资料或经验推断，预测各自然状态发生的概率，并据此计算期望损益值的大小，按一定准则作出的决策。这类决策不管采取何种方案，都可能由于状态的不确定性而使决策存在一定风险。不确定型决策指自然状态是不确定的且无法知道出现的概率的决策。这类决策的风险更大，决策者凭借能力、经验、胆识，按一定准则进行决策。

## 二、确定型决策

**1. 基本条件**

① 有一个（组）明确的决策目标。
② 有两个以上可供选择的可行方案。
③ 只有一个未来状态。
④ 各方案在未来状态下的结果能计算出来。

**2. 基本方法**

（1）直接计算法

【例 6-7】 某公司省外工地急需一批施工机械，使用期为 1 年。有两种方案：一是从公司本部调运，往返运输费需 18 万元，年折旧费 14 万元，年作业经营费 8 万元；二是在当地租赁机械，年租赁费 26 万元，年作业经营费 8 万元，本公司自有机械停置一年损失 4 万元。试决策采用何种方案。

解：

方案 1 调运公司机械的费用为：$18+14+8=40$（万元）

方案 2 当地租赁机械的费用为：$26+8+4=38$（万元）

经比较，应采用当地租赁机械的方案。

（2）盈亏平衡分析　盈亏平衡分析见本教材第五章第一节相关内容。

## 三、风险型决策

**1. 基本条件**

① 有一个明确的决策目标。
② 有两个以上可供选择的可行方案，用 $A_i$ 表示。
③ 有两个以上的自然状态（用 $S_j$ 表示）且状态出现的概率（用 $P_j$ 表示）可预先估计。
④ 各方案在各未来状态下的结果能计算出来。用 $a_{ij}$ 表示第 $i$ 个方案在第 $j$ 种状态下的结果。

**2. 基本方法**

风险型决策方法有最大可能法、期望值法和决策树法等。

(1) 最大可能法　最大可能法是从未来事件发生的可能性中，选择一个概率最大的自然状态进行决策，其他自然状态可以不管。根据概率论的知识可知，一个事件，其概率值越大，发生的可能性就越大，所以，在风险型决策中选择一个最大概率值的自然状态进行决策。

最大可能法适用于有几种自然状态且其中某一自然状态出现的概率特别大的情况。如果发生的概率值都很小，而且互相接近，采用这种方法的效果是不好的，有时会造成决策失误。

【例 6-8】　某公司预定在某日举行展销会，获利大小除与举办规模大小有关外，还与天气好坏有关。根据天气形势预计，该日天气可能出现 3 种情况：晴的概率为 0.1，多云的概率为 0.6，下雨的概率为 0.3。其效益情况如表 6-9 所列，试用最大可能法决定采用何种规模举行展销。

表 6-9　展销会效益情况表

| 效益值/万元　　状态<br>方案 | $S_1$（晴天）<br>$P_1=0.1$ | $S_2$（多云）<br>$P_2=0.6$ | $S_3$（雨）<br>$P_3=0.3$ |
| --- | --- | --- | --- |
| 大规模 | 50 | 25 | −2 |
| 中规模 | 35 | 27 | 1 |
| 小规模 | 20 | 15 | 2 |

**解**：从表 6-9 中可以看出，天气多云的概率为 0.6，最大，根据最大可能法，只考虑多云这种状态下的决策。显然

$$\max\{25, 27, 15\} = 27$$

因此应该采取中规模展销。

(2) 期望值法　期望值法的基本思想就是把不同自然状态下各方案的期望值求出来，加以比较，进行决策。

期望值标准有最大期望收益值标准、最小期望损失值标准以及机会均等决策标准。

① 最大期望收益值标准　最大期望收益值标准以决策收益表为基础，根据各种自然状态的概率，计算出不同自然状态下各方案的期望收益值，并从期望收益值中选择其中最大的作为最优方案。期望值的计算公式如下：

$$E = \max\left(\sum_{j=1}^{n} P_j a_{ij}\right) \tag{6-11}$$

式中，$E$ 为期望值；$P_j$ 为第 $j$ 列自然状态可能发生的概率值（$j=1,2,\cdots,n$）；$a_{ij}$ 为第 $i$ 个方案在第 $j$ 种状态下的收益值（$i=1,2,\cdots,m$）。

【例 6-9】　某企业根据市场需求，拟生产一种短线季节性产品，自产自销，每箱成本 30 元，售出价格 80 元，每箱销售后可得利润 50 元，如果每天剩余一箱就要损失 30 元。现根据市场销售资料，要求拟定产品的生产计划，使获得的利润最大。

**解**：

第一步：根据去年同期每天销售资料，进行统计分析，确定不同日销售量的概率，如表 6-10 所列。

表 6-10  去年同期日销售资料

| 日销售量/箱 | 完成日销售量的天数 | 概率值 | 日销售量/箱 | 完成日销售量的天数 | 概率值 |
|---|---|---|---|---|---|
| 100 | 18 | 18/90=0.2 | 130 | 9 | 9/90=0.1 |
| 110 | 36 | 36/90=0.4 | 合计 | 90 | 1.0 |
| 120 | 27 | 27/90=0.3 | | | |

第二步：根据每天可能销售量，编制和计算不同生产方案的决策收益表，如表 6-11 所列。

表 6-11  决策收益表

| 自然状态<br>决策方案 | 市场销售状态 | | | | 期望收益值/元 |
|---|---|---|---|---|---|
| | 100 箱 | 110 箱 | 120 箱 | 130 箱 | $\sum P_j a_{ij}$ |
| | 0.2 | 0.4 | 0.3 | 0.1 | |
| 100 箱 | 5000 | 5000 | 5000 | 5000 | 5000 |
| 110 箱 | 4700 | 5500 | 5500 | 5500 | 5340 |
| 120 箱 | 4400 | 5200 | 6000 | 6000 | 5360 |
| 130 箱 | 4100 | 4900 | 5700 | 6500 | 5140 |

表中收益值计算如下：

$a_{11} = 100 \times 50 = 5000$　　　　$a_{21} = 100 \times 50 - 10 \times 30 = 4700$

$a_{31} = 100 \times 50 - 20 \times 30 = 4400$　　$a_{41} = 100 \times 50 - 30 \times 30 = 4100$

$a_{22} = 110 \times 50 = 5500$　　　　$a_{32} = 110 \times 50 - 10 \times 30 = 5200$

……

第三步：计算各方案的期望收益值。

对 $A_1 = 100$ 箱：$E(A_1) = 5000 \times 0.2 + 5000 \times 0.4 + 5000 \times 0.3 + 5000 \times 0.1 = 5000$（元）

对 $A_2 = 110$ 箱：$E(A_2) = 4700 \times 0.2 + 5500 \times 0.4 + 5500 \times 0.3 + 5500 \times 0.1 = 5000$（元）

对 $A_3 = 120$ 箱：$E(A_3) = 4400 \times 0.2 + 5200 \times 0.4 + 6000 \times 0.3 + 6000 \times 0.1 = 5360$（元）

对 $A_4 = 130$ 箱：$E(A_4) = 4100 \times 0.2 + 4900 \times 0.4 + 5700 \times 0.3 + 6500 \times 0.1 = 5140$（元）

将计算结果填入表 6-11 中。

第四步：最优方案的决策。

$$E = \max\left(\sum_{j=1}^{n} P_j a_{ij}\right) = \max(5000, 5340, 5360, 5140) = 5360 (元)$$

其中，$A_3 = 120$ 箱方案期望收益值最大，故为最优方案。

② 最小期望损失值决策标准　这是与最大期望收益值相对应的决策问题的另外一种方法。这个标准应当首先计算出每个方案在不同的自然状态下的损失，然后再计算出期望损失值，并选择其中最小的作为最优方案。其计算公式如下：

$$E = \min\left(\sum_{j=1}^{n} P_j a_{ij}\right)$$

【例 6-10】　在【例 6-9】中，试用最小期望损失值决策标准进行决策。

解：损失值包括生产过剩损失和机会损失（生产太小，失去机会）。

第一步：计算各方案在不同自然状态下的损失值。

在表 6-11 中，用每列内最大收益值减去该列内其他各个收益值之差，即可求出其损失值（见表 6-12）。

表 6-12　决策损失值

| 自然状态<br>决策方案 | 市场销售状态 | | | | 期望损失值/元 |
|---|---|---|---|---|---|
| | 100 箱 | 110 箱 | 120 箱 | 130 箱 | $\sum P_j a_{ij}$ |
| | 0.2 | 0.4 | 0.3 | 0.1 | |
| 100 箱 | 0 | 500 | 1000 | 1500 | 650 |
| 110 箱 | 300 | 0 | 500 | 1000 | 310 |
| 120 箱 | 600 | 300 | 0 | 500 | 290 |
| 130 箱 | 900 | 600 | 300 | 0 | 510 |

第二步：计算各方案的期望损失值。

对 $A_1=100$ 箱：$E(A_1)=0\times0.2+500\times0.4+1000\times0.3+1500\times0.1=650$（元）

对 $A_2=110$ 箱：$E(A_2)=300\times0.2+0\times0.4+500\times0.3+1000\times0.1=310$（元）

对 $A_3=120$ 箱：$E(A_3)=600\times0.2+300\times0.4+0\times0.3+500\times0.1=290$（元）

对 $A_4=130$ 箱：$E(A_4)=900\times0.2+600\times0.4+300\times0.3+0\times0.1=510$（元）

第三步：最优方案选择。

$$E=\min\left(\sum_{j=1}^{n}P_j a_{ij}\right)=\min(650,310,290,510)=290(元)$$

即选定 $A_3$ 方案，因其期望损失值最小。

③ 机会均等决策标准　当情况不明，决策者面临资料缺乏时，应当不偏不倚地去对待将要发生的每一个状态。

【例 6-11】　在【例 6-9】中，假设过去市场销售状态资料不全，只是凭人们记忆日销量大约是 100～130 箱，而没有更多的数据，用机会均等决策标准，确定最优方案。

解：

第一步：确定每种销售状态的概率。

$$P_j=1/4=0.25$$

第二步：计算各方案的期望值。

对 $A_1=100$ 箱：$E(A_1)=5000\times0.25+5000\times0.25+5000\times0.25+5000\times0.25=5000$（元）

对 $A_2=110$ 箱：$E(A_2)=4700\times0.25+5500\times0.25+5500\times0.25+5500\times0.25=5300$（元）

对 $A_3=120$ 箱：$E(A_3)=4400\times0.25+5200\times0.25+6000\times0.25+6000\times0.25=5400$（元）

对 $A_4=130$ 箱：$E(A_4)=4100\times0.25+4900\times0.25+5700\times0.25+6500\times0.25=5300$（元）

第三步：最优方案决策

$$E=\max\left(\sum_{j=1}^{n}P_j a_{ij}\right)=5400(元)$$

选择 $A_3$ 为最优方案。

(3) 决策树法　决策树分析方法是把方案的一系列因素按它们相互关系用树木分枝原理表示出来，再按一定程序实行优选和决策。

决策树分析方法决策的准则是经济效果指标的数学期望值最佳，如期望收益最大或者期望费用最小。

① 决策树的结构　决策树由下述基本部分组成。

a. 决策点与决策枝（方案枝）　用方框结点表示决策点，从决策点引出的直线称为决策枝（方案枝），每枝代表一个方案 $A_i$，如图 6-4 所示。

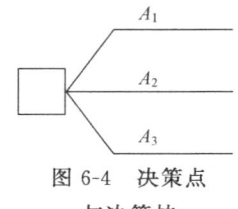

图 6-4　决策点与决策枝

b. 机会点与机会枝（概率枝） 用圆圈结点表示机会点，从机会点引出的直线称为机会枝（概率枝），每枝代表一种状态 $S_i$，并注明其出现的概率 $P(S_i)$，如图 6-5 所示。

c. 结果点 用三角结点表示结果点，它代表某一方案在某一状态下的结果，效益值标在结果点旁边。

除此之外，一般将效益期望值分别标在机会点及决策点的上方。

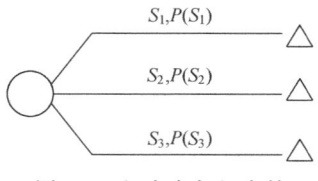

图 6-5 机会点与机会枝

② 决策树分析示例

【例 6-12】 为生产某种新产品需建新工厂，有两个基建方案：一是建大厂，需要投资 300 万元；二是建小厂，需要投资 170 万元，两者使用期都为 10 年。估计在此期间，产品销路好的可能性是 0.7，销路差的可能性是 0.3。两个方案的年度效益值如表 6-13 所列。试用决策树进行决策。

表 6-13 方案的年度效益值

| 效益值/万元　　状态　　方案 | 销 路 好 $P_1=0.7$ | 销 路 差 $P_2=0.3$ |
|---|---|---|
| 建大厂 | 100 | −20 |
| 建小厂 | 40 | 30 |

**解：**

第一步：画决策树（见图 6-6）。

第二步：计算各机会点的效益期望值并标在图上。

$$E(2)=0.7\times100\times10+0.3\times(-20)\times10-300$$
$$=340 \text{（万元）}$$
$$E(3)=0.7\times40\times10+0.3\times30\times10-170$$
$$=200 \text{（万元）}$$
$$E(2)>E(3)$$

所以建大厂方案为最优方案。

【例 6-13】 假定在【例 6-12】中分为前 3 年和后 7 年两期考虑，根据市场预测，前 3 年销路好的概率为 0.7。如果前 3 年销路好，则后 7 年销路好的概率为 0.9；如果前 3 年销路差，则后 7 年销路肯定差。问在此情况下，两个方案哪个好？

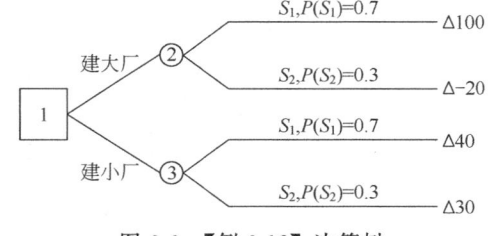

图 6-6 【例 6-12】决策树

**解：** 设 $S_1$ 表示前 3 年销路好，$S_2$ 表示前 3 年销路差，$T_1$ 表示后 7 年销路好，$T_2$ 表示后 7 年销路差。那么有：$P(S_1)=0.7$，$P(S_2)=0.3$，$P(T_1|S_1)=0.9$，$P(T_2|S_1)=0.1$，$P(T_2|S_2)=1$，$P(T_1|S_2)=0$

第一步：画决策树（见图 6-7）。

第二步：计算各机会点的效益期望值并标在图上。

$$E(4)=0.9\times100\times7+0.1\times(-20)\times7=616 \text{（万元）}$$
$$E(5)=1.0\times(-20)\times7=-140 \text{（万元）}$$

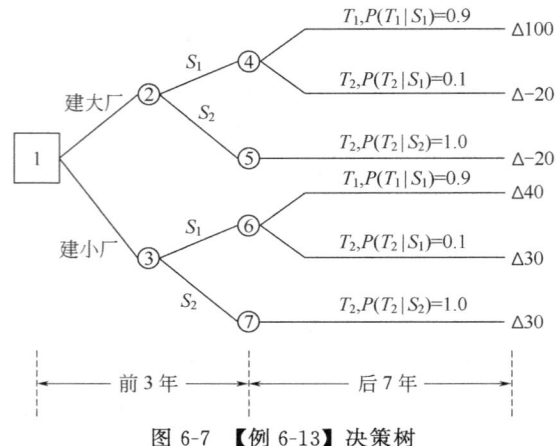

图 6-7 【例 6-13】决策树

$$E(2)=0.7\times100\times3+0.7\times616+0.3\times(-20)\times3+0.3\times(-140)-300$$
$$=281.2（万元）$$
$$E(6)=0.9\times40\times7+0.1\times30\times7=273（万元）$$
$$E(7)=1.0\times30\times7=210（万元）$$
$$E(3)=0.7\times40\times3+0.7\times273+0.3\times30\times3+0.3\times210-170$$
$$=195.1（万元）$$

由于 $E(2)>E(3)$，所以仍以建大厂方案为最优方案。

**【例 6-14】** 就【例 6-13】而言，对于建小厂这个方案，如销路好，则 3 年以后考虑扩建，扩建需要投资 140 万元，扩建后可使用 7 年，每年的益损值与大厂相同。这个方案与建大厂方案比较，优劣如何？

**解**：这个问题属于多级决策问题

第一步：画决策树（见图 6-8）。

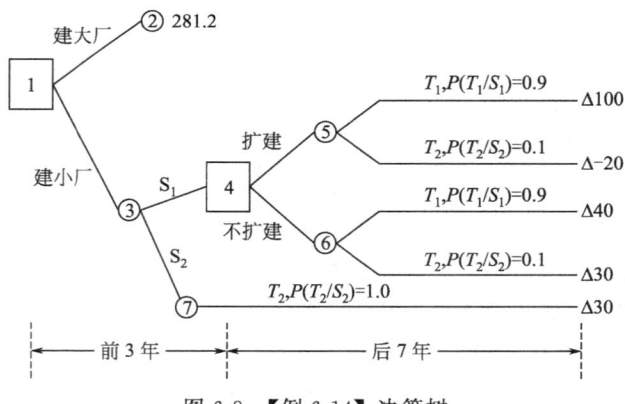

图 6-8 【例 6-14】决策树

第二步：计算机会点 5、6 的效益期望值并进行决策。

$$E(5)=0.9\times100\times7+0.1\times(-20)\times7-140=476（万元）$$
$$E(6)=0.9\times40\times7+0.1\times30\times7=273（万元）$$

由于 $E(5)>E(6)$

所以选择扩建

第三步：计算机会点 2、3 的效益期望值并进行决策。

$E(2)=281.2$（万元）

$E(3)=0.7\times40\times3+0.7\times476+0.3\times30\times3+0.3\times210-170=337.2$（万元）

由于 $E(2)<E(3)$

所以选择建小厂，如果前 3 年销路好，则扩建。

## 四、不确定型决策

**1. 基本条件**

① 有一个明确的决策目标。
② 有两个以上可供选择的可行方案。
③ 有两个以上的自然状态且状态出现的概率不知道。
④ 各方案在各未来状态下的结果能计算出来。

**2. 基本方法**

由于不确定型决策的自然状态出现的概率无法估计，决策中将承担更大的风险。这类决策主要取决于决策人的经验、信心和态度，没有一个统一的模式。常用的有以下几种方法。

（1）乐观准则　乐观准则，也叫最大最大准则，其基本思想是决策者对客观环境总是抱乐观态度，不放弃任何一个获得最好效果的机会。基本步骤如下。

① 求出各方案在各自然状态下的最大效益值。
② 求出最大效益值的最大值，并将该值所对应的方案作为最优方案。

【例 6-15】某企业生产一种新产品，由于缺乏资料，企业对这种产品的市场需求量只能估计为较高、一般和较低三种情况，而对每种情况出现的概率尚无法预测。企业考虑了三种方案：改造原有生产线；新建一条生产线；把生产用的坯料包给外厂加工。根据计算，各个方案在投产期间的收益情况如表 6-14 所列。试用乐观准则进行决策。

表 6-14　收益情况表

| 效益值/万元　　　状态<br>方案 | 市场需求量 | | |
|---|---|---|---|
| | 较　高 | 一　般 | 较　低 |
| 改建（$A_1$） | 160 | 50 | −40 |
| 新建（$A_2$） | 100 | 60 | −10 |
| 外加工（$A_3$） | 60 | 30 | 5 |

**解**：按乐观准则决策，先找出三个方案在各种自然状态下的最大收益值，它们分别为 160 万元、100 万元和 60 万元。然后在这三者中"大中取大"，即 160 万元最大，那么它所在的改造原有生产线这一方案就是所要求的最优方案。

（2）悲观准则　这种方法的基本思想，就是决策者对客观环境总是持悲观态度，一切觉得不会如意，所以为了保险起见，总是从最不利处估计事情的结果，故从最坏的情况中选择最好的方案，也叫华尔德决策准则或者最大最小准则。其基本步骤如下。

① 求出各方案在各自然状态下的最小效益值。
② 求出最小效益值的最大值，并将该值所对应的方案作为最优方案。

【例6-16】 在【例6-15】中，试用悲观准则进行决策。

**解：** 按悲观准则决策，先找出三个方案在各种自然状态下的最小收益值，它们分别为 −40 万元、−10 万元和 5 万元。然后在这三者中"小中取大"，即 5 万元最大，那么它所在的把生产用的坯料包给外厂加工就是所要求的最优方案。

(3) 乐观系数准则　这种方法的基本思想，就是决策者对客观环境的估计既不那么乐观，也不悲观，主张从中平衡一平，用一个数字表达乐观程度，该数字称为乐观系数 $\alpha(0\leqslant\alpha\leqslant 1)$。其基本步骤如下。

① 找出每个方案在各种状态下的最大收益值和最小收益值。

② 求各个方案的折中收益值为：

$$CV_i = \alpha \max(a_{ij}) + (1-\alpha)\min(a_{ij})$$

③ 比较 $CV_i$，选取 $\max(CV_i)$ 对应的方案为最优方案。

【例6-17】 在【例6-15】中，若 $\alpha=0.8$，试用乐观系数准则进行决策。

**解：** 求各个方案的折中收益值

$$CV_1 = 0.8 \times 160 + 0.2 \times (-40) = 120 \text{（万元）}$$
$$CV_2 = 0.8 \times 100 + 0.2 \times (-10) = 78 \text{（万元）}$$
$$CV_3 = 0.8 \times 60 + 0.2 \times 5 = 49 \text{（万元）}$$

从 120 万元、78 万元、49 万元中选择最大收益值 120 万元。所以，选改造原有的生产线。

从折中收益值的计算公式有：

当 $\alpha=1$ 时，$CV_i = \alpha \max(a_{ij})$，即为乐观准则；

当 $\alpha=0$ 时，$CV_i = \min(a_{ij})$，即为悲观准则。

(4) 等可能性准则　这种方法的基本思想就是认为各种自然状态出现的可能性是相同的。如果有 $n$ 个自然状态，则每个自然状态出现的概率为：

$$p = \frac{1}{n}$$

然后按照风险型决策问题进行决策。这个想法是法国数学家拉普拉斯首先提出的，因此又叫拉普拉斯准则。其基本步骤如下。

① 根据自然状态的个数，计算各自然状态的概率。

② 计算各方案的效益期望值。

③ 比较效益期望值的大小，选择最大值所对应的方案为最优方案。

【例6-18】 在【例6-15】中，用等可能性准则进行决策。

**解：** 求各个方案的效益收益值

$$E(A_1) = 160 \times 1/3 + 50 \times 1/3 + (-40) \times 1/3 = 56.67 \text{（万元）}$$
$$E(A_2) = 100 \times 1/3 + 60 \times 1/3 + (-10) \times 1/3 = 50.00 \text{（万元）}$$
$$E(A_3) = 60 \times 1/3 + 30 \times 1/3 + 5 \times 1/3 = 31.67 \text{（万元）}$$

从 56.67 万元、50.00 万元、31.67 万元中选择最大收益值 56.67 万元。所以，选改造原有的生产线。

(5) 后悔值决策准则　这种方法的基本思想就是决策之后不符合决策人的理智，并证明别的方案比这一决策优越，为此感到后悔。并努力寻求最大效益值与所采取方案效益值之间的差距，这两者间的差距称为"后悔值"。从各方案最大后悔值中找出最小后悔值所对应的方案，即为最优方案。其基本步骤如下。

① 算出各种自然状态下，每一方案的后悔值。

后悔值＝各状态的最大收益值－实际收益值

② 列出各方案的最大后悔值。

③ 从最大后悔值中选出最小值，最小后悔值所对应的方案就是最优方案。

【例 6-19】 在【例 6-15】中，用后悔值准则决策。

解：先计算出每一方案的后悔值，如表 6-15 所列。

表 6-15 后悔值计算表

| 后悔值/万元 \ 方案 \ 状态 | 各状态后悔值 | | | max |
|---|---|---|---|---|
| | 较 高 | 一 般 | 较 低 | |
| 改建($A_1$) | 0 | 10 | 45 | 45 |
| 新建($A_2$) | 60 | 0 | 15 | 60 |
| 外加工($A_3$) | 100 | 30 | 0 | 100 |

从表 6-15 中的计算结果可知，三个方案的最大后悔值分别为 45 万元、60 万元、100 万元，其中最小的是 45 万元，对应的方案为改建原有生产线。

对于不确定情况下的决策问题，采用不同的决策准则所得到的结果并非完全一致，且难以判定哪个准则好，哪个准则不好。因为它们之间没有规定一个统一的评比标准。另外，也都缺乏客观标准作为依据，而是依决策者对各种自然状态的看法而定。

━━━━━━━━━━ 本 章 小 结 ━━━━━━━━━━

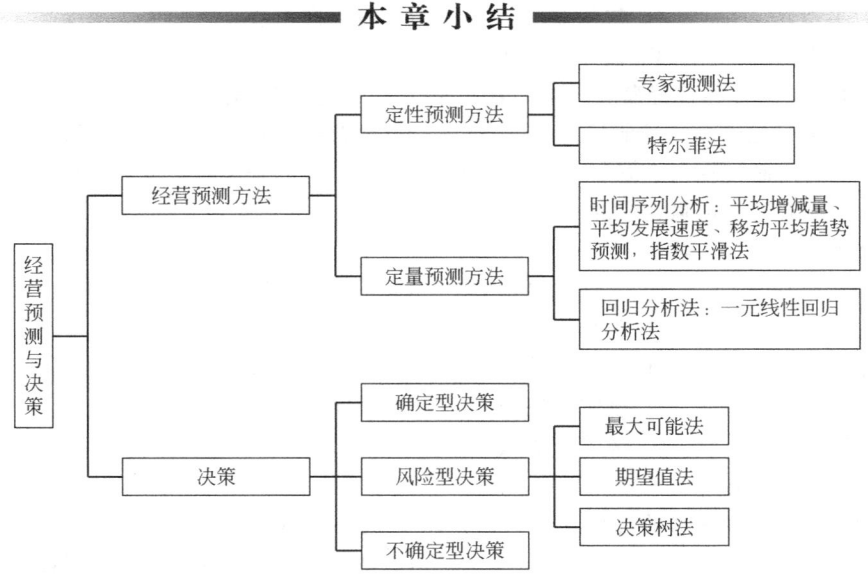

## 思考与练习

一、单项选择题

1. 经营预测的基本原则不包含（　　）。

A. 连续性原则　　　　B. 相关原则　　　　C. 可控制原则　　　　D. 人性化原则

2. 经营预测在企业生产经营管理中起着重要的作用，其作用不包含（　　）。
A. 经营预测是制订规划、编制计划的依据
B. 经营预测有助于增强企业的竞争能力和应变能力
C. 经营决策是经营预测的前提
D. 经营预测是经营决策的前提

3. 定量预测方法很多，下列（　　）不属于定量预测方法。
A. 指数平滑法　　　B. 趋势外推法　　　C. 投入产出法　　　D. 特尔菲法

4. 特尔菲法具有显著特点，下列（　　）不属于特尔菲法的特点。
A. 多次反馈沟通情况　　　　　　　　B. 统一性
C. 匿名性　　　　　　　　　　　　　D. 预测结果采用统计方法进行处理

5. 按决策的重要程度来划分，可以把决策分为（　　）。
A. 宏观决策和微观决策　　　　　　　B. 确定型决策、风险型决策和不确定型决策
C. 战略决策、管理决策和业务决策　　D. 程序型决策和非程序型决策

6. 确定型决策的条件很多，下列说法不正确的是（　　）。
A. 有两个以上可供选择的可行方案　　B. 有一个（组）明确的决策目标
C. 有两个以上的未来状态　　　　　　D. 各方案在未来状态下的结果能计算出来

7. 下列（　　）方法不是风险型决策方法。
A. 决策树法　　　B. 期望值法　　　C. 投入产出法　　　D. 最大可能法

二、多项选择题

1. 定量预测方法很多，下列（　　）属于定量预测方法。
A. 指数平滑法　　　B. 特尔菲法　　　C. 投入产出法
D. 趋势外推法　　　E. 回归分析法

2. 经营预测在企业生产经营管理中起着重要的作用，其作用有（　　）。
A. 经营决策是经营预测的前提　　　　B. 经营预测有助于增强企业的竞争能力
C. 经营预测是制订规划、编制计划的依据　　D. 经营预测是经营决策的前提
E. 经营预测有助于增强企业的应变能力

3. 经营预测的基本原则有（　　）。
A. 连续性原则　　　B. 人性化原则　　　C. 可控制原则
D. 相关原则　　　　E. 类推原则

4. 按决策问题的条件不同，可把决策分为（　　）。
A. 战略决策　　　　B. 确定型决策　　　C. 程序型决策
D. 不确定型决策　　E. 风险型决策

5. 风险型决策的条件有（　　）。
A. 有两个以上可供选择的可行方案　　B. 有一个（组）明确的决策目标
C. 有两个以上的未来状态　　　　　　D. 各方案在未来状态下的结果能计算出来
E. 各个自然状态出现的概率不完全知道

6. 不确定型决策方法很多，下列（　　）方法属于不确定型决策方法。
A. 决策树法　　　　　　　　　　　　B. 华尔德决策准则
C. 后悔值决策准则　　　　　　　　　D. 最大最大准则
E. 等可能性准则

三、简答题

1. 什么是预测？什么是经营预测？经营预测如何分类？

2. 常用的定性预测方法有哪几种？各有什么特点？
3. 常用的定量预测方法有哪几种？
4. 简述确定型决策、风险型决策和不确定型决策的基本条件，并进行对比分析。
5. 不确定型决策有哪几种主要方法？各种方法体现了什么决策思想？
6. 什么是决策树分析法？简述它的基本组成部分。

四、计算题

1. 某建筑公司近 7 年完成的施工产值如表 6-16 所列，试用平均增减量、平均发展速度预测今后 3 年每年的施工产值为多少？

表 6-16　施工产值

| 年次 | 1 | 2 | 3 | 4 | 5 | 6 | 7 |
|---|---|---|---|---|---|---|---|
| 产值/亿元 | 1.2 | 1.4 | 1.7 | 2.0 | 2.4 | 2.8 | 3.2 |

2. 某施工企业近 10 年房屋竣工面积如表 6-17 所列，试用移动平均法（取 $n=3$）、指数平滑法（取 $\alpha=0.6$）、一元线性回归法分别预测后 1 年的房屋竣工面积。

表 6-17　房屋竣工面积

| 年次 | 1 | 2 | 3 | 4 | 5 | 6 | 7 | 8 | 9 | 10 |
|---|---|---|---|---|---|---|---|---|---|---|
| 竣工面积/$\times 10^4 m^3$ | 4.68 | 6.23 | 9.77 | 12.98 | 11.43 | 12.61 | 14.60 | 120.30 | 155.60 | 203.4 |

3. 某企业生产甲、乙两种产品，过去市场需求情况统计如表 6-18 所列，试用最大可能法和期望值法进行决策。

表 6-18　市场需求情况统计

| 效益值/万元　　状态　产品 | 畅　销 | 滞　销 |
|---|---|---|
|  | 0.7 | 0.3 |
| 甲 | 40 | 3 |
| 乙 | 70 | 2 |

4. 某企业在不同产量情况下损益值如表 6-19 所列，试用机会均等决策标准选择最优方案，并用决策树法进行决策。

表 6-19　损益值表（一）　　　　　　　　　　　　　　　单位：万元

| 市场需求 | | A | B | C | D |
|---|---|---|---|---|---|
| 计划产量 | Ⅰ | 420 | 360 | −40 | −80 |
|  | Ⅱ | 300 | 250 | −20 | −40 |
|  | Ⅲ | 260 | 220 | −15 | −25 |

5. 某企业拟生产一种新产品，提出了四个技术方案，由于不知道产品上市后的销售量，只能大致估计为销路很好、销路较好、销路一般和销路很差四种状况，经过测算可知各方案在各自然状态下的损益值如表 6-20 所列，试用乐观准则、悲观准则、后悔值决策准则以及机会均等法选择行动方案。

表 6-20 损益值表（二）

| 效益值/万元 \ 状态  产品 | 销路很好 | 销路较好 | 销路一般 | 销路很差 |
|---|---|---|---|---|
| 甲 | 400 | 350 | 800 | 600 |
| 乙 | 200 | 250 | 450 | 300 |
| 丙 | 100 | 150 | −150 | −100 |
| 丁 | 50 | 100 | −300 | −200 |

6. 某施工企业现有 A、B 两项工程可参加投标，但由于施工能力有限，只能承担一个项目。据分析，企业可采取的投标策略有两种，一是投高标，中标率为 0.4；二是投低标，中标率为 0.6。若投标不中，A 项目损失 4000 元，B 项目损失 2000 元，未来自然状态有两种，即好、坏，概率分别为 0.5，A、B 两项工程的损益数据列于表 6-21 中，问该企业应采用何种投标策略。

表 6-21 A、B 两项工程数据

| 投标项目 | 标型 | 自然状态 | 损益值/万元 |
|---|---|---|---|
| A | 高标 | 好 | 500 |
|   |      | 坏 | −16 |
|   | 低标 | 好 | 400 |
|   |      | 坏 | 10 |
| B | 高标 | 好 | 600 |
|   |      | 坏 | −100 |
|   | 低标 | 好 | 250 |
|   |      | 坏 | 15 |

7. 某工程队承担一座桥梁的施工任务。由于施工地区夏季多雨，需停工 3 个月。在停工期间该工程队可将施工机械搬走或留在原处。如搬走，需搬运费 1800 元。如留原处，一种方案是花 500 元筑一护堤，防止河水上涨发生高水位侵袭。若不筑护堤，发生高水位侵袭时将损失 10000 元。如下暴雨发生洪水，则不管是否筑护堤，施工机械留在原处都将受到 60000 元的损失。据历史资料统计，该地区夏季高水位的发生率为 25%，洪水的发生率为 2%，试用决策树分析该施工队的方案。

# 第七章 建筑工程招标与投标

【知识目标】
- 了解我国招标投标的特点和实行招标投标制的基本条件、国际工程招标和国际工程投标。
- 理解工程招标程序、工程招标文件的主要内容、工程投标程序、建筑企业投标准备工作及标函。
- 掌握工程招标方式，工程投标企业的条件，建筑企业投标策略，开标、评标和定标。

【能力目标】
- 能解释招标投标，工程项目招标，工程项目投标，开标、评标和定标，不平衡报价法。
- 能写出工程项目实行招标投标制的基本条件，公开招标和邀请招标的区别，工程投标企业的条件，评标专家委员会的构成。
- 能应用工程招标程序、工程投标程序、建筑企业投标策略及报价策略、最低投标价法和综合评估法，掌握投标书格式。
- 能处理不同情况下的企业投标决策问题。

## 第一节 招标投标概述

### 一、招标投标概念

招标投标是在市场经济条件下进行货物、工程和服务的采购时进行的一种竞争和交易方式。招标投标的特征是引入竞争机制以求达成交易协议或订立合同。它是指招标人对工程建设、货物买卖、中介服务等交易业务事先公布采购条件和要求，吸引愿意承接任务的众多投标人参加竞争，招标人按照规定的程序和办法择优选定中标人的活动。

上述的"工程"包括土木工程（含建筑工程）、线路管道和设备安装工程及装修工程等的建设以及附带的服务。货物是指各种各样的物品，包括原材料，产品，设备，固态、液态或气态物体，电力，以及货物供应的附带服务。服务是指除工程、货物以外的任何采购对象，如勘察、设计、咨询、监理等。

（1）工程项目招标　工程项目招标是指招标人将拟建的工程信息对外发布，吸引具有承包能力的建设单位参与竞争，招标人按照相关程序从参与竞标的投标人中择优选取承包单位的法律活动。

招标是招标投标这种商品交易行为中一个方面的内容。目前，招标投标在国际上广泛采用，不仅政府、企事业单位用它来采购原材料、器材和机械设备，而且各种工程项目也日益用这种形式进行物资采购和工程承包。它是在商品经济比较发达的阶段出现的，是商品经济发展的结果。

（2）工程项目投标　工程项目投标是投标人根据招标人的要求或根据招标文件所掌握的信息，按照招标人的要求，参与投标竞争，以获得工程项目承包权的法律活动。

工程项目投标是建筑企业取得工程施工合同的主要途径，是市场竞争行为，投标人通过竞争取得建设工程承包权。

（3）开标　开标是指在招标文件确定的投标截止时间的同一时间，招标人依据招标文件规定的地点，开启投标人提交的投标文件，并公开宣布投标人的名称、投标报价、工期等主要内容的活动。

开标一般是由招标领导小组或招标人（业主）在规定的时间、地点，在有招标人（业主）、投标人、建设银行、工程招标主管部门和公正机关参加的情况下公开举行的。首先由投标人或推选的代表检查投标文件的密封情况，经确认密封无误后，由工作人员当场拆封、宣读投标人名称、投标报价、工期等内容。工作人员记录、存档，最后由各方签字确认。按照《中华人民共和国招标投标法》的规定，工程招标的开标应当在有法律保障和公证员监督下公开进行。

（4）评标　评标是招标人组织对投标人所报送的投标文件进行审查、评比和分析的过程。这项工作是由招标人设立的评标委员会完成的，这个临时组织负责对所有投标文件进行评定、提出书面评标报告、推荐或确定中标候选人等工作。

（5）定标　定标是指在开标后，经过评标，最终择优确定最佳中标人的过程，也称为决标。

## 二、我国招标投标的特点和实行招标投标制的基本条件

### 1. 我国招标投标的特点

随着我国市场经济体制改革的不断深化，招标投标制度作为一种反映公平、公正、有序竞争的采购方式也得到不断的完善。其特点主要表现在以下几个方面。

（1）程序规范　目前已形成了一套规范的招标投标程序和条件，在招标投标双方之间都具有约束力。当事人双方必须严格按照既定的程序和条件进行招标投标活动。

（2）多方位开放，透明度高　招标的目的是在尽可能大的范围内寻找合乎要求的中标人，为此，招标人一般要在指定或选定的报刊或其他媒体上刊登招标公告，邀请所有潜在的投标人参加投标；提供给投标人的招标文件必须对拟建招标的工程作出详细的说明，使投标人有共同的依据来编制投标文件；招标人事先要向投标人明确评价和比较投标文件以及选定中标人的标准；在提交投标文件的最后截止日公开开标；不允许招标人与投标人就投标文件的实质性内容单独谈判。这样，招标投标活动完全置于公开的社会监督下，可以防止不正当的交易行为。

（3）投标过程统一、监督有效　依法必须进行招标的项目需在有形建筑市场内进行，招标过程统一，透明度高，也可实现由进驻建设工程交易中心的国家有关部门统一监督，更能体现有效竞争机制。

（4）公平、客观　招标投标全过程自始至终按照事先规定的程序和条件，本着公平竞争的原则进行。在招标公告或投标邀请书发出后，任何有能力或有资格的投标人均可参加投标。招标人不得有任何歧视某个投标人的行为。同时，评标委员会的组建必须公正、客观，其在组织评标时也必须公平、客观地对待每一个投标人；中标人的确定由评委会负责，能很

大程度上减少腐败行为的发生。

（5）双方一次成交　一般交易往往在多次谈判以后才能成交。招标投标则禁止交易双方面对面地讨价还价。交易主动权掌握在招标人手里，投标人只能应邀进行一次性报价，并以合理的价格中标。

基于以上特点，招标投标对于实现最大限度的竞争，使参与投标的投标人获得公平、公正的待遇，以及提高公开招标的透明度和客观性，促进招标资金的节约和招标效益的最大化，杜绝腐败和滥用职权，都具有很重要的作用。

**2. 实行招标投标制的基本条件**

根据有关规定，工程项目进行招标时，应具备以下条件。

① 项目概算已经获得批准。
② 项目已列入国家、部门或地方的年度固定资产投资计划。
③ 建设用地的征用工作已经完成。
④ 有能够满足施工要求的施工图纸及技术资料。
⑤ 建设资金和主要建筑材料、设备的来源已经落实。
⑥ 已经项目所在地规划部门批准，施工现场的"三通一平"已经完成或一并列入工程招标范围。

同时，不同地区通常对工程项目的招标条件作了更加具体的规定，例如，招标项目必须是向当地招标管理部门办理了项目登记手续，实行有标底招标的标底已经编制完毕等。

# 第二节　建筑工程招标

## 一、工程招标

工程项目招标，是指招标人将拟建的工程信息对外发布，吸引具有承包能力的建设单位参与竞争，招标人按照相关程序从参与竞标的投标人中择优选取承包单位的法律活动。

## 二、工程招标方式和招标方法

**1. 工程招标方式**

工程招标方式决定着招标投标的竞争程度，也是防止不正当交易的重要手段。总体来看，目前世界各国和有关国际组织的有关招标法律、规则都规定了公开招标、邀请招标、议标三种招标投标方式。《中华人民共和国招标投标法》只确认了两种招标方式，即公开招标和邀请招标，对于依法强制招标项目，议标招标方式已不再被法律认同。

（1）公开招标　公开招标是指招标人以招标公告的方式邀请不特定的法人或者其他组织投标。公开招标又称为无限竞争性招标，是一种由招标人按照法定程序，在公共媒体（指报刊、广播、网络等）上发布招标公告，所有符合条件的供应商或者承包商都可以平等参加投标竞争，招标人从中择优选择中标者的招标方式。

公开招标的优点是能有效地防止腐败，为潜在的投标人提供均等的机会，能最大限度地引起竞争，达到节约建设资金、保证工程质量、缩短建设工期的目的。但是公开招标也存在着工作量大，周期长，花费人力、物力、财力多等方面的不足。

（2）邀请招标　邀请招标，是指招标人以投标邀请书的方式邀请特定的法人或者其他组织投标。邀请招标又称有限竞争性招标，是一种由招标人选择若干（3个以上）符合招标条件的供应商或承包商，向其发出投标邀请，由被邀请的承包商、供应商投标竞争，从中选定中标者的招标方式。

由于被邀请参加投标的竞争者有限，因此可以节约招标费用，缩短招标时间，并且提高了每个投标人的中标机会。但与公开招标相比，由于招标的范围有限，竞争性较低，从而可能提高中标价或者遗漏某些在技术上和报价上更有优势的潜在投标人。

公开招标与邀请招标有以下区别。

① 招标信息的发布方式不同。公开招标是利用招标公告发布招标信息，而邀请招标则是采用向3家以上具备实施能力的投标人发出投标邀请书，请他们参与投标竞争。

② 对投标人的资格审查时间不同。进行公开招标时，由于投标响应者较多，为了保证投标人具备相应的实施能力，以及缩短评标时间，突出投标的竞争性，通常设置资格预审程序。而邀请招标由于竞争范围较小，且招标人对邀请对象的能力有所了解，不需要再进行资格预审，但评标阶段还要对各投标人的资格和能力进行审查和比较，通常称为资格后审。

③ 适用条件不同。公开招标方式广泛适用。在公开招标估计响应者少，达不到预期目的的情况下，可以采用邀请招标方式委托建设任务。

**2. 工程招标方法**

根据工程特点和招标对象的不同可分为一次性招标和多次招标两种方法。

（1）一次性招标　一项工程的设计图纸、概算、建设用地等条件已具备，并有建设主管部门发给的施工许可证后进行招标，这样中标后即可签订正式合同。承包的施工单位进场后即可开工。目前国内基本上采用此种方法。

（2）多次招标　对于较大型的工程，因工程规模大，可采取按工程阶段，分阶段连续招标。如土方和场地平整、基础工程、主体结构工程、装修工程等。

### 三、工程招标程序

招标投标活动涉及招标人和投标人两个方面，而且是一个整体活动。对于这个整体活动一部分的招标来说，主要是从招标人的角度来说明其工作内容，但同时必需要注意到招标活动与投标活动的相关性，两者是不可能被完全分割开来的。因此，在工程项目招标活动中必然涉及投标活动的内容（见图7-1）。

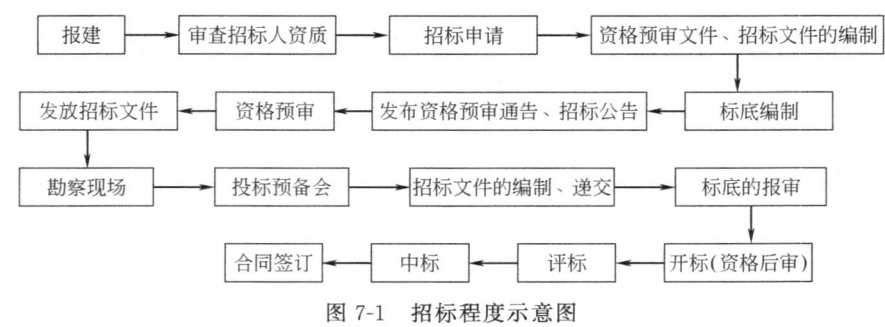

图7-1　招标程度示意图

将工程招标的程序分招标准备阶段、招标实施阶段和定标签约阶段3部分来阐述。

**1. 招标准备阶段**

招标准备阶段是指招标人决定进行建设工程招标到发布招标公告之前所做的准备工作，

包括成立招标机构、建设项目报建、编制相关招标文件等。

（1）成立招标机构　任何一项工程项目招标，招标人都需要成立专门的招标机构，完成整个招标活动。其主要职责是拟定招标文件，组织投标、开标、评标和定标等工作。成立招标机构有两种途径：一种是招标人自行成立招标机构组织招标，另一种是招标人委托专门的招标代理机构组织招标。

（2）建设工程项目报建　建设工程项目报建是工程项目招标活动的前提，其报建范围包括各类房屋建筑、道路、桥梁、管道线路及设备安装、装饰装修等工程。报建内容包括工程名称、建设地点、投资规模、资金来源、工程概况、发包方式、计划开竣工日期和工程筹建情况等。

在建设工程项目立项批准文件或固定资产投资计划下达后，招标人应根据《工程建设项目报建管理办法》的规定进行报建，并由当地建设行政主管部门进行审批。具备招标条件的，可开始办理招标人资格审查。

（3）招标人资格审查　审查招标人资格主要是审查招标人是否具有招标条件，不具备招标条件的招标人必须委托具有相应资质的招标代理机构代理招标。在招标人与招标代理机构签订委托代理招标协议后，即可报招标管理部门备案。

（4）编制招标相关文件及送审　《中华人民共和国招标投标法》规定：凡是已确定招标的工程项目，必须是列入本年度计划的工程项目，设计文件齐备，建设用地、建设资金、建筑材料、主要设备和协作配套条件等准备工作均已落实，才能据此编制工程招标文件，同时计算拟建工程标底，并报建设主管部门审批备案。

① 编制预审资格文件。内容包括资格预审须知、资格预审申请书、资格预审评审标准或方法。

② 编制招标文件。招标文件既是投标人编制投标书的依据，也是招标阶段招标人的行为准则。招标人应根据工程特点和具体情况编写招标文件。

③ 编制标底。标底的计算与确定是招标文件编制的关键环节。由招标人和委托招标咨询单位根据设计图纸和有关规定计算，并经招标办公室审定的发包标价，称为标底。标底的内容除合理造价外，还包括与造价相对应的施工、质量要求，以及为缩短工期所需的措施费等。它是进行评价和定标工作的主要依据之一。标底在开标前要严格保密，如有泄漏，对责任者要严肃处理，直至给予经济、法律制裁。目前，标底的计算多数以现行计价定额为计算基础，按建设工程量清单计价的方法计算；有的也以当地平方米包干造价为计算基础，上下浮动。标底的确定既应控制在概算或修正概算以内，又要体现建筑产品的合理价格；既要努力降低造价，又要考虑承包企业的合理利润空间。

（5）申请招标　招标人在工程招标准备工作基本完毕后，应向政府建设行政主管部门报送招标申请文件，并由主管部门对招标人进行招标条件审查，招标人必须待审查批准后才能进行招标。审查的主要内容包括招标人资格、建设资金有无保障、主要建筑材料与设备是否落实、招标文件内容是否齐全、工程标底是否计算完毕、工程招标方式是否确定等。

招标人应依法选定公开招标或邀请招标方式。可以采用邀请招标方式的情况包括：建设工程项目标的小；公开招标的费用与项目的价值相比不经济；技术复杂、专业性强、潜在投标人少的项目；军事保密项目等。

**2. 招标实施阶段**

招标实施阶段是整个招标过程的实质性阶段。主要包括发布招标公告或投标邀请书、组织资格预审、召开招标会议、开标、评标和定标。

(1) 发布招标公告和投标邀请书　《中华人民共和国招标投标法》规定，招标人采用公开招标方式的，应当发布招标公告；采用邀请招标方式的，应当向三个以上具有承担招标项目的能力、资信良好的特定的法人或其他组织发出投标邀请书。

发布招标公告，是保证潜在投标人获取招标信息的首要工作。为了规范招标公告发布行为，保证潜在投标人平等、快捷、准确地获取招标信息，国家规定依法必须招标项目的招标公告必须在指定媒介发布。指定媒介发布依法必须招标项目的招标公告，除国际招标公告外不得收取费用。招标公告应当载明招标人的名称和地址、招标项目的性质、数量、实施地点和时间、投标截止日期以及获取招标文件的办法等事项。招标人或其委托的招标代理机构应当保证招标公告内容的真实、准确和完整。

(2) 投标资格审查　招标人对投标人进行工程投标资格预审是一项很重要的工作。《中华人民共和国招标投标法》规定，只有通过投标资格预审后，投标人才具有参加该项工程投标的资格。投标资格预审主要是审查投标人是否为取得法人资格的建筑承包企业，企业等级是否与工程项目要求相匹配。同时还应对投标人的施工能力、企业信誉、队伍素质、施工装备、财务状况和过去完成类似工程的情况与经验等进行全面的审查。

投标人资格预审是对所有投标人的一次初选，是投标人的第一轮竞争。资格预审可以减少招标人的招标费用，还可以保证实现招标目的，选择到最合格的投标人。

(3) 召开招标会议、发售招标文件　招标人在完成对投标人的资格预审后，可以召开有投标人、设计单位及当地招标管理部门等参加的招标会议。同时对通过资格预审的投标人发售招标文件（包括施工图纸）等资料。采用邀请招标的，在发出投标邀请函后，对被邀请的投标人发售招标文件。

招标文件发售后，招标人要在招标文件规定的时间内，组织投标人进行现场踏勘，包括：施工现场可提供的场地面积和房屋数量；施工用水、电源位置及可供量；施工运输道路和桥梁承载能力情况；拟建工程项目与已建房屋的关系；施工现场的地貌、地质、水文情况等。

现场踏勘的目的在于了解工程场地和周围环境情况，以获取投标人认为必要的一些信息和资料。招标人通常在投标人踏勘后安排标前会议，主要目的是为了澄清投标人提出的各类问题，最终形成会议纪要，作为招标文件的重要组成部分。同时在此期间招标人给各投标人所发出的有关投标事宜的补充通知均是招标文件的组成部分。

**3. 定标签约阶段**

定标签约阶段包括开标、评标、定标、签约等工作。开标后，由招标人对投标人所报送的标函进行审查、评比和分析，经综合平衡，择优确定最佳中标人。确定中标人后，应填写中标通知书，报送当地建设行政主管部门审核签发，并与中标人约定时间、地点进行合同磋商，最后签订承包合同。凡未在规定的时间内签订合同，经建设行政主管部门裁决，责任在投标人的，取消其对该工程项目的承包权；责任在招标人的，由招标人赔偿投标人延期开工的损失。赔偿额度由建设行政主管部门裁定。

## 四、工程招标文件的主要内容

招标文件是招标过程中最重要的法律文件，它不仅规定了完整的招标程序，而且提出了各项具体的技术标准和条件，规定了拟定立合同的主要内容，是投标人准备投标文件和参加投标的依据，是评标委员会评标的依据，也是订立合同的基础。

根据《中华人民共和国招标投标法》、《建设工程施工招标文件范本》及《建设工程量清单计价规范》的规定，招标人应按照招标项目的特点和需要编制招标文件。招标文件应包括招标项目的技术要求、对投标人资格审查的标准、投标报价的规定、评标标准和签订合同的主要条款等所有实质性要求及条件。

**1. 投标须知**

投标须知是招标人对投标人的所有实质性要求和条件，是指导投标人正确进行投标报价的文件。在投标须知中告知投标人应遵循的各项规定，以及编制标书和投标时所应注意和考虑的问题，避免投标人对招标文件的内容造成错误理解。投标文件主要有项目总述、招标文件、投标报价说明、投标文件的编制及要求、投标文件的递交、开标、评标、授予合同等内容。

**2. 技术规范**

技术规范是施工过程中质量控制、检查验收的重要依据。通常包含以下内容。

① 工程的全面描述。即工程所处的地理位置、现场环境、地形、地貌、地质与水文条件、地震烈度、气温、降雨、风力风向等。

② 工程所用材料及施工技术要求。即工程中所采用材料的技术要求、材料供应情况，以及施工的工期、各类工程报告等要求。

③ 工程记录、计量方法及支付的有关规定。

④ 验收标准及规定。

⑤ 工程所采用的技术规范。即国际国内公认的标准及施工图中规定采用的施工技术规范。投标人根据工程的实际情况自行决定招标文件中技术规范部分的具体内容和格式。

**3. 投标文件**

投标文件由投标书、投标书附录、工程量清单与报价表等组成。

投标书是由投标人充分授权的代表签署的一份投标文件。投标书是对招标人和投标人双方均有约束力的合同的一个重要组成部分。

下面列举国家发展和改革委员会、财政部、住建部、铁道部、交通部、信息产业部、水利部、民用航空总局、广播电影电视总局联合制定的《标准施工招标文件》中的相关内容。投标人应填写此投标书格式价格指数权重表及其附录中的所有空白（见表 7-1 和表 7-2）。

表 7-1 投标书附录

| 序号 | 条款名称 | 合同条款号 | 约定内容 | 备注 |
|---|---|---|---|---|
| 1 | 项目经理 | 1.1.2.4 | 姓名：＿＿＿＿＿ | |
| 2 | 工期 | 1.1.4.3 | 天数：＿＿＿日历天 | |
| 3 | 缺陷责任期 | 1.1.4.5 | | |
| 4 | 分包 | 4.3.4 | | |
| 5 | 价格调整的差额计算 | 16.1.1 | 见价格指数权重表 | |
| … | | … | … | |
| … | | … | … | |

表 7-2 价格指数权重表

| 名称 | | 基本价格指数 | | 权重 | | | 价格指数来源 |
|---|---|---|---|---|---|---|---|
| | | 代号 | 指数值 | 代号 | 允许范围 | 投标人建议值 | |
| 定值部分 | | | | A | | | |
| 变值部分 | 人工费 | $F_{01}$ | | $B_1$ | ___至___ | | |
| | 钢材 | $F_{02}$ | | $B_2$ | ___至___ | | |
| | 水泥 | $F_{03}$ | | $B_3$ | ___至___ | | |
| | … | … | | … | … | | |
| | | | | | | | |
| | | | | | | | |
| 合计 | | | | | | 1.00 | |

投标书格式如下。

投 标 书

_____（招标人名称）：

1. 我方已仔细研究了_____（项目名称）标段施工招标文件的全部内容，愿意以人民币（大写）_____元（￥_____）的投标总报价，工期_____日历天，按合同约定实施和完成承包工程，修补工程中的任何缺陷，工程质量达到_____。

2. 我方承诺在投标有效期内不修改、撤销投标文件。

3. 随同本投标书提交投标保证金一份，金额为人民币（大写）_____元（￥_____）。

4. 如我方中标：

（1）我方承诺在收到中标通知书后，在中标通知书规定的期限内与你方签订合同。

（2）随同本投标书递交的投标书附录属于合同文件的组成部分。

（3）我方承诺按照招标文件规定向你方递交履约担保。

（4）我方承诺在合同约定的期限内完成并移交全部合同工程。

5. 我方在此声明，所递交的投标文件及有关资料内容完整、真实和准确，且不存在"投标人须知"中相关规定的任何一种情形。

6. _____

_____（其他补充说明）。

投标人：_____（盖单位章）

法定代表人或其委托代理人：_____（签字）

地址：_____

网址：_____

电话：_____

传真：_____

邮政编码：_____

_____年_____月_____日

投标人提交的投标保证金可以是银行保函或是投标人须知中其他可接受的方式，如下。

## 投标保证金

_____（招标人名称）：

鉴于_____（投标人名称）（以下称"投标人"）于_____年_____月_____日参加_____（项目名称）_____标段施工的投标，_____（担保人名称，以下简称"我方"）无条件地、不可撤销地保证：投标人在规定的投标文件有效期内撤销或修改其投标文件的，或者投标人在收到中标通知书后无正当理由拒签合同或拒交规定履约担保的，我方承担保证责任。收到你方书面通知后，在7日内无条件向你方支付人民币（大写）_____元。

本保函在投标有效期内保持有效。要求我方承担保证责任的通知应在投标有效期内送达我方。

担保人名称：_____（盖单位章）
法定代表人或其委托代理人：_____（签字）
地址：_____
邮政编码：_____
电话：_____
传真：_____

_____年_____月_____日

## 投标保证金银行保函

鉴于_____（下称"投标人"）于_____年_____月_____日参加_____（下称"招标人"）工程的投标。

本银行_____（下称"本银行"）在此承担向招标人支付总金额人民币_____元的保证责任。

本责任的条件是：

1. 如果投标人在招标文件规定的投标有效期内撤回其投标。
2. 如果投标人在投标有效期内收到招标人的中标通知书后：
（1）不能或拒绝按投标须知的要求签署合同协议书。
（2）不能或拒绝按投标须知的规定提交履约保证金。

只要招标人指明投标人出现上述任一情况，则本银行在接到招标人的通知就支付上述数额之内的任何金额，并不需要招标人申述和证实他的要求。

本保函在投标有效期后或招标人在这段时间内延长的投标有效期后28天内保持有效，本银行不要求得到延长有效期的通知，但任何索款要求应在有效期内送到本银行。

银行名称：_____（盖章）
法定代表人：_____（签字、盖章）
银行地址：_____
邮政编码：_____
电话：_____

_____年_____月_____日

工程量清单就是对合同规定要实施的工程全部项目和内容按工程部位、性质等列在一系列表内。每个表中既有工程部位需实施的各个分项，又有每个分项的工程量和计价要求（单价与合价或包干价），以及每个表的总计等，后两个栏目留给投标人去填写。

工程量清单的用途之一是为投标人报价使用，为投标人提供了一个共同的竞争性投标的基础。投标人根据施工图纸和技术规范的要求以及拟定的施工方法，通过单价分析并参照本公司以往的经验，对表中各栏目进行报价，并逐项汇总为各部位以及整个工程的投标报价；用途之二是工程实施过程中，每月结算时可按照表中已实施的项目的单价和价格来计算应付给承包人的款项；用途之三是在工程变更增加新项目或索赔时，可以选用或参照工程量清单中的单价来确定新项目或索赔项目的单价和价格。工程量清单和招标文件中的图纸一样，是随着设计深度的不同而有粗细程度的差异，如利用施工图就可以编得比较详细。

**4. 图纸**

图纸是招标文件和合同的重要组成部分，是投标人拟定施工方案、确定施工方法以及提出替代方案、计算投标报价必不可少的资料。

图纸的详细程度取决于设计的深度与合同的类型。详细的设计图纸能使投标人比较准确地计算报价。但实际上，在工程实施中常常需要陆续补充和修改图纸，这些补充和修改的图纸均须经监理工程师签字后正式下达，才能作为施工及结算的依据。

图纸中所提供的地质钻孔柱状图、深坑展视图等均为投标人的参考资料，它提供的水文、气象资料也属于参考资料。而投标人根据上述资料作出自己的分析与判断，据之拟定施工方案，确定施工方法，招标人和监理工程师不负责任。

## 第三节　建筑工程投标

### 一、工程投标

工程项目投标，是投标人根据招标人的要求或根据招标文件所掌握的信息，按照招标人的要求，参与投标竞争，以获得工程项目承包权的法律活动。

### 二、工程投标企业的条件

投标企业通常应具备以下几个基本条件。
① 必须有与招标文件要求相适应的人力、物力和财力。
② 必须有符合招标文件要求的资质证书和相应的工作经验与业绩证明。
③ 符合法律、法规规定的其他条件。

建设工程投标人主要是指勘察设计单位、施工企业、建筑装饰装修企业、工程材料设备供应（采购）单位、工程总承包单位以及咨询、监理单位等。

### 三、工程投标程序

投标人可以按照图 7-2 所示的工作程序进行投标。

投标过程主要是指投标人从填写资格预审调查表申报资格预审时开始，到将编制完毕的正式投标文件报送业主为止所进行的全部工作。这一过程的工作量很大，一般要完成以下工作。

① 填写资格审查表和申报资格预审。资格预审是投标人投标过程中的第一关。投标人

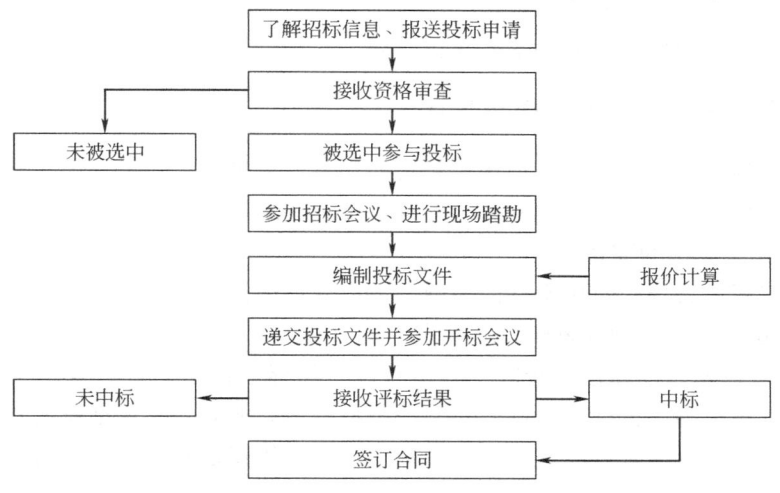

图 7-2 工程项目投标程序

申报资格预审时应注意平时对一般资格审查有关资料的积累工作。同时加强填表时的分析，既要针对工程特点填好重点栏目，又要全面反映出本公司的施工经验、施工水平和施工组织能力。在研究并确定今后本公司发展的地区和项目时，注意收集信息，如果有合适的项目应及早动手作资格预审的申请准备。并做好递交资格审查表后的跟踪工作，以便及时发现问题，补充资料。

② 当资格预审通过后，参加招标会议和购买招标文件，进行投标前的调查与现场踏勘。进行现场踏勘应侧重以下五个方面。

  a. 工程的性质以及该工程与其他工程之间的关系；
  b. 投标人投标的那一部分工程与其他承包商或分包商之间的关系；
  c. 工地地貌、地质、气候、交通、电力、水源等情况，有无障碍物等；
  d. 工地附近的住宿条件、料场开采条件、其他加工条件、设备维修条件等；
  e. 工地附近治安情况。

③ 分析招标文件，校核工程量和编制施工规划。招标文件是投标的主要依据，因此应该仔细地分析研究招标文件，重点应放在投标须知、合同条件、设计图纸、工程范围以及工程量清单上，最好有专人或专门小组研究技术规范和设计图纸，弄清其特殊要求。

对于招标文件中的工程量清单，投标人一定要进行校核，因为它直接影响投标报价及中标机会。例如当投标人大体上确定了工程总报价之后，对某些项目工程量可能增加的，可以提高单价，而对某些项目工程量估计会减少的，可以降低单价。如发现工程量有重大出入特别是漏项的，必要时可找招标人核对，要求招标人认可，并给予书面证明，这对于总价固定合同尤为重要。

④ 进行工程估价，确定利润方针。
⑤ 计算和确定报价。
⑥ 编制投标文件，办理投标保函，递送投标文件。

递送投标文件也称递标，是指投标人在规定的截止时间之前，将备妥的所有投标文件密封递送到招标人的行为。对于招标人，在收到投标人的投标文件后，应签收或通知投标人已收到其投标文件并记录收到日期和时间。同时，在开标之前，所有投标文件均不得启封，并应采取措施确保投标文件的安全。

如果中标,则与招标人协商并签署承包合同。

### 四、建筑企业投标准备工作及标函

工程项目投标文件的编制是一项比较复杂的计算与决策过程,投标人在编制工程项目施工投标文件时,应切实做好投标文件编制的准备及相关编制工作。

**1. 投标文件编制前的准备**

投标人在工程项目施工投标文件的编制前,应认真做好以下准备工作。

① 及时组建投标工作领导班子,并确定人员分工。

② 投标人应认真阅读和仔细研究工程项目施工招标文件中的各项规定与要求,如认真阅读投标须知、投标书和投标书附件的编制等各项内容,尤其是要仔细研究其合同条款、技术规范、质量要求和价格条件等内容,以明确上述的具体规定和要求,从而增加投标文件编制内容的针对性、合理性和完整性。

③ 投标人应根据施工图纸、设计说明、技术规范和计算规则,对工程量清单表中的各分部分项工程的内容和数量进行认真的审查,若发现内容、数量有误时,应在收到工程项目招标文件的 7 日内,用书面形式通报给招标人,以利于工程量的调整和报价计算的准确。

**2. 投标文件的编制工作**

投标人应重点做好施工规划、投标报价书等施工投标文件的编制工作,现将其编制内容和步骤分述如下。

① 投标文件编制人员根据工程项目的施工招标文件、工程技术规范等,结合工程项目现场施工条件编制施工规划,包括施工方法、施工技术措施、施工进度计划和各项物资、人工需用量计划等。

② 投标文件编制人员根据现行的各种定额、费用标准、政策性调价文件施工图纸(含标准图)、技术规范、工程量清单、工料单价或综合单价等资料编制投标报价书,并确定其工程总报价。投标文件编制人员根据招标文件的规定与要求,认真做好投标书、投标书附件、投标辅助资料表等投标文件的填写编制工作,并与有关部门联系,办理投标保函。

③ 投标文件编制人员在投标文件全部编制完成以后,应认真进行核对、整理和装订成册,再按照招标文件的要求进行密封和标志,并在规定的截止时间内报送给招标人。

### 五、建筑企业投标策略

**1. 工程报价策略概述**

报价策略是投标人招集算标人员和本公司有关领导或高级咨询人员共同研究,就初步计算出的标价结果、标价宏观审核、动态分析及盈亏分析进行讨论,作出采取何种方式进行有关投标报价的最后决定。

为了在竞争中取胜,决策者应当对报价计算的准确度、期望利润是否合适、报价风险及本公司的承受能力、当地的报价水平以及对竞争对手优势的分析评估等进行综合考虑,这样才能决定最后的报价金额。在报价策略中应注意以下问题。

① 作为决策的主要资料依据应当是本公司算标人员的计算书和分析指标。报价策略分析不是干预算标人员的具体计算,而是由决策人员同算标人员一起,对各种影响报价的因素进行分析,并作出果断和正确的决策。

② 各公司算标人员获得的基础价格资料是相近的,因此从理论上分析,各投标人报价同标底价格都应当相差不远。之所以出现差异,主要是由于以下原因:

a. 各公司期望盈余(计划利润和风险费)不同;

b. 各自拥有不同优势;

c. 选择的施工方案不同;

d. 管理费用有差别等。

鉴于以上情况,在进行投标决策研讨和投标策略选择时,应当正确分析本公司各竞争对手的情况,并进行实事求是的对比评估。

③ 报价策略选择也应考虑招标项目的特点,一般来说对于下列情况报价可高一些。

a. 施工条件差、工程量小的工程;

b. 专业水平要求高的技术密集型工程,而本公司在这方面有专长、声望高;

c. 支付条件不理想的工程等。

如果是与上述情况相反且投标对手众多的工程,报价应低一些。

**2. 工程报价策略**

工程投标报价的策略很多,应根据实际情况灵活采用。

报价的最终目的有两个:一是提高中标的可能性;二是中标后企业能获得盈利。而影响报价的因素很多,往往难以作定量的测算,因此就需要进行定性分析。为了达到上述两个目的,企业必须在投标中认真分析招标信息,掌握建设单位和竞争对手的情况,采用各种估价技巧,报出合理的标价。下面介绍几种常用报价技巧以供参考。

(1) 扩大标价法　这是一种常用的报价方法,它除了按已知的正常条件编制标价外,对工程中变化大或没有把握的分部分项工程,采用扩大单价或增加风险费的方法来减少中标后的风险,保证企业盈利。但这种报价方法,往往因标价过高而不易中标。

(2) 逐步升级法　这种作标报价的方法是将投标看成协商的开始,首先对技术规范和图纸说明书进行分析,把工程中的一些难题,如特殊基础等费用最多的部分抛弃(在报价单中加以注明),将标价降至无法与之竞争的数额。利用这种最低标价来吸引业主,从而取得与业主商谈的机会,再逐步进行费用最多部分的报价。

(3) 不平衡报价法　投标人通过这种方法,主要是达到修改合同和说明书的目的。有些合同和说明书的条件很不公正或不够明确,使投标人承担很大的风险,为了减少风险就必须提高工程单价,这样做又会因报价过高而被淘汰,因此可用不平衡报价的方法进行报价。即在标书上报两个单价:一是按标书的条款,拟定单价;二是加以"如果标书中做了某些改变,则报价可以减少10%~20%的费用"的说明。业主看到后,考虑到可以减少不少费用,就可能会同意对原标书做某些修改。

(4) 突然袭击法　是一种迷惑对手的方法,在整个报价过程中,仍按一般情况进行报价,甚至故意表现自己对该工程的兴趣不大(或很大),等快到投标截止时,再来一个突然降价(或加价),使竞争对手措手不及。采用这种方法是因为竞争对手们总是随时随地互相侦察着对方的报价情况,绝对保密是很难做到的,如果不搞突然袭击,你的报价若被对手知道后,对方就会立即修改报价,从而使你的报价偏高而失标。

(5) 亏本报价法　有的时候为了占领市场,投标单位可采取压低标价的方法,不惜亏本。但这种方法容易引起市场混乱,所以在我国招标投标中,多数地区对标价都规定了浮动范围,实质上是在一定程度上限制了这种方法的使用。

### 3. 作标技巧

投标策略一经确定，就要具体反映到作标上。在作标上，什么工程定价应高，什么工程定价可低，在一个工程总价无较大出入的情况下，哪些单价宜高，哪些单价宜低，都有一定的技巧。技巧运用得好与坏，在一定程度上可以决定工程能否中标和盈利。因此，它是一个不可忽视的环节。下面是一些常用的实战技巧。

① 对施工条件差的工程（如场地窄小或地处交通要道等）、造价低的小型工程、自己施工上有专长的工程以及由于某些原因自己不想干的工程，标价可高一些；结构比较简单而工程量又较大的工程（如成批住宅区和大量土方工程等）、短期能突击完成的工程、企业急需拿到任务以及投标竞争对手较多时，标价可低一些。

② 海港、码头、特殊构筑物等工程，标价可高；一般房屋土建工程，则标价宜低。

③ 在同一个工程中可采用不平衡报价法，但以不提高总标价为前提，并避免忽高忽低，以免导致投标作废。具体做法如下。

a. 对能先拿到钱的项目（如开办费、土方、基础等），单价可定得高一些，有利于资金周转，存款也有利息；对后期的项目（如粉刷、油漆、电气等），单价可适当降低。

b. 估计以后会增加工程量的项目，单价可提高；工程量会减少的项目，单价可降低。

c. 图纸不明确或有错误的、估计今后会修改的项目，单价可提高；工程内容说明不清楚的，单价可降低，这样做有利于以后的索赔。

d. 没有工程量、只填单价的项目（如土方中的挖淤泥、岩石等备用单价），其单价宜高。因为它不在投标总价之内，这样做既不影响投标总价，以后发生时又可获利。

e. 计时工作一般可稍高于工程单价中的工资单价，因它不属于承包总价的范围，发生时实报实销，也可多获利。

f. 暂定金额的估计，分析它发生的可能性大的，价格可定高些；估计不一定发生的，价格可定低些。

一般来讲，决定标价有 3 个因素：不变因素、削价因素和加价或预留因素。不变因素一般指直接费用中各种必需的消耗性费用，如管理费中各种必需的消耗性费用，如人工、材料设备和施工机械费用；削价因素则是根据工程的具体情况可以减少的费用，如管理费中的某些费用和利润；加价因素则是指风险损失等。国内外工程投标报价中，凡是在投标规定限期以前，都可作出加价或削价的决定，这是投标决策的最后环节。

## 第四节　开标、评标和中标

### 一、开标

开标是指在招标文件确定的投标截止时间的同一时间，招标人依据招标文件规定的地点，开启投标人提交的投标文件，并公开宣布投标人的名称、投标报价、工期等主要内容的活动。

开标一般是由招标领导小组或招标人（业主）在规定的时间、地点，在有招标人（业主）、投标人、建设银行、工程招标主管部门和公正机关参加的情况下公开举行的。首先由投标人或推选的代表检查投标文件的密封情况，经确认密封无误后，由工作人员当场拆封、宣读投标人名称、投标报价、工期等内容。工作人员记录、存档，最后由各方签字确认。按照《中华人民共和国招标投标法》的规定，工程招标的开标应当在有法律保障和公证员监督下公开进行。

开标的主持人是招标人或招标代理机构，他们同时负责全过程的工作。开标的具体方式有以下几种。

**1. 公开开标，当场确定中标人**

这种方式是在召开的开标会上，由招标领导小组负责，当众启封各投标人报送的标函，并宣布各标函的报价等内容，经招标领导小组成员磋商后，当场定标宣布中标人。

**2. 公开开标，当场预定中标人**

这种方式是在召开的开标会上，当众启封各投标人报送的标函，如果各个投标人的标函报价和内容各具特色，各有长处，难以当场确定中标人，可当众宣布2~3个作为预选中标人进行第二次报价，经评标后再定标，确定最后中标人。

**3. 公开开标，当场不定中标人**

开标启封标函后，当各投标人的标函报价与标底等要求相差甚远，难以从现有投标人中确定中标人时，只好另行招标，或会后从现有投标人中选择若干投标人进行协商议标，最后确定中标人。

## 二、评标

评标是招标人组织对投标人所报送的投标文件进行审查、评比和分析的过程。这项工作是由招标人设立的评标委员会完成的，这个临时组织负责对所有投标文件进行评定、提出书面评标报告、推荐或确定中标候选人等工作。

评标组织由招标人的代表和有关经济、技术等方面的专家组成。其具体形式为评标委员会，实践中也有是评标小组的。

《中华人民共和国招标投标法》明确规定：评标委员会由招标人负责组建，评标委员会成员名单一般应于开标前确定。评标委员会成员名单在中标结果确定前应当保密。《评标委员会和评标方法暂行规定》指明：依法必须进行施工招标的工程，其评标委员会由招标人的代表和有关技术、经济等方面的专家组成，成员人数为5人以上单数，其中招标人、招标代理机构以外的技术、经济等方面的专家不得少于成员总数的三分之二。评标委员会的专家成员，应当由招标人从建设行政主管部门及其他有关政府部门确定的专家名册或者工程招标代理机构的专家库内相关专业的专家名单中确定。确定专家成员一般应当采取随机抽取的方式。与投标人有利害关系的人不得进入相关工程的评标委员会。

自2003年4月1日起实施的《评标专家和评标专家库管理暂行办法》作出了组建评标专家库的规定，指出：评标专家库由省级（含，下同）以上人民政府有关部门或者依法成立的招标代理机构依照《中华人民共和国招标投标法》的规定自主组建。

评标专家库的组建活动应当公开，接受公众监督。政府投资项目的评标专家，必须从政府有关部门组建的评标专家库中抽取。省级以上人民政府有关部门组建评标专家库，应当有利于打破地区封锁，实现评标专家资源共享。

入选评标专家库的专家，必须具备如下条件。

① 从事相关专业领域工作满8年，并具有高级职称或同等专业水平；

② 熟悉有关招标投标的法律、法规，并具有与招标项目相关的实践经验；

③ 能够认真、公正、诚实、廉洁地履行职责；

④ 身体健康，能够承担评标工作。

《评标委员会和评标方法暂行规定》指出，评标委员应了解和熟悉以下内容：招标的目标；招标项目的范围和性质；招标文件中规定的主要技术要求、标准和商务条款；招标文件规定的评标标准、评标方法和在评标过程中考虑的相关因素。

为了保证评标能够公平、公正地进行，评标委员会成员有下列情况之一的，不得担任评标委员会成员：

① 投标人或者投标主要负责人的近亲属；

② 项目主管部门或者行政监督部门的人员；

③ 与投标人有经济利益关系，可能影响对投标公平评审的；

④ 曾因在招标、评标以及其他与招标投标有关活动中从事违法行为而受到行政或刑事处罚的。

任何单位或个人不得对评标委员会成员施加压力，影响评标工作的正常进行。评标委员会的成员在评标、定标过程中不得与投标人或者与招标结果有利害关系的人进行私下接触，不得收受投标人、中介人、其他利害关系人的财物或其他好处，以保证评标和定标的公正、公平性。

### 三、定标

#### 1. 定标的基本要求

定标是指在开标后，经过评标，最终择优确定最佳中标人的过程，也称为决标。有关定标的要求如下。

① 在确定中标人前，招标人不得与投标人就投标价格、投标方案等实质性内容进行谈判。

② 中标人确定后，招标人应当向中标人发出中标通知书，同时将中标结果通知所有未中标的投标人。

中标通知书对招标人和中标人具有法律效力。中标通知书发出后，招标人改变中标结果的，或者中标人放弃中标项目的，应当依法承担责任。

③ 中标人应当按照合同约定履行义务，完成中标项目。中标人不得向他人转让中标项目，也不得将中标项目分解后分别向他人转让。但中标人按照合同约定或者经招标人同意，可以将中标项目中的部分非主体、非关键性工作分包给他人完成。接受分包的人应当具备相应的资格条件，并不得再次分包。

中标人应当就分包项目向招标人负责，接受分包的分包商就分包项目承担连带责任。

④ 评标委员会经评审，认为所有投标都不符合招标文件要求的，可以否决所有投标。依法必须进行招标的项目所有投标被否决的，招标人应当按照《中华人民共和国招标投标法》重新招标。重新招标后投标人少于3个的，属于必须审批的工程建设项目，报经原审批部门批准后可以不再进行招标；其他工程项目，招标人可自行决定不再进行招标。

#### 2. 常用评标办法

《评标委员会和评标方法暂行规定》第29条规定：评标方法包括经评审的最低投标价法、综合评估法或者法律、行政法规允许的其他评标方法。经评审的最低投标价法一般适用于具有通用技术、性能标准或者招标人对其技术、性能没有特殊要求的招标项目。根据经评审的最低投标价法，能够满足招标文件的实质性要求，并且经评审的最低投标价的投标，应当推荐为中标候选人。不宜采用经评审的最低投标价法的招标项目，一般应当采取综合评估法进行评审。根据综合评估法，最大限度地满足招标文件中规定的各项综合评价标准的投标，应当推荐为中标候选人。

衡量投标文件是否最大限度地满足招标文件中规定的各项评价标准，可以采取折算为货币的方法、打分的方法或者其他方法。需量化的因素及其权重应当在招标文件中明确规定。

以下分别详述施工项目评标的主要方法。

（1）经评审的最低投标价法

① 含义　经评审的最低投标价法，是指能够满足招标文件的实质性要求，并经评审的投标价最低（低于成本的除外）应推荐为中标人的方法。

这种方法在比较投标价格时必须考虑一些修正因素，将这些因素折算成价格，然后依此价格评定投标书的次序，确定次序中价格最低的投标为中标候选人。

采用这种方法的前提是，投标人必须满足招标文件规定的技术要求和标准，通过了资格预审，具有质量保证的可靠基础。

② 适用范围　这种评标方法的适用范围是：具有通用技术、性能标准或者招标人对于其技术、性能标准或者招标人对于其技术、性能没有特殊要求的普通招标项目，如一般的住宅工程的施工项目。

此方法最能体现招标投标宗旨，招标人可获得最为经济的投标，投标人可依靠竞争优势获得承包任务。而且经评审的最低投标价只有一个，无充分理由否定，则应由他中标。因此可抑制人为因素的影响，并在制度上可铲除腐败的根源。

③ 方法的应用　一般是在评审过程中以该标书的报价为基准，将预先的报价之外需要评定的要素按预先规定的折算办法换算成货币价值，按照投标书对招标人有利或不利的原则，在其报价上扣减或增加一定金额，最终构成一个评标价格，评标价格最低的投标书为最优投标书。

由于评审比较内容中有些项目是直接用价格表示的，但也有某些要素的基本单位不是价格，如投标工期等，所以需要用一定的方法将其折算为价格，以便在投标价上予以增减。可以折算成价格的评审要素包括以下几点。

a. 投标书承诺的工期提前给项目带来的超前收益，以月为单位按预定计算规则折算为相应的货币值，从该投标人的报价内扣减此值。

b. 实施过程中必然发生而投标书中又属明显漏项的部分，给予相应的补项，增加到报价上去。如施工现场所在地必须缴纳的某些地方税在报价中未包括，而在工程施工过程中一定会发生且将作为施工成本出现，则应把此笔费用加到报价中，以评定投标人漏报这笔费用在实施过程中可能会给发包人带来的风险。

c. 技术建议可能带来的实际经济效益，按一定的比例折算后，在投标价内减去该值。

d. 投标书内提出的优惠条件可能给招标人带来的好处，以开标日为准，按一定的方法折算后，作为评审价格因素之一。如招标文件中说明工程预付款为合同价的20%，投标人在投标书内承诺只要求发包方支付15%的工程预付款，这样对于发包人就减少了5%预付款的银行贷款利息，也可以按一定的方法或比例折算为若干费用从报价中减去。

e. 其他可以折算为价格的要素。如考虑对国内投标人的优惠等。

根据经评审的最低投标价法完成详细评审后，评标委员会应当拟定一份"标价比较表"，连同书面评标报告提交招标人。"标价比较表"应当载明投标人的投标报价、对商务偏差的价格调整和说明以及经评审的最终投标价。

（2）综合评估法

① 含义　综合评估法，是对价格、施工组织设计（或施工方案）、项目经理的资历和业绩、质量、工期、信誉和业绩等因素进行综合评价，从而确定最大限度地满足招标文件中规定的各项综合评价标准的投标为中标人的评标定标方法。它是适用范围最广泛的评标定标方法。

② 综合评估法的内容　综合评估法需要综合考虑投标书的各项内容是否同招标文件所要求的各项文件、资料和技术要求相一致。不仅要对价格因素进行评议，还要对其他因素进行评议。主要包括以下几点。

a. 标价（即投标报价）　评审投标报价预算数计算的准确性和报价的合理性。

b. 施工方案或施工组织设计　评审方案或施工组织设计是否齐全、完整、科学合理，包括施工方法是否先进、合理；施工进度计划及措施是否科学、合理，能否满足招标人关于工期或竣工计划的要求；现场平面布置及文明施工措施是否合理可靠；主要施工机具及设备是否合理；提供的材料设备能否满足招标文件及设计的要求等。

c. 投入的技术及管理力量　拟投入项目主要管理人员及工程技术人员的数量和资历及业绩等。

d. 质量　评审工程质量是否达到国家施工验收规范合格标准或优良标准；质量必须符合招标文件要求；质量保证措施是否切实可行；安全保证措施是否可靠。

e. 工期　指工程施工期，由工程正式开工之日到施工单位提交竣工报告之日止的期间。评审工期是否满足招标文件的要求。

f. 信誉和业绩　包括投标单位及项目经理部施工经历、近期施工承包合同履约情况（履约率）；是否承担过类似工程；近期获得的优良工程及优质以上的工程情况，优良率；服务态度、经营作风和施工管理情况；近期的经济诉讼情况；企业社会整体形象等。

③ 综合评估法的分类　综合评估法按其具体分析方式不同，又可分为定性综合评估法和定量综合评估法。

a. 定性综合评估法　又称评议法，通常的做法是：由评标组织对工程报价、工期、质量、施工组织设计、主要材料消耗、安全保障措施、业绩、信誉等评审指标，分项进行定性比较分析，综合考虑，经过评议后，选择其中被大多数评标组织成员认为各项条件都比较优良的投标人为中标人，也可用记名或无记名投票表决的方式确定投标人。定性综合评议法的特点是不量化各项评审指标，它是一种定性的优选法。采用定性综合评议法，一般要按从优到劣的顺序，对各投标人排列名次，排序第一名的即为中标人。

这种方法虽然能深入地听取各方面的意见，但由于没有进行量化评定和比较，评标的科学性较差。其优点是评标过程简单，较短时间内即可完成。一般适用于小型工程或规模较小的改扩建项目。

b. 定量综合评议法　又称打分法、百分制计分评议法。通常的做法是：事先在招标文件或评标定标办法中将评标的内容进行分类，形成若干评价因素，并确定各项评价因素在百分率中占的比例和评分标准，开标后由评标组织中的每位成员按评标规则，采用无记名方式打分，最后统计投标人的得分，得分最高者（排序第一名）或次高者（排序第二名）为中标人。

这种方法的主要特点是量化了各评审因素对工程报价、工期、质量、施工组织设计、主要材料消耗、安全保障措施、业绩、信誉等评审指标确定科学的评分及权重分配，充分体现了整体素质和综合实力，符合公平、公正的竞争法则，使质量好、信誉高、价格合理、技术强、方案优的企业能中标。

影响标书质量的因素很多，评标体系的设计也多种多样，一般需要考虑的原则如下。

(a) 评标因素在评标因素体系中的地位和重要程度　显然，在所有评标因素中，重要的因素所占的分值应高些，不重要或不太重要的评标因素占的分数应低些。

(b) 各评标因素对竞争性的体现程度　对竞争性体现程度高的评标因素，即不只是某一投标人的强项，而一般的投标人都具有较强的竞争性的因素，如价格因素等，所占分值应高些，而对竞争性体现程度不高的评标因素，即对所有投标人而言共同的竞争性不太明显的因素，如质量因素等，所占分值应低些。

(c) 各评标因素对招标意图的体现程度　招标人的意图即招标人最侧重的择优方面，不同性质的工程、不同实力的投资者可能有很大差异。能明显体现出招标意图的评标因素所占的分值应高些，不能体现招标意图的评标因素所占的分值可适当降低。

(d) 各评标因素与资格审查内容的关系　对某些评标因素，如在资格预审时已列入审查范围内，其所占分值可适当低些；如资格预审未列入审查内容或采用资格后审的，其所占分值就可适当高些。

不同性质的工程、不同的招标意图将设定不同的评分因素和评分标准，表 7-3 所列为现实中常用的评标因素及其分值界限。

表 7-3　评标因素及其分值界限

| 序号 | 评标因素 | 分值界限 | 说明 | 序号 | 评标因素 | 分值界限 | 说明 |
| --- | --- | --- | --- | --- | --- | --- | --- |
| 1 | 投标报价 | 30～70 | | 5 | 工期 | 0～10 | |
| 2 | 主要材料 | 0～10 | | 6 | 项目经理 | 5～10 | |
| 3 | 施工方案 | 5～20 | | 7 | 业绩 | 5～10 | |
| 4 | 质量 | 5～25 | | 8 | 信誉 | 5～10 | |

## 第五节　国际工程招标与投标

### 一、国际工程招标

**1. 国际工程的招标方式**

国际工程的招标方式大致可以分为完全竞争性的公开招标和具有某些限制条件的限制性招标两大类。

(1) 公开招标（完全竞争）　公开招标的招标活动处于公共监督之下进行。一般来说，它将遵守"国际竞争性招标"的程序和条件。如果工程所在国制定了招标法规，它应当按照该项法规的程序和条件进行。在公开招标时，通常应当公开发布招标通告，表明招标具有广泛性和公开性。凡是愿意参加投标的公司，都可以按通告中的地址领取（或购买）稍详细的介绍资料和资格预审表格。只有参加了资格预审和经审查合格的公司才能购买招标文件和参加投标。

这种方式的优点是招标单位有较大的选择范围，能更好地使承包商开展竞争，打破垄断。一般适用于国家投资的大型公共工程，世界银行贷款工程项目大都要求必须公开招标。

但这种方式投标单位较多,审查投标者资格和标书的工作量也很大,刊登招标公告等各种费用支出也较多,招标过程需要较长时间。因此,一般的工程不宜采用公开招标。另外,公开招标既然是"公开"的,就要受公共监督,但由于某些国家可能招标法规不完备,或者有某些不健康的因素干扰,也可能产生某些不正常的情况,这是应当注意的,常常由此引起争议而使招标作废。

公开招标根据项目性质的不同有许多具体的方式,比较典型的有"两阶段招标法"等。

两阶段招标法适用于大型的、复杂的项目,先要求投标者投"技术标",即进行技术方案招标,评标后淘汰其中技术不合格者,技术标评标通过者,才允许投商务标。有时也可以采取在投标时承包商将技术标与商务标分两袋密封包装,评标时先评技术标,技术标通过者,则打开其商务标进行综合评定;技术标未通过者,商务标原封不动地退还给投标者。如一些大型化工供货安装工程就常常采用这种方式。这种方式花费时间较长,在十分必要时才采用。

(2) 限制性招标(有限竞争) 主要指对于参加该工程项目投标者有某些范围限制的招标,限制范围因项目的不同特点,特别是资金的不同来源而不同。

① 邀请招标 由招标单位向有承担该项工程施工能力(或有该设备供货能力)的三个以上企业发出招标邀请书及招标文件,由他们进行投标。主要包括以下几个步骤。

a. 招标单位在自己熟悉的承包商(供货商)中选择一定数量的企业,或者采取发布通告的方式在报名的企业中选定。然后审查选定企业的资质,作出初步选择。

b. 招标单位向初步选中的投标商征询是否愿意参加投标。

在规定的最后答复日期之后,选择一定数量同意参加投标的施工企业,制定招标名单。邀请企业的数量要适当,不宜过多。限制邀请投标商的数量,除了减少审查标书等工作量和节省招标费用外,还因为施工企业参加投标后,需要做大量的工作,勘察现场、参加标前会、编制标书都需要支付较大的费用。邀请的单位越多,耗费的投标费用越大。对不中标的施工企业来说,支出的费用最终还是要在其他工程项目中得到补偿,这就必然导致工程造价的提高。所以,对一些投标费用较高的特殊工程,邀请单位还可以适当减少。

c. 向名单上的企业发出正式邀请和招标文件。

d. 投标商递交投标文件,选定中标单位。

这种方式由于参加投标施工企业的数量有限,不仅可以节省招标的费用,缩短招标的时间,也增加了投标者的中标概率,对双方都有一定好处。但这种方法限制了竞争范围,可能会把一些很有实力的竞争者排除在外。因此,有些国家和地区,对在国家投资工程等特别强调自由竞争、机会均等等公正原则的招标中使用邀请招标的方式制定了严格的限制条件。如只允许项目性质特殊,只有少数企业可以承担、公开招标需要的费用太高,与招标所能得到的好处不成比例或因工期紧迫和保密等特殊要求,不宜公开招标的项目进行邀请招标。

在国外,私人投资的项目多采用邀请招标。国内,目前为避免浪费时间,一般也提倡邀请招标,但同时应加强对招标和投标的监督,防止各种欺诈和腐败现象发生。

② 议标 议标亦称邀请协商,议标招标单位与几家潜在的投标商就招标投标事宜进行协商,达成协议后将工程委托承包(或指定供货)。最初的议标乃是一种非竞争性招标,习惯做法是由发包人物色一家承包商直接进行合同谈判,只是在某些工程项目的造价过低、不值得组织招标,或由于其专业为某一家或几家垄断,或因工期紧迫不宜采用竞争性招标,或者招标内容是关于专业咨询、设计和指导性服务或属保密工程,或属政府协议工程等情况下,才采用议标方式。

随着承包商活动的广泛开展,议标的含义和做法也不断发展和改变,具有有限竞争性。目前,在国际承包实践中,发包单位已不再仅仅是同一家承包商议标,而是同时与多家承包商进行谈判,最后无任何约束地将合同授予其中的一家,无须优先授予报价最优惠者。

这种方法的优点是不需要准备完备的招标文件,不需要很多的费用和时间。但由于议标背离了公开竞争的原则,必然导致一些弊病。如招标单位反复压价;招标投标双方互相勾结,损害国家的利益;招标过程不公开、不透明,失去了公正性。为此,世界各国对议标项目都作了相应的规定。一般来说,只有特殊工程才能议标确定中标商。

③ 其他限制性招标  排他性招标,某些援助或贷款国给予贷款的建设项目可能只限于向援款或贷款国的承包商招标。

地区性招标,由于资金来源属于某一地区组织,可能会限制属于该组织的成员国的承包商才能投标等。

**2. 国际工程项目招标程序**

国际工程项目招标程序如图 7-3 所示。下面简单介绍其中的重要步骤。

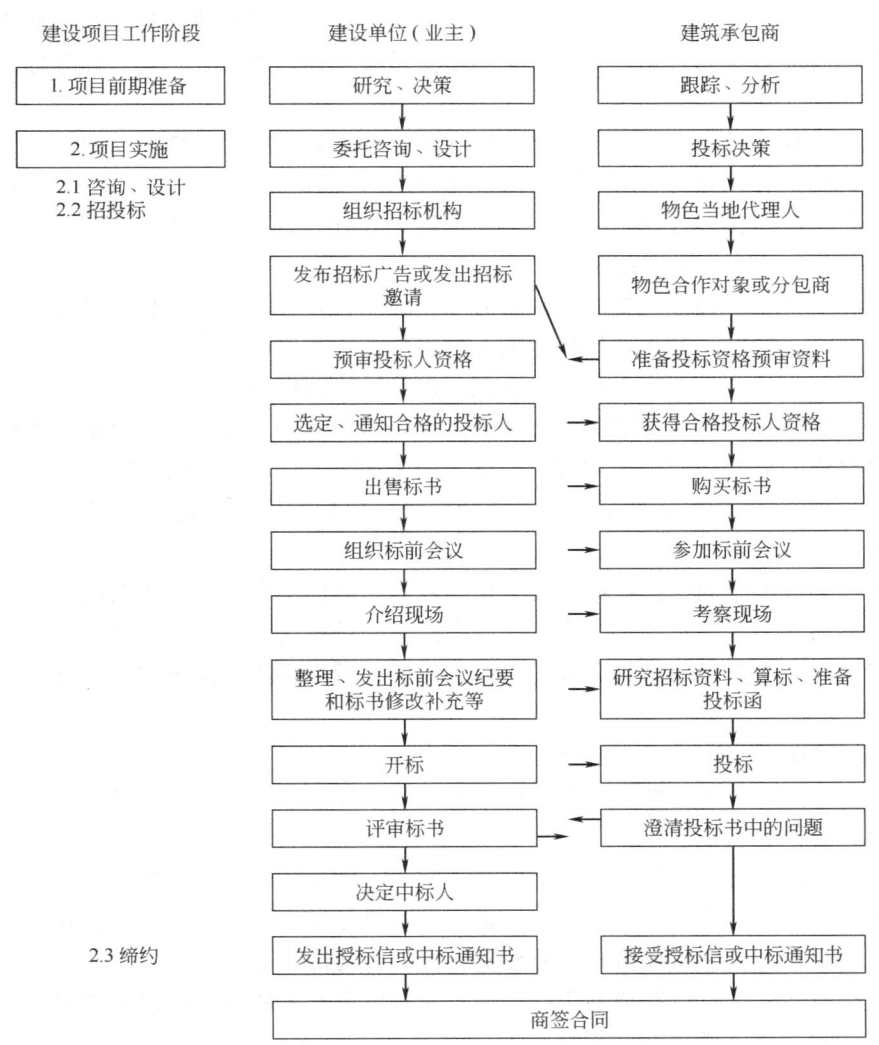

图 7-3  国际工程项目招标的一般程序

（1）发布招标广告　招标广告应刊登在有广泛影响力的报纸或杂志上。通常包括广告目的（即是为某一工程项目还是货物采购招标）、业主的名称和项目名称、资金来源、项目地点、类型、规模、预计工期、对货源国的要求，购买招标文件的时间、地点、价格，接受投标文件的时间、地点，开标的时间、地点。

（2）资格预审　对一些大型或技术复杂的项目一般要对投标人进行资格预审。资格预审的目的是使有能力的投标人参加投标，确保投标具有竞争性。同招标广告一样，资格预审广告也应刊登在有广泛影响力的报纸或杂志上。内容与招标广告内容基本一致。投标者应购买资格预审文件，并在规定的时间内将按要求提供的资料及填好的各种表格递交到招标者指定的地点。资格预审文件通常包括3部分：一是比资审广告更详细的工程简介；二是资格预审须知；三是要求投标人提供的资料和填报的各种表格。这些表格大致包括投标人公司的营业执照、公司基本概况、经会计事务所审计的近3年的财务报表、类似工程的施工经历、施工机械设备能力，以及拟用于该项目的人员、机械设备和资金。有些资料还要求公证部门出具公证书，或银行出具信誉证书。此外，还包括递交资审文件的份数和使用的语言文字。

（3）发行招标文件　招标文件是业主招标承建工程项目的法律文件，是投标者准备投标文件的依据，也是评标的依据，同时还是签订合同所遵循的文件。招标者在开标后不得对招标文件进行更改。

（4）标前会议　标前会议在工程项目所在国召开，有时在会议期间组织投标人到现场考察。这样做的目的在于通过介绍项目情况、项目所在国的法律、税收、保险、劳动人事制度，统一解答、澄清投标者就招标文件提出的问题，使投标者进一步了解招标文件的要求、规定和现场情况，更好地准备投标文件。

（5）开标　开标在招标广告中规定的时间、地点公开进行，由招标委员会主持开标。招标委员会主要成员出席，并允许投标者或其代表参加。开标时，当众拆开所有的标书，公布投标者的名称、标价、是否有折扣、有无银行出具的投标保函，并要做好开标记录。

（6）评标和决标　评标在保密的情况下进行，由评审委员会评审，分初评和详评。先检查标书的合格性，对合格的标书对报价、施工技术方案、工期、财务安排等进行综合对比，选出2～3家有综合优势的标书交招标委员会裁决。招标委员会在进一步研究的基础上，作出裁标决定。

（7）授标和商签合同　当评标阶段工作结束后，招标者在投标有效期内以书面形式向中标者发出中标通知书。中标的承包商应向业主提交一份履约保函，并在招标书规定的期限内派出授权代表与业主进行商谈签订合同。在合同签订后，要及时向未中标的投标者退还投标保函。

**3. 国际工程项目招标文件的内容**

招标文件的编制是招标准备工作中最为重要的一环，招标文件是提供给承包商的投标依据，也是签订合同的基础。

招标文件的内容必须系统、完整、准确、明了，使投标者一目了然。

建设工程国际招标文件一般包括投标邀请书、投标者须知、合同条件、规范、图纸、工程量清单、投标书和投标保证格式、补充资料表、合同协议书等。

（1）投标邀请书　投标邀请书用以邀请经资格预审合格的承包商按业主规定的条件和时间前来投标。它一般应说明以下各要点。

① 业主单位、招标性质。如系国际金融组织贷款项目，则应说明有资格参加投标的承

包商的范围。

② 资金来源。

③ 工程简况，合同分包情况，主要工程量，工期要求。

④ 承包商为完成本工程所需提供的服务内容，如施工设备和材料采购、劳务等。

⑤ 发售招标文件的时间、地点、售价。

⑥ 投标书送交的地点、份数和截止时间。

⑦ 提交投标保证金的规定额度和时间。

⑧ 开标的日期、时间和地点。

⑨ 现场考察和召开标前会议的日期、时间和地点。

（2）投标者须知　"投标者须知"是招标文件中很重要的一部分内容，主要是告知投标者投标时有关的注意事项，包括资格要求、投标文件要求、投标的语言要求、报价计算、货币、投标有效期、投标保证、错误的修正以及本国投标者的优惠等，内容应明确、具体。

（3）合同条件　合同条件一般也称合同条款，它是合同中商务条款的重要组成部分。合同条件主要是论述在合同执行过程中，当事人双方的职责范围、权利和义务，监理工程师的职责和授权范围，遇到各类问题（诸如工期、进度、质量、检验、支付、索赔、争议、仲裁等）时，各方应遵循的原则及采取的措施等。

目前在国际上，由于承发包双方的需要，根据多年积累的经验，已编写了许多合同条件模式，在这些合同条件中有许多通用条件几乎已经标准化、国际化，无论在何处施工，都能适应承发包双方的需要。

国际上通用的工程合同条件一般分为两大部分，即"通用条件"和"专用条件"。前者不分具体工程项目、不分项目所在国，均可适用，具有国际普遍适应性；而后者则是针对某一特定工程项目合同的有关具体规定，用以将通用条件加以具体化，对通用条件进行某些修改和补充。这种将合同条件分为两部分的做法，既可以节省招标者编写招标文件的工作量，又方便投标者投标，投标者只需重点研究"专用条件"就可以了。

国际上通用的土木工程施工合同条件的标准形式有英国"土木工程师协会"（Institution Of Civil Engineers，简称 ICE）编写的《标准合同条件》（ICE Conditions）和国际咨询工程师联合会编写的《施工合同通用条款》（General Conditions Of The Contract for Works 0f Civil Engineering Construction），国际上通称 FIDIC 为"红皮书"。

（4）规范　规范即指技术规范，也有的称做技术规格书。它是招标文件中一个非常重要的组成部分，规范和图纸两者反映了招标单位对工程项目的技术要求，也是施工过程中承包商控制质量和工程师检查验收的主要依据。

编写规范时一般可引用国家有关各部正式颁布的规范。国际工程也可引用某一通用的外国规范，但一定要结合本工程的具体环境和要求来选用，同时往往还需要由咨询工程师再编制一部分具体适用于本工程的技术要求和规定。正式签订合同之后，承包商必须遵循合同中列入的规范要求。

规范一般包含六个方面的内容：工程的全面描述；工程所采用材料的技术要求；施工质量要求；工程记录、计量方法和支付有关规定；验收标准和规定；其他不可预见因素的规定。

规范可分为总体规范和技术规范两大部分。总体规范（general specifications）通常包括：工程范围及说明，水文气象条件，工地内外交通，开工、完工日期，承包商提供的材料质量要求，技术标准，工地内供水、排水，临建工程，安全测量工作，环境卫生，仓库及车间等。土木建筑工程技术规范大体上相当于我国的施工技术规范的内容，它结合每一个具体工程项目的自然地理条件和未来的使用要求，因而也可以说它体现了设计要求，更加具体化，针对性更强。根据设计要求，技术规范应对工程每一个部位的材料和施工工艺提出明确的要求。技术规范中应对计量要求作出明确规定，因为这牵涉到实施阶段计算工程量与支付问题，以避免和减少争议。

(5) 图纸　图纸是招标文件和合同的重要组成部分，是投标者在拟定施工方案，确定施工方法以及提出替代方案，计算投标报价必不可少的资料。图纸的详细程度取决于设计的深度与合同的类型。详细的设计图纸能使投标者比较准确地计算报价。但实际上，常常在工程实施过程中需要陆续补充和修改图纸，这些补充和修改的图纸均须经工程师签字后正式下达，才能作为施工及结算的依据。

图纸中所提供的地质钻孔状图、深坑展视图等均为投标者的参考资料，它提供的水文、气象资料也属于参考资料。业主和工程师应对这些资料的正确性负责，而投标者根据上述资料作出自己的分析与判断，据之拟定施工方案，确定施工方法，业主和工程师对这类分析与判断不负责任。

(6) 工程量清单　工程量清单就是对合同规定要实施的工程的全部项目和内容按工程部位、性质等列在一系列表内。每个表中既有工程部位和该部位需实施的各个项目，又有每个项目的工程量和计价要求（单价或包干价），以及每个项目的报价和每个表的总计等。后两个栏目留给投标者去填写。

工程量清单的用途之一是为投标者报价用，为投标者提供了一个共同的竞争性投标的基础。投标者根据施工图纸和技术规范的要求以及拟定的施工方法，通过单价分析并参照本公司以往的经验，对表中各栏目进行报价，并逐项汇总为各部位以及整个工程的投标报价；用途之二是在工程实施过程中，每月结算时可按照表中序号、已实施的项目、单价或价格来计算应付给承包商的款项；用途之三是在工程变更增加新项目或处理索赔时，可以选用或参照工程量清单中的单价来确定新项目或索赔项目的单价和价格。

工程量清单和招标文件中的图纸一样，是随着设计进度和深度的不同而有粗细程度的不同，当施工详图已完成时，就可以编得比较细致。

工程量清单中的计价办法一般分为两类：一类是按"单价"计价项目，如模板每平方米多少钱、土方开挖每立方米多少钱等，投标文件中此栏一般按实际单位计算。另一类是按"项"包干计价项目，如工程保险费、竣工时场地清理费，也有将某一项设备的安装作为一"项"计价的，如闸门采购与安装（包括闸门、预埋件、启闭设备、电气操作设备及仪表等的采购、安装和调试）等。编写这类项目时要在括号内把有关项目写全，最好将所采用的图纸号也注明，以方便承包商报价。

## 二、国际工程投标

### 1. 国际工程投标的前期工作

做好国际工程投标的前期工作是投标中取胜的前提，国际工程投标的前期工作很多，主要有以下三个方面。

(1) 收集多方信息，确定投标项目

① 获取并跟踪项目信息。可以通过国际金融机构的出版物、公开发行的国际性刊物，

或者通过驻外使馆、驻外机构、外经贸部、公司驻外机构、国外驻我国机构，或者借助公共关系提早获取项目信息。选择符合本企业的项目进行跟踪，初步决定是否准备投标，再对项目进一步调查研究。跟踪项目或初步确定投标项目的过程是一项重要的经营决策过程。

② 做好基本情况的调查工作。

a. 对项目所在国的政治、经济情况作进一步的了解。如政局的稳定性，与邻国的关系，对中国的态度，政策的开放性、稳定性，这对周期长的项目很重要；当地的民俗风情、宗教信仰、生活习惯、文化水平；近年来经济发展计划、实施情况，过去对工程款支付的信誉；项目所在国的金融状况、货币的稳定情况，外汇管理制度，银行的经营状况及服务质量；当地的工业、技术水平及基础设施状况，尤其是建筑业的发展水平。

b. 了解与工程承包业务有关的法律、法规。如招投标法、经济合同法、公司法、劳工法、税法、保险法等。要特别注意了解对当地公司有什么优惠条件，对外国公司有什么限制条件，外国公司在当地的注册程序和要求，对外籍劳工的限制等。

c. 项目现场考察。现场的地理位置、交通情况、施工用道路、供水、供电、通信情况等，施工用电是否允许用城市电网；现场的地形、地貌、地质情况，现场的气象、水文资料（如标书中已有，可只作核对性了解）；地方材料、大宗材料的来源、供应情况；现场设置临建、生活营地、预制厂的可能性；附近现有的建筑工程情况，施工方法和水平；租赁设备供应及当地劳务来源情况；附近的生活物资供应情况，医疗设施和医疗水平。对专业性很强或有特殊要求的项目，应请专家帮助提出考察内容，必要时请专家参加考察工作。

d. 市场行情及物价调查。项目所在地近若干年内物价上涨指数和对未来几年趋势的估计。与拟投标项目同类建筑物的一般造价；当地能生产的建筑材料价格，根据标书列出询价材料清单；当地水、电、油价格；当地主要生活物资价格；当地劳务价格水平，各类人员的工资、劳动效率；当地施工机具租赁费用；需要进口的材料设备等。可以采取多渠道询价，一般以函电形式询价，要注意报价的有效期、有效性、付款条件、交货方式。对技术要求高或复杂的材料设备，最好把原标书技术要求的复印件发给供应商，以避免由于打字或翻译出现的错、漏字或理解上的不一致而出现矛盾。此外，还需要调查进口物资所到达港口的各项费用，如清关、报关、运输等费用；工程中如需要特殊材料，如爆破材料的采购、管理办法、价格及保管费用；办理各种保密、保险的手续及所需费用；工程所需缴纳的税种及其税率；银行信贷所需手续及利率。

e. 对业主等的调查。对工程业主、咨询监理公司、竞争对手的调查和代理人（担保人）的选择也是其中一项很重要的工作。如若是政府出资或筹资的项目，应了解该项目所需资金是否已列入国家批准的预算计划；若是世行或其他国际金融机构贷款的项目，则应了解外汇贷款和受贷国内配套资金的比例及配套资金的落实情况；若是私营企业或合营公司的项目，就更要仔细地调查业主的资信情况、资金来源、筹资情况、担保银行情况等。

(2) 做好投标手续准备

① 在工程所在国登记注册。国际上有些国家允许外国公司参加该国的建设工程的投标活动，但必须在该国注册登记，取得该国的营业执照。一种注册是先投标，经评标获得工程合同后才允许该公司注册；第二种是外国公司欲参与该国投标，必须先注册登记，在该国取得法人地位后，正式投标。公司注册通常通过当地律师协助办理。承包商提供公司章程、所属国家颁发的营业证书、原注册地、日期、董事会在该国建立分支机构的决议，对分支机构负责人的授权证书。

② 雇用当地代理人。进入该国市场开拓业务，由代理人协调当地事务。有些国家法律明确规定，任何外国公司必须指定当地代理人，才能参加所在国建设项目的投标承包。国际工程承包业务的80%都是通过代理人和中介机构完成的，他们的活动有利于承包商、业主，能促进当地建设经济发展。代理人可以为外国公司承办注册、投标等。选定代理人后，双方应签订正式代理协议，付给代理人佣金和酬金。代理佣金一般是按项目合同金额的一定比例确定的，如果协议需要报政府机构登记备案，则合同中的佣金比例不应超过当地政府的限额和当地习惯。

③ 选择合作伙伴，确定合作方式。某些国家要求外国承包商在本地投标时，要尽量与本地承包商合作，承包商最好是先从以前的合作者中选择两三家公司进行询价，可以采取联合体合作，也可以在中标前后选择分包。

投标前选择分包商，应签订排他性意向书或协议，分包商还应向总包商提交其承担部分的投标保函，一旦总包商中标，分包合同即自动成立。但事先无总包、分包关系，只要求分包商对其报价有效期作出承诺的，不签订任何互相限制的文件。

联合体合作伙伴的选择是为了在激烈的竞争中获胜，一些公司相互联合组成临时性的或长期性的联合组织，以发挥企业的特长，增强竞争能力。

④ 成立投标小组。投标小组由经验丰富、有组织协调能力、善于分析形势和有决策能力的人员担任领导，要有熟悉各专业施工技术和现场组织管理的工程师，还要有熟悉工程量核算和价格编制的工程估算师。此外，还要有精通投标文件文字的人员，最好是工程技术人员和估价师能使用该语言工作，还要有一位专职翻译，以保证投标书文件的质量。

(3) 参加资格预审　资格预审是招投标工作的第一轮竞争，应非常重视。

首先进行填报前的准备，在填报前应首先将各方面的原始资料准备齐全。内容应包括财务、人员、施工设备和施工经验等资料。在填报资格预审文件时应按照业主提出的资格预审文件要求，逐项填写清楚，针对所投工程项目的特点，有重点地填写，要强调本公司的优势，实事求是地反映本公司的实力。一套完整的资格预审文件一般包括资格预审须知、项目介绍以及一套资格预审表格。资格预审须知中说明对参加资格预审公司的国别限制、公司等级、资格预审截止日期、参加资格预审的注意事项以及申请书的评审等。项目介绍则简要地介绍了招标项目的基本情况，使承包商对项目有一个总体的认识和了解。资格预审表格是由业主和工程师编制的一系列表格，不同项目资格预审表格的内容大致相同。

**2. 国际工程投标文件的内容**

投标人按招标文件的要求，在招标文件的基础上填报、编制的文件称为"投标文件"，简称为"标书"，其主要包括商务法律文件、技术文件和价格文件三部分内容。

(1) 商务法律文件　用以证明投标人履行了合法手续及使业主了解投标人的商业资信及合法性的文件。商务法律文件包括以下几项。

① 投标保函（应符合要求的格式）。

② 投标人的授权书及证明文件。

③ 联合体投标人提供的联合协议。

④ 投标人所代表的公司的资信文件，包括银行出具的财务状况证明、完税证明、资产负债表、未破产证明、公司法人证件等。如投标人为联合体，则各方均应出具这类文件，如

有分包商，亦应出具其资信文件。

(2) 技术文件　包括全部施工组织设计内容，用以评价投标人的技术实力和经验。技术文件的主要内容如下。

① 施工方案和施工方法说明，包括有关的施工布置图等。

② 施工总进度计划表及说明，有的招标项目还规定了有关施工期限，有的要求有网络图。

③ 施工组织机构说明及各级负责人的技术履历及外语（合同语言）水平。

④ 承包人营地（生产、生活）计划。

⑤ 施工机械设备清单及设备性能表。

⑥ 主要建筑材料清单、来源及质量证明。

⑦ 如招标文件中有要求，或投标人认为有必要时，承包人建议的变通方案。建议方案是投标人对招标文件原拟的工程方案的修改建议，应使总价有所降低，供业主和咨询工程师在评标时参考。

(3) 价格文件　投标文件的核心是投标成败的关键所在。全部价格文件必须完全按招标文件规定的格式编制，不许有任何改动，如有漏填，则视为其已包含在其他项目的报价中。价格文件的内容包括以下各项。

① 价格表（即带有填报单价和总价的工程量表）；

② 计日工的报价表；

③ 主要单价分析表（如果招标书中有此要求）；

④ 外汇比例表及外汇费用构成表；

⑤ 外汇兑换率（通常由业主提供）；

⑥ 资金平衡表或工程款支付估算表；

⑦ 施工用主要材料基础价格表；

⑧ 设备报价及产品样本；

⑨ 用于价格调整的物价上涨指数的有关文件。

目前，国际上（业主要求）趋向于将上述三部分文件分装两包，即将商务法律文件和技术文件装入一包，俗称为"资格包"；而将价格文件装入一包，俗称"报价包"。业主和咨询工程师在评标时，对投标人的两包文件分别审查，综合评定。如果是"资格包"评分不高甚至通不过的投标者，报价再低，也不会授标。因此，投标文件是一个整体，哪方面的内容都不容忽视。投标文件的每一页，投标人都要签名（或只写一个"姓"），而在投标致函上，投标人必须写自己的全名再加盖公司印章，以表示对此文件确认。

除按上述规定填报投标文件外，投标人还可以另写一份更为详细的致函，对自己的投标报价作必要的说明。

**3. 国际工程投标报价**

(1) 国际工程投标报价的程序　国际工程投标报价大致有以下步骤。

① 熟悉招标文件，进行各项调查研究，参加标前会议。

② 核算工程量。

③ 制订计划进度和施工方案。

④ 工日、材料、设备基础单价的计算，分包工程询价。

⑤ 分摊费用计算和各细目的单价分析；工程量表细目计算，标价和汇总标价。

⑥ 标价分析和投标报价决策。
⑦ 编制正式工程报价单。
⑧ 办理银行开具的投标保函。
⑨ 写好投标致函和整理装订投标书。
⑩ 报送投标文件。

(2) 国际工程投标报价的确定　国际工程投标报价与国内工程主要概（预）算方法的投标报价相比较，最主要的区别在于：某些间接费和利润等合用一个估算的综合管理费率分摊到分项工程单价中，从而组成分项工程完全单价，然后将分项工程单价乘以工程量即为该分项工程的合价，所有分项工程合价汇总后即为该工程的单项工程的估价。

在国际上没有统一的概（预）算定额，更没有统一的材料、设备预算价格和取费标准，因此，投标报价全由每个承包商严格按照国际通用或所在国的合同条件、施工技术规范（或标准）、当地政府的有关法令、税收、具体工程招标文件和现场情况等确定，此外，还应根据市场信息、分包询价、自己的技术力量、施工装备、管理经营水平以及投标策略和作价技巧等以全部动态的方法自由定价，从竞争中争取获胜又能盈利。所有报价均须从人工费、材料费、设备价格、施工机械费、管理费率、利润率等基础价格或费率作具体的调研、分析、测算，然后再按工程内容逐项进行单价分析、开办费的估算和盈亏预测，最后还得作出报价的决策，确定有竞争能力的正式标价。

(3) 国际工程投标报价组成　国际工程投标报价费用组成如图 7-4 所示。

① 开办费　开办费又称为准备工作费。通常开办费均应分摊于分项工程单价中。开办费的内容因不同类型工程和不同国家而有所不同，一般包括：施工用水、用电费；施工机械费；脚手架费；临时设施费；业主和工程师办公室及生活设施费；现场材料试验及设备费；工人现场福利及安全费；职工交通费；防火设施费；保护工程、材料和施工机械免于损毁和失窃费；现场道路及进出场通道修筑及维持费；恶劣气候下的工程保护措施费；工程放线费；告示板费等。

在国际上开办费一般多达 40 余项。占造价的 10%～20%，小工程则可超过 20%，其比重与造价大小成反比例。每项开办费只需估一笔总价，无需细目，但在估算时要有一定的经验，应仔细按实际考虑。

② 分项工程单价　分项工程单价（亦称工程量单价）就是工程量清单上所列项目的单价，例如基槽开挖、钢筋混凝土梁、柱等。分项工程单价的估算是工程估价中最重要的基础工作。

a. 分项工程单价的组成　分项工程单价包括直接费、间接费（现场综合管理费等）和利润等。

b. 确定分项工程单价应注意的问题

(a) 在国外，分项工程单价一定要符合当地市场的实际情况，不能按照国内价格折算成相应外币进行计算。

(b) 国际工程估价中对分项工程单价的计算与国内的计算方法有所不同，国外每一分项工程单价除了包括人工工资、材料、机械费及其他直接费外，还包括工程所需的开办费、管理费及利润的摊销费用在内。因此，所有的分项工程估算出单价乘以工程量汇总后就是该单项工程的造价。

(c) 对分摊在分项工程单价中的费用称为分摊费（亦称待摊费）。分摊费除了包括国内

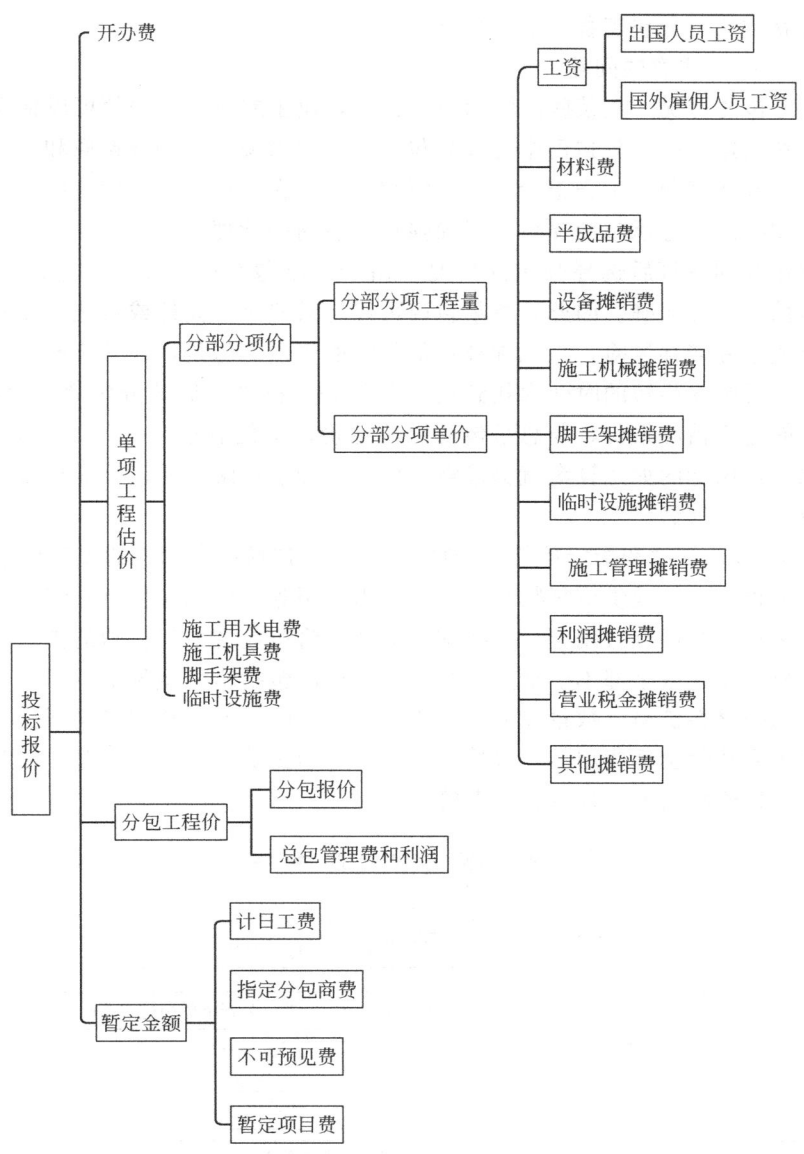

图 7-4 国际工程投标报价费用组成

注：未带方框者，在国内既可作为分摊项目，也可独立列为报价项目

预算造价中的施工费、独立费和利润之外，还应包括为该工程施工而需支付的其他全部费用，如投标的开支费用、担保费、保险费、税金、贷款利息、临时设施费及其他杂项费用等。

③ 分包工程估价

a. 分包工程估价的组成

（a）发包工程合同价 对分包出去的工程项目，同样也要根据工程量清单分列出分项工程的单价，但这一部分的估价工作可由分包商去进行。通常总包的估价师一般对分包单价不作估算或仅作粗略估计。待收到来自各分包商的报价之后，对这些报价进行分析比较选出合适的分包报价。

（b）总包管理费及利润 对分包的工程应收取总包管理费、其他服务费和利润，再加上分包合同价就构成了分包工程的估算价格。

b. 确定分包时应注意的问题

（a）指定分包的情况　在某些国际承包工程中，业主或业主工程师可以指定分包商，或者要求承包商在指定的一些分包商中选择分包商。一般来说，这些分包商和业主都有较好的关系。因此，在确认其分包工程报价时必须慎重，而且在总承包合同中应明确规定对指定分包商的工程付款必须由总承包商支付，以加强对分包商的管理。

（b）总承包合同签订后选择分包的情况　由于总承包合同已签订，总承包商对自己能够得到的工程款已十分明确。因此，总承包商可以将某些单价偏低或可能亏损的分部工程分包出去来降低成本并转移风险，以此弥补在估价时的失误。但是，在总合同业已生效后，开工的时间紧迫，要想在很短的时间内找到资信条件好、报价又低的分包商比较困难。相反，某些分包商可能趁机抬高报价，与总承包商讨价还价，迫使总承包商作出重大让步。因此，总承包商原来转移风险的如意算盘就会落空，而且增加了风险。所以，应尽量避免在总合同签订后再选择分包商的做法。

④ 暂定（项目）金额和指定单价　"暂定金额"是包括在合同内的工程量清单内，以此名义标明用于工程施工，或供应货物与材料，或提供服务，或以应付意外情况的暂定数量的一笔金额，亦称特定金额或备用金。这些项目的费用将按业主或工程师的指示与决定，或全部使用，或部分使用，或全部不予动用。暂定金额还应包括不可预见费用。不可预见费用是指预期在施工期间材料价格、数量或人工工资、消耗工时可能增长的影响所引起的诸如计日工费、指定分包商费等全部费用。一般情况下，不可预见费不再计算利润，但对列入暂定金额项目而用于货物或材料者可计取管理费等。

## 本 章 小 结

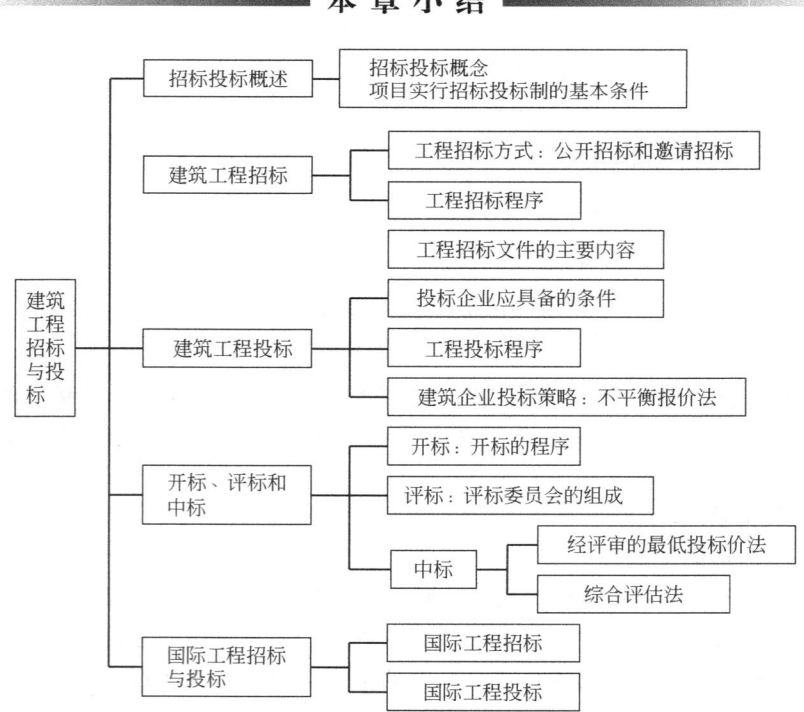

# 思考与练习

**一、单项选择题**

1. 当出现招标文件中的某项规定与标前会议之后招标人发给每位投标人的会议记录不一致时，应以（　　）为准。
   A. 招标文件中的规定　　　　　　　B. 招标单位在会议上的口头解答
   C. 发给投标单位的会议记录　　　　D. 现场考察时招标单位的口头解释

2. 工程建设施工招标文件中列入的招标须知，是指导投标单位正式履行投标手续的文件，其目的在于避免（　　），使投标取得圆满成功。
   A. 经常向甲方提出疑问　　　　　　B. 造成废标
   C. 泄露标底　　　　　　　　　　　D. 投标单位中标后不与甲方签订施工合同

3. 招标人对任何一位投标人所提问题的回答，（　　）。
   A. 只需以书面形式发送给提出问题的投标人即可
   B. 只需以口头形式回答提出问题的投标人即可
   C. 必须以书面形式发送给每一位投标人，但不必说明问题的来源
   D. 必须以书面形式发送给每一位投标人，并说明问题的来源

4. 按招标投标法律法规的规定，开标后允许（　　）。
   A. 投标人更改投标书的内容和报价
   B. 投标人再增加优惠条件
   C. 评标委员会对投标书中的错误予以修正
   D. 招标人更改招标文件中说明的评标定标办法

5. 工程投标程序正确的是（　　）。
   A. 了解招标信息、报送投标申请，被选中参与投标，接受资格审查，参加招标会议、进行现场踏勘，编制投标文件
   B. 了解招标信息、报送投标申请，接受资格审查，被选中参与投标，参加招标会议、进行现场踏勘，编制投标文件
   C. 了解招标信息、报送投标申请，接受资格审查，被选中参与投标，编制投标文件，参加招标会议、进行现场踏勘
   D. 了解招标信息、报送投标申请，被选中参与投标，接受资格审查，编制投标文件，参加招标会议、进行现场踏勘

6. 进行现场踏勘不应侧重（　　）方面的内容。
   A. 工地附近的住宿条件、料场开采条件、其他加工条件、设备维修条件等
   B. 工程的性质以及该工程与其他工程之间的关系
   C. 工地地质、气候、交通等情况
   D. 政府颁布的法规、制度

7. 投标人应当按照招标文件的规定编制投标文件。投标文件载明的内容不包括（　　）。
   A. 投标项目方案及说明　　　　　　B. 招标文件要求具备的其他内容
   C. 履约保证金或者履约保函　　　　D. 投标人资格、资信证明文件

8. 定标签订合同，应以（　　）作为中标的合同价。
   A. 评标价　　　　B. 标底价　　　　C. 修正后的标底价　　　　D. 投标价

9. 某工程项目的招标投标活动中，发现投标人甲以低于成本的报价竞标。这里的成本是指（　　）。
   A. 整个建筑行业的平均成本　　　　B. 所有投标人的平均成本
   C. 投标人甲的成本　　　　　　　　D. 项目所在地的平均成本
10. 中标通知书（　　）具有法律效力。
    A. 对招标人、中标人均　　　　　　B. 只对招标人
    C. 只对投标人　　　　　　　　　　D. 对招标人和所有投标人均
11. 采用评标价法评标，应以（　　）的标书为最佳投标书。
    A. 投标价最低　　B. 评标价最低　　C. 评标价最高　　D. 评价得分最低
12. 下列情况的标书中，可能有效的是（　　）。
    A. 投标书封面无投标单位法人或其代理人印鉴
    B. 投标书未密封
    C. 投标书逾期送达
    D. 投标单位未参加开标会议
13. 建设行政主管部门派出的监督招标投标活动的人员可以（　　）。
    A. 参加开标会　　B. 作为评标委员　　C. 决定中标人　　D. 参加定标投票
14. 下列（　　）不是入选评标专家库专家必须具备的条件。
    A. 熟悉有关的法律、法规
    B. 身体健康，能够承担评标工作
    C. 从事相关专业领域工作满8年，并具有中级职称或同等专业水平
    D. 能够认真、公正、诚实、廉洁地履行职责
15. 下列（　　）不属于投标文件的重大偏差。
    A. 没有按照招标文件的要求提供投标担保或者所提供的投标担保有瑕疵
    B. 报价统计错误在规定的允许范围内
    C. 投标文件载明的招标项目完成期限超过招标文件规定的期限
    D. 投标文件附有招标人不能接受的条件
16. 下列（　　）不是国际工程招标投标的特点。
    A. 多目标系统择优性　　　　　　　B. 公开、公正、平等性
    C. 投标人多　　　　　　　　　　　D. 限制性
17. 国际工程招标文件一般是由（　　）编制。
    A. 承包商　　B. 政府有关部门　　C. 设计单位　　D. 工程师协助业主

二、多项选择题

1. 在招标准备阶段，招标人的主要工作包括（　　）。
   A. 办理招标备案　　B. 编制招标文件　　C. 选择招标方式
   D. 进行资格预审　　E. 发布招标公告
2. 在施工招标中，进行合同标的的划分应考虑的主要因素有（　　）。
   A. 施工内容的专业要求　　　　　　B. 施工现场条件
   C. 投标人的财务能力　　　　　　　D. 对工程总投资的影响
   E. 投标人的工程经验
3. 对招标人和投标人均有法律约束力的招标文件包括（　　）。
   A. 招标公告　　　　　　　　　　　B. 投标人须知

C. 资格预审须知　　　　　　　　　D. 对投标人书面提出问题的回答函件
E. 标前会议后发给每一位投标人的会议记录

4. 政府行政主管部门对招标投标活动进行的监督包括（　　）等方面。
A. 检查必须采用招标方式选择承包单位的建设项目
B. 对招标有关文件的核查备案　　　C. 投标人履行合同的能力评定
D. 评标方法的审查　　　　　　　　E. 查处招标投标活动中的违法行为

5. 对于资格预审，招标人对投标人必须进行（　　）方面的审查。
A. 资质条件　　　B. 工程业绩　　　C. 企业信誉
D. 设备和技术能力　　　E. 资金

6. 进行现场踏勘应侧重（　　）方面的内容。
A. 工地附近的住宿条件、料场开采条件、其他加工条件、设备维修条件等
B. 工程的性质以及该工程与其他工程之间的关系
C. 工地地质、气候、交通等情况　　　D. 政府颁布的法规、制度
E. 工地附近的治安情况

7. 工程本身方面的因素会影响投标决策，下列（　　）是工程方面的因素。
A. 工程现场的工作条件
B. 工程性质、规模、复杂程度以及自然条件，特别是道路交通、电力和水源
C. 是否要求承包商贷款投资、延期支付等　　D. 工程的材料供应条件
E. 工期要求

8. 不平衡报价法是工程投标常用的方法，具体可以采取下列（　　）方法
A. 估计以后会增加工程量的项目，单价可提高；工程量会减少的项目，单价不降低
B. 对能先拿到钱的项目（如开办费、土方、基础等），单价可定得高一些，有利于资金周转，存款也有利息；对后期的项目（如粉刷、油漆、电气等），单价可适当降低
C. 计时工作一般可稍高于工程单价中的工资单价，因它不属于承包总价的范围，发生时实报实销，也可多获利
D. 没有工程量，只填单价的项目（如土方中的挖淤泥、岩石等备用单价），其单价宜高，因为它不在投标总价之内，这样做既不影响投标总价，以后发生时又可获利
E. 图纸不明确或有错误的、估计今后会修改的项目，单价可提高；工程内容说明不清楚的，单价不降低，这样做有利于以后的索赔

9. 某一般项目的评标委员会组成如下：招标人代表2人，建设行政监督部门代表2人，技术、经济方面专家4人，招标人直接指定的技术专家1人。下列关于此评标委员会人员组成的说法正确的有（　　）。
A. 不应该包括建设行政监督部门代表　　　B. 不应该包括招标人代表
C. 技术、经济方面的专家所占比例偏低　　D. 招标人代表所占比例偏低
E. 招标人可以直接指定专家

10. 采用评标价法评标时，应遵循的原则包括（　　）。
A. 以评标价最低的标书为最优　　　B. 以评标价最高的标书为最优
C. 中标后按投标价格签订合同　　　D. 中标后按评标价格签订合同

11. 开标时可能当场宣布投标单位所投标书为废标的情况包括（　　）。
A. 未按要求密封递送的标书　　　B. 未参加开标会议单位的标书
C. 未按规定格式填写的标书　　　D. 投标文件的关键内容字迹模糊、无法辨认

E. 组成联合体投标的，投标文件未附联合体各方共同的投标协议

12. 建设项目招标中，中标人的投标应当符合下列（　　）条件之一。
A. 能够最大限度地满足招标文件中规定的各项综合评价标准
B. 能够满足招标文件的实质性要求，并且经评审的投标价格最低，低于成本的除外
C. 能够满足招标文件的实质性要求，并且经评审的投标价格最低
D. 能够满足招标文件的实质性要求，投标价格（报价）最低
E. 能够最大限度地满足招标文件中规定的各项综合评价标准，包括评标时再加入的一些标准

13. 国际工程项目招标程序正确的是（　　）。
A. 资格预审、发布招标公告、开标、标前会议、评标
B. 发布招标公告、资格预审、开标、标前会议、评标
C. 发布招标公告、资格预审、评标、开标、标前会议
D. 发布招标公告、资格预审、标前会议、开标、评标
E. 开标、评标、商签合同、资格预审

14. 国际工程项目招标文件的内容包括（　　）。
A. 投标邀请书　　　B. 工程量清单　　　C. 投标保函
D. 规范　　　　　　E. 违约责任

## 三、问答题

1. 什么是招标？工程施工招标应具备哪些条件？
2. 工程项目招标的程序有哪些？各个阶段的主要工作是什么？
3. 工程施工招标文件由哪些内容组成？
4. 工程项目投标的概念是什么？投标人应具备什么条件？
5. 投标文件由哪些内容组成？
6. 工程项目投标的程序有哪些？
7. 什么是投标决策，影响投标决策的因素有哪些？
8. 评标委员会成员是如何确定的？
9. 评标报告应当载明的内容有哪些？
10. 简述国际工程项目招标程序。
11. 简述国际工程投标文件的主要内容。

## 四、案例分析

1. 某单位准备建一座图书馆，建筑面积 $5000m^2$，预算投资 400 万元，建设工期为 10 个月，工程采用公开招标的方式确定承包商。按照《中华人民共和国招标投标法》和《中华人民共和国建筑法》的规定由建设单位编制了招标文件，并向当地的建设行政管理部门提出了招标申请书，得到了批准。

建设单位依照有关招标投标程序进行公开招标。

由于该工程在设计上比较复杂，根据当地建设局的建议，对参加投标单位的主体要求是最低不得低于二级资质。

拟参加此次投标的五家单位中 A、B、D 单位为二级资质，C 单位为三级资质，E 单位为一级资质，而 C 单位的法定代表人是建设单位某主要领导的亲戚，建设单位招标领导小组在资格预审时出现了分歧，正在犹豫不决时，C 单位提议准备组成联合体投标，经 C 单位的法定代表人的私下活动，建设单位同意让 C 与 A 联合承包工程，并明确向 A 暗示，如果不接受这个投标方

案，则该工程的中标将授予 B 单位。A 为了获得该项工程，同意了与 C 联合承包该工程，并同意将停车楼交给 C 单位施工。于是 A 和 C 联合投标获得成功。A 与建设单位签订了《建设工程施工合同》，A 与 C 也签订了联合承包工程的协议。

问题：
(1) 简述施工招标的公开招标程序。
(2) 在上述招标过程中，作为该项目的建设单位其行为是否合法？原因何在？
(3) 从上述背景材料来看，A 和 C 组成的投标联合体是否有效？为什么？
(4) 通常情况下，招标人和投标人串通投标行为的表现形式有哪些？

2. 某施工公司欲在 A、B 两项公开招标工程中选择一项进行投标，对某项工程又可采取投高标或投低标两种策略。根据以往经验与统计资料，若投高标，中标的概率为 0.3；若投低标，中标的概率为 0.5。各方案可能出现的损益值及概率如表 7-4 所列。不中标的费用损失为 5000 元。

表 7-4　各方案可能出现的损益值及概率估计

| 方　案 | 承包效果 | 可能的损益值/万元 | 概　率 |
|---|---|---|---|
| A 高 | 好<br>一般<br>差 | 55<br>12<br>-23 | 0.3<br>0.5<br>0.2 |
| A 低 | 好<br>一般<br>差 | 42<br>11<br>-30 | 0.2<br>0.6<br>0.2 |
| B 高 | 好<br>一般<br>差 | 60<br>20<br>-30 | 0.3<br>0.5<br>0.2 |
| B 低 | 好<br>一般<br>差 | 50<br>12<br>-15 | 0.3<br>0.6<br>0.1 |

问题：
(1) 试采用决策树法作出投标决策。
(2) 在 B 工程开标大会上，除到会的投标单位的有关人员外，招标人请来了市公证处法律顾问参加大会。开标前公证处提出对投标单位的资质进行审查。在审查中，对 A 公司提出疑问。这个公司所提交的资质材料种类与份数齐全，有单位盖的公章，有项目负责人的签字，可是法律顾问认为 A 公司投标书无效。试问上述招标程序是否正确？为什么？A 施工公司的投标书是否有效？为什么？

3. 某相互衔接的两段公路建造工程项目（甲段和乙段）招标。招标文件要求投标人提出如两段公路都中标愿意打多大折扣。完工期范围为 24～30 个月。如完工期在 24 个月以上，评标时每个月应在每段的报价上另加 10 万美元（此数是根据投资回收率折算成现值而估算出来的）。收到的投标报价（万美元）如表 7-5 所列。

表 7-5　投标报价表　　　　　　　　　　　　单位：万美元

| 投标人 | 甲　段 | 乙　段 | 折　扣 | 投标人 | 甲　段 | 乙　段 | 折　扣 |
|---|---|---|---|---|---|---|---|
| A | 1000 | 1000 | 5% | D | 990 | — | |
| B | 970 | 1030 | 10% | E | — | 950 | |
| C | — | 980 | | | | | |

A、B投标建成一段的完工期为24个月。如承建两段,则A的完工期为甲段24个月,乙段28个月;B则两段均为30个月。C及D各承包一段,完工期各为24个月。E承包一段,完工期为30个月。

问题:

哪一份投标的评标价最低?

4. 某建设单位经当地主管部门批准,自行组织某项公用设施项目的施工公开招标工作。确定的招标程序如下:①成立该项目施工招标工作小组;②编制招标文件;③发布招标邀请书;④对报名参加的投标者进行资格预审,并将结果通知各申请投标者;⑤向合格的投标者发招标文件及设计图纸、技术资料等;⑥建立评标组织,制定评标、定标办法;⑦公开开标会议,审查投标书;⑧组织评标,决定中标单位;⑨发出中标通知;⑩签订合同。

问题:

(1) 请问上述招标程序有无不妥、不完善之处?若有请指正。

(2) 投标须知是招标文件中的重要内容之一,请简述投标须知应包括哪些内容。

(3) 评标委员会的组成有哪些要求?

# 第八章 工程合同

**【知识目标】**
- 了解工程合同的概念，理解工程合同的分类。
- 掌握国内工程合同的主要内容，理解国际工程承包合同的主要条款。
- 掌握工程合同的订立及管理。
- 了解工程索赔的概念及分类，理解工程索赔的依据和处理程序，掌握工程索赔的计算，理解工程索赔的管理。

**【能力目标】**
- 能说出一般的工程合同种类。
- 能拟订一般工程合同的主要内容条款。
- 能操作处理工程合同的签订和管理。
- 能处理一般的工程索赔。

合同又称"契约"，古已有之，如大家熟知的"房契"、"地契"等。1999年3月15日审议通过并发布的《中华人民共和国合同法》（以下简称《合同法》），是我国第一次以国家大法的形式对合同作出规定，是规范我国社会主义市场经济体制的基本法律制度。而作为《合同法》所明确规定的有名合同之一，建设工程合同由于投资多、周期长、工序繁杂、事关国计民生，其签订、履行及管理均极其重要。

现阶段，在我国适用于建设工程合同的法律法规除了《合同法》外，主要还有《中华人民共和国民法通则》、《中华人民共和国招标投标法》和《中华人民共和国建筑法》（以下简称《建筑法》）等，大多属于建设领域的基本大法范畴。

## 第一节 工程合同及其分类

### 一、工程合同的概念

《合同法》中关于合同作了如下描述：合同是平等主体的自然人、法人、其他组织之间设立、变更、终止民事权利、义务关系的协议。在这一表述中，主要强调了以下内容。

① 合同的主体是平等的。这种平等是法律意义上的平等，是合约确立前合约双方或多方的基本地位，也是合约确立后合约参与方的基本地位关系。

② 合同所确立的是民事关系，所体现的是市场经济社会的缔约自由原则、合约自治原则、利益的自我约束原则。

③《合同法》已经将所有民事关系契约化，不仅仅限于经济关系。

工程合同，也叫建筑工程承包合同，是众多合同中的一种。《合同法》第二百六十九条规定"建设工程合同是承包人进行工程建设，发包人支付价款的合同。建设工程合同包括工程勘察、设计、施工合同"。在我国一般将委托他人进行上述工作并支付价款的一方称为发包人，而将承担上述工作的一方称为承包人。因此，工程合同是发包人与承包人之间围绕着基本建设工程项目签订的，由承包人完成工程建设，发包人接受建设成果并支付价款的合同。工程合同的特点如下。

a. 工程合同为要式合同，必须采取书面形式。

这要求双方当时人必须按照一定的格式拟订并签署工程合同，并参照国家推荐使用的示范文本，如《建设工程勘察合同（示范文本）》、《建设工程设计合同（示范文本）》、《建设工程施工合同（示范文本）》签订。这是《建筑法》、《合同法》对建设工程合同形式上的要求，是国家对基本建设进行监督管理的需要，也是由建设工程合同履行的特点决定的。

b. 工程合同的双方当事人是发包人和承包人。

在建设工程中发包人一般为建设单位，而承包人根据工程阶段的不同，可能是设计单位、勘察单位、施工企业等。

c. 工程合同的标的物具有特殊性。

合同的标的物是工程项目，工程项目具有固定性的特点，而其对应的生产具有流动性；由于时间、地点、技术、经济、环保等条件的不同，造成了工程项目具有一次性的特点，无法按重复的模式去组织建设。建筑产品体积庞大，消耗资源多，涉及面广，投资额度大，工程项目建设受自然条件影响大，不确定因素多。合同标的物的特殊性决定了项目合同管理的复杂性。

d. 工程合同具有国家管理的特殊性。

建设工程的标的为建筑物等不动产，其自然与土地密不可分，承包人所完成的工作成果不仅具有不可移动性，而且需长期存在和发挥作用，是关系国计民生的大事。因此，国家对建设工程不仅要建设规划，而且要实行严格的监督管理。从工程合同的订立到合同的履行，从资金的投放到最终的成果验收都要受到国家的严格管理和监督。

## 二、工程合同的分类

工程合同的形式和类别很多，可按照不同角度进行分类。

① 按照承发包的范围和数量进行划分，可将建设工程合同分为建设工程总承包合同、建设工程承包合同、建设工程分包合同；

② 按照承包的方式不同可分为建设全过程承包合同、阶段承包合同、专业承包合同；

③ 按照合同的目的、内容不同可分为勘察设计合同、施工合同、设备安装合同、设备采购合同、劳务合同等；

④ 按照计价方式不同可分为总价合同、单价合同和成本加酬金合同等。

上述不同的分类方式有其不同的应用范围及目的，有的是为了区分不同的合同主体，有的是针对不同的施工阶段。而常用的分类方法是按照承包范围、合同涉及的关系和计价方式等进行划分，这最能反映不同合同的特点，最有现实意义。在此重点介绍这三种分类方法。

**1. 按照承包范围划分**

(1) 统包合同　统包合同又称"代建制"、"一揽子工程"等，是项目组织与承包人之间签订的，承包范围包括项目的全部工作，即从设计、土建、安装到水、电、空调等各项工作。待项目全部竣工，试生产正常并能达到正常水平后，承包人再把项目移交给业主。

运用这种承包方式在近年来有很多成功的案例。其特点是：发包方的责任和义务均较小，因而风险也小，而承包方责任和权力大，风险也大。其优点是易于形成统一的项目管理保证系统；也由于把设计与施工结合起来了，效率较高，更便于成本控制。

（2）设计-采购-施工合同　该类合同承包范围与"统包合同"相比，除不包括试生产及生产准备外，其余相同。

（3）设计-采购合同　该类合同承包方只负责工程项目的设计和材料设备的采购工作，工程施工由另外的承包人负责。其特点是承包方工作范围单一，业主方管理工作量较大，不仅要负责设计、采购工作，还要负责建设施工过程的协调工作。

（4）设计合同　承包方只负责项目设计和实施中的设计技术服务，而采购、施工等大部分工作均由业主方另行委托。设计合同的特点是设计、施工、采购的协调难度较大，业主方需有较强的管理能力。

（5）采购合同　指项目组织为从组织外部获得货物与服务而与供应商签订的合同。

（6）工程施工承包合同　承包方只负责项目施工。其特点是承包方只能按图施工，无权修改设计方案。项目管理难度大，而业主方必须有很强的管理能力，才能协调设计、采购、施工等各环节的关系。

**2. 按照合同涉及的各方的关系划分**

（1）工程总承包合同　即业主与承包人之间签订的合同，是项目建设的全过程，即包含的范围是项目建设的全过程。

（2）工程分包合同　指承包人将自己所承包工程内部的一部分再分包出去，由此签订工程分包合同。但该承包人仍应全部履行与业主或上级承包人所签订的合同中规定的责任和义务。

（3）转包合同　指承包人之间签订的转让承包权的合同。该合同规定由另一承包人承担原承包人与其他合同方（业主或上级承包人）签订的合同所规定的权利、义务及需完成的工作，而原承包人由于转包而从中获取一定的报酬。

（4）劳务合同　指承包人雇佣劳务所签订的合同。乙方（提供劳务服务方）一切活动听从甲方安排，不承担任何风险和管理责任，但所获利润亦有限。

（5）劳务分包合同　也叫包工不包料合同，包清工合同，分包人在合同实施过程中，不承担材料涨价的风险。

（6）联合承包合同　指两个或两个以上的工程单位为了联合承包共同承担工程项目的全部工作而签订的合同。

**3. 按照合同的计价方式划分**

（1）总价合同　总价合同是合同总价不变，或影响合同价格的关键因素是固定的这种方式而签订的一种合同。采用这种合同对发包方来说支付款项比较简单，评标时易于按低价定标。业主按规定的进度方式付款，在施工中可集中精力控制质量和进度，在现实中又可分为以下几种类型。

① 固定总价合同　指以图纸和工程说明书为依据，将工程造价一次包死，在图纸及工程要求不变的情况下，其合同总价固定不变的合同。对业主来说，只需配备少量管理和技术人员对项目实施进行监督、验收、服务，因而管理方便；对承包方来说，如果工程地质资料及设计图纸和说明书都相当详细，能据以精确地估价，则采用固定总价合同也方便；但如果所需资料不详细，不能进行精确估价，则承包方会承担较大的风险。因此，固定总价合同适于规模小、技术不复杂、工期不长、工程施工图纸不变、工程要求十分明确的项目工程。同

时这种合同承包商要考虑承担工程的全部风险因素，因此一般报价较高。如果施工图纸变更，工程要求提高，应考虑合同价格的调整。

② 调值总价合同  这种合同与固定总价合同的不同点在于：合同中规定了考虑通货膨胀而引起的工料成本增加达到某一规定的限度时，合同总价应作相应的调整。这种合同主要由业主承担了通货膨胀的风险因素，一般工期在一年以上的可采用这种形式。

③ 估计工程量总价合同  这种合同要求投标者在报价时，根据图纸列出工程量清单和相应的费率为基础计算出的合同总价，据之以签订合同。当改变设计或新增项目而引起工程量增加时，可按新增的工程量和合同中已确定的相应的费率来调整合同价格。这种合同一般只适用于工程量变化不大的项目。这种报价和合同方式对业主非常有利。业主可以了解承包商投标报价是如何计算得来的，在谈判时可以压价，同时不承担任何风险。

(2) 单价合同  单价合同是在招投标时，按招标文件所列出的工程量表及单价，确定各分项工程费用的合同类型。单价也可在实物工程量完成时随工资和材料价格指数的变化而调整。单价合同一般是设计和施工同时进行招标，而且是在没有施工详图作为计算依据的情况下经常采用的一种合同形式。

单价合同的适用范围比较宽广，其风险可以得到合理分摊，并且能鼓励承包单位通过提高工效等手段从成本节约中提高利润。这类合同能够成立的关键在于双方对单位和工程量计算方法的确认。

(3) 成本加酬金合同  成本加酬金合同由发包方向承包方按照工程实际发生的直接成本支付建设费用，并按事先约定的某一方式支付酬金的合同类型。在这种合同中，业主需承担项目实际发生的一切费用，并承担项目的全部风险。

成本加酬金合同的缺点是发包方对工程总造价不易控制，承包商也不太注意降低工程成本，往往造成工程总成本较大。而承包方由于无风险，其报酬一般较低。这类合同主要适用于以下项目：需要立即开展工作的工程项目，如抗险救灾工程；新型的工程项目，或对项目工程内容及技术经济指标未确定的，如工程设计招标后设计单位还没有提出施工图设计的情况；风险较大的工程项目，如某些在国外战乱环境下建设的工程项目。

实践中，具体做法有以下三种。

① 成本加固定百分比酬金合同  计算方法如下：

$$C = C_F + C_F i$$

式中，$C$ 为工程总造价；$C_F$ 为工程实际发生的直接成本；$i$ 为固定的百分比。

这种方法虽然简便，但是总价随直接成本的增加而增加，不能起到鼓励承包人缩短工期、降低成本的效果，现在较少采用。

② 成本加固定酬金  计算方法如下：

$$C = C_F + P$$

式中，$C$ 为工程总造价；$C_F$ 为工程实际发生的直接成本，实报实销；$P$ 为事先商定的酬金，为一固定数目。

这种方式仍然不能鼓励承包人降低成本，但是可以鼓励承包人缩短工期。因为承包人总是希望尽快完工，尽早取得报酬。

③ 成本加浮动酬金  该承包方法是预先商定项目成本和酬金的预期水平，待实物工程完工后，根据实际成本与预期成本的差距，酬金上下浮动。即：

如果有 $C_F > C_0$，则有 $C = C_F + P - \Delta P$；

如果有 $C_F=C_0$，则有 $C=C_F+P$；

如果有 $C_F<C_0$，则有 $C=C_F+P+\Delta P$。

式中，$C_0$ 为预先商定的直接成本水平（预期成本）；$\Delta P$ 为因节约成本而可增加的酬金。

这种方法的优点是可鼓励承包人降低成本，缩短工期。其缺点是不易于确定。

**4. 按合同的标的物划分**

（1）工程监理委托合同　指业主（委托方）与监理咨询单位为完成某一工程项目的监理服务，规定并明确双方的权利、义务和责任关系的协议。

（2）工程勘察设计合同　指业主（发包方）与勘察设计单位（承包方）为完成某一工程项目的勘察设计任务，规定并明确双方的权利、义务和责任关系而达成的协议。

（3）建筑安装工程施工合同　指在较大型或复杂的工程项目建设中，为了做好施工准备工作，保证工程顺利开工与进行，由业主与施工企业所签订的明确双方在施工准备阶段的权利、义务及责任关系的协议。

（4）建筑安装工程承包合同　指业主（业主）与建筑安装企业（施工承包单位）之间为完成某一工程项目建设任务或某一特定建筑安装工程任务，明确双方权利、义务及责任关系的协议。

（5）建筑装饰工程施工合同　指建设方（业主）与建筑装饰承包人（承包方）为完成某一工程项目的装饰工程施工任务，明确双方权利、义务及责任关系而达成的协议。

（6）建筑安装工程分包合同　指工程项目施工的承包单位（总包），将其所承揽的工程项目中的一部分，分别委托给其他专业（如安装工程、机械施工工程）承包人（即分包）施工时，相互之间所签订的明确双方权利、义务及责任关系的协议。

（7）物资供应合同（采购合同）　指需方为工程建设需要向供方购买建筑材料和设备而签订的明确双方权利、义务及责任关系的协议，特别应注意的是供应产品名称、数量、价格、质量检侧标准、供应时间及送达地点等。

（8）成品、半成品加工订货合同　随着建筑产品工业化程度的发展与提高，施工企业签订这类合同的种类和数量越来越多。其内容是根据承包人按施工图纸要求，由建筑构件厂、木材加工厂等构配件生产加工单位承揽制造，最后由承包人验收成品并支付加工费用而签订的合同。合同中要明确加工的产品名称、规格数量、质量标准、价格运输要求、送达时间地点等权利、义务及责任关系。由于工程项目的规模、性质、要求不同及项目管理的需要，上述合同可根据实际情况进行合并、调整或增减。

**5. 与建设工程有关的其他合同**

严格地讲，与建设工程有关的其他合同并不属于建设工程合同的范畴。但是，这些合同所规定的权利和义务等内容，与建设工程活动密切相关，可以说建设工程合同从订立到履行的全过程离开了这些合同是不可能顺利进行的。

（1）国有土地使用权出让或转让合同，城市房屋拆迁合同　建设单位进行工程项目的建设，必须合法取得土地使用权，除以划拨方式取得土地使用权以外，都必须通过签订国有土地使用权出让或转让合同来获得。

城市房屋拆迁合同的有效履行，是建设单位依法取得施工许可的先决条件。根据《中华人民共和国建筑法》的有关规定，建设单位申请施工许可证时，应当具备的条件之一是拆迁进度符合施工要求。

(2) 建设工程保险合同和担保合同　建设工程保险合同是为了化解工程风险，由业主或承包人与保险公司订立的保险合同。建设工程担保合同是为了保证建设工程合同当事人的适当履约，由业主或承包人作为被担保人，与银行或担保公司签订的担保合同。

建设工程保险合同和工程担保合同是实施工程建设有效风险管理、提高合同当事人履约意识、保证工程质量和施工安全的有效保证，FIDIC 条款和我国《建设工程施工合同（示范文本）》等合同条件中都规定了工程保险和工程担保的内容。

## 第二节　工程合同的主要内容

### 一、国内工程合同的主要内容

合同内容通常又称为合同条款。就工程合同而言，是发包人与承包人之间针对某项工程建设，就各自的权利与义务协商一致而达成的约定。从总体上看，承包人的义务在于保质保量地完成承包的工程项目，发包人的义务在于及时支付工程价款。根据《合同法》中当事人自愿订立的原则，合同的具体内容应由当事人结合实际工程自主协商确定，法律无法作出具体规定。但为了维护正常的市场经济秩序，便于当事人拟订合同条款，《合同法》还对合同所应具备的基本条款作出了如下规定。

**1. 当事人的名称（或者姓名）和住所**

当事人的名称（或者姓名）和住所，也称当事人的自然情况。因为合同是非常严肃的法律文件，对当事人的自然情况务必载明。名称是指法人或者其他组织在工商登记机关登记的正式称谓；姓名是指公民在身份证或者户籍登记上的正式称谓。住所对公民个人而言，一般以其户籍所在地的居住地为准，如果户籍所在地与经常居住地不一致的，则以其经常居住地为准。而法人和其他组织的住所，则是指其主要办事机构所在地。

**2. 合同的标的**

标的是指合同中双方当事人权利义务所指向的对象，即合同法律关系的客体，包括物、行为、智力成果等，也可以是劳务、货物、工程项目或者货币等。标的是一切合同的首要条款。依据工程合同种类的不同，工程合同的标的也各有不同。如：勘察设计合同的标的是勘察设计成果；建筑工程合同的标的是工程建设项目；监理合同的标的是建设方委托监理单位具体负责监督管理的工程项目的建设情况，而不是工程项目本身等。

**3. 标的的数量**

标的数量，是标的的量化尺度。它把标的定量化，从而为计算价款或报酬提供方便和途径。签订合同时，必须使用国家法定计量单位，做到计量标准化、规范化，这样做可提高工作效率，统一计算形式，如果计量单位不统一，一方面会降低工作效率，另一方面也会因发生误解而引起纠纷。具体可参照《中华人民共和国法定计量单位》。

**4. 标的的质量**

标的质量，是标的物内在的特殊物质属性和一定的社会属性，是标的物性质差异的具体特征。当事人签订合同时，必须对标的物的质量作出明确的规定，以免在合同履行过程中产生纠纷。对于工程合同来说，质量标准更是马虎不得。对于具体工程项目来说，我国都指定有详细的质量标准，有国家标准的按国家标准签订；没有国家标准，而有行业标准的按行业标准签订，或者有地方标准的按地方标准签订。

**5. 合同价款或者报酬**

合同价款是指合同当事人一方接收或为了取得对方出让的标的物，而支付给对方的一定数额的货币、实物或者劳务；报酬，是指当事人一方为对方提供劳务、服务等，从而向对方收取一定数额的货币报酬。简单来说，对于工程合同而言，就是发包方向承包方支付的工程款等。

**6. 合同履行期限、地点和方式**

合同的履行期限是指双方当事人交付标的或者支付价款和报酬的日期，也就是依据合同的约定，权利人要求义务人履行义务请求权发生的时间。合同的履行期限，是一项重要条款。当事人必须写明具体的履行起止日期，避免因履行期限不明确而产生纠纷。倘若合同当事人在合同中没有约定履行期限，只能按照有关规定处理。履行地点是指当事人交付标的和支付价款或报酬的地点。它包括标的交付、提取地点；服务、劳务或工程项目建设的地点；价款或报酬结算的地点等；合同履行地也是一项重要条款，它不仅关系到当事人实现权利和承担义务的发生地，还关系到人民法院受理合同纠纷案件的管辖地问题。因此，合同当事人双方签订合同时，必须将履行地点写明，并且要写得具体、准确，以免发生差错而引起纠纷。履行方式是指合同当事人双方约定以哪种方式转移标的物和结算价款。履行方式应视所签订的合同的类别而定。例如，买卖货物、提供服务、完成工作合同，其履行方式均有所不同，此外，在某些合同中还应当写明包装、结算等方式，以利合同的完善履行。

**7. 违约责任**

违约责任是指合同当事人约定一方或双方不履行或不完全履行合同义务时，必须承担的法律责任。违约责任包括支付违约金、偿付赔偿金以及发生意外事故的处理等其他责任。法律有规定责任范围的按规定处理；法律没有规定责任范围的，由当事人双方协商议定办理。

违约责任条款是一项十分重要而又往往被人们忽视的条款，它对合同当事人正常履行合同具有法律保障作用，是一项制裁性条款，因而对当事人履行合同具有约束力。当事人签订合同时，必须写明违约责任。否则，有关主管机关不予登记、公证。

**8. 解决争议的方法**

解决争议的方法是指合同当事人选择解决合同纠纷的方式、地点等。根据我国法律的有关规定，当事人解决合同争议时，实行"或裁或审制"，即当事人可以在合同中约定选择仲裁机构或人民法院解决争议，当事人可以就仲裁机构或审判机关的管辖进行议定选择。当事人如果在合同中既没有约定仲裁条款，事后又没有达成新的仲裁协议，那么，当事人只能通过诉讼的途径解决合同纠纷，因为起诉权是当事人的法定权。

以上是一般合同应具备的基本条件。而建筑产品是非工厂化生产的单件产品，生产周期长，人力物力耗费大，生产过程和技术复杂，受自然条件及政策法规影响大，这些特点决定了建筑工程合同的特殊性和复杂性。工程合同的签订对于合同双方当事人来说都不是一件可重复的、经常性的、容易做好的事情。为了规范合同当事人的行为，完善社会主义市场经济条件下的建设经济合同制度，解决建设工程合同中文本不规范、条款不完备、合同纠纷多等问题，建设部会同国家工商行政管理局依据有关工程建设的法律、法规，结合我国建设市场及工程施工的实际状况，同时借鉴了国际通用土木工程合同的成熟经验和做法，从1991年开始，先后制定了《建设工程施工合同（示范文本）》、《建设工程设计合同（示范文本）》、《建设工程勘察合同（示范文本）》等。

合同示范文本是将各类合同的主要条款、样式等制定出规范的、指导性的文本，在全国范围内积极宣传和推广，引导当事人采用示范文本签订合同。合同文本的制定，很好地解决了工程合同签订过程中长时间存在的种种难题，有效地避免了发包人与承包人之间长期存在的诸多扯不清的问题。以下对上面提到的三种工程合同的示范文本作一简单介绍。

(1)《建设工程勘察合同（示范文本）》简介　1999年12月由原建设部和国家工商行政管理局联合发布了《勘察合同（示范文本）》。按照委托勘察任务的不同分为两个版本。

①《建设工程勘察合同（示范文本）（一）》(GF-2000-0203)　该合同范本适用于为设计提供勘察资料的委托任务，包括岩土工程勘察、水文地质勘察（含凿井）、工程测量、工程物探等勘察。合同条款的主要内容包括：a. 工程概况；b. 发包人应提供的资料；c. 勘察成果的提交；d. 勘察费用的支付；e. 发包人、勘察人的责任；f. 违约责任；g. 未尽事宜的约定；h. 其他约定事项；i. 合同争议的解决；j. 合同生效。

②《建设工程勘察合同（示范文本）（二）》(GF-2000-0204)　该示范文本的委托工作内容主要针对岩土工程的设计、治理和监测工作。因此，合同条款的主要内容除了上述勘察合同（示范文本）（一）应具备的条款外，还包括：变更及工程费的调整；材料设备的供应；报告、文件、治理工程等的检查和验收等方面的约定条款。

(2)《建设工程设计合同（示范文本）》简介　类似于勘察合同（示范文本）一样，建设工程设计合同示范文本按照委托设计任务的不同也分为两个版本。

①《建设工程设计合同（示范文本）（一）》(GF-2000-2009)　又称民用建设工程设计合同，主要条款包括以下几方面的内容：a. 订立合同依据的文件；b. 委托设计任务的范围和内容；c. 发包人应提供的有关资料和文件；d. 设计人应交付的资料和文件；e. 设计费的支付；f. 双方责任；g. 违约责任；h. 其他。

②《建设工程设计合同（示范文本）（二）》(GF-2000-2010)　又称专业建设工程设计合同。该合同范本除了上述设计合同（示范文本）（一）应包括的条款内容外，还增加有设计依据；合同文件的组成和优先次序；项目的投资要求、设计阶段和设计内容；保密等方面的条款约定。

(3)《建设工程施工合同（示范文本）》简介　1991年3月由建设部和国家工商行政管理总局联合制定了《建设工程施工合同（示范文本）》(GF-1991-0201)。经过几年的工程实践，根据国际、国内建筑市场的变化，经过修订和补充，于1999年12月又制定了新版《建设工程施工合同（示范文本）》(GF-1999-0201)。并于2003年颁布了《建设工程施工专业分包合同（示范文本）》(GF-2003-0213)和《建设工程施工劳务分包合同（示范文本）》(GF-2003-0214)两个有关工程施工的合同范本。

为规范建筑市场秩序，维护建设工程施工合同当事人的合法权益，住房城乡建设部、工商总局对《建设工程施工合同（示范文本）》(GF-1999-0201)进行了修订，制定了《建设工程施工合同（示范文本）》(GF-2013-0201)，本合同自2013年7月1日起执行，原《建设工程施工合同（示范文本）》(GF-1999-0201)同时废止。

其中《建设工程施工合同（示范文本）》(GF-2013-0201)主要由《协议书》、《通用条款》、《专用条款》三部分组成，并附有11个附件：附件1是《承包人承揽工程项目一览表》；附件2是《发包人供应材料设备一览表》；附件3是《工程质量保修书》；附件4是主要建设工程文件目录；附件5是承包人用于本工程施工的机械设备表；附件6是承包人主要施工管理人员表；附件7是分包人主要施工人员表；附件8是履约担保格式；附件9是预付款担保格式；附件10是支付担保格式；附件11是暂估价一览表。

## 二、国际工程承包合同主要条款

### 1. 国际工程的概念

国际工程通常是指允许由外国公司来承包建造的工程项目，即工程的招标是面向国际领域的。特别是在一些发展中国家，根据项目建设资金的来源（例如外国政府贷款、国际金融机构贷款等）和技术复杂程度，以及本国工程公司的能力局限等情况，允许外国公司承包某些工程。国际工程通常包含咨询和承包两大行业。

（1）国际工程咨询　国际工程咨询包括对工程项目前期的投资机会研究、预可行性研究、可行性研究、项目评估、勘察、设计、招标文件编制、监理、管理、后评价等，是以高水平的智力劳动为主的行业，一般都是为建设单位（发包人）提供服务的，也可应承包人聘请为其进行施工管理、成本管理等。

（2）国际工程承包　国际工程承包包括对工程项目进行投标、施工、设备采购及安装调试、分包、提供劳务等。按照发包人的要求，有时也作施工详图设计和部分永久工程的设计。

类似于我国的工程合同示范文本，在整个国际工程领域也有几种国际通用的工程合同条件，分别如下。

① 国际咨询工程师联合会制定的"FIDIC"系列合同条件。它是目前国际上会员国家最多，最具有权威性的系列合同条件。适用于国际工程承包及咨询，也是我国很多大型工程施工标准的蓝本。

② 英国土木工程师学会编制的"ICE"合同条件——《土木工程施工合同条件》，以及英国皇家建筑师学会编制的"JCT"合同条件，即《建筑业标准合同条件》。前者主要用于道路、水利、桥梁等大型建设工程及构筑物，后者主要用于房屋建筑。主要在英国以及与英国关系密切的国家使用。

③ 欧洲发展基金会编制的 EDF 合同条件。主要针对国际上使用该基金建造的土木工程项目使用。EDF 合同条件的原始版本和现行的最新版本编制的法律依据，是法国的法律以及行政管理法规。

④ 美国建筑师学会制定的 AIA 系列合同条件。美国作为一个经济强国和移民国家，其土木工程的规模、数量均较大。同时作为最大的发达国家，美国的土木工程项目管理和承包也形成了一套高效的体系，在合同文件的制定及应用上均有丰富的经验，故此 AIA 系列合同条件在国际社会的影响很大。其主要在美国及受美国影响的地区使用。

以下重点介绍"FIDIC"系列合同条件。

### 2. "FIDIC"系列合同条件简介

"FIDIC"根据其中文音译名称又称"菲迪克"，是国际咨询工程师联合会的法文（Foderation International Des Inginieurs Conseils）缩写。它于1913年在欧洲成立。第二次世界大战后，世界各国百废待兴，整个建筑业面临巨大的机遇。由于"FIDIC"以前所取得的骄人业绩，使得其迅速发展壮大起来。它通过在一个国家或地区吸收一个独立的咨询工程师联合会作为成员，迅速从成立之初的三个国家，直至发展到现在全世界 80 多个会员国家，囊括了大多数的发达国家和发展中国家。

"FIDIC"是一个非官方机构，其宗旨是通过编制得到普遍认同、高水平的标准文件，召开研讨会，传播工程信息，从而推动全球工程咨询行业的发展。为此，"FIDIC"专业委员会编制了一系列规范性合同条件，构成了 FIDIC 合同条件体系。

(1) "FIDIC" 系列合同条件的构成  1999 年 9 月，"FIDIC" 又出版了 4 份最新的合同条件，具体如下。

① 《施工合同条件》（Condition of Contract for Construction），简称 "新红皮书"，于 1999 年发布。该合同主要用于由发包人设计的或由咨询工程师设计的房屋建筑工程和土木工程。施工合同条件的主要特点表现为，以竞争性招标投标方式选择承包商，合同履行过程中采用以工程师为核心的工程项目管理模式。

② 《生产设备和设计-建造合同条件》 （Conditions of Contract for Plant and Design-Build），简称 "新黄皮书"。在新黄皮书条件下，承包人的基本义务是完成永久设备的设计、制造和安装。

③ 《EPC 交钥匙合同条件》（Conditions of Contract for EPC/Turnkey Projects）。

④ 《合同简短格式》（Short form of Contract）。

除了上述最新的 4 个合同条件，还有 1982 年发布的《投标程序》、1986 年发布的《施工、保险和法律》、1990 年发布的《业主与咨询工程师标准服务协议书》，这 7 个合同共同构成了现有的 "FIDIC" 系列合同条件的主干。

结合我国工程建设及工程合同管理、应用的现状，重点介绍 1999 年版的《施工合同条件》（Condition of Contract for Construction）的主要内容。

(2) "FIDIC"《施工合同条件》（1999）的主要内容  "FIDIC" 1999 年发布的《施工合同条件》是土建工程综合性的合同条款蓝本，是由业主通过竞争性招标选择承包商承包，并委托监理工程师执行监督管理的标准化合同文件范本。它包括通用条件、专用条件、投标书和协议书。

① 通用条件  "FIDIC" 合同条款的第一部分称做 "通用条件"（general conditions）。"通用"的含义是，工程建设项目只要是属于土木工程类施工，不管是工业民用建筑，还是水电、火电、市政工程，或是铁路、公路交通等各建筑行业均可适用。通用条件共有 72 条 194 款。内容包括：定义与解释，工程师及工程师代表，转让与分包，合同文件，一般义务，劳务，材料、工程设备和工艺，暂时停工，开工和误期，缺陷责任，变更、增添和省略，索赔程序，承包商的设备、材料和临时工程，计量，暂定金额，指定的分包商，证书与支付，补救措施，特殊风险，解除履约合同，争端的解决，通知，业主的违约，费用和法规的变更，货币及汇率共 25 个主题。

条款的编写用词严谨，前后关联，有些条款需前后对照才能明确其含义，或与专用条件相应序号的条款联系起来，才能构成一条完整的内容。因此，在采用此条款时要特别注意。

② 专用条件  "FIDIC" 合同条款的第二部分称做 "专用条件"（guidance for the particular conditions）它是针对具体工程的特点，对"通用条件"中的不同条款进行选择、补充或修正，使这两部分相同序号的条款内容更为完备的条款，其编号和通用条件的各条相对应，是对通用条件各相应条款的进一步明确化。因此，通用条件和专用条件是一个整体，是相互补充衔接而不可分割的，它们共同形成了对合同双方的约束。就某一具体工程编制第二部分条款时，如果相对第一部分的任何措辞有所变动或包括有任何补充材料之处，均应仔细斟酌，以免第一部分与第二部分各条款之间引起含义不清，影响合同条件的执行和造成不必要的损失。

③ 投标书和协议书  在 "FIDIC" 合同条款的第三部分，是有关合同文件的一些标准格

式，如"投标书"和"协议书"的标准格式，以及投标书的附录表。投标书中的空格只需投标人填写具体内容，即可与其他材料一起构成投标文件。投标书附件是针对通用条件中某些具体条款需要作出具体规定的明确条件，如担保金额的具体数值或为合同价的百分数；颁发开工通知的时间和竣工时间；承包商拖延工期的每天赔偿金及最高限额的具体数值等。这部分内容的所有详细数字都要在标书文件发出之前由招标单位填写好。

协议书是业主和中标的承包商签订施工合同的标准文件，只要双方在空格内填入相应内容，并签字或盖章后即可生效。

④ 应用"FIDIC"合同条款时需注意的问题　在实际应用中要注意以下几个问题。

a. 招标阶段需要注意的问题

（a）仔细研究招标文件。特别注意了解工程所在地的地质概况、工期要求、施工条件的优劣程度，有无索赔和仲裁条件，合同价格有无调整的可能性以及汇率变化情况等。

（b）做好现场调查。通过现场考察了解现场水文地质状况、当地法律规定、及民俗、劳务状况、现场条件等。

（c）了解业主的资信状况。要特别注意工程款源的落实及业主付款是否守约等。

（d）认真核定投标报价。对有风险的施工项目的单价要尤其注意，防止漏项和错报。

b. 施工阶段需要注意的问题

（a）加强施工过程管理，抓好进度和质量，防止违约。FIDIC对质量控制的条款有：按合同文件规定进行施工；对设备的规格、性能和质量进行检验；对材料的规格、质量和强度进行检验；按规定的工艺要求施工；抽查、随机取样化验等。对工期方面的要求主要有：工程师对工期拖延的责任；承包商对按期施工的责任；对暂时停止施工的规定；工程的开、竣工时间；工程进度的要求；拖期违约的处理；特殊风险引起的工期延长和损失的补偿等。

（b）加强成本控制和财务管理。要及时结算和催款，使业主实际已发生的费用及时兑付。

（c）增强投保意识，使自身减少部分风险。

c. 索赔方面需要注意的问题

（a）熟练掌握合同，增强索赔意识。运用条款规定的索赔权利，不失时机地争取索赔，如文件不符、图纸问题、放样错误、意外风险等都存在可能索赔的理由。

（b）及时发出索赔通知书，抓住时机，注意提供有说服力的、完整的索赔资料，避免积累争端和"算总账"。

（c）学会谈判技巧。为求主动，一般要在工程总量完成过半时开始提出索赔，边施工边索赔。在谈判中，要抓住"火候"，适时提出索赔目标和策略，起步要高，敢于还价，让步要稳，在原则问题上要耐心坚持，做到有理、有据、有节。争取采用谈判、中间人调解等方式解决索赔争端，迫不得已方可以法律诉讼的方式来解决。

（d）严格按索赔程序办事，以便顺利达到索赔的满意结果。

d. 履约期间需要注意的问题

（a）及时建立依据材料。在履约期间，常常因形势急迫，工程师来不及发出书面指示，而有时是临场下达口头指示。执行工程师的口头指示是承包商应尽的义务，但是许多承包商忽视了要求工程师随后书面确认其口头指示，常常以为干了活，拿到了钱就了事完结。其实不然，按照"FIDIC"合同条款规定，工程的最后结算是以书面指示为凭的，如果承包商在执行了工程师的口头指示后，立即要求其书面确认，或主动致函工程师，并附上有关执行该口头指示的图片或照片，确认其已经接到并执行了这一口头指示，就可避免工程最后结算时的麻烦。

（b）及时行使合法权利。"FIDIC"合同条款虽然赋予了承包商一些合法权利，但是，有些权利限定的时间却很短，超过了这个期限，权利便自行失效。因此，承包商应严格按照"FIDIC"合同条款规定的期限，及时行使合法权利，保护其自身利益，如在履约期间，发生了索赔事件，但由于承包商未曾在规定的时间内发出索赔通知，或者未能及时提出索赔依据和款额，等到项目完工再算索赔账，业主自然不会也不愿接受。

（c）及时纠正自己的违约行为。为了确保合同的圆满实施，国际工程承包合同都规定了相应的担保措施和保函的索偿办法。按照"FIDIC"合同条款规定，在保函索偿之前，业主应告知承包商其索偿数额和缘由，这就给承包商留有一个弥补过失的机会，承包商应抓紧时间，积极采取有效措施，通过改正其违约行为，阻止或减少业主的索偿。

## 第三节　工程合同的签订与管理

### 一、工程合同的签订

**1. 工程合同签订的原则**

（1）平等自愿原则　平等自愿原则是指合同的当事人，不论其是自然人，还是法人，也不论其经济实力的强弱或地位的高低，他们在法律上的地位一律平等，任何一方都不得把自己的意志强加给对方。同时，法律也给双方提供平等的法律保护及约束。

（2）合同内容自由原则　合同自由原则是指合同的当事人在法律允许的范围内享有完全的自由，可按自己的意愿缔结合同，为自己设定权利和义务，任何机关、组织和个人都不得非法干预。合同自由原则是市场经济对法律提出的要求，没有合同自由就没有真正的市场经济。合同自由原则主要表现在当事人有缔结或不缔结合同的自由，选择与谁缔结合同的自由，决定合同内容的自由，选择合同形式的自由，变更和解除合同的自由。当然，上述自由不是自由放任，而是在法律允许范围内所享有的自由。

（3）公平合理原则　公平原则是指以利益均衡作为价值判断标准，依此来确定合同当事人的民事权利、民事义务及其承担的民事责任。具体表现为：合同的当事人应有同等的进行交易活动的机会；当事人所享有的权利与其所承担的义务应大致相当，不得显失公平；当事人所承担的违约责任与其违约行为所造成的实际损害应大致相当；当实际情况发生重大变化导致不能维持合同效力时，合同内容应得到相应变更等。

（4）诚实信用原则　诚实信用原则简称诚信原则，是指合同当事人在行使权利、履行义务时，都应本着诚实、善意的态度，恪守信用，不得滥用权利，也不得规避法律或合同规定的义务。它是市场经济活动中的道德准则在法律中的体现，也是维护市场经济秩序的必然要求。诚实信用原则是一切民事行为都应遵循的"黄金原则"，它可平衡当事人之间及当事人与社会之间的利益关系，在法律规定不明确时，法院可据此行使公平裁决权，因此，它还可在一定程度上弥补法律规定的不足。

（5）遵守法律、法规，不得损害社会公共利益的原则　《合同法》规定："当事人订立、履行合同，应当遵守法律、行政法规，遵守社会公德，不得扰乱社会经济秩序，损害社会公共利益"。合同的签订不能违反法律，不能与法律相抵触，否则合同无效，这保证了合同的有效性。合同自由原则受合同法律原则的限制，工程实施和合同管理必须在法律所限定的范围内进行。超越这个范围，触犯法律，会导致合同无效，经济活动失败，甚至会带来承担法律责任的后果。

**2. 工程合同签订的过程**

《合同法》第 13 条规定，当事人订立合同，采取要约、承诺方式。要约和承诺是合同法规定的一般合同所要经历的两个阶段。由于工程合同签订的特殊性，一般还要经过要约邀请→要约→承诺→签订合同等几个阶段，这都是一些较为抽象的过程。以下通过一个简单的案例初步了解一下其各自的含义。

【例 8-1】 甲单位就某项工程的设计，向十几家意向中的设计单位发出招标书，乙设计院在规定时间内根据招标书的要求，制作了详细的投标书，经公开决标，最后乙设计院中标。甲单位随即发出了中标通知书，和乙设计院约定在一定的时间和地点签订具体的设计合同。

在上例中，招标书即是所谓的要约邀请，乙设计院制作的投标书即是所谓的要约，而中标通知书即是所谓的承诺。在此，要注意以下几点。

(1) 要约邀请　要约邀请不同于要约。《合同法》第 15 条规定，要约邀请是希望他人向自己发出要约的意思表示，也称"要约引诱"。商业广告、价目表、拍卖公告、招标公告等均为要约邀请。但要注意的是，如果商业广告的内容符合要约规定，则视为要约。

(2) 要约的概念　就工程合同而言，要约是指希望和他人就某项具体的工程内容订立合同的意思表示。根据《合同法》第 14 条规定，要约的构成要件如下。

① 要约的内容应具体、确定。由于要约一经受要约人（上例中的甲单位）承诺，合同即为成立，所以要约必须是能够决定合同的主要内容，应包含合同得以成立的必要条款。如上例中的投标书其内容一定要具体、完整、确定。

② 只要受要约人同意该要约，或者说针对该要约作出了承诺（如上例中的中标通知书），则要约人（如上例中的乙设计院）即受该意思表示约束，也就是说要约是具有法律约束力的。要约人在要约有效期间要受自己要约的约束，并负有与作出承诺的受要约人签订合同的义务。要约一经要约人发出，并经受要约人承诺，合同即告成立。

(3) 要约的生效时间　关于要约的生效时间，我国采取了到达生效的立法体例，即要约于到达受要约人时生效。要约自生效时起对要约人产生约束力。《合同法》第 16 条规定，采用数据电文形式订立合同，收件人指定特定系统接收数据电文的，该数据电文进入该特定系统的时间，视为到达时间；未指定特定系统的，该数据电文进入收件人的任何系统的首次时间，视为到达时间。

(4) 要约的撤回与撤销　根据《合同法》第 17 条规定，要约可以撤回。撤回要约的通知应当在要约到达受要约人之前或者与要约同时到达受要约人。要约因撤回而不发生效力。同时，《合同法》第 18 条规定，要约还可以被要约人撤销。撤销要约的通知应当在受要约人发出承诺通知之前到达受要约人。要约因被撤销而不再生效，即在被撤销之后，要约不再对要约人有约束力。为了保护受要约人的正当权益，《合同法》第 19 条规定，有下列情形之一的，要约不得撤销：

① 要约人确定了承诺期限或者以其他形式明示要约不可撤销；

② 受要约人有理由认为要约是不可撤销的，并已经为履行合同做了准备工作。

(5) 要约的失效　要约仅仅是订立合同的第一个有法律意义的阶段，而且要约并不一定导致合同订立行为的继续，更不一定导致合同的成立。《合同法》规定了要约失效的若干情形：

① 拒绝要约的通知到达要约人；
② 要约人依法撤销要约；
③ 承诺期限届满，受要约人未作出承诺；
④ 受要约人对要约的内容作出实质性变更。

（6）关于承诺　根据《合同法》第21条规定，承诺是指受要约人同意要约的意思表示，如上例中的中标通知书。承诺的构成要件包括：

① 承诺必须由受要约人作出；
② 承诺的内容应当与要约的内容完全一致；
③ 承诺人必须在要约有效期内作出承诺。

要注意的是，这里的内容完全一致并不是说一字不变，而是指不能对要约的内容作出实质性的变更。根据《合同法》第30条的规定，有关合同标的、数量、质量、价款或报酬、履行期限、履行地点和方式、违约责任和解决争议的方式等的变更是对要约内容的实质性变更。

**3. 工程合同签订的形式**

合同的形式是当事人意思表达的载体。一般来说，可以为书面形式、口头形式和其他形式。根据《合同法》的规定，工程合同签订应采用书面形式。

## 二、工程合同的管理

工程合同的管理是对工程项目建设过程中所发生的或所涉及的一切经济、技术合同的签订、履行、变更、索赔、解除、解决争议、终止与评价的全过程进行的管理工作。

**1. 工程合同管理的相关责任人**

工程合同管理的相关责任人应为合同双方的第一负责人。根据工程的规模和不同阶段配备相应的辅助管理人，并应配置专门的合同管理人员。

**2. 工程合同管理的有关内容**

工程合同管理的直接内容是上面提到的合同在签订、履行、变更、索赔、解除、解决争议、终止与评价的全过程中所涉及的一切经济、技术问题。为此需做好以下几方面的工作。

（1）合同分析　由于合同条文繁杂，内涵意义深刻，又加上法律语言不容易理解；同时在一个工程项目中，几份、十几份合同交织在一起，关系复杂，而作为工程小组或项目管理相关职能人员所涉及的活动和问题并不是工程合同文件的全部，因此一定要做好合同分析工作。并要结合工程的不同阶段，重点做好诸如：合同的法律基础、承包人的主要任务、发包人的责任、合同价格、工期要求、违约责任等内容的分析工作。

（2）合同交底　合同分析后，应由合同管理人员向各层次管理者作"合同交底"，把合同责任落实到各责任人和合同实施的具体工作上。

**3. 工程合同管理的相关制度**

（1）合同分类管理制度　由于工程合同涉及企业内部各个部门的管理工作，如果单纯一个部门去管理必然会造成专业上的缺陷，使合同产生漏洞。同时建筑工程合同内容繁多，单靠一人、一个部门很难完成合同管理的任务。为了保证合同签订后的全面履行，在未正式签订前，就要由公司领导组织施工、材料、机械、财务等各部门共同研究合同签订的可行性，各部门针对本专业提出质疑，集思广益，充分发挥各部门的优势，既保证合同能全面履行，又可增强多部门间的协作关系，调动各部门的积极性，为以后合同的实施打好基础，把合同的风险降到最低。

(2) 合同审批制度　经过各部门的研讨后在实施上没有问题，但要保证合同的合法性，在签订前必须要经过上级主管部门及法律方面专家顾问的审查。确保合同内容无遗漏，符合法律要求。通过审查后由企业的法定代表人签署意见，同意签订合同并经过严格的审查之后，可保证合同在法律上的有效性，保证合同的完整性，避免合同纠纷的发生，维护企业的合法权益。

(3) 印章管理制度　建设企业合同专用章是代表企业在经营活动中对外行使权利、承担义务、签订合同的凭证。因此，企业对合同专用章登记、保管、使用等都要有严格的规定。合同专用章应由合同管理员保管、签印，并建立"企业用印登记"制度，实行专章专用。合同专用章只能在规定的业务范围内使用，不能超越范围使用；不得为空白合同文本加盖合同印章；不得为未经审查批准的合同文本加盖合同印章；严禁与合同洽谈人员勾结，利用合同专用章谋取个人私利。出现上述情况，要追究合同专用章管理人员的责任。凡外出签订合同时，应由合同专用章管理人员携章陪同负责办理签约的人员一起前往签约。

(4) 考核、奖励制度　合同统计考核制度是建设企业整个统计报表制度的重要组成部分。完善合同统计考核制度，是运用科学的方法，利用统计数字，反馈合同的订立和履行情况，通过对统计数字的分析，总结经验，找出经验教训，为企业经营决策提供重要依据。建设企业合同考核制度包括统计范围、计算方法、报表格式、填报规定、报送期限和部门等。建设企业一般是对中标率、合同谈判成功率、合同签约率和合同履约率进行统计考核。发现和解决合同履行中的问题，协调企业各部门履行合同中的关系。同时，建设企业应建立合同签订、履行的监督检查制度。通过检查及时发现合同履行管理中的薄弱环节和矛盾，以利于提出改进意见，促进企业各部门不断改进合同履行管理工作，提高企业的经营管理水平。通过定期的检查和考核，对合同履行管理工作完成好的部门和人员给予表扬鼓励；成绩突出，并有重大贡献的人员，给予物质奖励。对于工作差、不负责任的或工作成效很差的部门和人员要给予批评教育；对玩忽职守、严重渎职或有违法行为的人员要给予行政处分、经济制裁，情节严重、触及法律的要追究刑事责任。实行奖惩制度有利于增强企业各部门和有关人员履行合同的责任心，提高人们的合同意识，促进全员进行合同管理的积极性，是保证全面履行合同的极其有力的措施。

(5) 归档制度　合同是工程施工的重要依据，是工程竣工验收的标准，是解决经济纠纷，进行工程索赔的依据。因此合同的后期保管具有重要意义，工程交工后，作为企业应设专门的合同管理员具体实施合同后期管理工作。同时设置专用场所保管，重要的要送交档案馆保存。防止合同损坏丢失，以免使工程后期出现问题、发生纠纷后，无据可查，造成不必要的损失。建设企业一般情况下合同数量大，种类多，合同变更频繁，各种合同资料众多，采用传统方法管理容易混乱丢失，同时工作人员的工作量很大。在科技飞速发展的今天，计算机和网络的发展普及提供了一个新的途径。采用信息化管理制度，将合同资料分门别类存储到计算机或数据库中。重要的合同、技术变更、图纸图片等都可以建立文件编码，应用计算机程序保存，查找。许多信函也可以通过网络，采用电子邮件的方式进行传递，大大节省时间，提高效率。重要的文件可以通过光盘保存的方式，既可长久保存，又便于存放及携带，也节省了人力财力资源。

## 第四节 工程索赔

### 一、工程索赔的概念和分类

**1. 索赔的概念**

索赔是指在建设工程合同的实施过程中,合同一方因对方未履行或未能正确履行合同所规定的义务或未能保证承诺的合同条件实现而使己方遭受到损失,按合同规定通过合法程序向对方提出赔偿或补偿要求的行为。具有如下特征:①索赔是相互的、双向的,承包人可向发包人索赔,发包人也可以向承包人索赔;②索赔是一种未经对方确认的单方行为。与人们通常所说的工程签证不同。工程签证是承发包双方就额外费用补偿或工期延长等达成一致的书面证明材料和补充协议,可以直接作为工程款结算或最终增减工程造价的依据。而索赔要求能否最终实现,必须要通过对方确认后才能实现。

**2. 索赔的分类**

(1) 按索赔当事人分类

① 承包人与发包人之间的索赔 这类索赔大多是有关工程量计算、变更、工期、质量和价格方面的争议,也有中断或终止合同等其他违约行为的索赔。

② 总承包人与分包人之间的索赔 其内容与第①项大致相似,但大多数是分包人向总承包人索要付款或赔偿及总承包人向分包人罚款或扣留支付款等。

以上两种涉及工程项目建设过程中施工条件或施工技术、施工范围等变化引起的索赔,一般发生频率高,索赔费用大,有时也称为施工索赔。

③ 发包人或承包人与供货人、运输人之间的索赔 其内容多系商贸方面的争议,如货品质量不符合技术要求、数量短缺、交货拖延、运输损坏等。

④ 发包人或承包人与保险人之间的索赔 此类索赔多系被保险人受到灾害、事故或其他损害或损失,按保险单向其投保的保险人索赔。

以上两种在工程项目实施过程中的物资采购运输、保管、工程保险等方面活动引起的索赔事项,又称商务索赔。

(2) 按照索赔事件的影响分类

① 工期拖延索赔 由于业主未能按合同规定提供施工条件,如未及时交付设计图纸、技术资料、场地、道路等;或非承包商原因业主指令停止工程实施;或其他不可抗力因素作用等原因,造成工程中断或工程进度放慢,使工期拖延。承包商对此提出索赔。

② 不可预见的外部障碍或条件索赔 如在施工期间,承包商在现场遇到一个有经验的承包商通常不能预见到的外界障碍或条件,例如地质与预计的(业主提供的资料)不同,出现未预见到的岩石、淤泥或地下水等口。

③ 工程变更索赔 由于业主或工程师指令修改设计、增加或减少工程量、增加或删除部分工程、修改实施计划、变更施工次序等,造成工期延长和费用增加。

(3) 按照索赔所依据的理由分类

① 合同内索赔 索赔依据可在合同条款中找到明文规定,这类索赔争议少,监理工程师即可全权处理。

② 合同外索赔 索赔权利在合同条款内很难找到直接依据,但可来自普通法律,承包

商必须有丰富的索赔经验方能实现。索赔表现多为违约或违反担保造成的损害。此项索赔由业主决定是否索赔，监理工程师无权决定。

③ 道义索赔 又称额外支付，承包商对标价估计不足，虽然圆满完成了合同规定的施工任务，但期间由于克服了巨大困难而蒙受了重大损失，为此向业主寻求优惠性质的额外付款。这是以道义为基础的索赔，既无合同依据，又无法律依据。这类索赔监理工程师无权决定，只有在业主通情达理，出于同情时才会超越合同条款给予承包商一定的经济补偿。

（4）按索赔要求分类

① 工期延长索赔 由于非承包商方面原因造成工程延期时，承包商向业主提出的推迟竣工日期的索赔。

② 费用损失索赔 承包商向业主提出的，要求补偿因索赔事件发生而引起的额外开支和费用损失的索赔。

（5）按照索赔的处理方式分类

① 单项索赔 单项索赔是指在一项索赔事件发生时或发生后的有效期间内，立即进行的索赔。单项索赔的原因单一、责任单一，比较容易处理，索赔的金额都比较小。

② 总索赔 总索赔又称一揽子索赔或综合索赔。这是在工程中常采用的索赔处理和解决的方法。承包商在竣工之前就施工中未解决的单项索赔综合起来提出总索赔。

通常在以下几种情况下采用一揽子索赔。

a. 总索赔中的各单项索赔常常因为较复杂、无法立即解决而遗留下来的，拖延到工程后期一起解决。

b. 各单项索赔事件相互影响、错综复杂，很难将其单独分开的，必须综合在一起进行索赔处理。

c. 业主拖延对单项索赔的答复。许多单项索赔得不到及时解决，不得已进行总索赔。有时这也是业主的一种策略，以拖的方式应对承包商的索赔。总索赔常常由于工程过程中的许多干扰事件搅在一起，责任分析困难，处理和解决也很复杂，对于索赔报告的起草、审阅、评价的要求也很高。总索赔要想成功，承包商必须将工程资料和索赔证据全部保存好，增加了工程文档资料保管的任务。在谈判过程中对于事件的分析要详细，证据要充足。由于总索赔涉及的金额巨大，双方都不敢轻易让步。使谈判过程进展缓慢。有些索赔事件的解决要花费几年时间。这有时也会影响承包人的资金周转，打击承包人履行合同的积极性，不利于合同的顺利实施。因此对于可通过单项索赔解决的最好及时协商达成协议解决问题，不要遗留到最后通过总索赔进行解决。总索赔的成功率要比单项索赔低很多。

## 二、工程索赔的依据和处理程序

**1. 常见的索赔依据**

索赔的证据是当事人保证其索赔成立的证明文件和资料。索赔的成功离不开真实有效的证据。证据不足或缺乏真实性，都将导致索赔的失败，在索赔报告中提供真实有效的证据是索赔成功的保证。

常见的索赔依据有以下几类。

① 合同文本以及附件、招标文件、中标通知书、投标文件、施工图纸、设计变更、工程量清单、工程预算书、技术规范等。还有业主提供的地质资料、施工所需的证件、批件、临时用地、占地证明手续等。

② 经业主批复的施工组织设计、施工方案、施工进度计划等报表。在工程实际施工过程中的施工进度记录、月进度报表、每月进度修改计划等。这些都反映出施工中劳动力、管理人员、施工机械设备的实际情况，都将成为工程变更索赔的重要证据。

③ 工程中的各种信件往来、电话记录、通知、答复等。这里主要指意向明确的信件才能成为索赔的证据。而带有商讨性的信件不能作为证据。在合同实施过程，承包商对业主和工程师的口头指令和对工程问题的处理意见要及时索取书面证据。尽管相距很近，天天见面，也应以信件或其他书面方式交流信息。这样有根有据，对双方都有利。来信的信封也要留存，信封上的邮戳记载着发信和收信的准确日期，起证明作用。承包商的回信都要复印留底。所有信件都应建立索引，存档，直到工程全部竣工，合同结束。

④ 各种会议记录，双方谈话记录等。如：在招标会议上，业主对承包商问题的书面答复，或双方签署的会谈纪要；在施工合同履行过程中，业主、工程师和承包人定期或不定期的会谈所做出的决定或决议等。会谈纪要必须经双方认可签署后方可作为索赔的依据。在会谈过后起草的会谈纪要应双方审查。如有不同意见须在规定期限内提出。超出这个期限不作答复，即认为通过认可。在签订会谈纪要时也要认真对待，仔细审查，及时反驳不合理的或不利于自己的意见。会议纪要被作为证据时常常要对时间地点及执行情况进行确定，这些在纪要中要记录清楚。

⑤ 施工现场的工程文件。包括施工记录、施工日记、各种报验表、质量检查表、隐蔽工程记录、监理工程师填写的施工记录和各种签证，以及工程中重要部位的图片和录像资料等。完整的照片和录像能准确地反映工程进度，承包人应经常注意拍摄工程照片和录像，注明日期，作为以后核查的资料。

⑥ 气象报告和资料，有关天气的温度、风力、雨雪的资料等。如遇到恶劣的天气，做好记录，请工程师签证。

⑦ 发包人发布的各种书面指令书和确认书，以及承包人的要求、请求、通知书等。

⑧ 工程建设期间经业主或工程师签认的签证。

⑨ 工程中送停水、送停电、道路开通和封闭的记录和证明，并由工程师签证。

⑩ 工程结算资料和有关财务报告，如工程预付款、进度款拨付的数额及日期记录、工程结算书、保修单等。

⑪ 建筑材料和设备的采购、订货、运输、进场、使用方面的记录、凭证和报表等。

⑫ 市场行情资料。包括市场价格、物价指数、工资指数、汇率等材料。

⑬ 各类财务凭证。需要收集和保存的工程基本会计资料，包括工资卡、人工分配表、注销薪水支票、工人福利协议、经会计师核算的薪水报告单、购料订单、收讫发票等。

⑭ 国家法律法规、政策文件等。如因税金增加，提出索赔，在索赔报告中将文件复印件附在后面。

**2. 工程索赔的处理程序**

索赔的处理程序是指从索赔事件产生到最终处理完结全过程所包括的阶段或工作内容。只有按正当的索赔程序才能最大程度地保证获得索赔成功。由于实际当中，索赔大多发生在工程施工阶段，且大多是承包人向发包人的索赔，故在这里重点讲述一下工程施工阶段承包人的索赔程序。通常包括如下几个步骤。

(1) 提出索赔要求

① 发出索赔意向通知　索赔事件发生后，承包人应在索赔事件发生后的 28 天内向工程

师递交索赔意向通知,声明将对此事件提出索赔。同时承包人有义务作好现场施工的同期记录。工程师有权随时检查和调阅,以判断索赔事件造成的实际损害。索赔意向通知,一般仅仅是向业主或工程师表明索赔意向,所以应当简明扼要。通常只要说明以下几点内容:索赔事由发生的时间、地点、简要事实情况和发展动态,索赔所依据的合同条款和主要理由,索赔事件对工程成本和工期产生的不利影响。

② 递交索赔资料 索赔意向通知提交后的 28 天内或工程师可能同意的其他合理时间,承包人应递送正式的索赔报告。

索赔报告的内容应包括:事件发生的原因;对其权益影响的证据资料;索赔的依据;此项索赔要求补偿的款项和工期顺延天数的详细计算等有关材料。

如果索赔事件的影响持续存在,28 天内还不能算出索赔额和工期顺延天数时,承包人应按工程师合理要求的时间间隔(一般为 28 天),定期陆续报出每一个时间段内的索赔证据资料和索赔要求。在该项索赔事件的影响结束后的 28 天内,报出最终详细报告,提出索赔论证资料和累计索赔额。

**【注意】** 如果承包人未能按时间规定提出索赔意向通知和(或)索赔报告,则他就失去了就该项事件请求补偿的索赔权利。此时他受到损害的补偿,将不超过工程师认为应主动给予的补偿额。

(2) 工程师审核索赔报告 工程师是受业主的委托和聘请,对工程项目的实施进行组织、监督和控制工作。在业主与承包人之间的索赔事件发生、处理和解决过程中,工程师是个核心人物。工程师在接到承包人的索赔文件后,必须以完全独立的身份,站在客观公正的立场上审查索赔要求的合理性,必须对合同条件、协议条款等有详细的了解,以合同为依据来公平处理合同双方的利益纠纷。

① 审核承包人的索赔申请 在接到正式索赔报告以后,认真研究承包人报送的索赔资料。首先在不确认责任归属的情况下,客观分析事件发生的原因,重温合同的有关条款,研究承包人的索赔证据,并检查他的同期记录;其次通过对事件的分析,工程师再依据合同条款划清责任界限,如果必要时还可以要求承包人进一步提供补充资料。尤其是对承包人与发包人或工程师都负有一定责任的事件影响,更应划出各方应该承担合同责任的比例。最后再审查承包人提出的索赔补偿要求,剔除其中的不合理部分,拟定自己计算的合理索赔款额和工期顺延天数。

② 判定索赔是否成立 一是与合同相对照,事件已造成了承包人施工成本的额外支出或总工期延误;二是造成费用增加或工期延误的原因,按合同约定不属于承包人应承担的责任,包括行为责任或风险责任;三是承包人按合同规定的程序提交了索赔意向通知和索赔报告。

上述三个条件没有先后主次之分,应当同时具备。

③ 审查索赔报告 包括:事态调查;损害事件原因分析;分析索赔理由;实际损失分析;证据资料分析。

④ 审核后的答复 工程师应在受到承包方递交的索赔报告等有关资料后,于 28 天内给予答复,或要求承包人进一步补充索赔理由和证据。若 28 天内未能给予答复或未对承包人作出进一步的要求,视为该项索赔已经认可。

在经过认真分析研究,与承包人、发包人广泛讨论后,工程师应该向发包人和承包人提出自己的"索赔处理决定"。但工程师的处理决定不是终局性的,对发包人和承包人都不具有强制性的约束力。承包人对工程师的决定不满意，可以按照约定提请仲裁或诉讼。

（3）发包人审查索赔处理　当工程师确定的索赔额超过其权限范围时，必须报请发包人批准。

发包人首先根据事件发生的原因、责任范围、合同条款审核承包人的索赔申请和工程师的处理报告，再依据建设工程的目的、投资控制、竣工投产日期要求以及针对承包人在施工中的缺陷或违反合同规定等的有关情况，决定是否同意工程师的处理意见。索赔报告经发包人同意后，工程师即可签发有关证书。

（4）承包人对最终索赔处理的接受　承包人接受最终的索赔处理决定，索赔事件的处理即告结束。

如果承包人不同意，就会导致合同争议。通过协商双方达成互谅互让的解决方案，是处理争议最理想的方式。如达不成谅解，承包人有权提交仲裁或诉讼解决。

索赔的解决最好争取在最早时间，以友好协商的方式解决，不要轻易提交仲裁和诉讼，因为那样时间会很长，同时耗费大量人力、物力，对工程建设也不利。

## 三、工程索赔的计算

前面讲述了索赔的分类方法，但索赔的目的，即索赔的要求无非就是工期顺延和费用索赔。故此重点讲述一下工期和费用索赔的计算。

**1. 工期索赔的计算**

工期延误是指工程实施过程中任何一项工作实际完成日期迟于计划的完成日期，使整个合同工期延长。对于施工合同来讲，工期是重要内容之一。工期的延误导致业主不能正常投入使用，也会使承包人增加施工成本，包括人工费用、机械租赁费用、现场管理费用等。超出合同工期，承包人还会受到罚款，工期的延误会造成巨大的经济损失。无论是业主还是承包人都不愿意因工期延误承担经济损失。

（1）计算依据

① 合同约定的总工期。

② 合同双方共同认可的详细进度计划，网络图、横道图。

③ 合同双方共同认可的对工期的修改文件，如会议记录、工程变更。

④ 特殊天气情况记录。

⑤ 干扰事件的详细记录。

⑥ 受干扰后的实际进度。

⑦ 其他工期资料。

（2）计算方法

① 网络分析法　是通过分析干扰事件发生前后的网络计划图，对比两种计划工期的差异，来计算索赔值。其计算的基本思路是：假设工程施工一直按原网络计划确定的施工顺序和工期进行，当出现干扰事件后，增加新的内容使工期延长，网络计划中某些逻辑关系发生变化，重新进行网络分析，得到新的工期，与原计划工期的差值即为工期索赔值，重新分析后的网络计划作为工程继续实施的依据。当再出现干扰事件后，再进行新一轮分析、计算索赔值。在工程实施过程中，进度计划不断调整，工期索赔与之同步进行。网络分析法是一种合理、科学的计算方法，可适用于各种干扰事件的工期索赔。但其大多需依靠计算机程序完成，对于复杂的网络计划尤其如此。

② 比例分析法　前述的网络分析法是工期索赔计算中最为合理、科学的计算方法，但也是最复杂的一种方法。由于网络计划的编制较为麻烦，局部的调整就会引起整个网络计划的变动，其工作量很大，若手工计算则效率低下，很不方便，因此必须依靠计算机程序。而现实中有时干扰事件仅仅影响某个单项和某个分部分项工程的工期，若要分析它们对总工期的影响，特别需要一种快速高效的、方便手算的工期索赔计算方法。那么对于这类干扰事件的索赔，在对它进行分析时，我们可采用更为简单的比例分析方法。

根据已知条件的不同，比例分析法又分为以下两种情况。

某项工作受到干扰，但已知受干扰工程的延误时间，则：

$$工期索赔值 = \frac{受干扰部分工程的合同价}{原合同总价} \times 该受干扰工程延误时间$$

业主增加额外工作，但已知额外增加工程量的价格，则：

$$工期索赔值 = \frac{额外增加工程的总价}{原合同总价} \times 原合同总工期$$

下面通过两个简单的例题来理解比例分析法的具体运用。

【例 8-2】　在某工程施工中，由于业主方修改方案，致使该工程主体部分施工图比原计划延期出图，使该单项工程延期 11 周。该单项工程合同价为 380 万元，而整个工程合同总价为 600 万元。则承包商可提出的工期索赔值为：

$$工期索赔值 = \frac{380}{600} \times 11 = 6.97 \text{ 周} \approx 7 \text{ 周}$$

故承包商可以提出 7 周的工期索赔。

同时通过此例也可以看出，局部工期的延误并不能代表整个工程工期的延误。根据受干扰部分的工程造价占总造价的比例，计算出总工期应该索赔的时间，提高了这种方法的合理性，同时又便于操作。

【例 8-3】　某工程合同总价为 450 万元，总工期为 12 个月。现根据业主需要又增加部分工程，增加部分工程的总价为 60 万元，则承包商可提出的工期索赔值为：

$$工期索赔值 = \frac{60}{450} \times 12 = 1.6（月）= 48 \text{ 天}$$

故承包人可以提出 48 天的工期索赔。

但要注意的是，对工程变更，特别是工程量增加所引起的工期索赔，采用比例计算法存在一个很大的缺陷。由于干扰事件是在工程建设过程中发生的，承包商往往要打乱原来的施工部署，重新修改原来的计划，还要增加或重新安排劳动力、材料和设备，会引起施工现场的混乱和低效率。而原合同工期和总价是在合同签订前确定的，承包商是在有充分准备的情况下开工的，二者不具有可比性。所以这种情况下按照比例分析法计算虽然方便，但却缺乏一定的合理性。一般像工程量增加这样的工程变更，其实际影响比按比例法计算的结果要大得多。在这种情况下，工期索赔常常是由施工现场的实际记录决定的，也就是下面要讲的直接法。

③ 直接法　有时干扰事件直接发生在关键线路上，或一次性地发生在一个单项或分部分项工程上，而造成总工期的延误。这时通过查看施工日志、变更指令等资料，可直接计算延误的工期，并将这些资料中记载的延误时间作为工期索赔值，这就是直接法。这种方法具有直接、方便、快捷的优点，在大多数索赔案例中能得到发包方的认可。

④ 其他方法　在实际工程中，工期的补偿天数的确定方法可以是多样的，例如在干扰

事件发生前由双方商讨，在变更协议或其他附加协议中直接确定补偿天数等。

总之，承包人在索赔工期时要根据实际情况选用最合理的方法进行工期计算，既要保证工期值计算准确，又要使计算简便。

**2. 费用索赔的计算**

费用索赔是指承包人在非自身因素影响下而遭受经济损失时向业主提出补偿其额外费用损失的要求。费用索赔与工期索赔一样也是工程索赔的重要组成部分，是承包人进行索赔的主要目标。与工期索赔相比，费用索赔具有以下一些特点。

① 费用索赔的成功与否及其大小事关承包人的盈亏，也影响业主工程项目的建设成本，因而费用索赔常常是最困难，也是双方分歧最大的索赔。

② 索赔费用的计算比索赔资格或权利的确认更为复杂。索赔费用的计算不仅要依据合同条款及合同规定的计算原则和方法，而且还可能要依据承包人投标时采用的计算基础和方法，以及承包人的历史资料等。索赔费用的计算没有统一的合同双方共同认可的计算方法，因此索赔费用的确定及认可是费用索赔中一项困难的工作。

③ 在工程实践中，通常是许多干扰事件交织在一起，造成工程成本增加的原因也很多，有时很难对责任归属作出判断，同时许多损失也很难准确计算出来，双方往往产生很大分歧。

从总体上讲，费用索赔的原因有以下几种。

① 业主违约。

② 工程变更。

③ 业主拖欠预付款。

④ 业主指令加速工程施工。某工程基础施工中遇特殊地质状况影响工程进展速度，在以后的工程施工中业主要求承包人加速施工，追回延误的时间，承包人增加人力、物力、机械设备的投入，增加工程成本。因此最后承包人向业主提出工程加速索赔。

⑤ 非承包人原因造成工程中断或终止。如：某房地产开发项目业主在许多审批手续尚未齐全的情况下强行要求施工，在施工两个月后国家加强对房地产市场规范管理，该项目由于手续不齐全被迫停工，业主无奈只好解除合同。承包人提出索赔，要求赔偿这两个月的所有费用及应获得的工程利润。后经双方协商，业主向承包人支付一定的金额补偿。

⑥ 国家政策法规、法令变更等外界因素影响。

1) 费用索赔的计算原则

索赔费用的计算必须符合大家公认的基本原则，能够被业主或工程师所接受。否则，计算方法不合理会导致整个索赔的失败。

(1) 实际损失原则　费用索赔时是以客观实际发生的损失为主要原则的，不能无中生有，胡编乱造。所有计算数据都必须有充足的证明材料。没有证据，索赔要求将无法成立。证明材料主要有：各种费用支出的账单，工资表，现场用工、用料、用机的证明、财务报表，工程成本核算资料，甚至还包括承包商同期企业盈利成本核算资料等。

实际损失主要包括直接损失和间接损失。直接损失是指承包人因干扰事件的影响直接造成的损失，如成本增加和费用超支。间接损失指因干扰事件影响承包人失去获得利益的机会或获得的利益减少。在某些合同中常常附有违约赔偿的条款，当损失造成后，可先用违约金赔偿实际损失，不足部分再实行赔偿。

(2) 合同原则　费用索赔计算必须符合规定。有时承包人常常以自己的实际生产值、生产效率、工资水平计算索赔值，认为符合实际原则。这实际上是一种误解，这样常常会过高地计算索赔值。在计算过程中应充分考虑以下因素,才能保证计算准确无误。

① 扣除承包人因自己管理不善而造成的损失。
② 排除合同中规定的承包人自己承担的风险。
③ 各种价格、计算规则取费原则均要按合同规定执行。
④ 有利原则。

在计算索赔值时选用对自己有利的计算方法,确保自己的损失得到赔偿。索赔值应包括以下几方面内容。

a. 承包商所承受的实际损失。这是承包商进行索赔的最低目标,如果低于这个目标,承包商就会亏本。因此,索赔值应稍高于实际损失。

b. 对方的讨价还价,当承包人提出索赔后,对方一定会积极查找索赔报告中的薄弱环节进行反索赔,来削减索赔值。在双方协商时业主也会以各种理由要求承包人减少索赔值,特别是重大索赔经常是旷日持久。为早日解决索赔问题,承包人不得以做出让步,减掉部分索赔,争取对方的认可。

上述因素常常使索赔报告中的费用赔偿要求与最终获得的赔偿有一些差距。所以承包人在索赔值计算时应该留有余地,大于实际损失值,但也要有明确理由防止对方察觉。

2) 费用索赔的构成

从总体上来说,承包商可以索赔的费用可以分为损失索赔和额外工作索赔。

损失索赔主要是由于业主违约或监理工程师指令错误所引起的。按照法律原则,对损失索赔,业主应当给予损失补偿,包括实际损失和可得利益或叫所失利益。这里的实际损失是指承包商多支出的额外成本。所失利益是指如果业主或监理工程师不违约,承包商本应取得的,但因业主等的违约而丧失了的利益。

额外工作索赔主要是因合同变更及监理工程师下达变更指令引起的。对额外工作的索赔,业主应以原合同中的合适价格为基础,或按照与监理工程师确定的合理价格进行计算。

计算损失索赔和额外工作索赔的主要差别在于,损失索赔的费用及计算基础是成本,而额外工作索赔的计算基础价格是成本和利润,甚至在该工作事实上并不会使承包商遭受到利润损失时也会将利润计算在索赔款内。下面结合"FIDIC"《施工合同条件》相关条款的规定列表分析一下针对不同的干扰事项,承包人可索赔的费用及相关内容(见表8-1)。

表8-1 "FIDIC"《施工合同条件》中承包人可索赔的条款内容

| 序号 | 主 要 内 容 | 可补偿内容 | | |
|---|---|---|---|---|
| | | 工期 | 费用 | 利润 |
| 1 | 延误发放图纸 | √ | √ | √ |
| 2 | 延误移交施工现场 | √ | √ | √ |
| 3 | 承包人依据工程师提供的错误数据导致放线错误 | √ | √ | √ |
| 4 | 不可预见的外部条件 | √ | √ | |
| 5 | 施工中遇到文物和古迹 | √ | √ | |
| 6 | 非承包人原因检验导致施工的延误 | √ | √ | √ |
| 7 | 变更导致竣工时间延长 | √ | | |
| 8 | 异常不利的气候条件 | √ | | |
| 9 | 由于传染病或其他政府行为导致工期的延误 | √ | | |
| 10 | 业主或其他承包人的干扰 | √ | | |
| 11 | 公共当局引起的延误 | √ | | |

续表

| 序号 | 主要内容 | 可补偿内容 | | |
|---|---|---|---|---|
| | | 工期 | 费用 | 利润 |
| 12 | 业主提前占用工程 | | √ | √ |
| 13 | 对竣工检验的干扰 | √ | √ | √ |
| 14 | 后续法规的调整 | √ | √ | |
| 15 | 业主办理的保险未能从保险公司获得的补偿部分 | | √ | |
| 16 | 不可抗力事件造成的损害 | √ | √ | |

3) 费用索赔的计算方法

从计算手法上来看,费用索赔的计算方法有分项计算法和综合费用法。

(1) 分项计算法 即根据传统的工程计价的思路和模式,按照干扰事件的影响,逐项计算索赔事件所引起的索赔额,称为分项法。因为此法依据的是实际发生的成本记录或单据,所以针对性很强,能反映实际情况,比较科学、合理,容易被人们应用和接受,实践中此法应用非常广泛。

按照分项法计算索赔额要分三步进行。第一步:索赔事件发生后,全面分析受其影响的费用项目,不得有遗漏。这些费用项目通常应与合同报价中的费用项目一致。第二步:计算每个费用项目受索赔事件影响后的数值,通过与合同价的费用值进行比较即可得到该项费用的索赔值。第三步:将各费用项目的索赔值汇总,即可得到总费用索赔值。

在具体应用分项法计算时,其费用项目的组成与工程价款的组成内容基本相同,包括直接费、间接费、利润、税金及其他费用等。

① 直接费 包括人工费、材料费、设备费和措施费等。

a. 人工费 是指生产工人的工资、奖金、津贴等相关费用。人工费索赔是指干扰事件造成承包人在合同范围外额外工作所花费的人工费用。人工费索赔还包括非承包人原因造成的工效降低的人工费用,超过法定工作时间的加班费用,国家法律、法规变化造成的人工费用的额外增加,因业主或监理工程师原因造成的工程延误而导致承包人的人工单价上涨,以及工程延误后导致的人员窝工费等。

b. 材料费 是指索赔事件发生后承包人额外付出的材料费用。它应包括材料原价(或供应价格)、材料运杂费、运输损耗费、材料的采购及保管费、材料的检验试验费等。

可索赔材料费的情况主要包括以下几种。

(a) 干扰事件使工程材料用量超出计划量,使材料增加。

(b) 外界因素导致材料单价上涨。

(c) 因业主原因造成材料积压、库存时间过长无法使用。必须重新购置的材料,造成材料费上涨。

(d) 业主原因造成工期延误,而材料费季节性上涨,造成材料费增加。

c. 机械费 进入直接费的机械费一般仅为该分项工程的专用设备费用。机械费=机械台班费×工作量×每单位工程量机械台班消耗量。可索赔的机械费包括:

(a) 为完成额外工作增加的机械使用费;

(b) 因业主原因造成停工、窝工使机械租赁费增加或机械闲置折旧费增加。

d. 措施费 措施费是指为完成工程项目施工,发生于该工程施工前和施工过程中非工程实体项目的费用。主要包括环境保护费、文明施工费、安全施工费、临时设施费、夜间施工费、一次搬运费、大型机械设备进出场及安拆费、混凝土和钢筋混凝土模板及支架费、脚手架费等。

措施费的索赔，应以干扰事件对承包人造成的实际损失为依据，即在上述措施项目中，由于业主或监理工程师的原因使承包人受到损失的应提出该项目措施费索赔，没有发生的项目则不能提出索赔。如由于业主不能按时提供施工场地延迟开工而造成大型机械设备重复进场的，承包人可提出大型机械设备进出场及安拆费用的索赔；由于业主增加工程量而导致直接工程费索赔的，一般也带来混凝土、钢筋混凝土模板及支架费或脚手架费用的索赔。

② 间接费　包括现场管理费、总部管理费和规费等。

a. 现场管理费　是指为完成合同任务而发生在现场管理中的部分费用。具体包括员工的基本工资、工资性补贴、职工福利费、劳动保护费等。索赔费用中的现场管理费是指承包人为完成额外工程或工期延长而增加的现场管理费。

b. 总部管理费　总部管理费是承包方企业总部为整个企业的经营运作提供支持而发生的管理费用，一般包括总部管理人员费用、企业经营活动费用、差旅交通费、办公费、通信费、固定资产折旧费、修理费、职工教育培训费用、保险费、税金等。

c. 规费　规费是指政府和有关权力部门规定必须缴纳的费用。包括工程排污费、工程定额测定费、社会保障费（医疗保险费、失业保险费、养老保险费）、危险作业意外伤害保险费等；规费的计取往往与直接费数量大小有关，一般以直接费或直接费中的人工费为基数，乘以规定的费率计取。当承包人发生直接费的索赔时，也应该索赔相应的规费。

③ 利润　利润是由管理者按投标策略和企业经营战略确定的一个系数，其计算基础是工程总造价或工程总成本。当干扰事件影响工程总成本时也必然导致利润的变化。承包人可以提出利润索赔。例如，工程变更引起工程量增加；施工条件变动导致的索赔；合同终止导致预期利润的损失等。上述情况发生时，承包人有权进行利润索赔。

④ 其他费用　包括利息、税金、分保费等。利息又称融资成本或资金成本，是企业取得和使用资金所付出的代价。融资成本主要有两种：额外贷款的利息支出和使用自有资金引起的机会损失。只要因业主违约或其他合法索赔事项直接引起了额外贷款，承包人有权向业主就相关的利息支出提出索赔。

从以上具体各项索赔费用的项目内容可以看出，分项法索赔费用的计算是多方面而且复杂的，在具体一项索赔事件的费用计算时，应具体问题具体分析，并分项列出详细的费用开支和损失证明及单据，交由工程师审核和批准。

(2) 综合费用法　有时索赔的事项太多、太乱，难以按照单项索赔事件分项索赔，这时可按照综合费用法进行索赔。综合费用索赔法主要有以下两种计算方法。

① 总费用法　总费用法的基本思路是把固定总价合同转化为成本加酬金合同，具体做法是：重新计算该工程的实际总费用，从实际总费用中减去原投标报价时计算的总费用，即为索赔金额，即：

$$索赔金额 = 实际总费用 - 原合同总费用$$

应用此法时，应将因承包商原因引起的费用增加从实际总费用中扣除。另外，计算实际总费用时除了必须要调整的内容外，应考虑与承包商投标报价时采用的计算依据一致。因为在承包商提出报价时，如果考虑到提高中标率这一因素，其投标报价估算可能因让利、取费数额偏小等原因而过低。总费用法在工程实践中用得不多，因局限性很大往往不被人们认可，该方法使用时必须满足以下几个条件：

a. 合同实施过程中的总费用核算是准确的。工程成本核算符合普遍认可的会计原则;成本分摊方法、分摊基础选择合理;实际总成本与报价总成本所包括的内容一致。

b. 承包商的报价合理,符合实际情况。

c. 合同总成本超支都是因为业主或他人的责任,承包人在合同实施过程中没有任何过失。这在实践情况中可能性不大。

d. 合同争执的性质不适用其他计算方法。在计算过程中,管理费率一般采用实际的管理费分摊率。这比较符合赔偿实际损失的原则,但实际管理费率计算困难,常常是双方商定或使用合同报价中的管理费。

② 修正总费用法 即在总费用计算中对一些不合理的因素加以修正,以修正后的费用差额作为索赔金额。通常需要修正的内容包括:事件影响时间界限修正、事件影响范围界限修正、事件影响到的工作内容修正以及受事件影响的工作内容的投标报价修正。

修正计算式如下:

索赔金额=某项工作调整后的实际总费用-该项工作的原报价费用

费用经修正后的总费用更真实地反映了受索赔事件影响的后果,更接近于实际费用。

## 四、工程索赔的管理

### 1. 工程索赔管理的重点

(1) 增强索赔意识 索赔是法律赋予合同双方的正当权利,是保护各自利益的手段。成功的索赔能使工程收益大幅提高,获得可观的经济效益。但以往许多人认为索赔就是双方你死我活的诉讼、仲裁等激烈的对抗,因此不愿提到索赔或尽可能避免索赔,担心因此而影响合同双方的合作。这是对索赔不了解的表现。索赔作为市场经济条件下一种正当的权利或要求,是合情、合理、合法的,它是在正确履行合同的基础上争取合理的补偿,不是无中生有或胡搅蛮缠式的无理争利。恰当、合适的索赔正是维护市场经济秩序的表现。因此应加强对索赔与反索赔的认识,提高索赔意识。

索赔意识在建设工程企业的管理中必须加强,要重视索赔、敢于索赔、善于索赔。这样企业才能制造更多的经济利益。

(2) 注重索赔策略和技巧 工程索赔是一门融技术、经济、法律为一体的边缘学科,它不仅是一门科学,也是一门艺术。正确的索赔战略和机动灵活的索赔技巧是取得索赔成功的关键。索赔的技巧是为索赔的策略目标服务的,因此,在确定了索赔的策略目标之后,索赔技巧就显得格外重要,它是索赔策略的具体体现。索赔技巧应因人、因客观环境条件而异。常用的一些索赔技巧如下。

① 对合同协议的签订持审慎态度。在商签合同过程中,承包人应对明显把重大风险转嫁给承包人的合同条件提出修改的要求,对达成一致已修改的协议应以"谈判纪要"的形式写出,作为该合同文件的有效组成部分。特别要对发包人开脱责任的条款特别注意,如:合同中不列索赔条款;拖期付款无时限,无利息;没有调价公式;发包人认为对某部分工程不够满意,即有权决定扣减工程款;发包人对不可预见的工程施工条件不承担责任等。如果这些问题在签订合同协议时不谈判清楚,承包人就很难有索赔的机会。

② 对于索赔机会要做到早发现、早处理。作为一个有经验的工程合同当事人,在投标报价时就应考虑将来可能要发生哪些索赔事项,要仔细研究招标文件中合同条款和规范,仔细查勘施工现场,探索可能索赔的机会,在报价时要考虑索赔的影响。对于已出现的索赔事

件，要及时发出"索赔意向通知书"。

③ 对口头变更指令要及时确认。实践中，现场监理工程师经常会做出一些口头变更指令，对此如果承包人不对监理工程师的口头指令及时予以书面确认，就进行变更工程的施工，那么在后期的索赔阶段因为时过境迁，有的监理工程师会矢口否认，拒绝承包人的索赔要求，致使索赔无望。

④ 索赔证据要齐全，索赔报告论证要充足。索赔证据一定要保存完整，及时整理；索赔报告一定要令人信服，经得起推敲。

⑤ 选择合适的计价方法，如实计算索赔款额。索赔计算时要和发包人认真沟通，选择双方容易接受的计算方法，如前所述，一般采用分项法容易被对方接受。另外索赔计价要贴近实际，不切实际的计价容易让对方发生反感，使索赔报告束之高阁，长期得不到解决。

⑥ 力争单项索赔，避免"总索赔"。单项索赔事件简单，容易解决，而且能及时得到支付。"一揽子索赔"涉及的索赔事项多、金额大，不易解决，往往是索赔事项拖延很长时间得不到解决。

⑦ 和工程师搞好关系，避免产生对立情绪。友好的合作关系能够使工程师最大限度地保持公正立场，保证己方利益。能够协商解决的尽量不要采取诉讼等其他途径，有时适当的妥协会取得意想不到的效果，毕竟诉讼的成本较高。

(3) 建立有效的工程合同管理制度　合同管理制度是合同管理活动及其运行过程的行为规范，高效的企业合同管理制度对工程索赔是否成功影响很大。

**2. 工程索赔管理的日常工作**

工程索赔管理的日常工作要贯穿于整个工程建设过程，好的日常工作管理是索赔成功的保证，也是索赔管理工作的重点。工程索赔的日常管理工作包括设立专门的工程索赔管理机构、熟悉和掌握施工索赔依据、收集施工索赔证据、遵循施工索赔的程序以及施工索赔的防范。

(1) 设立专门的工程索赔管理机构　索赔是一项复杂细致而艰巨的工作，组建一个知识全面、有丰富索赔经验、稳定的索赔工作小组从事索赔工作是索赔成功的首要条件。对于合同金额大、索赔项目多而复杂的工程，应有一名副经理专门负责或分管索赔工作，并建立专门的索赔机构，负责对工程项目的索赔工作，统一指导和协调。索赔人员要有良好的素质，需懂得索赔的战略和策略，工作要勤奋、务实、不好大喜功，头脑要清晰，思路要敏捷，懂逻辑，善推理，懂得搞好各方的公共关系。索赔小组的人员一定要稳定，不仅各负其责，而且每个成员要积极配合，齐心协力，对内部讨论的战略和对策要保密。

一般说来，施工项目经理部设立的索赔机构应由下列人员组成：

① 1名有索赔经验的副经理或工程师作为索赔的负责人来负责具体的索赔工作；

② 1~2名具有工程知识、法律知识等的合同管理的专、兼职索赔人员；

③ 1名成本分析人员；

④ 1名资料管理人员。

在工程实践过程中，这种人员组成方式基本能满足索赔和索赔管理的要求，可有效地进行索赔工作。在工程规模较小、施工时间较短、估计索赔项数较少、索赔金额小的情况下，也可以不成立专门的索赔机构来进行索赔和索赔管理工作，而由项目经理直接负责。

另外，索赔管理部门要有索赔目标、索赔计划，定期召开分析会议，寻找已经出现的索赔机会或潜在的索赔机会；要检查已提出索赔项目的索赔进展情况，采取一定措施来保证索赔成功；对工程规模大、工期长的施工项目，还要保证工程记录、索赔资料收集的连续性、系统性、完备性。同时，应保持索赔人员的连续性、索赔工作的连续性、索赔管理的连续性和系统性。

(2) **熟悉和掌握工程索赔依据** 索赔的依据主要是法律、法规及工程建设惯例，尤其是双方鉴定的工程合同文件。由于不同的工程有不同的合同文件，索赔的依据也就完全不同，合同当事人的索赔权利也就不同。合同文件中的合同条款，特别是合同通用条款，对在哪种情况下承包人可以提出索赔，以及索赔原则和实效都予以了规定。熟悉和掌握索赔依据是承包人日常索赔管理的一项重要工作。

(3) **收集工程索赔证据** 索赔证据是关系到索赔成败的重要文件之一，工程索赔事件中，承包人虽已及时抓住施工合同履行中的索赔机会，但如果拿不出索赔证据或证据不充分，其索赔要求往往难以成功或被大打折扣。索赔证据在很大程度上关系到索赔的成功与否。

(4) **遵循工程索赔的程序** 索赔程序是指从索赔事件产生到最终处理全过程所包括的工作内容和工作步骤。由于索赔工作实质上是承包人和业主在分担工程风险方面的重新分配过程，设计到双方的众多经济利益，因而是一个烦琐、细致、耗费精力和时间的过程。因此，合同双方必须严格按合同规定的索赔程序进行工作，才能圆满解决索赔问题。

(5) **注重工程索赔的防范** 在工程施工期间，可能会发生很多未预见的事件及变更。这些事件和变更必定会给承包商造成额外费用，从而导致索赔和争议。为了防止在施工时发生索赔或当索赔发生时能公开合理地处理，应在以下各方面给予充分注意。

① **做好施工记录** 为保存与工程有关的资料，必须认真做好施工记录。施工记录极其重要，对以后工程总结、问题分析，特别是对索赔的分析及争议的解决是极其重要的参考依据。

② **保存好证据** 反映工程各施工阶段的记录、照片、来往信函和车间图等是宝贵的、无可争议的证据，可用来对施工中的各种变更进行评估和计价，并为索赔和争议提供合法、有力的依据。因此，对这些资料要建立一套资料管理系统，保存的资料必须完整并且应是原件。

## 本 章 小 结

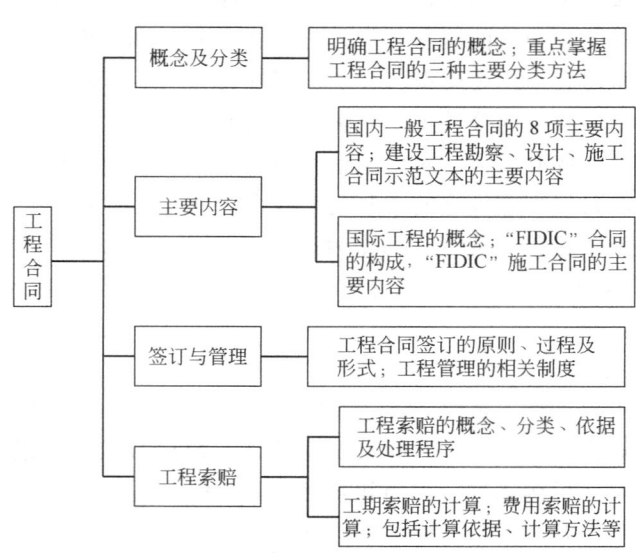

## 思考与练习

### 一、单项选择题

1. 根据《中华人民共和国合同法》的规定，合同是平等主体的自然人、法人或其他组织之间设立、变更或终止（　　）关系的协议。
   A. 劳动　　　　　B. 行政　　　　　C. 民事权利义务　　　D. 劳动、行政或民事权利义务

2. 当事人的（　　）是要约邀请。
   A. 招标公告　　　B. 投标书　　　　C. 投标担保书　　　　D. 中标函

3. （　　）属于工程合同形式的正确表述。
   A. 书面形式　　　B. 口头形式　　　C. 电邮或电传　　　　D. 电报

4. 甲、乙双方连续几年订有买卖"交流电机"的合同。在一段时期内交流电机持续热销，供不应求。一次签订合同时，甲方（供货方）在"标的物"一栏只写了"电机"两字。交货时甲方就以直流电机交货。根据合同履行的基本原则，甲方违反了（　　）。
   A. 自愿原则　　　B. 诚实信用原则　　C. 公平合理原则　　　D. 不违反法律法规原则

5. 按照"FIDIC"《施工合同条件》的规定，施工中遇到（　　）的影响，属于承包商应承担的风险。
   A. 不利的气候条件　　　　　　　B. 招标文件未说明的污染
   C. 不利于施工的外界自然条件　　D. 其他承包商的干扰

6. 建设单位在（　　）合同中承担了项目的全部风险。
   A. 单价　　　　　B. 总价可调　　　　C. 总价不可调　　　　D. 成本加酬金

7. 施工合同示范文本规定，承包商递交索赔报告 28 天后，工程师未对此索赔要求作出任何表示，则应视为（　　）。
   A. 工程师已拒绝索赔要求　　　　B. 承包人需提交现场记录和补充证据资料
   C. 承包人的索赔要求已成立　　　D. 需要等待发包人批准

### 二、多项选择题

1. 属于按照计价方式划分的工程合同是（　　）。
   A. 施工合同　　　B. 总价合同　　　　C. 设备安装合同
   D. 单价合同　　　E. 成本加酬金合同

2. 《中华人民共和国合同法》规定合同一般包括的条款有（　　）。
   A. 数量　　　　　B. 质量　　　　　　C. 价款
   D. 保险　　　　　E. 担保

3. 所有合同的签订都必须经过（　　）。
   A. 要约引诱　　　B. 要约　　　　　　C. 承诺
   D. 承诺引诱　　　E. 签证或公证

4. "FIDIC"《施工合同条件》规定，属于（　　）的情况，承包商可以获得工期顺延。
   A. 施工中受到业主或其他承包商的干扰
   B. 后续法规调整引起的工期延误　　　C. 连日暴雨
   D. 增加合同外的施工项目　　　　　　E. 暂时停工

5. 当承包人提出索赔后，工程师要对其提供的证据进行审查。属于有效证据的是（　　）。
   A. 工程师书面指令　　　　　　　B. 施工会议纪要
   C. 招标文件中的投标须知　　　　D. 招标阶段发包人对承包人质疑的书面解答

E. 检查和实验记录

6. 对于比例分析法的叙述，正确的有（　　）。

A. 比例分析法是工期索赔的计算方法之一
B. 比例分析法是计算工期索赔的最好方法
C. 比例分析法简单方便
D. 比例分析法有时不尽符合实际情况
E. 比例分析法不适用于变更施工顺序、加速施工、删减工程量等事件的索赔

## 三、简答题

1. 按照承包范围划分常见的工程合同类型有哪些？简述其特点。
2. 简要介绍一下"FIDIC"最新合同条件及其适用情况。
3. 简述工程合同管理的相关制度。
4. 常见的索赔依据有哪些？
5. 简述工程索赔的程序。

## 四、案例分析

1. 某工程在施工过程中发生如下事件。

（1）基坑开挖后发现有古河道，须将河道中的淤泥清除并对地基进行二次处理。

（2）业主因资金困难，在应支付工程月进度款的时间内未支付，承包方停工20天。

（3）在主体施工期间，施工单位与某材料供应商签订了室内隔墙板供销合同，在合同内约定：如供方不能按约定时间供货，每天赔偿订购方合同价万分之五的违约金。供货方因原材料问题未能按时供货，拖延10天。

在上述事件发生后，承包方及时向业主提交了工期和费用索赔要求文件，向供货方提出了费用索赔要求。

问题：

（1）施工单位的索赔能否成立？为什么？
（2）按索赔当事人分类，索赔可分为哪几种？
（3）在工程施工中，通常可以提供的索赔证据有哪些？

2. 某施工单位根据领取的某2000$m^2$两层厂房工程项目招标文件和全套施工图纸，采用低报价策略编制了投标文件，并中标。该施工单位（承包商）于2014年3月10日与建设单位（业主）签订了该工程项目的固定价格施工合同，合同期为8个月。工程招标文件参考资料中提供的使用砂地点距工地4km，但是开工后，检查该砂质量不符合要求，承包商只得从另一距工地20km的供砂地点采购。由于供砂距离的增大，必然引起费用的增加，承包商经过仔细认真的计算后，在业主指令下达的第3天，向业主提交了将原用砂单价每吨提高5元人民币的索赔要求。

工程进行了一个月后，业主因资金紧缺，无法如期支付工程款，口头要求承包商暂停施工一个月，承包商亦口头答应。恢复施工后，在一个关键工作面上又发生了几种原因造成的临时停工：5月20日～5月24日承包商的施工设备出现了从未有过的故障；6月8日～6月12日施工现场下了罕见的特大暴雨，造成了6月13日～6月14日的该地区的供电全面中断。针对上述两次停工，承包商向业主提出要求顺延工期共计42天。

问题：

（1）该工程采用固定价格合同是否合适？
（2）业主要求承包商暂停施工一个月的合同变更形式是否妥当？为什么？
（3）上述事件中承包商提出的索赔要求是否合理？说明其原因。

3. 某商住楼工程项目，合同价位4100万元，工期1.5年。业主通过招标选择了某施工单位

进行该项目的施工。

在正式签订工程施工承包合同前，发包人和承包人草拟了一份《建设工程施工合同（示范文本）》，供双方再斟酌，其中主要条款如下。

(1) 合同文件的组成与解释顺序依次为：①合同协议书；②招标文件；③投标书及其附件；④中标通知书；⑤施工合同通用条款；⑥施工合同专用条款；⑦图纸；⑧工程量清单；⑨标准、规范与有关技术文件；⑩工程报价单与预算书；⑪合同履行过程的洽商、变更等书面协议或文件。

(2) 承包人必须按工程师批准的进度技术组织施工，接受工程师对进度的检查、监督。工程实际进度计划与计划进度不符合时，承包人应按工程师提出的要求提出改进措施，经工程师确认后执行。承包人有权就改进措施提出追认合同价款。

(3) 工程师应对承包人提交的施工组织设计进行审批或提出修改意见。

(4) 发包人向承包人提供施工场地的工程地质和地下主要管网线路资料，供承包人参考使用。

(5) 承包人不能将工程转包，但允许分包，也允许分包单位将分包的工程再次分包给其他施工单位。

(6) 无论工程师是否进行验收，当其要求对已经隐蔽的工程进行重新检验时，承包人接到通知后，应按要求进行剥离或开孔，并在检验后重新覆盖或修复。重新检验表明质量合格，发包人承担由此发生的全部追加合同价款，赔偿承包人损失，并相应顺延工期；检验不合格，承包人承担发生的全部费用，工期应予顺延。

(7) 承包人按协议条款约定的时间应向工程师提交实际完成工程量的报告。工程师在接到报告3天内按承包人提供的实际完成的工程量报告核实工程量，并在计量24h前通知承包人。

(8) 工程未经竣工验收或竣工验收未通过的，发包人不得使用。发包人强行使用时，发生的质量问题及其他问题，由发包人承担责任。

(9) 因不可抗力事件导致的费用及延误的工期由双方共同承担。

问题：

依据相关法规的规定，逐条指出上述合同内容中是否存在不妥之处？如不妥，请改正。

# 第九章 建筑企业质量管理

**【知识目标】**
- 了解建筑企业管理的概念,全面质量管理的程序和步骤,建筑企业质量管理体系的建立和实施。
- 熟悉常见的建筑工程质量问题及处理方法,建筑工程质量控制的内容,全面质量的统计分析方法。
- 掌握建筑产品质量和全面质量管理的概念、特点,建筑工程质量检查和评定的方法,排列图、因果分析图、直方图和控制图的应用。

**【能力目标】**
- 能解释建筑企业管理、全面质量管理的基本概念。
- 能应用质量检查方法进行现场的检查。
- 熟练应用统计分析方法进行质量分析。

## 第一节 质量管理概述

### 一、质量和质量管理

**1. 建筑产品质量和质量管理的概念**

质量是反映实体满足明确或隐含需要能力的特性之总和。所谓"实体",可以是活动或过程(如施工单位履行施工合同的过程);也可以是活动或过程结果的有形产品(如厂房)或无形产品(如监理规划);也可以是某个组织体系或人,以及以上各项的组合。因此,质量的含义有狭义、广义之分。狭义质量是产品质量;广义质量则指一切质量,包括产品质量、服务质量及工作质量等。

建筑产品质量又叫工程质量,是指建筑产品达到或能满足社会和人民需要及标准所具有的特性。通常从其性能、适用性、安全性、可信性、可靠性、维修性、经济性、美观和环境协调等方面来体现。

工作质量是指与产品质量有关的工作优劣程度,或是对产品质量的保证程度,它涉及企业所有部门与人员,体现在企业的一切生产、技术、经营活动中。

质量管理是指企业为了能够以最经济、最有效的手段进行设计、生产、服务,以生产出让社会和个人满意的产品所进行的计划、组织、监督、控制、协调等一系列活动,其内涵包括质量体系、质量控制和质量保证,其研究对象是质量职能和活动的客观规律。

**2. 质量管理的重要性和任务**

建筑产品由于自身生产过程中的技术经济特点决定了工程质量本身具有以下特点:影响质量因素多、质量波动大、质量变异大、质量隐蔽性大、检验局限性大等。这一切只有通过严格的质量管理才能防患于未然,将质量事故消灭于萌芽之中。

另一方面，建筑产品是人类进行正常生产生活的物质基础，其质量的好坏关系到国民经济全局和人民生活。同时，没有质量就没有效益，其还会造成社会资源的巨大浪费，影响投资效果。对企业而言，质量是企业的生命，无论是国际还是国内市场，竞争越来越激烈，若工程质量不好，企业既无竞争力，也无良好的信誉，则必然影响企业的生存和发展。因此，加强质量管理、提高产品质量、提高经济效益，是实现我国经济腾飞的重要经济发展战略，也是企业生存和发展之本。

质量管理的基本任务是建立和健全企业的质量体系，以对影响工程质量的各项活动进行控制，并开展质量保证活动。质量体系是为保证产品或服务满足规定的要求或潜在的要求，由组织机构、职责、程序、活动、能力和资源等构成的有机整体。它是企业为实施质量方针，实现企业总的质量目标而建立起来的。它把从市场调研到售后服务和处置全过程中影响工程质量的因素控制起来，形成一个既有明确任务、职责和权限，又能相互协调、相互促进，且能保证产品、过程或服务质量的有机整体。它包含了质量管理体系和质量保证体系。

**3. 质量管理的发展阶段**

质量管理随着生产的发展、技术和管理的进步而不断发展，到目前为止，它经历了三个发展阶段。

第一阶段：质量检验管理阶段（20 世纪 20～40 年代）。此阶段的质量管理主要是靠检验部门和检验人员，应用技术检验方法，将大量成品中的废品剔除，事后检验把关，仅对结果进行管理。以按规定的技术要求对产品进行严格的质量检验为主要特征。

第二阶段：统计质量管理阶段（20 世纪 40～60 年代）。此阶段采用数理统计理论和方法来控制质量，以达到减少不合格品率的目的。其特点是在质量检验的基础上取得数据，应用数理统计方法分析质量问题和原因。是根据一定标准对工序抽样，达到质量满足产品标准要求的预控管理。

第三阶段：全面质量管理阶段（20 世纪 60 年代至今）。此阶段进一步按照现代生产技术发展的需要，以系统的观点看待产品质量，综合运用数理统计、心理行为科学、系统论、控制论、信息论等理论和方法，对一切同产品质量有关的因素进行系统管理，力求在此基础上建立一个能够有效地确保产品质量和不断提高产品质量的质量体系。其特点如下。

① 全面质量的管理。质量管理的对象扩展到广义质量。即包括产品质量、工作质量、工序质量以及人的素质。

② 全过程的管理。质量管理的范围扩展到规划、设计、施工、检验、工程回访等所有过程。

③ 全员参与管理。通过质量责任制将质量方针的实现落实到全体职工，人人为保证和提高工程质量而努力。

④ 全面实施多种管理方法和技术手段的综合性管理。

我国从 1979 年开始，在建筑施工企业中试行全面质量管理，通过多年的实践，全面质量管理已在建筑行业推广，在调动广大职工参加企业管理的积极性、创造性，提高工作质量和工程质量等方面取得了比较显著的成果。

## 二、全面质量管理

**1. 全面质量管理的含义和基本观点**

全面质量管理（简称 TQC）是指企业全员参加，以企业生产经营全过程为对象，以现代管理技术和方法为手段,对质量情况进行调查、分析、判断的质量管理。即把有关建筑企业的行政、生产、成本、技术管理和统计方法密切结合起来,建立起一整套完善的质量体系,对生产全过程进行控制,从而建成适用、经济、可靠、安全的工程。

全面质量管理中质量的含义是广义的,其产品质量、工序质量和工作质量三者联系密切。以工作质量保证工序质量,以提高工序质量达到提高工程质量的目的,而工作质量靠人的素质来保证,因此,提高产品质量最关键的因素是提高人的素质。

全面质量管理的基本观点如下。

① 用户第一。坚持"用户利益第一"、"为用户服务"、"下道工序是上道工序的用户"的观点。

② 全面管理。针对全过程、全企业、全员进行组织管理,要突出人的积极因素。

③ 预防为主。应用科学手段,对各工序进行质量控制,掌握工程质量动态,发现异常变化立即分析原因,采取措施消除隐患。

④ 重视过程控制。质量是设计、制造出来的,而不是检验出来的。

⑤ 让数据说话。进行定量科学分析,实现管理定量化。

⑥ 工作原则。预防、经济、协作和按 PDCA 循环组织活动。

**2. 全面质量管理的程序和步骤**

全面质量管理要按一定的原则、程序和方法,对生产和施工过程中影响工程质量的各种因素进行计划、组织、指挥和控制。其程序分为四个阶段、八个步骤。

(1) 四个阶段

第一阶段:计划阶段(plan)。通过计划,确定质量管理的方针、目标,以及实现方针、目标的措施和行动计划。

第二阶段:实施阶段(do)。按计划具体组织实施。

第三阶段:检查阶段(check)。对计划的执行情况进行检查和评定。

第四阶段:处理阶段(action)。把检查后的各种结果加以处理,正确的予以肯定,制成标准,存在的问题转入下一循环去解决。

(2) 八个步骤

第一步:分析现状,找出存在的质量问题。

第二步:分析影响质量问题的因素。

第三步:找出影响质量问题的主要因素,作为质量管理的重点对象。

第四步:制订改进质量的措施和行动计划,并预计目标(以上为 P 阶段)。

第五步:按既定计划实施(D 阶段)。

第六步:根据计划的内容和要求,检查实施结果,肯定成绩,找出问题(C 阶段)。

第七步:总结经验,巩固成绩,制定标准制度以便推行。

第八步:提出尚未解决的问题,转入下一循环(A 阶段)。

**3. PDCA 循环的特点**

PDCA 是由全面质量管理四个阶段英文单词的第一个字母缩写而成的。它是指质量管理中计划、实施、检查、处理四个阶段组成的工作循环。在处理阶段,将合理的、行之有效的质量措施制定成标准,以备再次推行,而把存在的问题放到下一循环中。重复以上四个阶段加以解决,这就是 PDCA 循环工作法,如图 9-1 所示。

PDCA 循环具有下列特点。

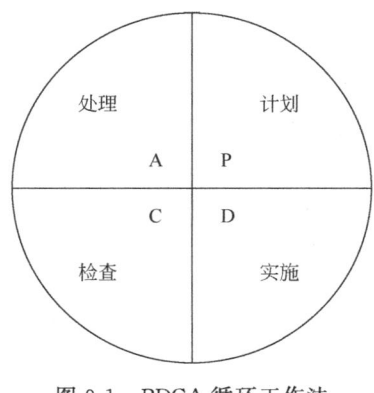 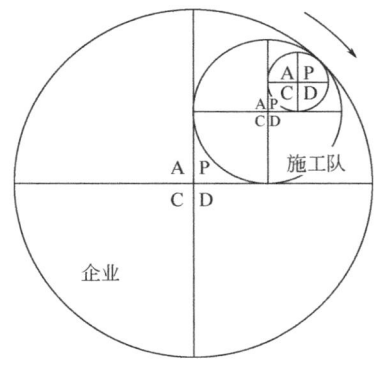

图 9-1　PDCA 循环工作法　　　　图 9-2　PDCA 循环图

① PDCA 四个阶段是一个有机的、完整的循环整体。
② 大环套小环，环环相扣，同向转动，互相促进。如图 9-2 所示。
③ 循环像转动的车轮一样，不断前进，每循环一次，就上升一个台阶。如图 9-3 所示。
④ 循环得快慢或好坏，是管理水平的重要标志。

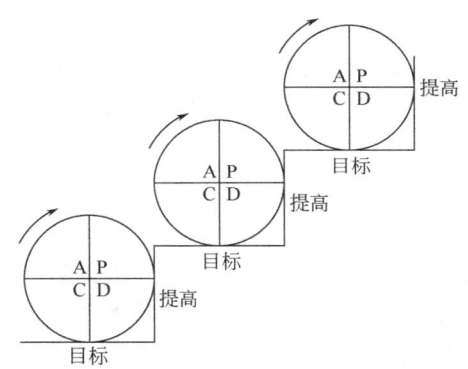

图 9-3　循环上升图

## 第二节　建筑工程质量控制、检查和评定

### 一、建筑工程质量控制

**1. 建筑工程质量控制的内容**

质量控制就是为达到质量要求所采取的作业技术和活动。其目的是在质量形成过程中，监视各个过程和工序，并排除质量环各阶段产生质量问题的原因。质量控制是质量体系中最关键的环节。

质量环是从识别需要直到评定这些需要是否得到满足为止的各个阶段中，影响产品或服务质量相互作用活动的理论模式。质量环如图 9-4 所示。

质量环体现了质量产生、形成和实现的过程。因此，质量控制就是针对质量环各个环节所采取的一系列活动及现场人、机、料、法等因素的控制。

（1）市场调研的质量保证　通过市场调研，可确定市场对产品质量的要求，提出产品设想报告；了解产品使用中用户的意见，便于设计、制造和管理。

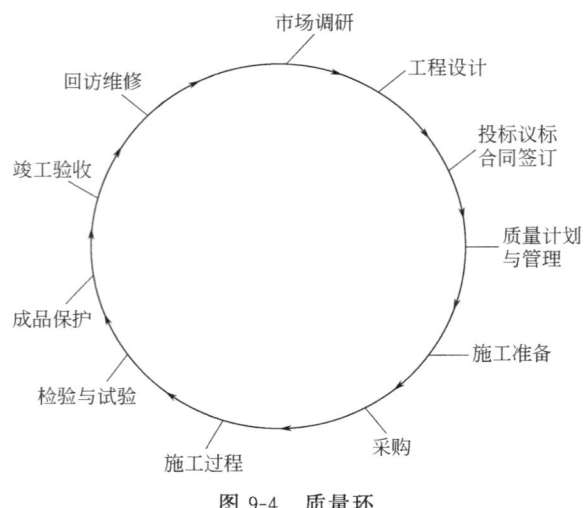

图 9-4 质量环

(2) 工程设计过程的质量控制　勘察、设计文件的质量是保证工程质量的前提和关键。设计过程的质量包括勘察质量、图纸质量、计算质量和构造处理质量等。设计过程的质量控制，主要由设计单位负责，施工企业在图纸会审等工作中，应发挥一定作用。

(3) 投标签订合同的质量控制　在选择投标工程时，要保证施工企业自身的技术能力能满足工程的质量要求。中标后，甲乙双方要在合同中明确工程质量等级、质量要求及奖惩条件等。

(4) 编好质量计划　质量计划分为质量发展计划、质量攻关计划、保证质量技术组织措施计划等，每种计划都要有达到的目标及指标，具体实施措施落实到有关部门或个人。

(5) 施工准备阶段的质量控制　依据施工准备工作的内容严格进行质量控制，包括施工组织设计的质量、技术交底的质量、现场施工准备工作的质量、物资供应准备工作的质量及后勤准备工作的质量等，还应开展质量管理的宣传教育，成立 QC 小组。

(6) 材料采购的质量控制　企业采购的原材料、半成品及施工机具等，直接影响产品质量，企业应对外购物资编制采购质量计划并进行控制，同时与各供应厂建立质量的信息反馈系统，以便不断改进质量，迅速解决质量事端。采购质量计划中要选择合格供应厂，签订质量保证协议，规定验证方法等。

(7) 施工过程的质量控制　施工过程质量控制的任务是严格执行质量控制计划，保证各工序处于受控状态，有效地控制生产节拍，按照规范和图纸要求完成施工任务。

① 材料、半成品的质量控制　施工前要确保原材料、半成品等符合质量标准；施工过程中应搞好物资的合理堆放、搬运、保管和发放工作，以保持其品质及适用性。

② 施工机具、设备的质量控制　所有施工机具、设备，使用前应验证其准确度和精密度；注意设备的合理存放和维护保养、定期检查和再校准；应制订设备的预保养计划和质量管理责任制等。

③ 现场施工过程的质量控制　现场施工过程是建筑工程质量控制的重点阶段，应充分重视。

要加强施工工艺管理，严格按照施工工艺标准和操作规程施工；加强施工过程中的工序控制；做好施工过程中的中间检查、技术复核和隐蔽工程的质量检查和验收；通过综合统计和分析来掌握工程质量动态；及时处理工程质量事故等。

（8）检验和试验的质量控制　要保证原材料、工序及产品等的质量检测准确无误，则必须对测试设备和试验方法进行控制，其内容包括：保持技术规范和测试仪器的正确性，使用前应校准，使用中定期对测试仪器进行调整、修理和再校准，有关检测周期、校准状态及搬运、储存、调整、修理、安装和使用等方面均应有书面程序，有检测的国家标准。

（9）成品保护的质量控制　建筑工程是分项、分部完成的，对完成的每个分项、分部工程必须加强保护，避免后继分项工程的施工对已完工的分项工程产生破坏、污染，影响整体工程质量。制定相应的保护措施，采取对已完工分项工程影响小的施工方案和组织方案。

（10）竣工验收的质量控制　在工程交工前施工企业应对整个工程进行全面自检和评定，发现质量问题及时处理，在竣工验收前准备好竣工验收的全部技术资料。正式验收时，必须严格按质量验收标准和工程验收规范对工程进行检验，绝不放过任何质量隐患。

（11）使用过程的质量控制　工程交付使用后，在一定时间内，应及时回访，向用户征求对工程质量的意见，了解实际使用效果，从中发现工程质量方面存在的问题。若属施工原因造成的质量问题，应进行无偿保修。针对存在的质量问题，进一步分析原因，提出改进工程质量的措施。

**2. 工程质量事故**

2007年3月28日国务院第172次常务会议通过《生产安全事故报告和调查处理条例》。自2007年6月1日起施行。国务院1989年3月29日公布的《特别重大事故调查程序暂行规定》和1991年2月22日公布的《企业职工伤亡事故报告和处理规定》同时废止。

工程质量事故，是指由于建设管理、监理、勘测、设计、咨询、施工、材料、设备等原因造成工程质量不符合规程、规范和合同规定的质量标准，影响使用寿命和对工程安全运行造成隐患及危害的事件。

建设工程质量事故的分类方法有多种，既可按造成损失严重程度划分，又可按其产生的原因划分，也可按其造成的后果或事故责任区分。

（1）按造成损失严重程度进行分类

① 特别重大事故，是指造成30人以上死亡，或者100人以上重伤（包括急性工业中毒，下同），或者1亿元以上直接经济损失的事故；

② 重大事故，是指造成10人以上30人以下死亡，或者50人以上100人以下重伤，或者5000万元以上1亿元以下直接经济损失的事故；

③ 较大事故，是指造成3人以上10人以下死亡，或者10人以上50人以下重伤，或者1000万元以上5000万元以下直接经济损失的事故；

④ 一般事故，是指造成3人以下死亡，或者10人以下重伤，或者100万元以上1000万元以下直接经济损失的事故。

（2）按事故责任分类

① 指导责任事故；

② 操作责任事故。

（3）按质量事故产生的原因分类

① 技术原因引发的事故；

② 管理原因引发的事故；

③ 社会经济原因引发的事故。

（4）事故处理　事故发生后，事故现场有关人员应当立即向本单位负责人报告；单位负责人接到报告后，应当于1小时内向事故发生地县级以上人民政府安全生产监督管理部门和负有安全生产监督管理职责的有关部门报告。情况紧急时，事故现场有关人员可以直接向事故发生地县级以上人民政府安全生产监督管理部门和负有安全生产监督管理职责的有关部门报告。安全生产监督管理部门和负有安全生产监督管理职责的有关部门接到事故报告后，应当依照有关规定上报事故情况，并通知公安机关、劳动保障行政部门、工会和人民检察院。

特别重大事故由国务院或者国务院授权有关部门组织事故调查组进行调查。重大事故、较大事故、一般事故分别由事故发生地省级人民政府、设区的市级人民政府、县级人民政府负责调查。省级人民政府、设区的市级人民政府、县级人民政府可以直接组织事故调查组进行调查，也可以授权或者委托有关部门组织事故调查组进行调查。未造成人员伤亡的一般事故，县级人民政府也可以委托事故发生单位组织事故调查组进行调查。

重大事故、较大事故、一般事故，负责事故调查的人民政府应当自收到事故调查报告之日起15日内做出批复；特别重大事故，30日内做出批复，特殊情况下，批复时间可以适当延长，但延长的时间最长不超过30日。

有关机关应当按照人民政府的批复，依照法律、行政法规规定的权限和程序，对事故发生单位和有关人员进行行政处罚，对负有事故责任的国家工作人员进行处分。

事故发生单位应当按照负责事故调查的人民政府的批复，对本单位负有事故责任的人员进行处理。

负有事故责任的人员涉嫌犯罪的，依法追究刑事责任。

## 二、建筑工程质量检查

质量检验是对产品、过程或服务的一种或多种特性进行测量、检查、试验、计量，并将这些特性与规定的要求进行比较以确定其符合性的活动。

**1. 建筑工程质量检验的工作步骤**

（1）明确质量要求　依据检验标准规定，明确要检验哪些项目的质量指标，抽检程序及合格品、优良品的标准。

（2）测试　规定适当的方法和手段测试工程，以得到正确的质量特性值和结果。

（3）比较　将测试数据同规定的质量要求比较。

（4）评定　根据比较结果判定分项、分部或单位工程是合格品或不合格品。

（5）处理

① 分项工程质量评定为不合格品的，应返工重做，返工后可重新评定质量等级。

② 被评定为不合格品后，经加固补强或经法定检测单位鉴定达到设计要求的，其质量只能评为"合格"。

③ 被评为不合格品后，经法定检测单位鉴定达不到设计要求但经设计单位和建设单位认为能满足结构安全和使用功能要求的，可不加固补强，或经加固补强改变了原设计结构尺寸或造成永久性缺陷的，其质量可评为"合格"，所在分部工程不能评为"优良"。

**2. 建筑工程质量检验的方法**

全面进行建筑工程的质量检验，特别是对使用功能的检查，是一项复杂的技术工作，需要采用多种先进检测设备和科学方法才能实现。目前施工企业采用的检测方法分为两大类。

（1）感官检验　依靠人的感觉器官来进行有关质量特性或特征的评定判断活动。其方法有以下几种。

① 看　外观目测，对照有关质量标准进行观察，这是检查工作最常用的手段。主要适用于墙面洁净、干粘面的密实和均匀、内墙抹灰大面及口角平直、地面光洁密实等项目的评定及其他项目的辅助评定。

② 摸　手感检查。主要适用于装饰工程某些项目（如平整度、光滑度、黏结度及墙地面掉粉起砂等）的评定。

③ 敲　用工具进行音质检查。主要对地面工程、混凝土工程、装饰工程（如水刷石、干粘石、面砖、锦砖、石材镶贴、玻璃等）进行敲击检查，判断有无空鼓或压条不实等问题。

④ 照　用镜子反射和灯光照明检查。适用于人眼无法直接观察或光线较暗部位的检查。

（2）物理与化学检验　主要依靠水平仪、经纬仪、尺、塞尺等仪器、量具、检测设备、装置，用物理或化学分析的方法，对受检物进行检验。现场最常用的方法有以下几种。

① 吊　测量垂直度。用托线板和线锤吊线，或用线锤吊线和经纬仪或用激光仪测定垂直度。

② 靠　测量平整度。用靠尺在测量面上任意角度进行。

③ 量　用尺、卡尺、塞尺、百格网等来量长度、高度、厚度、宽度、直径、缝隙及砂浆饱满度等。另外还有测容量、测温度等项目。

④ 套　以方尺套方，辅之塞尺检查阳角是否方正。

随着科技的进步，检测方法将不断改进和发展。

### 三、建筑工程质量评定

**1. 保证项目、基本项目、允许偏差项目**

（1）保证项目　是指关系到结构式构造的安全性能和使用功能的关键项目。保证项目的条文是必须达到的要求，是保证工程安全或使用功能的重要检验项目。

在保证项目中，必须满足要求的技术指标和条件包括以下内容。

① 重要材料的材质、技术性能等的试验数据及出厂证明。

② 重要的构件、配件、成品和半成品的检验报告和出厂证明。

③ 重要项目的位置、尺寸校验，其数据和项目符合设计要求和施工规范规定。

④ 重要项目的强度、刚度和稳定性等的检验数据和试验报告。

⑤ 决定质量的关键项目的施工方法和工艺要求的合理性及效果检验。

⑥ 工程进行中和完毕后必须进行的检验测试数据等。

（2）基本项目　它是保证工程安全或使用性能的基本要求。基本项目允许有一定偏差和缺陷，是评定分项工程质量等级的条件之一。

基本项目中包括的内容如下。

① 允许有一定偏差项目，但又不宜放入允许偏差项目的，放入基本项目，用数据规定出"优良"和"合格"的标准。

② 对不能确定偏差值而又不允许出现的一定缺陷的项目，则以缺陷的数量来区分。

③ 用程度或不同部位来区分的项目，也是无法定量的项目。

（3）允许偏差项目　是指规定有允许偏差范围的项目。检验时允许有少量检查点的测量值略超过允许偏差的范围，并以其所占比例作为区分分项工程合格和优良等级的条件之一。

允许偏差项目的内容如下。

① 有正、负要求的数值。

② 偏差值直接注明数字，不标注符号。

③ 要求大于或小于某一数值。

④ 要求在一定范围内的数字。

⑤ 采用相对比例值确定偏差值。

**2. 质量评定的依据**

建筑安装工程质量评定的主要依据如下。

① 国家现行的建筑安装工程质量检验评定标准及有关技术规定。

② 国家现行的施工及验收技术规范，上级颁发的技术规程、工艺标准等。

③ 设计图纸、施工说明书、设计变更记录等技术文件。

④ 原材料、半成品及成品的试验资料，隐蔽工程验收记录，建筑物沉陷观测记录等技术资料。

⑤ 特殊建筑材料的技术规定和专业技术规定。

**3. 工程质量评定标准**

为便于工程质量评定，需将项目划分为分项工程、分部工程、单位工程等。其工程质量的等级均分为"合格"和"优良"两级。

(1) 分项工程的质量等级标准　满足下列标准的分项工程可评为合格。

① 保证项目必须全部符合质量检验评定标准。

② 基本项目抽检处（件）应符合质量检验评定标准的合格规定。

③ 允许偏差项目，建筑工程70%（设备工程80%）及以上的实测值在质量检验评定标准的允许偏差范围内。

在合格的基础上，基本项目的优良数量占检验数的50%及以上，抽检点数中，有90%及以上的实测值在质量检验评定标准的允许偏差范围内，可评定为优良。

(2) 分部工程的质量等级标准

① 合格：所含分项工程的质量全部合格。

② 优良：在合格的基础上，50%及以上的分项工程为优良，主要分项工程必须达到优良。

(3) 单位工程的质量等级标准

① 合格：所含分部工程质量全部合格；质量保证资料齐全；观感质量评定得分率在70%及以上。

② 优良：在合格的基础上，50%及以上的分部工程优良；主要分部工程必须优良；质量保证资料齐全；观感质量评定得分率不小于85%。

## 第三节　建筑工程质量常用的统计分析方法

### 一、排列图法

**1. 排列图法简述**

排列图法是利用排列图寻找影响质量主次因素的一种有效方法。排列图又叫帕累托图或主次因素分析图，它是由两个纵坐标、一个横坐标、几个连起来的直方形和一条折线组成的，如图 9-5 所示。左侧的纵坐标表示频数，右侧的纵坐标表示累计频率，横坐标表示影响质量的各个因素或项目，按影响程度大小从左至右排列，直方形的高度表示某个因素的影响大小。实际应用中，通常按累计频率划分为（0～80%）、（80%～90%）、（90%～100%）三部分，与其对应的影响因素分别为 A、B、C 三类。A 类为主要因素，B 类为次要因素，C 类为一般因素。

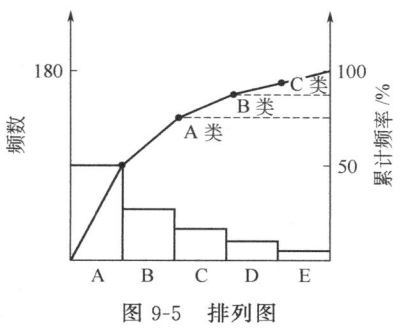

图 9-5　排列图

### 2. 排列图的作法

下面结合实例加以说明。

**【例 9-1】** 某工地现浇混凝土，其构件尺寸质量检查结果是：在全部检查的 8 个项目中不合格点（超偏差限值）有 150 个，为改进并保证质量，应对这些不合格点进行分析，以便找出混凝土构件尺寸质量的薄弱环节。

**解：**

第一步　收集整理数据。

首先收集混凝土构件尺寸各项目不合格点的数据资料（见表 9-1），统计各项目不合格点出现的次数及频数，然后对数据资料进行整理，将不合格点较少的轴线位置、预埋设施中心位置、预留孔洞中心位置三项合并为"其他"项。按不合格点的频数由大到小的顺序排列各检查项目，"其他"项排在最后。以全部不合格点数为总数，计算各项的频数和累计频率，结果见表 9-2。

表 9-1　不合格点统计

| 序号 | 检查项目 | 不合格点数 | 序号 | 检查项目 | 不合格点数 |
| --- | --- | --- | --- | --- | --- |
| 1 | 轴线位置 | 1 | 5 | 电梯井 | 15 |
| 2 | 垂直度 | 8 | 6 | 表面平整度 | 75 |
| 3 | 标高 | 4 | 7 | 预埋设施中心位置 | 1 |
| 4 | 截面尺寸 | 45 | 8 | 预留孔洞中心位置 | 1 |

表 9-2　不合格点项目频数和累计频率统计

| 序号 | 项目 | 频数 | 频率/% | 累计频率/% |
| --- | --- | --- | --- | --- |
| 1 | 表面平整度 | 75 | 50.0 | 50.0 |
| 2 | 截面尺寸 | 45 | 30.0 | 80.0 |
| 3 | 电梯井 | 15 | 10.0 | 90.0 |
| 4 | 垂直度 | 8 | 5.3 | 95.3 |
| 5 | 标高 | 4 | 2.7 | 98.0 |
| 6 | 其他 | 3 | 2.0 | 100.0 |
| 合计 | | 150 | 100 | |

第二步　绘制排列图。

① 画横坐标。将横坐标按项目数等分，并按项目频数由大到小的顺序从左至右排列，本例题中横坐标分为六等份。

② 画纵坐标。左侧的纵坐标表示项目不合格点数即频数，右侧纵坐标表示累计频率。要求总频数对应累计频率 100%，本例题中 150 应与 100% 在一条水平线上。

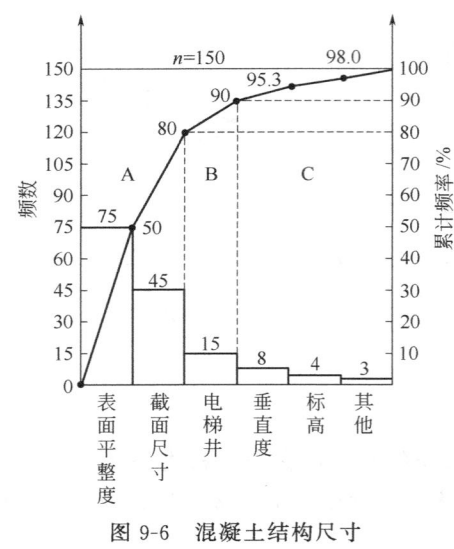

③ 画频数直方形。以频数为高画出各项目的直方形。

④ 画累计频率折线，从横坐标左端点开始，依次连接各项目直方形右边线及所对应的累计频率值的交点。

⑤ 记录必要的事项。如标题、收集数据的方法和时间等。

图 9-6 所示为本例题混凝土结构尺寸不合格点排列图。

**3. 排列图的观察与分析**

① 观察直方形，大致可看出各项目的影响程度。排列图中的每个直方形都表示一个质量问题或影响因素。影响程度与各直方形的高度成正比。

② 利用 ABC 分类法，确定主次因素。将累计频率折线按（0～80%）、（80%～90%）、（90%～100%）分为三部分，各折线下面所对应的影响因素分别为 A、B、C 三类因素，本例题中 A 类即主要因素是表面平整度（2m 长度）、截面尺寸（梁、柱、墙板、其他构件），B 类即次要因素是电梯井，C 类即一般因素有垂直度、标高和其他项目。综合上述分析结果，下一步应重点解决 A 类等的质量问题。

图 9-6 混凝土结构尺寸不合格点排列图

**4. 排列图的应用**

排列图可形象、直观地反映主次因素。其主要应用如下。

① 按不合格点的内容分类，可以分析出造成质量问题的薄弱环节。

② 按生产作业分类，可以找出生产不合格品最多的关键过程。

③ 按生产班组或单位分类，可以分析比较各单位技术水平和质量管理水平。

④ 将采取提高质量措施前后的排列图进行对比，可以分析得出措施是否有效。

⑤ 此外还可以用于成本费用分析、安全问题分析等。

## 二、因果分析图法

因果分析图法是用因果分析图来整理分析质量问题（结果）与其产生原因之间关系的有效工具。因果分析图也称特性要因图，又因其形状常被称为树枝图或鱼刺图。

因果分析图的基本形式如图 9-7 所示。

从图 9-7 可见，因果分析图由质量特性（质量结果）、要因、枝干、主干等组成。

因果分析图的绘制步骤与图中箭头方向恰恰相反，是从结果开始将原因逐层分解的。具体绘制步骤如下。

① 明确质量问题——结果。画出质量特性的主干线。

② 确定影响质量特性大的方面的原因。一般来说，影响质量因素有五大因素，即人、机械、材料、工艺、环境。另外还可以按产品生产工序进行分析。

③ 将每种大原因进一步分解为中原因、小原因等，直至分解的原因可以采取具体措施加以解决为止。

④ 检查图中所列原因是否齐全，可以对初步分析结果广泛征求意见，并作必要的修改

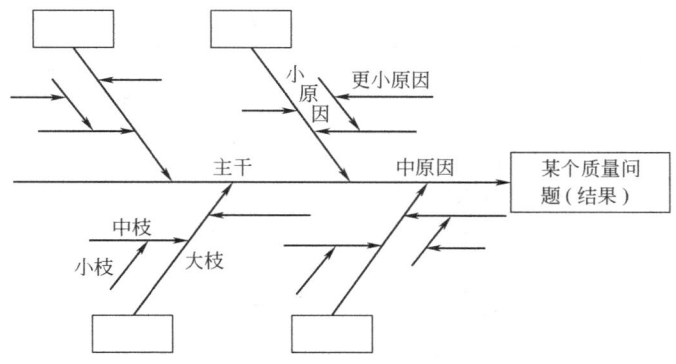

图 9-7 因果分析图的基本形式

和补充。

⑤ 选择出影响较大的因素作出标记。

例如混凝土强度不够的原因分析图。从人、材料、机械、工艺、环境这几个方面把主要影响因素列出来,可以从这些方面采取措施,提高质量,如图 9-8 所示。

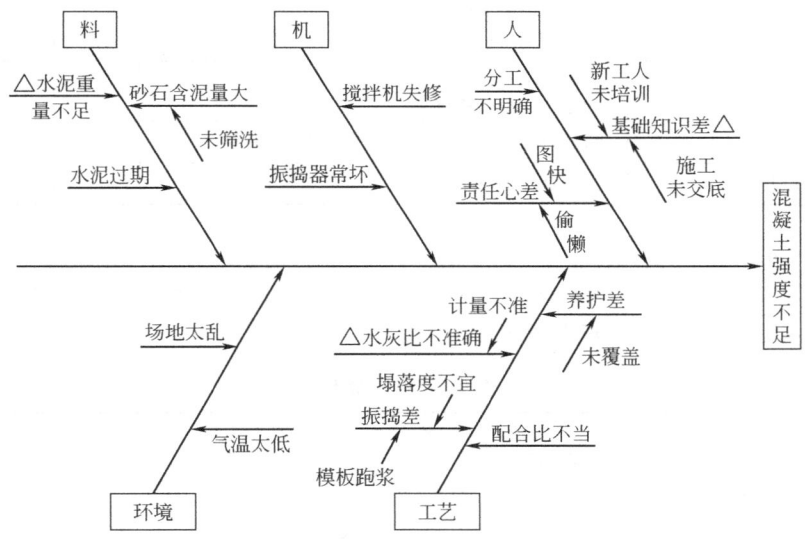

图 9-8 混凝土强度不足原因分析图

因果分析图表现形式简单明了,但分析问题、绘制成图是比较复杂而不容易的事。

首先要求绘制者熟悉施工专业技术与工艺,调查、了解施工现场实际条件和操作者的具体情况。

其次,绘制因果分析图不是最终目的。根据图中所反映的原因,制订改进措施和对策,限期解决问题,保证产品质量不断提高,这才是目的。具体实施时应编制一个对策计划表(见表 9-3)。

## 三、频数分布直方图法

频数分布直方图法简称直方图法。它是将搜集到的质量数据进行分组整理,绘制成频数分布直方图,用以描述质量分布状态的一种分析方法。根据直方图可以掌握产品质量的波动情况,了解质量特征的分布规律,以便对质量状况进行分析判断。

表 9-3  对策计划表

| 项目 | 序号 | 产生问题原因 | 采取的对策 | 执行人 | 完成时间 |
|---|---|---|---|---|---|
| 人 | 1 | 分工不明确 | 根据个人特长,确定每项作业的负责人及各项操作人员的职责,挂牌示出 | | |
| | 2 | 基础知识差 | ①组织学习操作规程<br>②搞好技术交底 | | |
| 工艺 | 3 | 配合比不当 | ①根据数理统计结果,按施工实际水平进行配合比计算<br>②进行实验 | | |
| | 4 | 水灰比不准 | ①制作试块<br>②振捣时每半天测砂石含水率一次<br>③捣制时控制坍落度在 5cm 以下 | | |
| | 5 | 计量不准 | 校正磅秤 | | |
| 材料 | 6 | 水泥重量不足 | 进行水泥重量统计 | | |
| | 7 | 原材料不合格 | 对砂石水泥进行各项指标试验 | | |
| | 8 | 砂石含泥量大 | 冲洗 | | |
| 机械 | 9 | 振捣器常坏 | ①使用前检修一次<br>②施工时配备电工<br>③备用振捣器 | | |
| | 10 | 搅拌机失修 | ①使用前检修一次<br>②施工时配备检修工人 | | |
| 环境 | 11 | 场地乱 | 认真清理,搞好平面布置,现场实行分片制 | | |
| | 12 | 气温低 | 准备草包,养护落实到人 | | |

**1. 直方图的绘制**

【例 9-2】 某建筑施工工地浇筑 C30 混凝土,为对其抗压强度进行质量分析,搜集了 50 份抗压强度实验报告单,经整理如表 9-4 所列。

表 9-4  数据整理                           单位:N/mm$^2$

| 序号 | 抗 压 强 度 数 据 | | | | |
|---|---|---|---|---|---|
| 1 | 39.8 | 37.7 | 33.8 | 31.5 | 36.1 |
| 2 | 37.2 | 38.0 | 33.1 | 39.0 | 36.0 |
| 3 | 35.8 | 35.2 | 31.8 | 37.1 | 34.0 |
| 4 | 39.9 | 34.3 | 33.2 | 40.4 | 41.2 |
| 5 | 39.2 | 35.4 | 34.4 | 38.1 | 40.3 |
| 6 | 42.3 | 37.5 | 35.5 | 39.3 | 37.3 |
| 7 | 35.9 | 42.4 | 41.8 | 36.3 | 36.2 |
| 8 | 46.2 | 37.6 | 38.3 | 39.7 | 38.0 |
| 9 | 36.4 | 38.3 | 43.4 | 38.2 | 38.0 |
| 10 | 44.4 | 42.0 | 37.9 | 38.4 | 39.5 |

根据表 9-4 中的数据绘制出频数分布直方图,如图 9-9 所示。

**2. 直方图的观察分析**

① 观察直方图的形状,判断质量分布状态。作完直方图后,首先要认真观察直方图的整体形状,看其是否属于正常型直方图。正常型直方图应是中间高、两侧低、左右接近对称的图形,如图 9-10(a) 所示。

出现非正常型直方图时,表明生产过程或搜集数据作图有问题。这就要求进一步分析判断，找出原因，从而采取措施加以纠正。凡属非正常型直方图，其图形分布有各种不同缺陷，归纳起来一般有五种类型，如图 9-10(b)～图 9-10(f) 所示。

　　a. 折齿型 [见图 9-10(b)]　是由于分组不当或者组距确定不当出现的分布状态。

　　b. 左（或右）缓坡型 [见图 9-10(c)]　主要是由于操作中对上限（或下限）控制太严造成的。

　　c. 孤岛型 [见图 9-10(d)]　是原材料发生变化，或者临时他人顶班作业造成的。

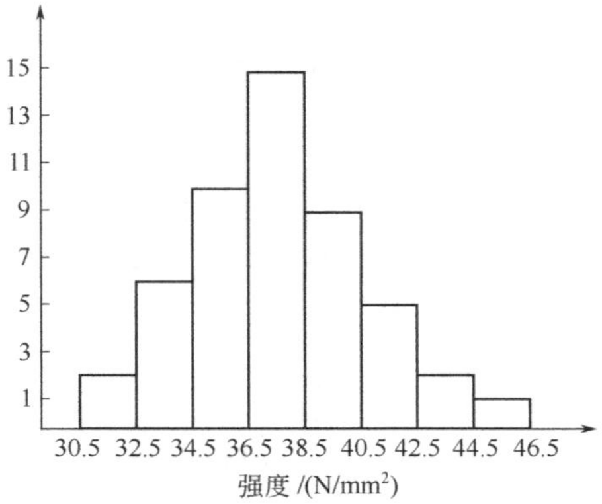

　　d. 双峰型 [见图 9-10(e)]　是由于用两种不同工艺或两台设备或两组工人进行生产，然后把两方面数据混在一起整理产生的。

图 9-9　混凝土强度分布直方图

　　e. 绝壁型 [见图 9-10(f)]　是由于数据收集不正常，可能有意识地丢掉下限以下的数据，或是在检测过程中存在某种人为因素所造成的。

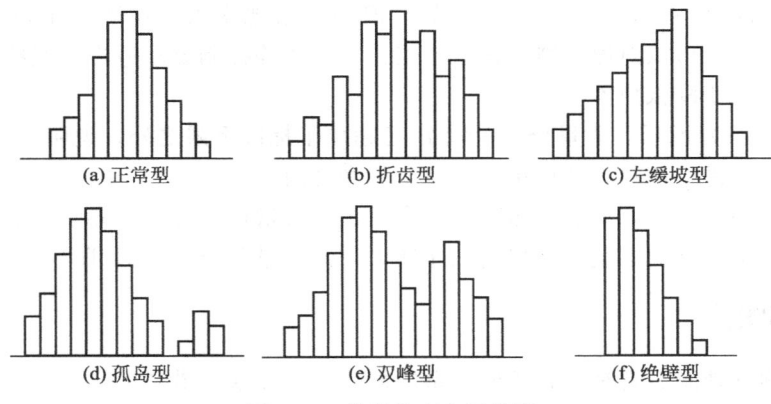

图 9-10　常见的直方图类型

　　② 将直方图与质量标准比较，判断实际工序生产能力。作出直方图后，除了观察直方图形，分析质量分布状态外，再将正常型直方图与质量标准进行比较，从而判断实际生产（加工）工序能力。正常型直方图与质量标准相比较，一般有如图 9-11 所示的六种情况。

　　图 9-11 中，$T$ 表示质量标准要求界限；$B$ 表示实际质量特性分布范围。

　　a. 如图 9-11(a) 所示，$B$ 在 $T$ 中间，质量分布中心 $\bar{x}$ 与质量标准中心 $M$ 重合，实际数据分布与质量标准相比较两边还有一定余地。这样的工序质量是很理想的，说明生产工序处于正常的稳定状态。在这种情况下生产出来的产品可认为全都是合格品。

　　b. 如图 9-11(b) 所示，$B$ 虽然落在 $T$ 内，但质量分布中心 $\bar{x}$ 与 $T$ 的中心 $M$ 不重合，偏向一边。这样如果工序状态一旦发生变化，就可能超出质量标准下限而出现不合格品。出现这种情况时应迅速采取措施，使直方图移到中间来。

　　c. 如图 9-11(c) 所示，$B$ 在 $T$ 的中间，且 $B$ 的范围接近 $T$ 的范围，没有余地，生产过程一旦发生小的变化，产品的质量特性值就可能超出质量标准。出现这种情况时，必须立即采取措施，以缩小质量分布范围。

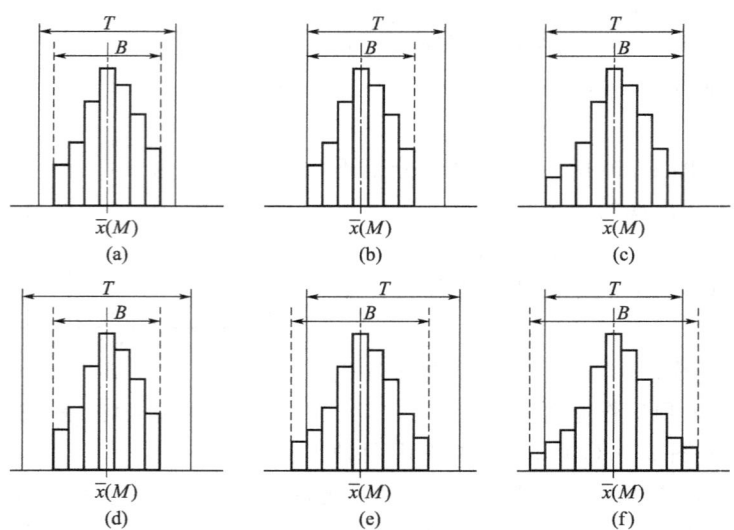

图 9-11 实际质量分布与标准比较

d. 如图 9-11(d) 所示，$B$ 在 $T$ 的中间，但两边余地太大，说明加工过于精细，不经济。在这种情况下，可以对原材料、设备、工艺、操作等控制要求适当放宽些，有目的地使 $B$ 扩大，从而有利于降低成本。

e. 如图 9-11(e) 所示，质量分布范围 $B$ 已超出了标准下限之外，说明已出现不合格品。此时必须采取措施进行调整，使质量分布位于标准之内。

f. 如图 9-11(f) 所示，质量分布范围完全超出了质量标准上、下界限，散差太大，产生许多废品，说明工序能力不足，应提高工序能力，使质量分布范围 $B$ 缩小。

### 四、控制图法

控制图又称管理图。它是在直角坐标系内划有控制界限，描述生产过程中产品质量波动状态的图形。利用控制图区分质量波动原因，判断生产工序是否处于稳定状态的方法称为控制图法。

**1. 控制图的基本形式及其作用**

（1）控制图的基本形式　控制图的基本形式如图 9-12 所示。横坐标为样本（子样）序号或抽样时间，纵坐标为被控制对象，即被控制的质量特性值。控制图上一般有三条线：最上面的一条虚线称为上控制界限，用符号 UCL 表示；最下面的一条虚线称为下控制界限，用符号 LCL 表示；中间的一条实线称为中心线，用符号 CL 表示。中心线标志着质量特性值分布的中心位置，上、下控制界限标志着质量特性值允许波动范围。

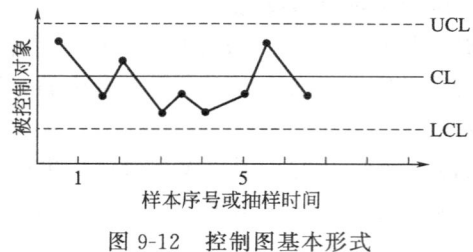

图 9-12　控制图基本形式

在生产过程中通过抽样取得数据，把样本统计量描在图上来分析判断工序状态。如果点子随机地落在上、下控制界限内，则表明生产过程正常，工序处于稳定状态，不会产生不合格品，如果点子超出控制界限，或点子排列有缺陷，则表明生产条件发生了异常变化，工序处于失控状态。

(2) 控制图的作用　控制图是用样本数据来分析判断工序（总体）是否处于稳定状态的有效工具。它的主要作用有两个。

① 工序分析　即分析生产过程是否稳定。为此，应随机连续收集数据，绘制控制图，观察数据点分布情况并判断工序状态。

② 工序控制　即控制工序质量状态。为此，要定时抽样取得数据，将其变为点子描在图上，发现并及时消除生产过程中的失调现象，预防不合格品的产生。

前述排列图、直方图法是质量控制的静态分析法，反映的是质量在某一段时间里的静止状态。然而产品都是在动态的生产过程中形成的，因此，在质量控制中只用静态分析法显然是不够的，还必须有动态分析法。只有动态分析法，才能随时了解生产过程中质量的变化情况，及时采取措施，使生产处于稳定状态，起到预防出现废品的作用。控制图就是典型的动态分析法。

**2. 控制图的原理**

任何一个生产过程，不论客观条件多么稳定，设备多么精确，工人操作多么熟练，其生产的产品总是会有所差别的，这就是质量特性值的波动性，或称质量数据的差异性。

造成质量数据差异性主要有五个方面因素。①人，包括质量意识、技术熟练程度、疲劳等因素；②材料，包括材料成分、外形尺寸、理化性能等因素；③方法，包括生产工艺、操作方法等因素；④环境，包括工作地点的温度、湿度、清洁条件、噪声干扰等因素；⑤机械设备，包括其精度、维修保养状况等因素。所有这些在生产过程中都同时对产品质量起着影响作用。

造成上述质量特性值波动的五个方面的因素，归纳起来为两类原因：一类是偶然性原因，一类是系统性原因。偶然性原因是对产品质量经常起作用的因素，其具有随机性的特点。如原材料成分、性能发生微小变化，工人操作的微小变化等。这些因素在生产中大量存在，但对质量影响很小，一般来说不会因此造成废品。而这些因素在技术上难以测量，且难以消除，难以避免，或在经济上不值得消除。通常把这类因素称为正常因素。系统性原因是指如原材料质量规格有显著变化，工人不遵守操作规程，机械设备过度磨损或发生故障等。它对质量波动影响很大，要产生次品或废品。而这些因素是容易识别的，也是可以避免的。通常把系统性原因称为异常因素。

在生产过程中，如果仅仅存在偶然性原因影响，而不存在异常因素，这时生产过程处于稳定状态，或称为控制状态。其产品质量特性值的波动是有一定规律的，即质量特征值分布服从正态分布。控制图就是利用这个规律，来识别生产过程中的异常因素，控制由系统性原因造成的质量波动，保证工序处于控制状态。

如何衡量生产工序是否处于稳定状态呢？一定状态下的工序生产的产品质量是具有一定分布规律的，工序状态发生变化，产品质量分布规律也随之改变，观察产品质量分布情况，一是看分布中心位置（$\mu$）；二是看分布的离散程度（$\sigma$），可通过图 9-13 来加以说明。

图 9-13(a)，反映产品质量分布服从正态分布，其分布中心与质量标准中心 $M$ 重合，散差分布在质量控制界限之内，表明生产过程处于稳定状态，这时生产的产品基本上都是合格品，可继续生产。

图 9-13(b)，反映产品质量分布散差没变，而分布中心发生偏移。

图 9-13(c)，反映产品质量分布中心虽然没有偏移，但分布的散差变大。

图 9-13(d)，反映产品质量分布中心和散差都发生了较大变化，即 $\mu(\bar{x})$ 值偏离标准中

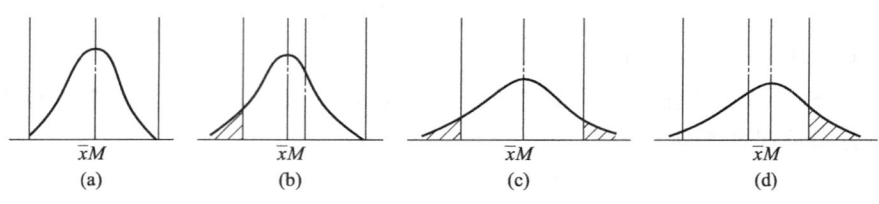

图 9-13 质量特性值分布变化

心，$\sigma(s)$ 值增大。

后三种情况都是由于生产过程中存在异常原因引起的，都出现了不合格品，应及时分析，消除异常原因的影响。

综上所述，可依据描述产品质量分布的集中位置和离散程度的统计特征值，随时间（生产过程）的变化情况来分析生产过程是否处于稳定状态。在控制图中，只要样本质量数据的特征值是随机落在上、下控制界限之内，就表明产品质量分布的参数 $\mu$ 和 $\sigma$ 基本保持不变，生产中只存在偶然原因，生产过程是稳定的。而一旦发生了质量数据点飞出控制界限之外，或排列有缺陷，则说明生产过程中存在系统原因，使 $\mu$ 和 $\sigma$ 发生了改变，生产过程出现了异常情况。

**3. 控制图的种类**

（1）按用途分类

① 分析用控制图　主要是用来调查分析生产过程是否处于控制状态。绘制分析用控制图时，一般需连续抽取 20～25 组样本数据，计算控制界限。

② 管理（或控制）用控制图　主要用来控制生产过程，使之经常保持在稳定状态下。当根据分析用控制图判明生产处于稳定状态时，一般都是把分析用控制图的控制界限延长作为管理用控制图的控制界限，并按一定的时间间隔取样、计算、打点，根据点子分布情况，判断生产过程是否有异常原因影响。

（2）按质量数据特点分类

① 计量值控制图　主要适用于质量特性值属于计量值的控制，如时间、长度、重量、强度、成分等连续性变量。计量值性质的质量特性值服从正态分布规律，常用的计量值控制图有：$\bar{x}$-$R$ 控制图；$\bar{x}$ 控制图；$x$-$R_s$ 控制图。

② 计数值控制图　通常用于控制质量数据中的计数值，如不合格频数、疵点数、不合格品率、单位面积上的疵点数等离散型变量。根据计数值的不同又可分为计件值控制图和计点值控制图。计件值控制图有不合格品数 $p_n$ 控制图和不合格品率 $p$ 控制图。计点值控制图有缺陷数 $c$ 控制图和单位缺陷数 $u$ 控制图。

**4. 控制图的观察与分析**

绘制控制图的目的是分析判断生产过程是否处于稳定状态。这主要是通过对控制图上点子的分布情况的观察与分析进行的。因为控制图上点子作为随机抽样的样本，可以反映出生产过程（总体）的质量分布状态。

当控制图同时满足以下两个条件：一是点子几乎全部落在控制界限之内；二是控制界限的点子排列没有缺陷。就可以认为生产过程基本上处于稳定状态。如果点子的分布不满足其中任何一条，都应判断生产过程为异常。

① 点子几乎全部落在控制界线内，是指应符合下述三个要求：

a. 连续 25 点以上处于控制界限内；

b. 连续 35 点中仅有 1 点超出控制界限；

c. 连续 100 点中不多于 2 点超出控制界限。

② 点子排列没有缺陷，是指点子的排列是随机的，而没有出现异常现象。这里的异常现象是指点子排列出现了"链"、"多次同侧"、"趋势或倾向"、"周期性变动"、"接近控制界限"等情况。

a. 链　是指点子连续出现在中心线一侧的现象，出现五点链，应注意生产过程发展状况；出现六点链，应开始调查原因；出现七点链，应判定工序异常，需采取处理措施，如图 9-14(a) 所示。

b. 多次同侧　是指点子在中心线一侧多次出现的现象，或称偏离。下列情况说明生产过程已出现异常：在连续 11 点中有 10 点在同侧，如图 9-14(b) 所示；在连续 14 点中有 12 点在同侧；在连续 17 点中有 14 点在同侧；在连续 20 点中有 16 点在同侧。

c. 趋势或倾向　是指点子连续上升或连续下降的现象。连续 7 点或 7 点以上上升或下降排列，就应判定生产过程有异常因素影响，要立即采取措施，如图 9-14(c) 所示。

d. 周期性变动　即点子的排列显示周期性变化的现象。这样即使所有点子都在控制界限内，也应认为生产过程有异常，如图 9-14(d) 所示。

e. 点子排列接近控制界限　是指点子落在了 $\mu\pm2\sigma$ 以外和 $\mu\pm3\sigma$ 以内。如属下列情况则判定为异常：连续 3 点至少有 2 点接近控制界限；连续 7 点至少有 3 点接近控制界限；连续 10 点至少有 4 点接近控制界限，如图 9-14(e) 所示。

以上是分析用控制图判断生产过程是否正常的准则。如果生产过程处于稳定状态，则把分析用控制图转为管理用控制图。分析用控制图是静态的，而管理用控制图是动态的。随着生产过程的进展，通过抽样取得质量数据把点子描在图上，随时观察点子的变化，若点子落在控制界限外或界限上，即判断生产过程异常，点子即使在控制界限内，也应随时观察其有无缺陷，以对生产过程正常与否作出判断。

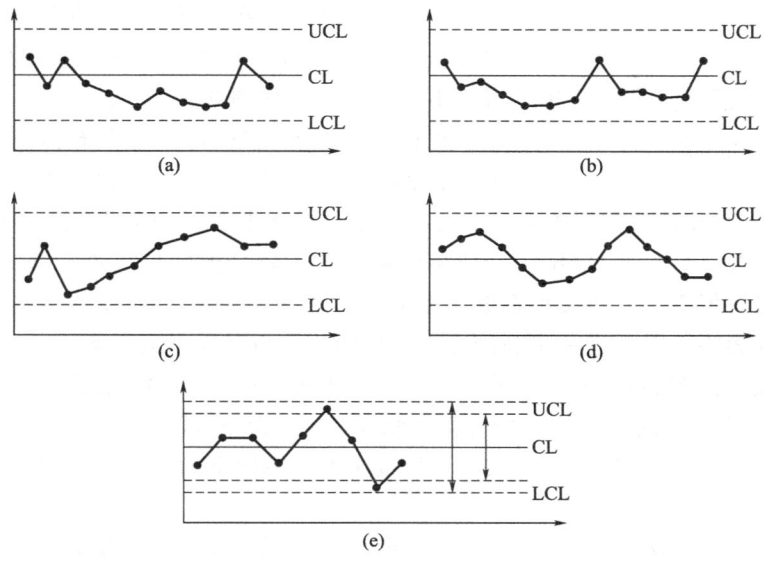

图 9-14　有异常现象的点子排列

### 五、相关图法

相关图又称散布图。在质量管理中它是用来显示两种质量数据之间关系的一种图形。质量数据之间的关系多属相关关系。一般有三种类型：一是质量特性和影响因素之间的关系；二是质量特性和质量特性之间的关系；三是影响因素和影响因素之间的关系。

可以用 Y 和 X 表示质量特性值和影响因素，通过绘制散布图，计算相关系数等，分析研究两个变量之间是否存在相关关系，以及这种关系密切程度如何，进而对相关程度密切的两个变量，通过对其中一个变量的观察控制，去估计控制另一个变量的数值，以达到保证产品质量的目的。这种统计分析方法，称为相关图法。

**1. 相关图的绘制方法**

【例 9-3】 分析混凝土抗压强度和水灰比之间的关系。

解：

第一步 收集数据。

要成对地收集两种质量数据，数据不得过少。本例题收集的数据如表 9-5 所列。

表 9-5 混凝土抗压强度与水灰比统计数据

| | 序 号 | 1 | 2 | 3 | 4 | 5 | 6 | 7 | 8 |
|---|---|---|---|---|---|---|---|---|---|
| X | 水灰比 | 0.4 | 0.45 | 0.5 | 0.55 | 0.6 | 0.65 | 0.7 | 0.75 |
| Y | 抗压强度/(N/mm$^2$) | 36.3 | 35.3 | 28.2 | 24.0 | 23.0 | 20.6 | 18.4 | 15.0 |

第二步 绘制相关图。

在直角坐标系中，一般 $x$ 轴用来代表原因或较容易控制的量，本例题中表示水灰比；$y$ 轴用来代表结果的量或不易控制的量，本例题中表示强度。然后将数据在相应的坐标位置上描点，便得到散布图，如图 9-15 所示。

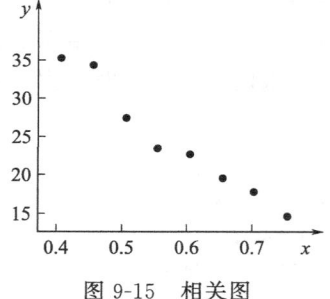

图 9-15 相关图

**2. 相关图的观察与分析**

相关图中点的几何分布，反映了两种数据之间的散布状况，根据散布状况可以分析两个变量之间的关系。归纳起来，有以下六种类型，如图 9-16 所示。

（1）正相关［见图 9-16(a)］ 散布点基本形成由左至右向上变化的一条直线带，即随 $x$ 值增加，$y$ 值也相应增加，说明 X 与 Y 有较强的制约关系。此时，可通过对 X 控制而有效控制 Y 的变化。

（2）弱正相关［见图 9-16(b)］ 散布点形成向上较分散的直线带。随 $x$ 值的增加，$y$ 值也有增加趋势，但 X、Y 的关系不像正相关那么明确，说明 Y 除受 X 影响外，还受其他更重要的因素的影响。需要进一步利用因果分析图法分析其他影响因素。

（3）不相关［见图 9-16(c)］ 散布点形成一团或平行于 $x$ 轴的直线带。说明 X 变化不会引起 Y 的变化或其变化无规律，分析质量原因时可排除 X 因素。

（4）负相关［见图 9-16(d)］ 散布点形成由左至右向下的一条直线带。说明 X 对 Y 的影响与正相关恰恰相反。

（5）弱负相关［见图 9-16(e)］ 散布点形成由左至右向下分布的较分散的直线带。说明 X 与 Y 的相关关系较弱，且变化趋势相反，应考虑寻找影响 Y 的其他更重要的因素。

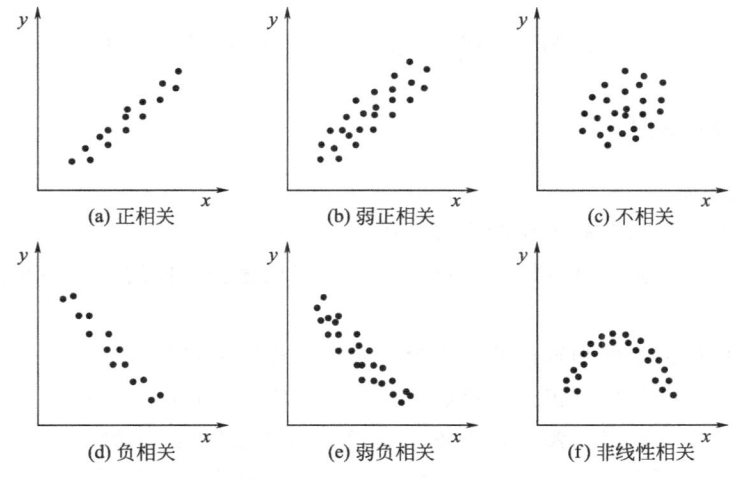

图 9-16 散布图的类型

（6）非线性相关［见图 9-16(f)］ 散布点呈一曲线带，即在一定范围内 $x$ 值增加，$y$ 值也增加；超过这个范围，$x$ 值增加，$y$ 值则有下降趋势。

从图 9-16 可以看出本例题水灰比对强度的影响属于负相关。初步结果是，在其他条件不变的情况下，混凝土强度随着水灰比的增大有逐渐下降的趋势。

## 六、分层法

分层法又叫分类法，是将调查收集的原始数据，根据不同的目的和要求，按某一性质进行分组、整理的分析方法。分层的结果使数据各层间的差异突出地显示出来，层内的数据差异减少了。在此基础上再进行层间、层内的比较分析，可以更深刻地发现和认识质量问题的本质和规律。由于产品质量是多方面因素共同作用的结果，因而对同一批数据，可以按不同性质分层，以便能从不同的角度来考虑、分析产品存在的质量问题和影响因素。

常用的分层标志如下。
① 按操作班组或操作者分层；
② 按机械设备型号、功能分层；
③ 按工艺、操作方法分层；
④ 按原材料产地或等级分层；
⑤ 按时间顺序分层。

## 七、统计调查表法

统计调查表法又称统计调查分析法，它是利用专门设计的统计表对质量数据进行收集、整理和粗略分析质量状态的一种方法。

在质量管理活动中，利用统计调查表搜集数据，简便灵活，便于整理。它没有固定的格式，一般可根据调查的项目，设计出不同的格式。常用的统计分析表如下：
① 分项工程作业质量分布调查表；
② 不合格项目调查表；
③ 不合格原因调查表；
④ 施工质量检查评定用调查表。

## 第四节 建筑企业质量管理体系

### 一、质量管理概念

**1. 质量管理体系**

是在质量方面指挥和控制组织的管理体系。

质量管理体系是建立质量方针和质量目标,并实现这些目标的一组相互关联的或相互作用的要素的集合。

质量管理体系包括硬件和软件两大部分。企业在进行质量管理时,首先根据达到质量目标的要求,准备必要的条件,包括人员素质、试验、施工、检测设备的能力等资源;然后通过设置组织机构,分析确定需要开发的各项质量活动(过程);分配、协调各项活动的职责和接口,通过程序的制订给出从事各项质量活动的工作方法,使各项质量活动(过程)能经济、有效、协调地进行,这样组成的有机整体就是企业的质量管理体系。

**2. 质量方针**

质量方针是指由组织的最高管理者正式发布的该组织的总的质量意图、宗旨和方向。

建筑企业质量方针应明确企业及最高管理者对质量的承诺和宗旨,应与其他方针相协调。质量方针是企业质量管理的纲领,需要通过每一个工程项目的质量目标来实现。建筑企业的质量管理活动应始终围绕着质量方针目标的制订和实施进行。质量方针还应为企业中所有员工熟悉和理解,并承担义务来完成。

**3. 质量目标**

质量目标是指在质量方面所追求的目的。

确定质量目标的要求是:质量目标应适当展开,除了有一个总目标外,有关部门和企业的适当层次还应根据总目标确定自己的分目标;质量目标的实现程度是可以测量的,但可测量并不意味着目标必须是定量的,目标也可用定性的方式表示。

质量方针和质量目标的相同之处在于它们指出了企业在质量方面的方向和追求的目标,使企业的各项质量活动都围绕这个方针和目标进行,让企业的全体员工都来关注它们的实施和实现。两者都确定了要想达到的预期结果,使企业利用其资源来实现这些结果。不同之处在于质量方针指出了企业满足顾客要求的意图和策略,而质量目标则是实现这些意图和策略的具体要求。

质量方针和质量目标的关系是:质量方针为建立和评审质量目标提供了框架并要具体体现企业对持续改进的承诺;质量目标则在此框架内确立、开展和细化;两者应保持一致,不能脱节和偏离。

如建筑企业的质量方针可表述为:遵纪守法、交合格工程;信守合同,让用户满意;坚持改进,达行业先进。其中既包含了企业遵守法律法规、对产品实物质量的承诺及顾客服务的承诺,也包括了对企业持续改进的承诺。

在上述质量方针指导下,建筑企业质量目标可包括:单位工程竣工一次验收合格率,工期履约率,顾客满意率,每年开发若干项新的施工方法等。这种质量目标的描述与质量方针相呼应,交合格工程的具体目标为一次验收合格率的要求,顾客满意体现在工期履约和顾客满意率,每年开发新施工方法体现了企业的持续改进等,这样的质量方针和质量目标的表述，体现了企业的质量方针作为质量目标的框架。

**4. 质量策划**

质量策划是质量管理的一部分，致力于制订质量目标并规定必要的运行过程和相关资源，以实现质量目标。

质量策划和质量计划是有区别的，质量策划强调的是一系列活动，而质量计划是质量策划的结果之一，通常是一种书面的文件。建筑企业的质量策划可以分为若干层次，包括最高管理层对质量体系的策划，项目经理部对工程施工过程的策划，技术管理人员对工序过程的策划等。质量策划的内容包括质量要达到什么水平，采用什么样的先进工艺、方针、手段，对施工过程进行预控的措施等。

**5. 质量控制**

质量控制是质量管理的一部分，致力于满足质量要求。

质量控制的目标就是确保产品的质量能满足顾客、法律法规等方面所提出的质量要求，如适用性、可靠性和安全性等。质量控制的范围涉及产品质量形成全过程的各个环节，任一环节的工作没有做好，都会使产品质量受到损害而不能满足质量要求。

质量控制包括作业技术和活动，也就是包括专业技术和管理技术两个方面。其目的在于监视过程并排除活动中所有阶段导致不满意的原因，以取得经济效益。质量控制一般分为两个阶段：一是对影响质量的各环节和因素制订计划与程序；二是在实施过程中进行连续评价和验证，发现问题进行分析，对异常情况进行处理，采取纠正措施。因此，质量控制应贯彻预防为主与检验把关相结合的原则。

此外，随着经济社会的发展和科技的进步，对质量要求也在不断地提高、更新，这就要求质量控制不能停留在一个水平上，应不断发展、不断前进，即要动态地进行质量控制。

**6. 质量保证**

质量保证是指致力于提供质量要求会得到满足的信任。

随着技术的发展，产品也越来越复杂，对其质量要求也越来越高，用户为了确信厂家所提供的产品达到了所规定的质量要求，就会要求企业提供设计、生产各环节的主要质量活动确实做好，并能有力地提供合格产品的证据，这就是用户提供的质量保证要求。

针对用户的质量要求，企业就要开展外部质量保证活动，就得对用户提出的设计、生产全过程中的某些环节的活动提供必要的证据，以使用户放心。因此，保证质量是质量控制的任务，而质量保证则是以保证质量为基础，进一步引申到提供"信任"这一基本目的。

要是用户能信任，企业首先应加强质量管理，完善质量管理体系，对合同产品有一套完整的质量控制方案，使用户能了解企业的实力、业绩、管理水平、技术水平以及对合同产品在设计、施工生产各阶段主要质量控制活动和内部质量保证活动的有效性，使用户相信提供的产品能达到所规定的质量要求。因此，企业的质量保证的主要工作是促使完善质量控制，以便准备好客观证据，并根据对方的要求，有计划、有步骤地开展提供证据的活动。

## 二、质量管理体系的基本要求

**1. 质量管理体系总要求**

① 质量管理体系应符合标准所提出的各项要求。

② 质量管理体系应形成文件。

③ 质量管理体系应加以实施。

④ 质量管理体系应加以保持。

⑤ 质量管理体系应持续改进其有效性。

**2. 质量管理体系文件的要求**

所谓文件是指信息及其承载媒体。文件的价值是传递信息、沟通意图、统一行动。文件的具体用途主要包括：满足顾客要求和质量改进，提供适宜的培训，重复性（或再现性）和可追溯性，提供客观证据和评价质量管理体系的有效性和持续适宜性。

质量管理体系中使用文件的类型主要有以下几种。

（1）质量手册　即规定企业质量管理体系的文件，它是向企业内部和外部提供关于质量管理体系的一致信息。

（2）质量计划　即对特定的项目产品、工程或合同，规定由谁及何时使用哪些程序和相关资源的文件。

（3）规范　即阐明要求的文件。

（4）指南　即阐明推荐的方法或建议的文件。

（5）程序、作业指导书和图样　这些都是提供如何一致地完成活动和过程的信息文件。

（6）记录　即阐明所取得的结果或提供所完成活动的证据文件。

质量管理体系文件固然是重要的，但编制文件并不是最终目的。建立一个形成文件的质量管理体系，并不要求将质量管理体系中所有的过程和活动都形成文件。质量管理体系中文件数量的多少、详略程度等取决于如下一些因素：企业的类型和规模；过程的复杂性和相互作用；产品（施工）的复杂性；顾客的要求；适用的法规要求；经证实的人员能力；满足体系要求所需证实的程度等。

总之，质量管理体系文件的目的就是使质量管理体系的过程得到有效的运用和实施。

**3. 企业最高管理者在质量管理体系建立和实施中的作用**

企业的最高管理者是指企业的最高领导层，具有决策、指挥和控制的职责和权力。他们在企业质量管理体系建立和实施中的最重要的任务是通过他们的具体领导作用和各种措施来创造一个良好的内部环境。在这个环境中，企业的质量管理体系得到有效的运行，全体员工可以充分参与，发挥他们的主动性、积极性和创造性。

企业最高管理者应发挥的作用包括以下几点。

① 制订并保持企业的质量方针和质量目标。

② 通过增强员工的质量意识、积极性和参与程度，在整个企业内促进质量方针和质量目标的实现。

③ 确保整个企业各部门和全体员工都关注顾客的要求。

④ 确保实施适宜的过程以满足顾客和其他相关方要求并实现质量目标。

⑤ 确保建立、实施和保持一个有效的质量管理体系及实现这些质量目标。

⑥ 确保获得必要的资源。

⑦ 定期评审质量管理体系。

⑧ 决定质量方针和质量目标的措施。

⑨ 决定改进质量管理体系的措施。

**4. 企业质量管理体系和其他管理体系**

一个企业的管理体系包含若干个不同的分体系，如质量管理体系、财务管理体系、环境管理体系、职业健康安全管理体系等。这些管理体系有各自的方针和目标。除了质量目标外，企业可能还有增长率、资金、环境等目标。这些目标相辅相成，构成了企业各方面的奋斗目标。

企业的各部分管理体系也是相互联系的。最理想的是将这些分体系有机地结合成一个总的管理体系，采用相同的要素（如文件、记录等）。这些将有利于企业的总体策划、资源的配置、确定互补的目标并评价企业的整体有效性。

### 三、建筑企业质量管理体系的建立与实施

按照 GB/T 19000—2000 族标准，建立和实施质量管理体系有以下八个步骤。
① 确定顾客和相关方的需求和期望；
② 建立企业的质量方针和质量目标；
③ 确定实现质量目标必需的过程和职责；
④ 确定和提供实现质量目标必需的资源；
⑤ 规定测量每个过程的有效性和效率的方法；
⑥ 应用这些方法确定每个过程的有效性和效率；
⑦ 确定防止不合格并消除产生原因的措施；
⑧ 建立和应用持续改进质量管理体系的过程。

### 四、建筑企业质量管理体系的评价

企业在质量管理体系建立并实施后，可能会发现其不完善或不适应的情况。因此，在质量管理体系的实施中需要对其适宜性、充分性和有效性进行系统的、定期的评价。

建筑企业质量管理体系的评价包括质量管理体系过程的评价、质量管理体系的审核、质量管理体系的评审和自我评价。

**1. 质量管理体系过程的评价**

企业的质量管理体系是由许多相互关联和相互作用的过程构成的，所以对各个过程的评价是质量管理体系评价的基础。

建筑企业在评价质量管理体系时，应对每个被评价的过程，提出如下基本问题：
① 过程是否已被识别并确定相互关系？
② 职责是否已被分配？
③ 程序是否得到实施和保证？
④ 在现实所要求的结果方面，过程是否有效？

前面两个问题，一般可以通过质量管理体系文件的审核得到答案，而后两个问题则必须通过现场审核和评价才能得到结论。这样，企业就可以利用上述四个问题的综合回答来确定企业质量管理体系评价的结果。

**2. 质量管理体系的审核**

所谓审核就是指为了获得审核证据并对其进行客观的评价，以确定满足审核准则的程度所进行的系统的、独立的并形成文件的过程。

企业在进行质量管理体系审核时一般是以 GB/T 19001 标准、质量手册、程序以及适用的法规等为审核准则的。质量管理体系审核的结果可用于评定质量管理体系的有效性和识别改进的机会。

质量管理体系的审核有第一方审核（内审）、第二方审核和第三方审核三种类型。

**3. 质量管理体系的评审**

企业最高管理者的一项重要任务就是要主持、组织企业质量管理体系评审，就质量方针和质量目标对企业质量管理体系的适宜性、充分性、有效性和效率进行定期的、系统的评价。

质量管理体系的评审包括考虑修改企业的质量方针和质量目标的需求，以适应相关方需求和期望的变化。从这个意义上来讲，质量管理体系评审的依据是相关方的需求和期望。质量管理体系评审也是个过程，有输入和输出。其中，审核报告与其他信息（如顾客的需求、工程质量、预防和纠正措施等）可作为输入；而评审结论，即确定需采取的措施则是评审的输出。

企业质量管理体系评审是一种第一方的自我评价。

**4. 自我评定**

企业的自我评定是一种参照质量管理体系或优秀模式（如评质量奖）对企业的活动和结果所进行的全面的和系统的评审，是一种第一方评价。

作为评定可以对企业业绩以及质量管理体系成熟度提供一个总的看法，其还有助于识别需要改进的领域及需要优先开展的活动。

### 五、建筑企业质量管理体系的持续改进

建筑企业在对其质量管理体系实施持续改进时的步骤如下：

① 分析和评价现状，以识别改进的区域；
② 确定改进的目标；
③ 寻找可能的解决办法以实施这些目标；
④ 评价这些解决办法并作出选择；
⑤ 实施选定的解决办法；
⑥ 测量、验证、分析和评价实施的结果以确定这些目标已经实现；
⑦ 正式采纳更改，形成正式的规定；
⑧ 必要时，对结果进行评审，以确定进一步改进的机会。

## 本章小结

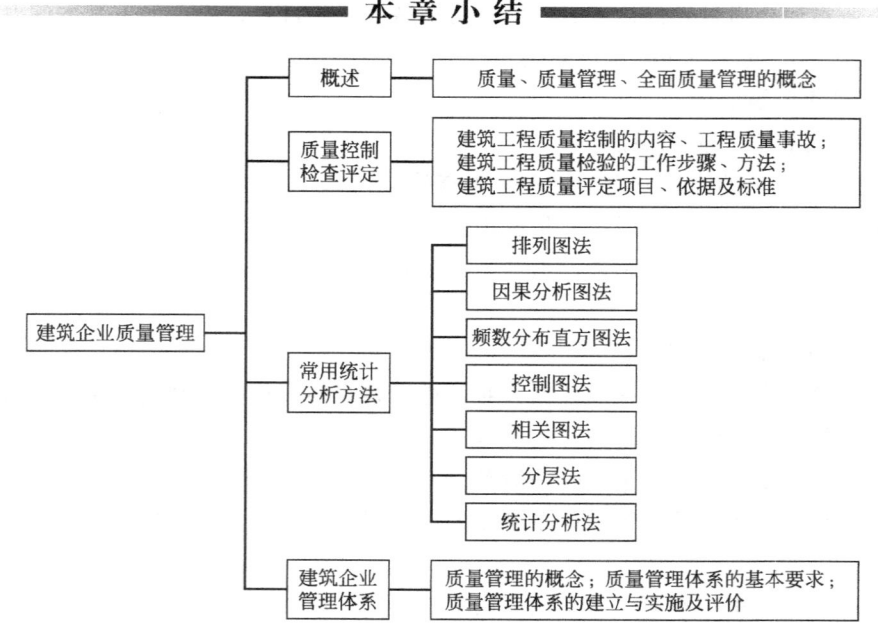

## 思考与练习

### 一、单项选择题

1. 在分项工程质量评定中,( )是保证工程安全或使用性能的基本要求的项目。
   A. 保证项目　　　B. 基本项目　　　C. 主要项目　　　D. 允许偏差项目

2. 分项工程因达不到合格标准,全部或局部返工重做,其重新评定的质量等级( )。
   A. 可以评定为合格,也可以评定为优良
   B. 只能评为合格,不能评为优良
   C. 只能评为合格,所在分部工程质量不能评为优良
   D. 可以评为优良,所在分部工程质量也能评为优良

3. 某建筑物单位工程在质量评定时,所含 8 个分部工程中 4 个评为合格,4 个评为优良,其主体和装饰分部工程为优良,该工程质量保证资料基本齐全,观感质量评分得分率为 86%,则该单项工程可评为( )。
   A. 合格　　　　　B. 基本合格　　　C. 优良　　　　　D. 基本优良

4. 在分项工程质量等级的优良标准中,允许偏差项目抽检点中应有( )的实测值在相应质量检验评定标准的允许偏差范围内。
   A. 60%及以上　　B. 70%及以上　　C. 80%及以上　　D. 90%及以上

5. 按国家建设行政主管部门规定建设工程重大事故分为( )等级。
   A. 两个　　　　　B. 三个　　　　　C. 四个　　　　　D. 五个

6. 在质量控制的统计分析中,若直方图呈正态分布,则( )。
   A. 可判断产品质量全部合格
   B. 可判断产品质量基本合格
   C. 可判断产品质量部分合格
   D. 还须与标准规格比较才能确定产品是否满足质量要求

7. 对生产过程进行动态控制的方法是( )。
   A. 控制图法　　　B. 排列图法　　　C. 直方图法　　　D. 因果分析图法

8. 在质量控制中,排列图是用来( )的。
   A. 分析并控制工序质量　　　　　B. 分析影响质量的主要问题
   C. 分析质量问题产生的原因　　　D. 分析、掌握质量分布规律

9. 若直方图呈正态分布,质量特性值的分布范围比较集中,并全部在公差带内,平均值在中间,两侧略有余地,生产稍有波动也不会超出公差界限,说明生产( )。
   A. 不够稳定　　　　　　　　　　B. 基本正常,但不稳定
   C. 正常但不稳定　　　　　　　　D. 正常且稳定

10. 控制图的中心线标志着( )。
    A. 质量特性值允许波动范围　　　B. 质量特性值允许分布的范围
    C. 质量特性值分布的中心位置　　D. 质量特性值允许排列的中心位置

11. 绘制因果分析图是根据( )的主要原因,制定改进的措施和对策。
    A. 整理分析质量问题　　　　　　B. 图中所反映
    C. 实际质量问题　　　　　　　　D. 质量问题的起因与结果分析

12. ( )为建立和评审质量目标提供了框架。
    A. 质量管理制度　　B. 质量方针　　C. 质量政策　　　D. 质量管理体系

## 二、多项选择题

1. 在控制图上分析点子排列情况可以判断生产过程是否处于控制状态，当图上的点子排列出现（　　）情况时，可判断生产处于不正常状态。
   A. 连续 5 个点子呈上升趋势　　　B. 连续 6 个点子呈下降趋势
   C. 连续 7 个点子呈上升趋势　　　D. 连续 7 个点子呈下降趋势
   E. 连续 7 个点子位于中心线一侧

2. 观察直方图的形状，正常型直方图是（　　）。
   A. 中间高　　B. 两侧高　　C. 中间低
   D. 两侧低　　E. 左右接近对称

3. 控制图的用途主要有（　　）。
   A. 判断过程状态　　B. 过程分析　　C. 过程稳定
   D. 过程控制　　　　E. 过程的编制

4. 相关图中，两变量之间的相关类型有（　　）。
   A. 正相关　　B. 弱正相关　　C. 不相关
   D. 非线性相关　　E. 线性相关

5. 对直方图分布状态的分析，正确的有（　　）。
   A. 呈绝壁分布，说明检测过程中存在某种人为因素
   B. 呈左（或右）缓坡分析，说明操作中对上限（或下限）控制太严
   C. 呈双峰分布，说明可以剔除不合格品、等外品或超差返修后造成的
   D. 呈孤岛分布，说明生产过程中可能原材料发生了变化
   E. 呈孤岛分布，说明造成这种状态的原因往往是短期内不熟悉的工人替班所造成的

6. 质量控制中常用的工具和方法除分层法、调查表法、因果分析法以外，还有（　　）。
   A. 排列图法　　B. 相关图法　　C. 直方图法
   D. 目估法　　　E. 控制图法

7. 质量管理体系中使用的文件类型主要有（　　）。
   A. 质量手册　　B. 质量计划　　C. 质量标准
   D. 质量规范、指南、程序、记录等　　E. 质量综合评价

## 三、简答题

1. 质量的含义是什么？什么是产品质量和工作质量？
2. 简述全面质量管理的含义和基本观点。
3. 全面质量管理有哪些阶段和步骤？
4. 什么是 PDCA 循环？有何特点？
5. 简述建筑工程质量的内容。
6. 工程质量事故如何分类？如何处理？
7. 建筑工程质量的检验步骤和方法是什么？
8. 如何进行建筑工程质量评定？
9. 常用的全面质量管理的统计分析方法有哪些？
10. 什么是质量管理体系？建筑企业如何建立和实施质量管理体系？如何对实施的质量管理体系进行评价？

## 四、计算题

1. 施工现场制作混凝土预制构件，在检查的项目中发现不合格点 138 个，整理如表 9-6 所列。试利用排列图来确定影响混凝土预制构件质量的主要因素、次要因素和一般因素。

表 9-6　混凝土预制构件不合格点数据表

| 不合格项目 | 不合格构件数/件 | 不合格项目 | 不合格构件数/件 |
|---|---|---|---|
| 表面有麻面 | 30 | 养护不良、早期脱水 | 5 |
| 局部有露筋 | 15 | 构件强度不足 | 78 |
| 振捣不密实 | 10 | 合计 | 138 |

2. 某工地浇筑 C30 混凝土时，先后共抽样取得了 60 个混凝土抗压强度数据报告单，整理如表 9-7 所列。试绘制混凝土抗压强度频数分布直方图，并分析混凝土强度质量数据分布状态。

表 9-7　混凝土抗压强度数据表

| 序号 | 试块抗压强度数据/MPa | | | | | |
|---|---|---|---|---|---|---|
| 1 | 21.2 | 21.5 | 16.5 | 17.3 | 18.2 | 22.1 |
| 2 | 20.2 | 20.9 | 19.8 | 21.3 | 21.7 | 20.2 |
| 3 | 19.6 | 19.5 | 22.3 | 23.5 | 16.2 | 19.7 |
| 4 | 14.0 | 18.6 | 27.2 | 29.0 | 23.4 | 21.7 |
| 5 | 19.6 | 27.3 | 23.8 | 24.2 | 16.2 | 20.5 |
| 6 | 18.0 | 24.1 | 23.8 | 23.4 | 15.2 | 25.9 |
| 7 | 21.2 | 19.8 | 21.6 | 22.0 | 27.0 | 27.7 |
| 8 | 23.4 | 26.7 | 22.4 | 24.3 | 24.9 | 21.3 |
| 9 | 25.4 | 22.8 | 20.9 | 27.2 | 25.2 | 17.9 |
| 10 | 21.7 | 19.1 | 17.9 | 15.5 | 17.6 | 15.3 |

3. 某住宅小区一期工程，由于赶上雨季不能施工，三号楼工期延误。在赶工期过程中，采用机械回填土，由于机械操作人员操作方法不正确，致使数面基础墙倾斜或倒塌。倒塌的基础墙，由人工重新砌筑。倾斜的基础墙当时没有发现，后来在填土时发现了倾斜的基础墙。在监理的要求下，施工单位将可能发生倾斜的基础墙周围填土全部挖开，经检查有 3 处基础墙发生倾斜。作业人员将倾斜的基础墙拆除，重新砌筑。这次质量发生事故造成经济损失 2 万元。

问题：

(1) 根据事故的性质及严重程度，工程质量事故可分为哪几类？该质量事故属于哪一类？为什么？

(2) 对该质量事故的处理程序是什么？

4. 某写字楼工程，框架剪力墙结构，总建筑面积 42000m²，地下 2 层，地上 18 层，承包单位与业主签订了工程承包合同，于 2014 年 11 月 28 日开工，基础埋深 9.1m。基坑支护采用 12m 钢板桩加外拉锚杆，施工单位制订了基坑开挖方案，首先采用井点降水方案进行基坑降水，然后分步开挖，当开挖至 −6.5m 深的时候，出现了流沙，由于钢板桩之间下部有较大的缝隙，尽管施工单位采取了相应的封堵措施，但在很短的时间内仍造成了局部坍塌事故，当场掩埋了正在进行封堵作业的 21 名工人中的 8 名工人，经抢救 3 人死亡，5 人重伤，直接经济损失达 18.6 万元。这时候调查发现，降水过程中，抽水井中有 4 个出现了故障，不能继续使用，抽水设备功率不足，降水比预计的速度慢很多，水位没能按计划降至预定位置。因此，发生了流沙事故。

问题：

(1) 本工程这起重大事故属于哪种等级的重大事故？依据是什么？

(2) 伤亡事故的处理程序是什么？

(3) 基坑开挖工程，安全控制的要点是什么？

# 第十章 建筑工程项目管理

**【知识目标】**
- 了解工程项目管理的概念；理解工程项目管理的内容。
- 掌握工程项目进度计划的编制和控制；理解工程项目进度计划的检查、调整与工期优化。
- 理解工程项目质量的控制；掌握工程项目质量的有关保证措施。
- 了解工程项目成本管理；掌握工程项目成本计划及成本计划的核算和控制。

**【能力目标】**
- 能说出常见的工程项目类型；能懂得各方工程项目管理的核心内容。
- 能编制简单的双代号网络图，并能够对进度计划的实施情况进行检查和调控。
- 能编制工程项目质量管理计划，针对不同的质量管理目标，能制定相应的质量措施。
- 能制订工程项目成本计划，并对成本计划的实施情况进行核查；懂得一般的核查程序。

企业中组织的管理通常包括两个重要的部分：一是运作管理；另一个是项目管理。运作管理解决组织的日常工作如何有效地运转，而项目管理则帮助企业通过一个个具体的项目来成功实施企业的宏伟战略。对于建筑企业来说，项目管理显得更为重要。而如何确定一个合理、可行的适合自身发展的项目管理机制，综合平衡项目的进度、质量、成本这三项工程项目管理中的主要目标，在我国工程建设企业的发展中显得非常迫切，这也是我国工程建设企业参与国际竞争的必由之路。

## 第一节 工程项目管理概述

### 一、工程项目管理的概念

工程项目又称工程建设项目，在我国是指在固定的地点、固定的时间，根据特定的要求、按照一定量的投资和程序，完成符合质量要求的、以形成固定资产为明确目标的一次性任务。而针对工程项目从项目开始至项目结束，通过项目策划和项目控制，以实现项目的费用目标、进度目标和质量目标的活动称为工程项目管理。

与一般企事业单位的生产活动、行政机关的行政活动和其他经济活动相比较，工程建设及其管理活动都有其自身的一些特点及规律。

**1. 工程项目的特点**

① 建设周期和资金周转期长。由于工程建设项目体量庞大，工程量巨大，建设周期长，在较长时间内耗用大量的资金而难以获得任何完整的产品，当然也不会有收获。因此，在工程建设项目管理上要千方百计地缩短工期，按期或提前建成投产，形成生产能力。

② 具有一次性和单件性。工程建设项目作为一次性的事业，其生产过程具有明显的单件性。由于工程建设项目的建造时间、地点、地形、地质和水文条件、材料来源、使用要求，以及实施手段等各不相同，因此建设项目存在着千差万别的单件性，表现出较强的一次性。

③ 投资风险大。由于工程建设项目的单件性生产特性决定了项目投资大，风险也大，同时，在工程建设项目建设期间还可能遇到不可抗力和特殊风险损失。

④ 建设过程具有连续性。工程建设项目过程的连续性是由工程建设项目的特点和经济规律所决定的。它要求项目各参与单位必须有良好的协作，在时间上不间断，在空间上不脱节，使建设工作有条不紊地进行。

⑤ 施工具有流动性。施工的流动性是由工程建设项目的固定性决定的。它给工程建设项目管理工作、施工成本和职工生活安排带来了很大的影响。

⑥ 受环境的影响大。工程建设项目实施不仅要受到复杂的自然环境的影响，如地形、地质、水文、气象等因素，而且还受到社会环境的影响和制约，如项目征地、材料设备采购、水电供应和交通运输、通信、生活等社会条件。

由于工程项目具有这些特点，使得工程项目的管理也相当复杂。

**2. 现代项目管理的发展**

现代项目管理通常被认为始于 20 世纪 40 年代，比较典型的是美国研制原子弹的曼哈顿计划。1957 年美国杜邦公司又把这种方法应用于设备维修，使维修停工时间由 12h 锐减为 7h；1958 年美国人在北极星导弹设计中，应用工程项目管理的基本理论，使设计阶段的完工期缩短了两年，此后工程项目管理的理念引起了人们的高度重视。目前，西方发达国家已经在工程项目管理方面形成了比较完善的科学体系。逐步把最初的计划和控制技术与系统论、组织理论、经济学、管理学、行为科学、心理学、价值工程、计算机技术等以及项目管理的实际结合起来，并吸收了控制论、信息论及其他学科的研究成果，发展成为一门较完整的独立的学科体系，即项目管理知识体系的建立。

中国项目管理知识体系的研究工作开始于 1993 年。它是由中国优选法统筹法与经济数学研究会项目管理研究委员会发起并组织实施的，并于 2001 年 5 月正式推出了中国的项目管理知识体系文件——《中国项目管理知识体系》。中国项目管理知识体系的编写主要是以项目生命周期为基本线索进行展开的，从项目及项目管理的概念入手，按照项目开发的四个阶段，即概念阶段、规划阶段、实施阶段及收尾阶段，分别阐述了每一阶段的主要工作及其相应的知识内容，同时考虑到项目管理过程中所需要的共性知识及其所涉及的方法工具。

同时随着我国经济的持续、快速发展，出台《关于进一步推行工程总承包与工程项目管理的指导意见》和《工程项目管理（服务）办法》，以制定工程总承包与项目管理（服务）的实施细则，规范其基本做法，进一步促进其科学化、规范化和法制化，从而指导我国工程总承包与工程项目管理工作的开展，提高项目管理水平，与国际惯例接轨。

在国际上，美国和加拿大在工程设计领域都实行注册工程师（PE）制度，只有注册工程师签字认可的设计文件才能生效，PE 的考试采用全国统一命题、统一考试，通过考试者可在各州分别进行注册后执业。而在工程项目管理领域，美国的项目经理没有实行注册制度，项目经理由本公司负责认定。美国的项目管理学会（PMI）虽在美国国内也进行项目经理的培训工作，但各企业并没有组织员工参加统一培训，企业员工可自愿报名参加。

而我国项目经理已成为新世纪的黄金职业,注册建造师资格认证工作已于2003年开始。

## 二、工程项目管理的内容

由于一个工程项目的参与人员众多,根据各自的分工及要求的不同,相应的项目管理的内容也不尽相同。在这里我们按照工程建设项目不同参与方的工作性质和组织特征,重点分析一下业主方、设计方、施工方、供货方和建设项目总承包方项目管理的主要内容。

**1. 业主方项目管理的主要内容**

业主方的项目管理工作涉及项目实施阶段的全过程,即在设计前的准备阶段、设计阶段、施工阶段、动用前的准备阶段和保修期等。

通常,投资方、开发方和由咨询公司提供的代表业主方利益的项目管理服务(如监理公司的监理服务)都属于业主方的项目管理。由于业主方是建设工程项目生产过程的总集成者,同时也是建设工程项目生产过程的总组织者,因此业主方的项目管理是工程项目管理工作的核心。其主要工作包括:①安全管理;②投资管理;③进度管理;④质量控制;⑤合同管理;⑥信息管理;⑦组织和协调等。

由于工程项目的特点,工程项目的建设往往是一次性的,因此业主方自行进行项目管理有很大的局限性。首先在技术和管理方面,缺乏配套的专门力量,而即使配备完善的管理机构,由于没有连续的工程任务也是不经济的。在我国早期的计划经济体制下,很多单位都设立一个筹建处或基建处来对工程建设进行管理,往往效率低下,无法做到资源的优化配置和动态管理,而且也不利于建设经验的积累和应用。而在现有的市场经济体制下,国家提倡并鼓励业主方的项目管理由社会化的专业咨询服务机构完成,由专业的管理机构为其提供项目管理服务,如常见的建设监理公司等。建设监理单位可以接受工程业主方的委托,为其提供全过程监督管理服务,同时建设监理也可以向前延伸到项目投资决策阶段,包括立项策划和可行性研究等。

**2. 设计方项目管理的主要内容**

设计方的项目管理工作主要在设计阶段进行,但它也涉及设计前的准备阶段、施工阶段、动用前的准备阶段和保修期。

① 设计方项目管理的目标包括:设计的成本目标、设计的进度目标和设计的质量目标,以及项目的投资目标。

② 设计方项目管理的主要任务包括:与设计工作有关的安全管理、设计成本控制和与设计工作有关的工程造价控制、设计进度控制、设计质量控制、设计合同管理、设计信息管理、与设计工作有关的组织与协调。

**3. 施工方项目管理的主要内容**

施工方的项目管理工作主要是在施工阶段进行的,但它也涉及设计准备阶段、设计阶段、动用前的准备阶段和保修期。

① 施工方项目管理的目标包括 施工的成本目标、施工的进度目标和施工的质量目标。

② 施工方项目管理的任务包括 施工安全管理、施工成本控制、施工进度控制、施工质量控制、施工合同管理、施工信息管理、与施工有关的组织与协调等。

**4. 供货方项目管理的主要内容**

供货方的项目管理工作主要在施工阶段进行。但它也涉及设计准备阶段、设计阶段、动用前的准备阶段和保修期。

① 供货方项目管理的目标包括：供货方的成本目标、供货的进度目标和供货的质量目标。

② 供货方项目管理的任务包括：供货的安全管理、供货方的成本控制、供货的进度控制、供货的质量控制、供货合同管理、供货信息管理、与供货有关的组织与协调。

**5. 建设项目总承包方项目管理的主要内容**

建设项目总承包方项目管理工作涉及项目实施阶段的全过程，即设计前的准备阶段、设计阶段、施工阶段、动用前的准备阶段和保修期。

① 建设项目总承包方项目管理的目标包括：项目的总投资目标和总承包方的成本目标、项目的进度目标和项目的质量目标。

② 建设项目总承包方项目管理的主要任务包括：安全管理、投资控制和总承包方的成本控制、进度控制、质量控制、合同管理、信息管理、与建设项目总承包方有关的组织与协调。

综上所述，无论何种管理类型，也无论哪一方的工程项目管理，在现实中进度、质量和成本管理始终是各方管理的重点和难点，在本章的后续部分将针对这三部分内容展开讲述。

# 第二节 工程项目进度管理

在市场经济条件下，时间就是金钱，效率就是生命。如果工期大幅度拖延，工程不能按期投产，损失将是巨大的，直接影响工程的投资效益。为此我们一定要重视项目的进度管理。所谓项目的进度管理就是以周密、合理的进度计划为指导，对工程施工进度进行跟踪检查、分析、调整与控制。

另一方面，要注意的是控制项目的进度并不意味着一味地追求进度，还要满足质量、安全和经济的需要。要求工程建设各部位施工进度要统一步调，要与资金投入、设备供应、材料供应以及移民征地等方面的工作协调一致，还要适应现场气候、水文、气象等自然规律，这样才能取得良好的经济效果。

## 一、工程项目进度计划的编制

**1. 工程项目进度计划的分类**

项目进度计划根据工作划分的粗细程度可分为控制性项目进度计划和指导性项目进度计划两类。

（1）控制性项目进度计划 控制性项目进度计划是以单位工程或分部工程作为一项工作，控制各单位工程、分部工程的施工时间及它们之间互相配合、搭接关系的一种进度计划。它主要适用于工程结构比较复杂、规模较大、工期较长而需要跨年度施工的项目，例如大型工业厂房、大型公共建筑；还适用于规模不是很大或者结构不算复杂，但由于项目的各种资源（劳动力、材料、机械等）不落实，或者由于建筑、结构等可能发生变化以及其他各种情况。

（2）指导性项目进度计划 指导性项目进度计划是以分项工程或一个施工过程为一项工作，具体确定各工作所需要的时间以及相互之间的配合、搭接关系的一种进度计划。它适用于任务具体而明确、施工条件落实、各项资源供应正常、施工工期不太长的项目。

## 2. 工程项目进度计划编制的依据

① 项目的总平面图、单位工程建筑及结构施工图、设备工艺配置图、地质地形图及有关标准图等技术资料。

② 项目开工、竣工日期，即施工工期要求。

③ 工作的施工顺序及相互间的逻辑关系。

④ 施工准备工作的要求，现场水文、地貌、气象等调查资料，施工条件。

⑤ 选择确定的各主要分部分项施工方案，包括分部分项、施工过程或工序的划分、施工顺序、施工方法、施工机械、质量与安全措施等。

⑥ 预算文件中有关工程量，或者按施工方案的要求，计算出各工作的工程量（或分层分段的工程量）。

⑦ 劳动定额或机械台班定额。

⑧ 资源需求。包括对资源数量和质量的要求，当有多个工作同时需要某种资源时，需要作出合理的安排。

⑨ 约束条件。在项目执行过程中总会存在一些关键工作或里程碑事件，这些都是在项目执行过程中必须考虑的约束条件。

⑩ 工作的提前和滞后要求。为了准确地确定工作关系，有些逻辑关系需要规定提前或滞后的时间。

## 3. 工程项目进度计划的编制方法

工程项目进度计划的编制方法，常用的有横道图法、网络图法等。

（1）横道图 又称"甘特图"。在工期计划表中，以横道线代表工作进度线，将横道线与时间坐标相对应，这种表达方法通常称为横道图法，如表 10-1 所列。

表 10-1 某工程流水施工进度计划

| 序号 | 工序名称 | 工程进度时间/天 | | | | | | | | | | |
|---|---|---|---|---|---|---|---|---|---|---|---|---|
| | | 1 | 2 | 3 | 4 | 5 | 6 | 7 | 8 | 9 | 10 | 11 |
| 1 | 施工准备 | | | | | | | | | | | |
| 2 | 基槽挖土 | | | | ① | | ② | | | | | |
| 3 | 灰土垫层 | | | | | | ① | | ② | | | |
| 4 | 砌砖基础 | | | | | | | | ① | | ② | |
| 5 | 回填土 | | | | | | | | | | ① | |

横道图的编制步骤如下：

① 分解施工过程，确定合理的施工工序；

② 划分合适的施工段；

③ 计算流水节拍；

④ 确定流水步距；

⑤ 绘制横道图。

从表 10-1 也可以看出，这种表达方式直观，形式简单，容易看懂整个计划编制的意图。但横道图法存在如下缺陷：

① 工序之间的逻辑关系不易表达清楚；

② 没有严谨的进度计划时间参数计算，不能确定计划的关键工作、关键线路与时差；

③ 难以适应大的进度计划编制工作，计划的调整工作量较大。

针对这些缺陷，人们力图改进，于 20 世纪 50 年代在横道图的基础上发展出了网络进度计划技术，又称网络图法。

（2）网络图法　20 世纪 50 年代，美国的兰德公司与杜邦公司合作对横道图法加以改进，提出了关键路线法，成为网络计划技术的基础。在我国，1999 年颁布实行的《工程网络计划技术规程》（JGJ/T 121—1999）为推广网络计划技术在工程项目管理中的应用发挥了重要的作用。根据这一规程的推荐，常用的工程网络计划类型包括：双代号网络图、单代号网络图、单代号搭接网络图和双代号时标网络图等，限于篇幅，这里只对双代号网络图的绘制及单代号网络图的特点展开讲述。

**4. 双代号网络图**

双代号网络图由箭线、节点和线路三个要素所组成。

用一条箭线连接两个圆圈来表示一项工作，箭线表示工序（或施工过程）的发展指向，圆圈内的编号作为该工作的代号，这样一项工作就有两个代号，因此称为"双代号"。根据施工顺序和每个工作之间的相互关系，将一项计划的所有施工过程用上述的箭线及两端节点内的编号表示出来，构成一幅自左向右的、有序的网状图形，称为双代号网络图（见图 10-1）。

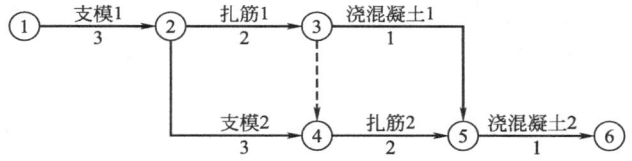

图 10-1　双代号网络图示例

双代号网络图中三个基本要素的特性及含义如下。

① 箭线　双代号网络图中一条箭线表示一项工序或一件工作。根据计划编制的粗细程度不同，它可以是一个简单的操作工序，也可以是一个复杂的施工过程或一项工程任务。它要占用一定的时间和资源。除了上述表示工序的实箭线外，还有一种虚箭线，它表示虚工序，没有名称，不占时间，不消耗资源，主要作用是解决工序之间的连接关系问题。箭线的方向表示工序进行的方向，箭尾表示工序开始，箭头表示工序的结束。箭线长短不按比例，它只是先后顺序的排列。就工序而言，紧靠前面的工序为紧前工序，紧靠后面的工序为紧后工序，与之平行的工序为平行工序，该工序本身为本工序。

② 节点　节点通常用圆圈"○"表示。它表示前面工作的结束和后面工作开始的瞬间，它既不占用时间，也不消耗资源。网络图中的第一个节点称为起点节点，最后一个节点称为终点节点，其余节点称为中间节点。节点都要用正数码编号。编号顺序是：从起始节点开始，依次向终止节点按照从左向右、自上到下的原则；编号顺序应由小到大；每个箭线的箭尾节点编号必须小于箭头节点编号，且编号不得重复，也不得有无编号的节点；编号可以连续，也可以跳号。

③ 线路。从网络图的起始节点到终止节点沿着箭线方向顺序通过一系列箭线与节点的通路。从起始节点到终止节点之间有多条线路，其中工期最长的线路称为"关键线路"，其余的线路为非关键线路。位于关键线路上的工序称为关键工序，这些工序完成的快慢直接影

响整个工期。关键工序在网络图上通常用黑、粗箭线或双箭线表示。有时在一个网络图可能出现几条关键线路，即这几条线路的持续时间相等。

关键线路和非关键线路，在一定条件下可以相互转化，例如当关键工序施工时间缩短或非关键工序施工时间延长时，就可能使关键线路发生转移。

(1) 绘图规则

① 必须正确表达已定的逻辑关系。网络图中各工作之间的相互制约或依赖的关系称为逻辑关系，包括工艺逻辑关系和组织逻辑关系。工艺逻辑关系是指施工工艺上客观存在的各工作之间的先后顺序关系，如应先绑扎钢筋、后浇筑混凝土，先做基础后做主体等。这些顺序是不能随便改变的，改变了就违背了客观规律。明确工艺逻辑关系是绘制网络图的前提。组织关系是指在不违反工艺逻辑关系的前提下，人为安排的工作的先后顺序，如一个建筑群中哪栋建筑先开工，哪栋后开工等。这些顺序可以根据具体情况，考虑安全、经济、高效的原则统筹安排。明确组织逻辑关系是绘制网络图的基础。

在具体绘制时，首先根据工艺逻辑关系将工程项目分解为若干工作，计算各工作的工作持续时间，然后按照先后顺序用合适的方法将各工作连接起来。

② 严禁出现双向箭头或无箭头的连线（见图10-2）。

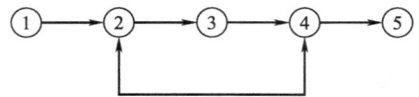
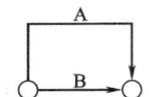

图 10-2 双向箭头及无箭头的连线　　　　图 10-3 出现循环回路

③ 严禁出现循环回路，即不允许从一个节点出发，沿箭线方向再返回到原来的节点（见图10-3）。

④ 严禁出现编号相同的节点或箭线。

⑤ 在网络图中尽量减少交叉箭线，当无法避免时，应采用过桥法或指向法表示。如图10-4所示为"过桥法"，图10-5所示为"指向法"。

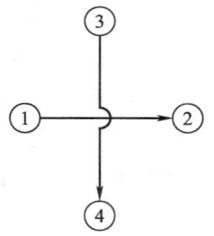
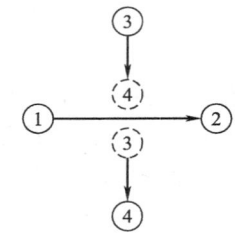

图 10-4 过桥法　　　　图 10-5 指向法

⑥ 网络图中应尽量避免采用反向箭线，因为反向箭线和整个网络图的箭头方向相反，极易造成混乱或出现循环线路。

⑦ 在一个网络图中，只允许有一个起始节点和一个终止节点。

(2) 正确运用虚工作　虚工作是虚拟的、并不存在的工作，是在绘制双代号网络图时根据逻辑关系的需要而增设的，它不占用时间也不消耗资源。将上述的双代号工作表示法当中的实箭线换成虚箭线就代表是虚工作。虚工作的作用主要是帮助正确地反映各工作之间的关系，避免逻辑错误。虚工作只出现在双代号网络图中。虚箭线在网络图的绘制中主要在以下几种情况下使用。

① 为了更清楚地表达逻辑关系　当多个工作都有一个共同的紧后（或紧前）工作时，这多个工作中的一个或几个工作还另有其他的紧后（或紧前）工作，这时就要添加虚工作，以便把相关的逻辑关系表达清楚。如图 10-6 所示，A、B 工作既有共同的紧后工作 D，但 A 工作还另有紧后工作 C，这时，就需要用虚工作把 A、D 工作连接起来（或理解为把 B、C 工作断开）。

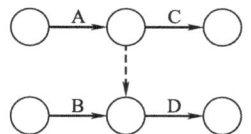
图 10-6　虚工作的逻辑连接作用

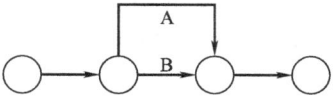
图 10-7　虚工作的区别工作作用

② 避免出现节点编号相同的工作　当两个工作有着共同的起始节点和完成节点时，为了避免出现两个不同的工作使用相同的节点编码的混乱，就需在其中某一工作处加上虚工作，以使其节点编码变得不同，如图 10-7 所示。A、B 工作具有共同的起始节点和完成节点，如不添加虚工作，用节点编码作工作代号时，A、B 工作就会完全一样；反之，在 B 工作后添加一虚工作后，A、B 工作的节点编码就不相同了。

③ 虚箭线在工作的逻辑"断路"方面的应用　绘制双代号网络图时，最容易产生的错误是把本来没有逻辑关系的工作联系起来，使网络图发生逻辑上的错误。这时就必须使用虚箭线在图上加以处理，以隔断不应有的工作联系。用虚箭线隔断网络图中无逻辑关系的各项工作的方法称为"断路法"。产生错误的地方总是在同时有多条内向和外向箭线的节点处，画图时应特别注意，只有一条内向或外向箭线之处是不会出错的。

（3）绘制步骤

① 对工程进行分解和分析，划分工作，确定各工作之间的逻辑关系，确定各工作的工作名称，分析确定其作业天数，将各工作的紧前工作或紧后工作用表格列出。

② 选定网络图类型，确定网络图的排列方式，以决定网络图的合理布局。

a. 按工种排列法　它是将同一工种的各项工作排列在同一水平方向上的方法，如表 10-1 所列。此时网络计划突出表示工种的连续作业。

b. 按施工段排列法　它是将同一施工过程的各施工段排列在同一水平方向上的方法，如图 10-8 所示。此时网络计划突出表示工作面的连续作业。

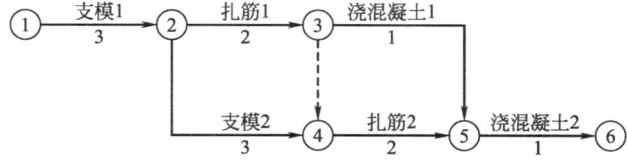
图 10-8　按施工段排列法

c. 按施工层排列法　它是将同一施工层的各项工作排列在同一水平方向上的方法。内装修工程常以楼层为施工层，反映按楼层流水施工自上而下进行。

d. 其他排列方法　网络图的排列方法还有按施工或专业单位排列法、按栋号排列法、按分部工程排列法等。

③ 从起始节点开始，自左至右依次绘制，只有当先行工作全部绘制完成后才能绘制本工作，直至终点节点为止。

④ 对绘制出的初始网络图进行检查，检查工作和逻辑关系有无错漏并进行修正。判断网络图的正确与否，应从网络图是否符合工艺逻辑关系要求、是否符合施工组织的程序要求、是否满足空间逻辑关系要求三个方面进行分析。

⑤ 按网络图绘图规则的要求完善网络图，删除不必要的节点、箭线和虚工作，保持图面均匀、清晰。

⑥ 按网络图的编号要求将节点编号。

(4) 网络计划时间参数的计算

1) 网络计划时间参数的概念

① 持续时间　指一项工作从开始到完成的时间，用 $D_{i-j}$ 表示。

② 计算工期　根据网络计划时间参数计算而得到的工期，用 $T_c$ 表示。

③ 要求工期　是任务委托人所提出的指令性工期，用 $T_r$ 表示。

④ 计划工期　指根据要求工期和计算工期所确定的作为实施目标的工期，用 $T_p$ 表示。

⑤ 最早开始时间　指在其所有紧前工作全部完成后，本工作有可能开始的最早时刻，用 $ES_{i-j}$ 表示。

⑥ 最早完成时间　指在其所有紧前工作全部完成后，本工作有可能完成的最早时刻，用 $EF_{i-j}$ 表示。

⑦ 最迟完成时间　在不影响整个任务按期完成的前提下，本工作必须完成的最迟时刻，用 $LF_{i-j}$ 表示。

⑧ 最迟开始时间　在不影响整个任务按期完成的前提下，本工作必须开始的最迟时刻，用 $LS_{i-j}$ 表示；

⑨ 总时差　在不影响总工期的前提下，本工作可以利用的机动时间，用 $TF_{i-j}$ 表示。

⑩ 自由时差　在不影响其紧后工作最早开始时间的前提下，本工作可以利用的机动时间，用 $FF_{i-j}$ 表示。

⑪ 节点的最早时间　在双代号网络计划中，以该节点为开始节点的各项工作的最早开始时间，用 $ET_i$ 表示。

⑫ 节点的最迟时间　在双代号网络计划中，以该节点为完成节点的各项工作的最迟完成时间，用 $LT_j$ 表示。

⑬ 时间间隔　指本工作的最早完成时间与其紧后工作最早开始时间之间可能存在的差值，用 $LAG_{i-j}$ 表示。

2) 双代号网络计划时间参数的计算　双代号网络计划时间参数既可以按工作计算，也可以按节点计算。

① 按工作计算法　所谓按工作计算法，就是以网络计划中的工作为对象，直接计算各项工作的时间参数。这些时间参数包括：工作的最早开始时间和最早完成时间、工作的最迟开始时间和最迟完成时间、工作的总时差和自由时差，以及网络计划的计算工期。

为了简化计算，网络计划时间参数中的开始时间和完成时间都应以时间单位的终了时刻为标准。如第3天开始即是指第2天终了（下班）时刻开始，实际上是第3天上班时刻才开始；第4天完成即是指第4天终了（下班）时刻完成。

a. 计算工作的最早开始时间和最早完成时间。工作最早开始时间和最早完成时间的计算应从网络计划的起点节点开始,顺着箭线方向依次进行。其计算步骤如下。

(a) 以网络计划起点节点为开始节点的工作,当未规定其最早开始时间时,其最早开始时间为零。

(b) 工作的最早完成时间可利用下列公式进行计算:

$$EF_{i-j}=ES_{i-j}+D_{i-j} \tag{10-1}$$

(c) 其他工作的最早开始时间应等于其紧前工作最早完成时间的最大值。

(d) 网络计划的计算工期应等于以网络计划终点节点为完成节点的工作的最早完成时间的最大值。

b. 确定网络计划的计划工期。网络计划的计划工期应按式(10-2) 或式(10-3) 确定。

(a) 当已规定了要求工期时,计划工期不应超过要求工期,即:

$$T_p \leqslant T_r \tag{10-2}$$

(b) 当未规定要求工期时,可令计划工期等于计算工期,即:

$$T_p = T_c \tag{10-3}$$

c. 计算工作的最迟完成时间和最迟开始时间。工作最迟完成时间和最迟开始时间的计算应从网络计划的终点节点开始,逆着箭线方向依次进行。其计算步骤如下。

(a) 以网络计划终点节点为完成节点的工作,其最迟完成时间等于网络计划的计划工期,即:

$$LF_{i-n}=T_p \tag{10-4}$$

(b) 工作的最迟开始时间可利用式(10-5) 进行计算:

$$LS_{i-j}=LF_{i-j}-D_{i-j} \tag{10-5}$$

(c) 其他工作的最迟完成时间应等于其紧后工作最迟开始时间的最小值。

d. 计算工作的总时差　工作的总时差等于该工作最迟完成时间与最早完成时间之差,或该工作最迟开始时间与最早开始时间之差。

e. 计算工作的自由时差　工作自由时差的计算应按以下两种情况分别考虑。

(a) 对于有紧后工作的工作,其自由时差等于本工作之紧后工作最早开始时间减本工作最早完成时间所得之差的最小值。

(b) 对于无紧后工作的工作,也就是以网络计划终点节点为完成节点的工作,其自由时差等于计划工期与本工作最早完成时间之差。

需要指出的是,对于网络计划中以终点节点为完成节点的工作,其自由时差与总时差相等。此外,由于工作的自由时差是其总时差的构成部分,所以,当工作的总时差为零时,其自由时差必然为零,可不必进行专门的计算。

f. 确定关键工作和关键线路　在网络计划中,总时差最小的工作为关键工作。特别地,当网络计划的计划工期等于计算工期时,总时差为零的工作就是关键工作。

找出关键工作之后,将这些关键工作首尾相连,便构成从起点节点到终点节点的通路,位于该通路上各项工作的持续时间总和最大,这条通路就是关键线路。在关键线路上可能有虚工作存在。

关键线路上各项工作的持续时间总和应等于网络计划的计算工期,这一特点也是判别关键线路是否正确的准则。

在上述计算过程中,是将每项工作的六个时间参数均标注在图中,故称为"六时标注法"。

为使网络计划的图面更加简洁,在双代号网络计划中,除各项工作的持续时间以外,通常只需标注两个最基本的时间参数——各项工作的最早开始时间和最迟开始时间即可,而工作的其他四个时间参数均可根据工作的最早开始时间、最迟开始时间及持续时间导出。这种方法称为"二时标注法"。

② 按节点计算法 所谓按节点计算法,就是先计算网络计划中各个节点的最早时间和最迟时间,然后再据此计算各项工作的时间参数和网络计划的计算工期。

下面是按节点计算法计算时间参数的过程。

a. 计算节点的最早时间和最迟时间 节点最早时间的计算应从网络计划的起点节点开始,顺着箭线方向依次进行。其计算步骤如下。

(a) 网络计划起点节点,如未规定最早时间,其值等于零。

(b) 其他节点的最早时间应按式(10-6)进行计算:

$$ET_j = \max\{ET_i + D_{i-j}\} \tag{10-6}$$

(c) 网络计划的计算工期等于网络计划终点节点的最早时间,即:

$$T_c = ET_n \tag{10-7}$$

式中 $ET_n$——网络计划终点节点 $n$ 的最早时间。

b. 确定网络计划的计划工期 网络计划的计划工期应按式(10-2)或式(10-3)确定。

节点最迟时间的计算应从网络计划的终点节点开始,逆着箭线方向依次进行。其计算步骤如下。

(a) 网络计划终点节点的最迟时间等于网络计划的计划工期,即:

$$LT_n = T_p \tag{10-8}$$

(b) 其他节点的最迟时间应按式(10-9)进行计算:

$$LT_i = \min\{LT_j - D_{i-j}\} \tag{10-9}$$

c. 根据节点的最早时间和最迟时间判定工作的六个时间参数。

(a) 工作的最早开始时间等于该工作开始节点的最早时间。

(b) 工作的最早完成时间等于该工作开始节点的最早时间与其持续时间之和。

(c) 工作的最迟完成时间等于该工作完成节点的最迟时间。即:

$$LF_{i-j} = LT_j \tag{10-10}$$

(d) 工作的最迟开始时间等于该工作完成节点的最迟时间与其持续时间之差,即:

$$LS_{i-j} = LT_j - D_{i-j} \tag{10-11}$$

(e) 工作的总时差可根据式(10-12)得到:

$$TF_{i-j} = LF_{i-j} - EF_{i-j} = LT_j - (ET_i + D_{i-j}) = LT_j - ET_i - D_{i-j} \tag{10-12}$$

由式(10-12)可知,工作的总时差等于该工作完成节点的最迟时间减去该工作开始节点的最早时间所得差值再减去其持续时间。

(f) 工作的自由时差等于该工作完成节点的最早时间减去该工作开始节点的最早时间所得差值再减去其持续时间。

特别需要注意的是,如果本工作与其各紧后工作之间存在虚工作,其中的 $ET_j$ 应为本工作紧后工作开始节点的最早时间,而不是本工作完成节点的最早时间。

d. 确定关键线路和关键工作 在双代号网络计划中,关键线路上的节点称为关键节点。关键工作两端的节点必为关键节点,但两端为关键节点的工作不一定是关键工作。关键节点的最迟时间与最早时间的差值最小。特别地,当网络计划的计划工期等于计算工期时,关键节点的最早时间与最迟时间必然相等。关键节点必然处在关键线路上,但由关键节点组成的线路不一定是关键线路。

当利用关键节点判别关键线路和关键工作时,还要满足下列判别式:

$$ET_i + D_{i-j} = ET_j \quad \text{或} \quad LT_i + D_{i-j} = LT_j$$

如果两个关键节点之间的工作符合上述判别式,则该工作必然为关键工作,它应该在关键线路上。否则,该工作就不是关键工作,关键线路也就不会从此处通过。

e. 关键节点的特性  在双代号网络计划中,当计划工期等于计算工期时,关键节点具有以下一些特性,掌握好这些特性,有助于确定工作的时间参数。

(a) 开始节点和完成节点均为关键节点的工作,不一定是关键工作。

(b) 以关键节点为完成节点的工作,其总时差和自由时差必然相等。

(c) 当两个关键节点间有多项工作,且工作间的非关键节点无其他内向箭线和外向箭线时,两个关键节点间各项工作的总时差均相等。在这些工作中,除以关键节点为完成的节点的工作自由时差等于总时差外,其余工作的自由时差均为零。

(d) 当两个关键节点间有多项工作,且工作间的非关键节点有外向箭线而无其他内向箭线时,两个关键节点间各项工作的总时差不一定相等。在这些工作中,除以关键节点为完成的节点的工作自由时差等于总时差外,其余工作的自由时差均为零。

③ 标号法  标号法是一种快速寻求网络计算工期和关键线路的方法。它利用按节点计算法的基本原理,对网络计划中的每一个节点进行标号,然后利用标号值确定网络计划的计算工期和关键线路。

a. 网络计划起点节点的标号值为零。

b. 其他节点的标号值应根据式(10-13)按节点编号从小到大的顺序逐个进行计算:

$$b_j = \max\{b_i + D_{i-j}\} \tag{10-13}$$

当计算出节点的标号值后,应该用其标号值及其源节点对该节点进行双标号。所谓源节点,就是用来确定本节点标号值的节点。如果源节点有多个,应将所有源节点标出。

c. 网络计划的计算工期就是网络计划终点节点的标号值。

d. 关键线路应从网络计划的终点节点开始,逆着箭线方向按源节点确定。

**5. 单代号网络图**

单代号网络图由节点、箭线和线路3个基本要素组成。具有绘图简单、逻辑关系明确和易于修改等优点。一个节点表示一项工作,常用圆圈或矩形表示,节点所表示的工作名称、持续时间和工作代号等应标注在节点内,故此一个节点就有一个代号,所以称为"单代号"。单代号网络计划中的工作的表示方式如图10-9所示。

将一个工程项目的所有工作采用单代号的工作模型,根据其开展的先后顺序并考虑其制

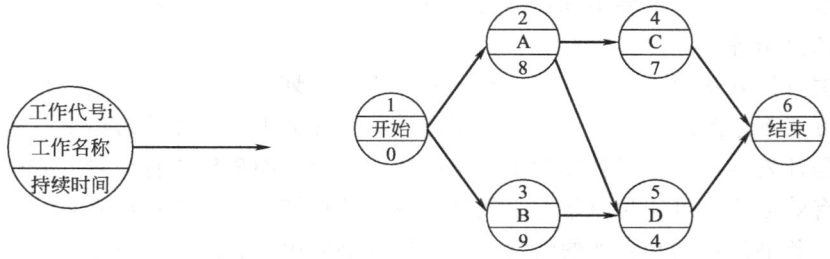

图10-9  单代号网络图示例

约关系，从左向右排列起来，形成一个有序的网状图形就是单代号网络图（见图10-9）。

单代号网络图中箭线只表示紧邻工作之间的逻辑关系。箭线应画成水平直线、折线或斜线，箭线的方向应自左向右，表示工作的进行方向。节点必须编号，其号码可间断，但严禁重复。箭线的箭尾节点编号应小于箭头节点编号。一项工作必须有唯一的一个节点及相应的一个编号。各项线路应用该线路上的节点编号自小到大依次表述。

与双代号网络图相比，单代号网络图的特点是不使用虚箭线，逻辑关系表达方式单一。单代号网络图的绘制规则、绘制方法及时间参数的计算与双代号较为类似，甚至更为简单，限于篇幅，这里不再讲述。

## 二、工程项目进度计划的实施

这里重点讲述施工阶段进度计划的实施过程。施工进度计划的实施其实就是施工活动的开展，就是用施工进度计划指导施工活动，落实和完成计划。为了保证施工进度计划的实施、保证各进度目标的实现，应对施工进度计划进行严格的审核，并制定措施确保进度计划的贯彻。

**1. 施工进度计划的审核**

施工项目进度计划的审核应由项目经理负责，并报公司总工复核。其主要内容包括以下几点。

① 进度安排是否符合施工合同确定的建设项目总目标和分目标的要求，是否符合其开、竣工日期的规定。

② 施工进度计划中的内容是否有遗漏，分期施工是否满足分批交工的需要和配套交工的要求。

③ 施工顺序安排是否符合施工程序的要求。

④ 资源供应计划是否能保证施工进度计划的实现，供应是否均衡，分包人供应的资源是否能满足进度的要求。

⑤ 施工图设计的进度是否满足施工进度计划要求。

⑥ 总、分包之间的进度计划是否协调，专业分工与计划的衔接是否明确、合理。

⑦ 对实施进度计划的风险是否已分析清楚，是否制定出相应的对策。

⑧ 各项保证进度计划实现的措施设计是否周到、可行、有效。

**2. 保证施工项目进度计划贯彻落实的有关措施**

（1）根据总进度计划，编制月度施工作业计划　为了保证施工计划的落实，应将规定的任务结合现场施工条件，如施工场地的情况、劳动力、机械等资源条件和实际的施工进度，在施工开始前和过程中不断地编制成本月作业计划，这是使施工计划更具体、更实际和更可行的重要环节。在月计划中要明确：本月应完成的任务；所需要的各种资源量；提高劳动生产率和节约的措施等。

（2）根据月计划签发施工任务书　编制好月作业计划以后，将每项具体任务通过签发施工任务书的方式下达到班组进一步落实、实施。施工任务书是向作业班组下达施工任务的一种工具。它是计划管理和施工管理的重要基础依据，也是向班组进行质量、安全、技术、节约等交底的有效形式，可作为原始记录文件供业务核算使用。施工班组必须保证指令任务的完成。施工任务书是计划和实施的纽带。施工任务书应由工长编制并下达，在实施过程中要做好记录，任务完成后回收，作为原始记录和业务核算资料。

(3) 做好进度计划的交底，促进计划的全面、彻底实施　施工进度计划的实施是全体工作人员的共同行动，要使有关部门人员都明确各项计划的目标、任务、实施方案和措施，使管理层和作业层协调一致，将计划变成全体员工的自觉行动，在计划实施前可以根据计划的范围进行计划交底工作，使计划得到全面、彻底的实施。

(4) 做好施工进度记录，填好施工进度统计表　在计划任务完成的过程中，各级施工进度计划的执行者都要跟踪作好施工记录，包括记载计划中的每项工作的开始日期、每日完成数量和完成日期；记录施工现场发生的各种情况、干扰因素的排除情况，并跟踪做好工程形象进度、工程量、总产值、耗用的人工、材料和机械台班等的数量统计与分析，为施工项目进度检查和控制分析提供反馈信息。要求实事求是地记载，并填好上报统计报表。

(5) 根据实际情况，及时做好施工中的调度工作　施工中的调度是组织施工中各阶段、环节、专业和工种的配合、进度协调的指挥核心。调度工作内容主要有：督促作业计划的实施，协调各方面的进度关系；监督检查施工准备工作；督促资源供应单位按计划供应劳动力、施工机具、运输车辆、材料构配件等，并对临时出现的问题采取调配措施；依据施工平面图管理现场，结合实际情况进行必要的调整，保证文明施工；了解气候、水、电、气的情况，采取相应的防范和保证措施；及时发现和处理施工中的各种事故和意外事件，调节各薄弱环节；定期及时召开现场调度会议，贯彻施工项目主管人员的决策，发布调度令。

(6) 加强进度计划的检查、调整，形成严密的计划保证系统　施工项目所有的施工总进度计划、单项工程施工进度计划、分部分项工程施工进度计划都是围绕一个总任务编制的。它们之间的关系是高层次计划为低层次计划提供依据，低层次计划是高层次计划的具体化。在施工项目进度计划贯彻执行时，应当首先检查各层次是否协调一致，计划目标是否层层分解、互相衔接，相互之间组成一个计划实施的保证体系。

### 三、工程项目进度计划的检查与调整

工程项目进度计划从编制到实施，到最后的完成，是一个系统的、动态的过程。在执行过程中，不可避免地会出现其他影响进度计划的因素，使工程项目难以按预定计划执行，这就需要反复地检查和调整，人为地控制这些不利因素对工程进度的影响，最大程度地保证工程项目按原进度计划进行或按调整后的进度计划顺利进行，以实现按期完工的进度目标。

进度计划的检查与调整包括计划初期和实施过程中两个阶段。

**1. 初期检查与调整**

项目进度计划初步方案编制出来以后，应根据上级要求、合同规定、经济效益及施工条件等，先检查各工作之间的施工顺序是否合理、工期是否满足要求、劳动力等资源需要量是否均衡，然后进行调整，直至满足要求，最后编制完成正式的项目进度计划。内容包括以下几方面。

(1) 施工顺序的检查和调整　项目进度计划安排的顺序应符合项目施工的客观规律。应从技术上、工艺上、组织上检查各个工作的安排是否正确合理，逻辑关系是否正确，如有不当之处，应予以修改或调整。

(2) 施工工期的检查与调整　项目进度计划安排的施工工期首先应满足上级规定或施工合同的要求，其次应具有较好的经济效果，即安排工期要合理，并不是越短越好。当工期不符合要求时，应进行必要的调整。

(3) 资源消耗均衡性的检查与调整　项目进度计划的劳动力、材料、机械等的供应与使用，应避免过分集中，尽量做到均衡。工程项目施工本身是一个复杂的生产过程，受到周围许多客观条件的影响，如资源供应条件变化、气候的变化等，都会影响项目进度。因此，在执行中应随时掌握施工动态，并经常不断地检查和调整项目进度计划。

**2. 实施过程中的检查与调整**

在进度计划的实施过程中必须适时检查工程进度的变化情况，为及时调整做好准备。在实施过程中的检查，首先必须收集有关计划执行的信息，并按照一定的格式进行记录。常用的记录方法有以下两种。

① 当采用时标网络计划时，可用"前锋线"法记录进度计划的实际执行情况。

"前锋线"是指网络计划在执行过程中，在某一确定的时刻各工作实际进度的连线。绘制前锋线的关键是标定各工作的实际进度位置。绘制时一般自上而下，从检查时的时刻出发，用直线段依次连接各项工作的实际进度位置点，或前锋点，最后达到计划检查时的时刻点为止。

② 当不采用时标网络计划时，可直接在进度计划图上用符号、文字、数字或列表等来记录实际进度的执行情况。

根据上述记录的进度执行情况，应重点做好以下工作。

a. 检查关键工作的实际进度，为采取措施调整或保证计划工期的实现做好准备。

b. 检查非关键工作的进度及时差的利用，目的是为了更好地发掘潜力，调整或优化资源，并保证工作按计划实施。

c. 检查实际进度与各项工作之间的逻辑关系，目的是为了观察工艺关系或组织关系的执行情况，以进行适时的调整。

d. 进行费用资料的分析。

# 第三节　工程项目质量管理

随着我国经济建设的快速发展，工程项目的数量和规模越来越大，建设的速度也越来越快。而与此同时，工程项目的质量问题也越来越引起人们的重视。好的质量要依靠好的制度来规范，只有有效的项目质量管理才能从根本上解决工程项目的质量问题，这已成为人们的共识。而质量管理本身的产生和发展，经历了质量检验阶段、统计质量控制阶段和全面质量管理阶段，可以说是源远流长。现阶段结合我国工程建设现状，建筑工程项目质量管理应坚持"质量第一，预防为主"的方针和"计划、执行、检查、处理"的循环工作方法，不断改进过程控制。

## 一、工程项目质量控制

**1. 工程项目质量的概念**

工程项目质量是国家现行的有关法律、法规、规范、规程、技术标准、设计文件及工程合同对工程项目的安全适用、经济美观等性能在规定期限内的综合要求。工程项目质量有普遍性和特殊性两个方面。普遍性有国家的相关法律、法规对它们作出的一般性规定，这是工程质量的最低要求；特殊性则根据具体的工程项目和业主对它们的特殊要求在国家有关规定的基础上来确定。因此，工程项目质量的目标必须由发包方和承包方用合同的形式约定，如施工项目建设完成后是达到省优还是国优等。

另一方面，由于工程项目是由一道道工序，一个个分部分项工程和单位工程等构成的，所以从另一个角度看，工程项目质量也分解为工程建设各个阶段的质量及其相应工作的质量。

**2. 项目质量控制的概念**

项目质量控制就是对项目的实施情况进行监督、检查和测量，并将项目实施结果与事先制定的质量标准进行比较，判断其是否符合质量标准，找出存在的偏差，分析偏差形成原因的一系列活动。项目控制贯穿于项目实施的全过程。质量控制的工作内容包括作业技术和活动，也就是包括专业技术和管理技术两个方面。质量控制必须对干什么、为何干、怎么干、谁来干、何时干、何地干等作出规定。对工程质量的控制是实现工程项目管理三大控制的重点。

**3. 工程项目质量控制的原则**

在工程项目建设过程中，对其质量控制应遵循以下几项原则。

(1) 质量第一原则 "百年大计，质量第一"，工程建设与国民经济的发展和人民生活的改善息息相关。质量的好坏，直接关系到国家繁荣富强，关系到人民生命财产的安全，关系到子孙幸福，所以必须树立强烈的"质量第一"的思想。

要确立质量第一的原则，必须弄清并且摆正质量和数量、质量和进度之间的关系。不符合质量要求的工程、数量和进度都失去了意义，也没有任何使用价值。而且，数量越多，进度越快，国家和人民遭受的损失也将越大。因此，好中求多，好中求快，好中求省，才是符合质量管理所要求的质量水平标准的。

(2) 预防为主原则 对于工程项目的质量，我们长期以来采取事后检验的方法，认为严格检查，就能保证质量，实际上这往往是得不偿失的。应该从消极防守的事后检验变为积极预防的事先管理。因为好的建筑产品是好的设计、好的施工所创造出来的，不是检查出来的。必须在项目管理的全过程中，事先采取各种措施，消灭各种不合质量要求的因素，以保证建筑产品质量。如果各质量因素（人、机、料、法、环）预先得到保证，工程项目的质量就有了可靠的前提条件。

(3) 为用户服务原则 建设工程项目，是为了满足用户的要求，尤其要满足用户对质量的要求。真正好的质量是用户完全满意的质量。进行质量控制，就是要把为用户服务的原则，作为工程项目管理的出发点，贯穿到各项工作中去。同时，要在项目内部树立"下道工序就是用户"的思想。各个部门、各种工作、各种人员都有前、后的工作顺序，在自己这道工序的工作一定要保证质量，凡达不到质量要求的不能交给下道工序，一定要使"下道工序"这个用户感到满意。

(4) 用数据说话原则 质量控制必须建立在有效的数据基础上，必须依靠能够确切反映客观实际的数字和资料，否则就谈不上科学的管理。一切用数据说话，就需要用数理统计方法，对工程实体或工作对象进行科学的分析和整理，从而研究工程质量的波动情况，寻求影响工程质量的主次因素，采取改进质量的有效措施，掌握保证和提高工程质量的客观规律。

在很多情况下，我们评定工程质量，虽然也按规范标准进行检测计量，也有一些数据，但是这些数据往往不完整、不系统,没有按数理统计要求积累数据,抽样选点,所以难以汇总分析,有时只能统计加估计,抓不住质量问题,不能表达工程的内在质量状态,也不能有针对性地进行质量教育,提高企业素质。所以,必须树立起"用数据说话"的意识,从积累的大量数据中,找出控制质量的规律性,以保证工程项目的优质建设。

**4. 工程项目质量控制的常用方法——PDCA 循环原理**

见第九章相关内容。

**5. 工程建设各阶段质量控制的内容**

(1) 决策阶段的质量控制内容　此阶段质量控制的主要内容是在广泛搜集资料、调查研究的基础上研究、分析、比较,决定项目的可行性和最佳方案。

(2) 施工前的质量控制的内容

① 对施工队伍的资质进行重新审查,包括各个分包商的资质的审查。如果发现施工单位与投标时的情况不符,必须采取有效措施予以纠正。

② 对所有的合同和技术文件、报告进行详细的审阅。如图纸是否完备,有无错漏空缺,各个设计文件之间有无矛盾之处,技术标准是否齐全等。应该重点审查的技术文件除合同以外,主要包括:审核有关单位的技术资质证明文件;审核开工报告,并经现场核实;审核施工方案、施工组织设计和技术措施;审核有关材料、半成品的质量检验报告;审核反映工序质量的统计资料;审核设计变更、图纸修改和技术核定书;审核有关质量问题的处理报告;审核有关应用新工艺、新材料、新技术的技术鉴定书;审核有关工序交接检查,分项、分部工程质量检查报告;审核并签署现场有关技术签证、文件等。

③ 配备检测实验手段、设备和仪器,审查合同中关于检验的方法、标准、次数和取样的规定。

④ 审阅进度计划和施工方案。

⑤ 对施工中将要采取的新技术、新材料、新工艺进行审核,核查鉴定书和实验报告。

⑥ 对材料和工程设备的采购进行检查,检查采购是否符合规定的要求。

⑦ 协助完善质量保证体系。

⑧ 对工地各方面负责人和主要的施工机械进行进一步的审核。

⑨ 做好设计技术交底,明确工程各个部分的质量要求。

⑩ 准备好简历、质量管理表格。

⑪ 准备好担保和保险工作。

⑫ 签发动员预付款支付证书。

⑬ 全面检查开工条件。

(3) 施工过程中的质量控制

① 工序质量控制。包括施工操作质量和施工技术管理质量。

(a) 确定工程质量控制的流程。

(b) 主动控制工序活动条件,主要指影响工序质量的因素。

(c) 及时检查工序质量,提出对后续工作的要求和措施。

(d) 设置工序质量的控制点。

② 设置质量控制点。对技术要求高、施工难度大的某个工序或环节,设置技术和监理

的重点，重点控制操作人员、材料、设备、施工工艺等；针对质量通病或容易产生不合格产品的工序，提前制定有效的措施，重点控制；对于新工艺、新材料、新技术也需要特别引起重视。

③ 工程质量的预控。

④ 质量检查。包括操作者的自检，班组内互检，各个工序之间的交接检查；施工人员的检查和质检人员的巡视检查；监理和政府质检部门的检查。具体包括：a. 装饰材料、半成品、构配件、设备的质量检查，并检查相应的合格证、质量保证书和实验报告；b. 分项工程施工前的预检；c. 施工操作质量检查，隐蔽工程的质量检查；d. 分项分部工程的质检验收；e. 单位工程的质检验收；f. 成品保护质量检查。

⑤ 成品保护。合理安排施工顺序，避免破坏已有产品；采用适当的保护措施；加强成品保护的检查工作。

⑥ 交工技术资料。主要包括以下文件：材料和产品出厂合格证或检验证明，设备维修证明；施工记录；隐蔽工程验收记录；设计变更，技术核定，技术洽商；水、暖、电、声讯、设备的安装记录；质检报告；竣工图，竣工验收表等。

⑦ 质量事故处理。一般质量事故由总监理工程师组织进行事故分析，并责成有关单位提出解决办法。对重大质量事故，须报告业主、监理主管部门和有关单位，由各方共同解决。

（4）工程完成后的质量管理　按合同的要求进行竣工检验，检查未完成的工作和缺陷，及时解决质量问题。制作竣工图和竣工资料。维修期内承担相应的维修责任。

## 二、工程项目质量保证

质量保证的概念最早是在石川馨编写的《质量保证指南》一书中提出的。当时的质量保证被简单地阐述为："消费者信得过，愿买；使用起来放心，满意；质量经久不衰，耐用。"这一定义是说，只有提供消费者所满意的质量，才能证明质量得到了保证。ISO 2000 系列标准将质量保证定义为"质量管理的一部分，致力于提供质量要求会得到满足的信任"。也就是说，质量保证是为了提供足够的信任表明产品能够满足质量要求而在质量体系中实施并根据需要开展的有计划和有系统的活动。

**1. 质量保证的含义**

（1）质量保证是质量管理的一个组成部分　质量保证的核心是向顾客和相关方提供信任，使他们确信产品、体系和过程的固有特性已经达到规定要求。为了能提供这样的信任，组织必须开展一系列的质量保证活动，并能提供证实已经达到质量要求的客观证据，使顾客和相关方相信组织的质量管理体系得到有效运行，具备提供满足规定要求的产品和服务的能力。

（2）内部质量保证与外部质量保证　内部质量保证是向组织的管理者提供信任，通过开展内部审核、管理评审、自我评定等活动，根据证实已达到质量要求的见证材料，使管理者对组织的产品质量和过程质量满足规定的要求充满信心。

外部质量保证是为了向顾客提供信任，使他们确信组织的产品质量和过程质量已能满足规定的要求，具备不断满足顾客要求、增强顾客满意度的产品质量保证的能力。

(3) 质量保证应全面反映顾客的需求　不同的顾客对产品质量的要求不尽相同，对组织的质量保证活动的要求也是不一样的。所以，组织所规定的产品要求和质量管理体系的要求应充分完整地反映顾客和相关方的需求和期望，以提供足够的信任度。

**2. 工程项目质量保证的基本内容**

(1) 制定质量标准　每一个工程项目所涉及的领域不一定相同，即便是相同领域的项目，由于环境和规模不同，其适用的标准也不尽相同。因此，制定质量标准是为了在项目实施过程中能够达到或超过此标准。制定质量标准时也可直接采用现行的国家标准、行业标准。

(2) 制定质量控制流程　不同种类的项目在不同的实施阶段，其质量保证所采取的控制流程各不相同，每一控制流程的制定都应能反映特定项目的质量特性。例如，设计和开发的质量控制流程就可包括设计和开发策划、设计和开发输入、设计和开发输出、设计和开发评审、设计和开发验证、设计和开发确认以及设计和开发更改的控制。

(3) 建立工程质量保证体系　为了建立工程质量保证体系，应首先建立质量方针、质量目标并在全体员工中贯彻、执行，建立、健全质量责任体系，建立质量保证手册、质量程序文件等书面文件，建立质量保证体系的评估制度，确保质量，保证活动在各部门的有效运行。例如，某工程项目质量保证体系的建立包括以下几方面的工作：①制定工程项目质量方针；②确定与工程项目质量保证体系有关的人员及其职责；③确保与工程项目质量保证体系有关的人员都能得到相应的培训；④建立工程项目质量保证体系评估制度；⑤制定工程项目质量保证的具体措施。

**3. 工程项目质量保证的方法**

(1) 制定工程质量保证规划　工程质量保证规划是进行质量保证的依据和指南，应在对项目特点进行充分分析的基础上进行编制。工程质量保证规划包括质量保证计划、质量保证大纲、质量标准等。

(2) 工程质量检验　通过测试、检查、试验等检验手段确定质量控制结果是否与要求相符。

(3) 确定工程保证范围和等级　质量保证范围和等级要适应，范围小、等级低可能达不到质量保证的要求；范围大、等级高会增加管理的工作量和成本。等级划分应依据相关法规进行。

(4) 工程质量活动分解　对与质量有关的活动要逐层分解，直到最基本的质量活动，以实施有效的质量管理和控制。质量活动的分解有多种方式，其中矩阵式是最常用的形式。

# 第四节　工程项目成本管理

工程项目成本管理是根据企业的总体成本目标和工程项目的具体要求，在保证工期和质量的前提下，利用各种措施，将项目成本控制在计划范围内；完善成本管理制度，提高成本核算水平，寻找最大程度的成本节约，实现目标利润最大化。由此可见，加强工程项目成本管理是建筑企业积蓄财力、增强企业竞争力的必由之路。本节重点围绕工程项目的成本计划、成本核算和成本控制展开讨论。

## 一、工程项目成本计划

成本计划是建设企业以货币形式规定企业在计划期内的成本费用、成本水平、相应的成本降低水平和为此采取的主要措施的书面方案。它是建立施工项目成本管理责任制、开展成本控制和核算的基础。成本计划应在项目实施方案确定和不断优化的前提下进行编制，因为不同的实施方案将导致直接工程费、措施费和企业管理费的差异。成本计划的编制是施工成本预控的重要手段。因此，应在工程开工前编制完成，以便将计划成本目标分解落实，为各项成本的执行提供明确的目标、控制手段和管理措施。

**1. 工程项目成本计划的编制原则**

为了使成本计划能够发挥它的积极作用，在编制成本计划时应掌握以下一些原则：

① 从实际情况出发的原则；

② 与其他计划结合的原则；

③ 采用先进的技术经济定额的原则；

④ 统一领导、分级管理的原则；

⑤ 弹性原则。

**2. 成本计划的编制程序及依据**

成本计划的编制方式有统一编制和分级编制。统一编制以企业财会部门为核心，在其他有关部门的配合下，根据综合经营计划的要求，编制项目成本计划。这是一种自上而下的编制方法，主要适合于中小型工程项目。

分级编制采用自下而上的方法，是一种参与性的编制方式。一般由企业高层管理部门下达成本控制指标，下级部门根据这一指标，按成本计划的要求，通过同级间、上级与下级间的沟通、协调，编制本部门的成本计划，最后由项目经理部汇总形成总体成本计划。这一方式适合于大型工程项目成本计划的编制工作。

这两种编制方式都遵循一定的程序，其编制的基本程序如下。

（1）收集资料确定成本计划的编制依据　收集和整理资料是成本计划的基础工作。主要收集的资料有以下几种。

① 国家和上级部门有关编制成本计划的规定。

② 项目经理部与发包方签订的承包合同及公司下达的成本降低额、降低率和其他有关技术经济指标。

③ 有关成本预测、决策的资料。

④ 对于施工项目，应有项目的施工图预算、施工预算、施工组织设计；项目使用的机械设备生产能力及其利用情况；项目的材料消耗、物资供应、劳动工资及劳动效率等计划资料等。

⑤ 计划期内的物资消耗定额、劳动工时定额、费用定额等资料。

⑥ 同行业同类项目的成本、定额、技术经济指标资料及增产节约的经验和有效措施。

⑦ 本企业的历史先进水平和当时的先进经验及采取的措施。

（2）估算计划成本，即确定目标成本　财务部门在掌握了丰富的资料，并加以整理分析，特别是在对基期成本计划完成情况进行分析的基础上，根据有关的设计、施工等计划，按照工程项目应投入的物资、材料、劳动力、机械、能源及各种设施等，结合计划期内各种因素的变化和准备采取的各种增产节约措施，进行反复测算、修订、平衡后，估算生产费用支出的总水平，进而提出全项目的成本计划控制指标，最终确定目标成本。

（3）编制成本计划草案　对大型工程项目，经公司高层管理部门批准下达成本计划指标后，各职能部门应充分发动群众进行认真的讨论，在总结上期成本计划完成情况的基础上，结合本期计划指标，找出完成本期计划的具体措施。各职能部门亦应认真讨论项目经理部下达的费用控制指标，拟定具体实施的技术经济措施方案，编制各部门的费用预算。

（4）编制正式的成本计划　在各职能部门上报了部门成本计划和费用预算后，项目经理部首先应结合各项技术经济措施，检查各计划和费用预算是否合理可行，并进行综合平衡，使各部门计划和费用预算之间相互协调、衔接；其次，要从全局出发，在保证企业下达的成本降低任务或本项目目标成本实现的情况下，以生产计划为中心，分析研究成本计划与生产计划、劳动工时计划、材料成本与物资供应计划、工资成本与工资基金计划、资金计划等的相互协调平衡。经反复讨论多次综合平衡，最后确定的成本计划指标作为编制成本计划的依据，正式编制成本计划并上报企业有关部门后，即可正式下达至各职能部门执行。

**3. 施工项目成本计划的编制方法**

施工项目成本计划工作主要是在项目经理负责下，在成本预、决策基础上进行的。编制中的关键环节即是确定目标成本，这是成本计划编制工作的核心。施工项目成本计划中的计划成本的编制方法，通常有以下几种。

（1）施工预算法　施工预算法是指主要以施工图中的工程实物量，套以施工工料消耗定额，计算工料消耗量，并进行工料汇总，然后统一以货币的形式反映其施工生产耗费水平。以施工工料消耗定额所计算的施工生产耗费水平，基本是一个不变的常数。一个施工项目要实现较高的经济效益（即降低成本水平），就必须在这个常数的基础上采取技术节约措施，以降低消耗定额的单位消耗量和降低价格等措施，来达到成本计划的目标成本水平。因此，采用施工预算法编制成本计划时，必须考虑结合技术节约措施计划，以进一步降低施工生产耗费水平。

（2）技术节约措施法　技术节约措施法是指以该施工项目计划采取的技术组织措施和节约措施所能取得的经济效果为施工项目成本降低额，然后计算施工项目的计划成本的方法。

（3）成本习性法　成本习性法，是固定成本和变动成本在编制成本计划中的应用，主要按照成本习性，将成本分成固定成本和变动成本两类，以此作为计划成本。具体划分可采用费用分解法。

（4）按实计算法　按实计算法，就是施工项目经理部有关职能部门（人员）以该项目施工图预算的工料分析资料作为控制计划成本的依据。根据施工项目经理部执行施工定额的实际水平和要求，由各职能部门归口计算各项计划成本。

**4. 施工成本计划的具体内容**

（1）编制说明　指对工程的范围、投标竞争过程及合同条件、承包人对项目经理提出的责任成本目标、施工成本计划编制的指导思想和依据等的具体说明。

（2）施工成本计划的指标　施工成本计划的指标应经过科学的分析预测确定，可以采用对比法、因素分析法等方法来进行测定。施工成本计划一般情况下有以下三类指标。

① 成本计划的数量指标 如：按子项汇总的工程项目计划总成本指标；按分部汇总的各单位工程（或子项目）计划成本指标；人工、材料、机械等各主要生产要素的计划成本指标。

② 成本计划的质量指标 如施工项目总成本降低率，可采用以下方法计算：

设计预算成本计划降低率＝设计预算总成本计划降低额/设计预算总成本

责任目标成本计划降低率＝责任目标总成本计划降低额/责任目标总成本

③ 成本计划的效益指标 如工程项目成本降低额，可采用以下方法计算：

设计预算成本计划降低额＝设计预算总成本－计划总成本

责任目标成本计划降低额＝责任目标总成本－计划总成本

（3）按工程量清单列出的单位工程计划成本汇总表 此处不再细述。

（4）按成本性质划分的单位工程成本汇总表 根据清单项目的造价分析，分别对人工费、材料费、机械费、措施费、企业管理费和税费进行汇总，形成单位工程成本计划表。

## 二、工程项目成本核算

目前建筑工程企业在工程项目建设过程中成本信息失真现象较为普遍。而工程项目成本核算的基本任务就是：①正确、及时地核算工程项目的实际总成本和单位成本，为检查、监督和考核预算及成本计划的执行情况，提供正确的成本数据；②正确反映成本水平，对成本控制的绩效以及成本管理水平进行检查和测量；③研究在何处可以降低成本，以进行持续改进。工程成本核算在建筑企业的经营管理中具有十分重要的意义。

因此施工成本核算包括两个基本环节：一是按照规定的成本开支范围对施工费用进行归集和分配，计算出施工费用的实际发生额；二是根据成本核算对象，采用适当的方法，计算出该施工项目的总成本和单位成本。施工成本一般以单位工程为成本核算对象，但也可以按照承包工程项目的规模、工期、结构类型、施工组织和施工现场等情况，结合成本管理要求，灵活划分成本核算对象。

**1. 成本核算应遵循的原则**

工程成本核算除遵循会计核算原则外，还应符合工程成本核算的基本要求，遵循工程成本核算的基本程序。其总的原则是：能分清受益对象的直接计入，分不清的需按一定标准分配计入。

（1）合法性原则 指计入成本的费用都必须符合法律、法令、制度等的规定。不合规定的费用不能计入成本。

（2）可靠性原则 包括真实性和可核实性。真实性就是所提供的成本信息与客观的经济事项相一致，不应掺假，或人为地提高、降低成本。可核实性指成本核算资料按一定的原则由不同的会计人员加以核算，都能得到相同的结果。真实性和可核实性是为了保证成本核算信息的正确可靠。

（3）相关性原则 包括成本信息的有用性和及时性。有用性是指成本核算要为管理当局提供有用的信息，为成本管理、预测、决策服务。及时性是强调信息取得的时间性。及时的信息反馈，可及时地采取措施，改进工作。过时的信息往往成为徒劳无用的资料。

（4）分期核算原则 企业为了取得一定期间所生产产品的成本，必须将生产活动按一定阶段（如月、季、年）划分为各个时期，分别计算各期产品的成本。成本核算的分期，必须与会计年度的分月、分季、分年相一致，这样可以便于利润的计算。

（5）权责发生制原则　应由本期成本负担的费用，不论是否已经支付，都要计入本期成本；不应由本期成本负担的费用（即已计入以前各期的成本，或应由以后各期成本负担的费用），虽然在本期支付，也不应计入本期成本，以便正确提供各项的成本信息。

（6）实际成本计价原则　生产所耗用的原材料、燃料、动力要按实际耗用数量的实际单位成本计算，完工产品成本的计算要按实际发生的成本计算。虽然原材料、燃料、产成品的账户可按计划成本（或定额成本、标准成本）加、减成本差异，以调整到实际成本。

（7）一致性原则　成本核算所采用的方法，前后各期必须一致，以使各期的成本资料有统一的口径，前后连贯，互相可比。

（8）重要性原则　对于成本有重大影响的项目应作为重点，力求精确。而对于那些不太重要的琐碎项目，则可以从简处理。

**2. 成本核算的程序**

① 对所发生的费用进行审核，以确定计入工程成本的费用和计入各项期间费用的数额。

② 将应计入工程成本的各项费用，区分为哪些应当计入本月的工程成本，哪些应由其他月份的工程成本负担。也就是确定成本计算对象和成本项目，开设产品成本明细账。

③ 将每个月应计入工程成本的生产费用，在各个成本对象之间进行分配和归集，计算各工程成本。

④ 对未完工程进行盘点，以确定本期已完工程成本的实际成本。

⑤ 将已完工程成本转入"工程结算成本"科目中。

⑥ 计算出工程项目的总成本和单位成本。

**3. 成本核算中各部门的职责**

（1）项目经理部　项目经理部要建立一系列项目业务核算台账和施工成本会计账户；建立健全原始记录；建立并严格执行材料的计量、检验、领发料、盘点、退库等制度；建立健全原材料、燃料、动力、工时等消耗定额；严格遵守各项制度规定，并根据具体情况确定成本核算的组织方式，实施全过程的成本核算，具体可分为定期的成本核算和竣工工程成本核算，如每天、每周、每月的成本核算。定期的成本核算是竣工工程全面成本核算的基础。

（2）预算管理部门　编制预算及内部结算单价，按成本核算对象确认当期已完工程的实物工程量和未完工程情况，编制工程价款结算单，及时同业主和分包单位进行结算。

（3）劳动工资部门　制定项目用工记录、统计制度，收集班组用工日报表，建立项目用工台账，编制职工考勤统计表、单位工程用工统计表。编表时，要符合如下公式：

职工人数×日历天数＝各项目（生产）用工工日之和＋非生产用工工日＋各类休假日

（4）物资管理部门　搞好计划采购，建立材料采购比价制度，按经济批量采购，降低存货总成本；建立健全材料收、发、领、退制度，做好修旧利废工作，耗料注明工程项目或费用项目；加强机械设备的调度平衡和检修维护，提高设备完好率和利用率，提供机械设备运输记录和机械费用的分配资料。

（5）财务部门　财务部门是成本核算的中心，全面组织成本核算，掌握成本开支范围，参与制定内部承包方案并对其执行情况进行考核，开展成本预测，进行成本分析。

**4. 成本核算的基本内容**

施工成本核算的基本内容包括人工成本核算、材料成本核算、折旧及其他费用核算、施工间接成本的核算、直接成本的核算（包括人工成本核算、机械使用费核算）、措施费核算、间接费核算等。

(1) 人工成本核算　正确计算每个职工的应得工资，保证按劳分配原则的贯彻执行；合理分配工资费用，保证工程成本的真实性与准确性；正确计提和分配职工福利费，满足职工福利事业的正常需要。

(2) 材料成本核算　正确计算收入材料物资的成本，正确计算耗用材料物资的成本，合理分配材料费用，做好材料盘点及退料工作。只有这样，才能保证施工生产成本的正确性和真实性。

(3) 折旧及其他费用的核算　折旧是固定资产在使用过程中由于损耗而减少的那部分价值。固定资产损耗的这部分价值，应当在固定资产的有效使用年限内进行分摊，形成折旧费用，计入各期成本和费用中去。因此，正确计算折旧，对工程成本和费用的计算，以及正确反映固定资产的账面价值都有着十分重要的作用。

(4) 施工间接成本的核算　由于施工间接成本是一项共同性耗费，因而发生后不能直接计入某项工程成本中，必须先行归集，然后采用一定的方法分配计入到受益的工程成本中去。因此，施工间接成本核算的任务是：正确归集与合理分配施工间接成本，从而保证工程成本计算的准确性。

(5) 工程实际成本的核算　就是将工程施工过程中发生的施工费用，按工人费、材料费、机械使用费、其他直接费和施工间接费等各个成本项目进行再归集和再分配，从而计算出各成本核算对象在一定时期及开工至竣工期间所发生的实际成本数。

**5. 成本核算应注意的几个问题**

① 必须明确成本核算只是一种手段，运用它所提供的一些数据来进行事中控制和事前预测才是目的。还要明确成本核算不只是财务部门、财务人员的事情，而是全部门、全体项目工作人员共同的事情。

② 注意提高财务人员自身业务素质，成本核算人员不仅对成本研究得很透彻，而且要掌握施工流程、工程预算等相关知识，所以财务人员自身业务能力一定要强；同时还要提高财务人员的地位，让财务人员参与成本决策，使企业一切经济活动按照预定的轨道进行。

③ 要注意成本均衡性问题。施工的过程分三个阶段，人、材、物的投入也有其不同，每个阶段的成本核算也都有其特点，要充分重视项目筹建期、正常施工期、收尾阶段的成本核算的不同。

④ 要重视分包工程的核算。因在实际工作中，分包工程的核算往往是以款项的支付为依据，而不是采取应收应付制，造成成本不均衡，而且分包工程的利润体现在自营工程之中，无法直观反映二者各自的经营成果，与整个核算体系相分离。

## 三、工程项目成本控制

成本控制是指在工程建设过程中，对影响施工成本的各种因素加强管理，并采取各种有效措施，将施工中实际发生的各种消耗和支出严格控制在成本计划范围内，随时揭示并及时反馈，严格审查各项费用是否符合标准，计算实际成本和计划成本之间的差异并进行分析，进而采取多种措施，消除施工中的损失浪费现象。

建设工程项目施工成本控制应从工程投标报价开始，直至项目竣工结算完成为止，贯穿于项目实施的全过程。它是企业全面成本管理的重要环节。施工成本控制可分为事先控制、事中控制（过程控制）和事后控制。成本控制报告可单独编制，也可以根据需要与进度、质量、安全和其他进展报告结合，提出综合进展报告。

**1. 成本控制的基本原则**

建设企业成本控制是成本管理的基础和核心,项目部在施工过程中进行成本控制时应遵循以下基本原则。

① 全面成本控制原则。

② 保证经济效益、最低成本化原则。

③ 动态控制原则。

④ 责、权、利相结合的原则。

**2. 成本控制的依据**

建设企业成本控制的依据包括以下内容。

① 工程承包合同。

② 施工成本计划。

③ 进度报告。

④ 工程变更。

⑤ 有关施工组织设计、分包合同等。

**3. 成本控制的程序步骤**

在确定了项目施工成本计划之后,必须定期地进行施工成本计划值与实际值的比较,当实际值偏离计划值时,分析产生偏差的原因,采取适当的纠偏措施,以确保施工成本控制目标的实现。其步骤如下。

(1) 比较 按照某种确定的方式将施工成本计划值与实际值逐项进行比较,以发现施工成本是否已超支。

(2) 分析 在比较的基础上,对比较的结果进行分析,以确定偏差的严重性及偏差产生的原因。这一步是施工成本控制工作的核心,其主要目的在于找出产生偏差的原因,从而采取有针对性的措施,减少或避免相同原因的再次发生或减少由此造成的损失。

(3) 预测 根据项目实施情况估算整个项目完成时的施工成本。预测的目的在于为决策提供支持。

(4) 纠偏 当工程项目的实际施工成本出现了偏差时,应当根据工程的具体情况、偏差分析和预测的结果,采取适当的措施,以期达到使施工成本偏差尽可能小的目的。纠偏是施工成本控制中最具实质性的一步。只有通过纠偏,才能最终达到有效控制施工成本的目的。

(5) 检查 它是指对工程的进展进行跟踪和检查,及时了解工程进展状况以及纠偏措施的执行情况和效果,为今后的工作积累经验。

**4. 成本控制的方法**

成本控制的具体方法很多,这里重点介绍挣值法。挣值法又称赢得值法 (earned value management,EVM)。作为一项先进的项目管理技术,最初是美国国防部于 1967 年首次确立的。到目前为止国际上先进的工程公司已普遍采用挣值法进行工程项目的费用、进度综合分析控制。用挣值法进行费用、进度综合分析控制,主要是通过分析项目成本目标实施与项目成本目标期望之间的差异,从而判断项目实施的费用、进度绩效的一种方法。其主要运用三个基本参数进行分析,即已完工作预算费用、计划工作预算费用和已完工作实际费用。

(1) 已完工作预算费用 已完工作预算费用,简称 BCWP (budgeted cost of work performed),是指在某一时间已经完成的工作 (或部分工作),以批准认可的预算为标准所需要的成本总额,由于业主正是根据这个值为承包人完成的工作量支付相应的费用,也就是承包人获得(挣得)的金额,故称赢得值或挣值。

$$已完工作预算费用(BCWP) = 已完成工作量 \times 预算(计划)单价$$

(2) 计划完成工作预算费用 计划工作预算费用,简称 BCWS (budgeted cost for work scheduled),即根据进度计划在某一时刻应当完成的工作(或部分工作),以预算为标准所需要的资金总额。一般来说,除非合同有变更,BCWS 在工程实施过程中应保持不变。

$$计划工作预算费用(BCWS) = 计划工作量 \times 预算(计划)单价$$

(3) 已完工作实际费用 已完工作实际费用,简称 ACWP (actual cost of work performed),即到某一时刻为止,已完成的工作(或部分工作)所实际花费的总金额。

$$已完工作实际费用(ACWP) = 已完成工作量 \times 实际单价$$

在这三个基本参数的基础上,可以确定挣值法的四个评价指标,利用它们可以对成本、进度进行分析。它们也都是时间的函数。

① 费用偏差 CV (cost variance)

$$费用偏差 CV = 已完工作预算费用(BCWP) - 已完工作实际费用(ACWP)$$

当费用偏差 CV 为负值时,即表示项目运行超出预算费用;

当费用偏差 CV 为正值时,表示项目运行节支,实际费用没有超出预算费用。

② 进度偏差 SV (schedule variance)

$$进度偏差 SV = 已完工作预算费用(BCWP) - 计划工作预算费用(BCWS)$$

当进度偏差 SV 为负值时,表示进度延误,即实际进度落后于计划进度;

当进度偏差 SV 为正值时,表示进度提前,即实际进度快于计划进度。

③ 费用绩效指数 (CPI)

$$费用绩效指数(CPI) = 已完工作预算费用(BCWP) / 已完工作实际费用(ACWP)$$

当费用绩效指数 (CPI) $<1$ 时,表示超支,即实际费用高于预算费用;

当费用绩效指数 (CPI) $>1$ 时,表示节支,即实际费用低于预算费用。

④ 进度绩效指数 (SPI)

$$进度绩效指数(SPI) = 已完工作预算费用(BCWP) / 计划工作预算费用(BCWS)$$

当进度绩效指数 (SPI) $<1$ 时,表示进度延误,即实际进度比计划进度拖后;

当进度绩效指数 (SPI) $>1$ 时,表示进度提前,即实际进度比计划进度快。

费用(进度)偏差反映的是绝对偏差,结果很直观,有助于费用管理人员了解项目费用出现偏差的绝对数额,并依此采取一定措施,制订或调整费用支出计划和资金筹措计划。但是作为绝对偏差也有其不容忽视的局限性。如同样是 20 万元的费用偏差,对于总费用 1000 万元的项目和总费用 1 亿元的项目而言,其严重性显然是不同的。因此,费用(进度)偏差仅适用于对同一项目作偏差分析。

与此相反,费用(进度)绩效指数反映的是相对偏差,它不受项目层次的限制,也不受项目实施时间的限制,因而在同一项目和不同项目比较中均可采用。

在项目的费用、进度综合控制中引入挣值法,可以克服过去进度、费用分开控制的缺点,即当发现费用超支时,很难立即知道是由于费用超出预算,还是由于进度提前。相反,当发现费用低于预算时,也很难立即知道是由于费用节省,还是由于进度拖延。而引入挣值法即可定量地判断进度、费用的执行效果。

## 本章小结

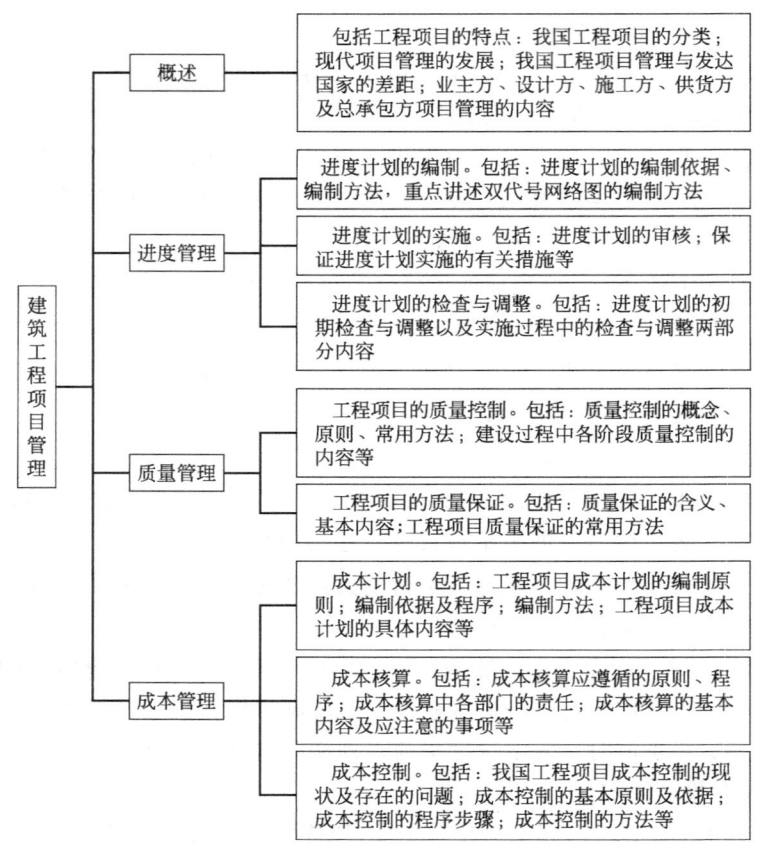

## 思考与练习

**一、单项选择题**

1. 项目管理的核心任务是项目的（　　）。
   A. 目标控制　　　　B. 成本控制　　　　C. 投资控制　　　　D. 进度控制
2. 项目管理的三大目标是（　　）。
   A. 范围、费用、进度　　　　　　　　B. 费用、进度、质量
   C. 投资、进度、质量　　　　　　　　D. 范围、投资、质量
3. 项目的实施期是指（　　）。
   A. 自项目开始至项目完成　　　　　　B. 自决策到动用前准备
   C. 自设计到竣工验收　　　　　　　　D. 自招标到竣工验收
4. 对建设工程项目而言，（　　）方的项目管理是管理的核心。
   A. 施工　　　　B. 设计　　　　C. 工程师　　　　D. 业主
5. 在某工程双代号网络计划中，工作 M 的最早开始时间为第 15 天，其持续时间为 7 天。该工作有两项紧后工作，它们的最早开始时间分别为第 27 天和第 30 天，最迟开始时间分别为第 28 天和第 33 天，则工作 M 的总时差和自由时差（　　）天。

A. 均为 5　　　　　B. 分别为 6 和 5　　　C. 均为 6　　　　　D. 分别为 11 和 6

6. 总时差为 TF，自由时差为 FF，则（　　）成立。
A. TF＜FF　　　　B. TF＝FF　　　　　C. TF＞FF　　　　D. TF≥FF

7. 在质量管理和质量保证标准中，质量保证的目的在于（　　）。
A. 质量控制　　　B. 提供证据　　　　C. 提供信任　　　D. 保证质量

8. 施工企业在核算产品成本时，是按照（　　）来归集企业在施工生产经营过程中所发生的各项费用的。
A. 制造费用　　　B. 成本项目　　　　C. 生产成本　　　D. 材料费用

9. 施工企业一般应以每一独立签订建造合同的单位工程为依据，并结合企业施工组织的特点和加强工程成本管理的要求，来确定（　　）。
A. 成本项目　　　　　　　　　　　B. 生产成本
C. 工程成本核算对象　　　　　　　D. 建造合同成本

10. 下列各项中，属于施工企业成本核算基础工作的是（　　）。
A. 加强费用开支的审核　　　　　　B. 严格遵守国家规定的成本开支范围
C. 建立健全原始记录制度　　　　　D. 划清各种费用界线

二、多项选择题

1. 设计方项目管理的目标包括（　　）。
A. 设计的成本目标　B. 设计的进度目标　C. 设计的质量目标
D. 项目的投资目标　E. 项目的范围目标

2. 由不同功能的计划构成的进度计划系统包括（　　）。
A. 控制性进度计划　B. 指导性进度计划　C. 总进度计划
D. 年度进度计划　　E. 单项进度计划

3. 我国《工程网络计划技术规程》推荐的常用工程网络计划类型包括（　　）等类型。
A. 非肯定型网络计划　　　　　　　B. 单代号双时距搭接网络计划
C. 双代号网络计划　　　　　　　　D. 单代号网络计划
E. 单代号搭接网络计划

4. 下列提法中正确的是（　　）。
A. 关键线路是由开工点到完工点全部由关键工序组成的线路
B. 关键工序是总时差最小的工作
C. 关键线路是由开工点到完工点距离最长的线路
D. 一个网络图只可以确定一条关键线路
E. 关键线路是不含有虚工序的线路

5. 进度计划的调整和工期的缩短可通过（　　）来实现。
A. 改变工作间的逻辑关系　　　　　B. 增加劳动量
C. 改变关键工作的延续时间　　　　D. 改变工艺关系
E. 缩短总时差最大的工作的延续时间

6. 工程项目质量控制过程中应遵循的原则包括（　　）。
A. 坚持以人为控制中心　　　　　　B. 质量第一原则
C. 预防为主　　　　D. 为用户服务　　E. 用数据说话

7. 下列各项中，属于施工成本核算内容的有（　　）。
A. 人工费　　　　　B. 材料费　　　　　C. 期间费
D. 机械使用费　　　E. 间接费用

8. 下列各项中,属于企业加强成本核算基础工作的有(　　　)。
A. 划清各种费用界线　　　　　　　B. 制定企业定额
C. 建立健全原始记录制度　　　　　D. 健全各项财产物资的盘点制度
E. 严格遵守国家规定的成本开支范围

9. 在工程双代号网络计划中,某项工作的最早完成时间是指其(　　　)。
A. 开始节点的最早时间与工作总时差之和
B. 开始节点的最早时间与工作持续时间之和
C. 完成节点的最迟时间与工作持续时间之差
D. 完成节点的最迟时间与工作总时差之差
E. 完成节点的最迟时间与工作自由时差之差

## 三、简答题

1. 按照工程建设项目的组成,我国工程建设项目都有哪些类型?
2. 怎样缩短我国工程项目管理与发达国家的差距?
3. 工程项目进度计划编制的依据有哪些?
4. 双代号网络图的绘图规则有哪些?
5. 工程项目质量控制的 PDCA 循环原理是什么?
6. 工程项目质量保证的基本内容是什么?
7. 简述工程项目成本计划的编制程序与依据。
8. 成本核算的程序是什么?
9. 简述工程项目成本核算过程中各部门的职责。
10. 成本控制的常见方法有哪些?并简述其特点。

## 四、计算题

1. 某工程其工作逻辑关系如下,试按照双代号网络图的绘制原理和步骤绘制双代号网络图。

| 工作代号 | A | B | C | D | E | F | G | H | I | J |
|---|---|---|---|---|---|---|---|---|---|---|
| 紧前工作 |  | A | B | B | B | C D | C E | F G | F | H I |

2. 某现浇钢筋混凝土框架结构,有支模、扎筋、浇筑混凝土三个工作过程,若各工作过程的施工持续时间分别为 $t_模=4$ 天,$t_筋=2$ 天,$t_混=6$ 天,现划分 3 个施工段组织流水施工。试绘制双代号网络图,并计算工作时间参数,在图中用粗线标出关键工作和总工期。

# 附 录

## 附录一 复利系数表

**附表 1-1　0.5%**

| n | (F/P,i,n) | (P/F,i,n) | (F/A,i,n) | (A/F,i,n) | (A/P,i,n) | (P/A,i,n) |
|---|---|---|---|---|---|---|
| 1 | 1.005 | 0.9950 | 1.000 | 1.00000 | 1.00500 | 0.995 |
| 2 | 1.010 | 0.9901 | 2.005 | 0.49875 | 0.50375 | 1.985 |
| 3 | 1.015 | 0.9851 | 3.015 | 0.33167 | 0.33667 | 2.970 |
| 4 | 1.020 | 0.9802 | 4.030 | 0.24813 | 0.25313 | 3.950 |
| 5 | 1.025 | 0.9754 | 5.050 | 0.19801 | 0.20301 | 4.926 |
| 6 | 1.030 | 0.9705 | 6.076 | 0.16460 | 0.16960 | 5.896 |
| 7 | 1.036 | 0.9657 | 7.106 | 0.14073 | 0.14573 | 6.862 |
| 8 | 1.041 | 0.9609 | 8.141 | 0.12283 | 0.12783 | 7.823 |
| 9 | 1.046 | 0.9561 | 9.182 | 0.10891 | 0.11391 | 8.779 |
| 10 | 1.051 | 0.9513 | 10.228 | 0.09777 | 0.10277 | 9.730 |
| 11 | 1.056 | 0.9466 | 11.279 | 0.08866 | 0.09366 | 10.677 |
| 12 | 1.062 | 0.9419 | 12.336 | 0.08107 | 0.08607 | 11.619 |
| 13 | 1.067 | 0.9372 | 13.397 | 0.07464 | 0.07964 | 12.556 |
| 14 | 1.072 | 0.9326 | 14.464 | 0.06914 | 0.07414 | 13.489 |
| 15 | 1.078 | 0.9279 | 15.537 | 0.06436 | 0.06936 | 14.417 |
| 16 | 1.083 | 0.9233 | 16.614 | 0.06019 | 0.06519 | 15.340 |
| 17 | 1.088 | 0.9187 | 17.697 | 0.05651 | 0.06151 | 16.259 |
| 18 | 1.094 | 0.9141 | 18.786 | 0.05323 | 0.05823 | 17.173 |
| 19 | 1.099 | 0.9096 | 19.880 | 0.05030 | 0.05530 | 18.082 |
| 20 | 1.105 | 0.9051 | 20.979 | 0.04767 | 0.05267 | 18.987 |
| 21 | 1.110 | 0.9006 | 22.084 | 0.04528 | 0.05028 | 19.888 |
| 22 | 1.116 | 0.8961 | 23.194 | 0.04311 | 0.04811 | 20.784 |
| 23 | 1.122 | 0.8916 | 24.310 | 0.04113 | 0.04613 | 21.676 |
| 24 | 1.127 | 0.8872 | 25.432 | 0.03932 | 0.04432 | 22.563 |
| 25 | 1.133 | 0.8828 | 26.559 | 0.03765 | 0.04265 | 23.446 |
| 26 | 1.138 | 0.8784 | 27.692 | 0.03611 | 0.04111 | 24.324 |
| 27 | 1.144 | 0.8740 | 28.830 | 0.03469 | 0.03969 | 25.198 |
| 28 | 1.150 | 0.8697 | 29.975 | 0.03336 | 0.03836 | 26.068 |
| 29 | 1.156 | 0.8653 | 31.124 | 0.03213 | 0.03713 | 26.933 |
| 30 | 1.161 | 0.8610 | 32.280 | 0.03098 | 0.03598 | 27.794 |
| 35 | 1.191 | 0.8398 | 38.145 | 0.02622 | 0.03122 | 32.035 |
| 40 | 1.221 | 0.8191 | 44.159 | 0.02265 | 0.02765 | 36.172 |
| 45 | 1.252 | 0.7990 | 50.324 | 0.01987 | 0.02487 | 40.207 |
| 50 | 1.283 | 0.7793 | 56.645 | 0.01765 | 0.02265 | 44.143 |
| 55 | 1.316 | 0.7601 | 63.126 | 0.01584 | 0.02084 | 47.981 |
| 60 | 1.349 | 0.7414 | 69.770 | 0.01433 | 0.01933 | 51.726 |
| 65 | 1.383 | 0.7231 | 76.582 | 0.01306 | 0.01806 | 55.377 |
| 70 | 1.418 | 0.7053 | 83.566 | 0.01197 | 0.01697 | 58.939 |
| 75 | 1.454 | 0.6879 | 90.727 | 0.01102 | 0.01602 | 62.414 |
| 80 | 1.490 | 0.6710 | 98.068 | 0.01020 | 0.01520 | 65.802 |
| 85 | 1.528 | 0.6545 | 105.594 | 0.00947 | 0.01447 | 69.108 |
| 90 | 1.567 | 0.6383 | 113.311 | 0.00883 | 0.01383 | 72.331 |
| 95 | 1.606 | 0.6226 | 121.222 | 0.00825 | 0.01325 | 75.476 |
| 100 | 1.647 | 0.6073 | 129.334 | 0.00773 | 0.01273 | 78.543 |

附表 1-2　1%

| $n$ | $(F/P,i,n)$ | $(P/F,i,n)$ | $(F/A,i,n)$ | $(A/F,i,n)$ | $(A/P,i,n)$ | $(P/A,i,n)$ |
|---|---|---|---|---|---|---|
| 1 | 1.010 | 0.9901 | 1.000 | 1.00000 | 1.01000 | 0.990 |
| 2 | 1.020 | 0.9803 | 2.010 | 0.49751 | 0.50751 | 1.970 |
| 3 | 1.030 | 0.9706 | 3.030 | 0.33002 | 0.34002 | 2.941 |
| 4 | 1.041 | 0.9610 | 4.060 | 0.24628 | 0.25628 | 3.902 |
| 5 | 1.051 | 0.9515 | 5.101 | 0.19604 | 0.20604 | 4.853 |
| 6 | 1.062 | 0.9420 | 6.152 | 0.16255 | 0.17255 | 5.795 |
| 7 | 1.072 | 0.9327 | 7.214 | 0.13863 | 0.14863 | 6.728 |
| 8 | 1.083 | 0.9235 | 8.286 | 0.12069 | 0.13069 | 7.651 |
| 9 | 1.094 | 0.9143 | 9.369 | 0.10674 | 0.11674 | 8.566 |
| 10 | 1.105 | 0.9053 | 10.462 | 0.09558 | 0.10558 | 9.471 |
| 11 | 1.116 | 0.8963 | 11.567 | 0.08645 | 0.09645 | 10.368 |
| 12 | 1.127 | 0.8874 | 12.683 | 0.07885 | 0.08885 | 11.255 |
| 13 | 1.138 | 0.8787 | 13.809 | 0.07241 | 0.08241 | 12.134 |
| 14 | 1.149 | 0.8700 | 14.947 | 0.06690 | 0.07690 | 13.004 |
| 15 | 1.161 | 0.8613 | 16.097 | 0.06212 | 0.07212 | 13.865 |
| 16 | 1.173 | 0.8528 | 17.258 | 0.05794 | 0.06794 | 14.718 |
| 17 | 1.184 | 0.8444 | 18.430 | 0.05426 | 0.06426 | 15.562 |
| 18 | 1.196 | 0.8360 | 19.615 | 0.05098 | 0.06098 | 16.398 |
| 19 | 1.208 | 0.8277 | 20.811 | 0.04805 | 0.05805 | 17.226 |
| 20 | 1.220 | 0.8195 | 22.019 | 0.04542 | 0.05542 | 18.046 |
| 21 | 1.232 | 0.8114 | 23.239 | 0.04303 | 0.05303 | 18.857 |
| 22 | 1.245 | 0.8034 | 24.472 | 0.04086 | 0.05086 | 19.660 |
| 23 | 1.257 | 0.7954 | 25.716 | 0.03889 | 0.04889 | 20.456 |
| 24 | 1.270 | 0.7876 | 26.973 | 0.03707 | 0.04707 | 21.243 |
| 25 | 1.282 | 0.7798 | 28.243 | 0.03541 | 0.04541 | 22.023 |
| 26 | 1.295 | 0.7720 | 20.526 | 0.03387 | 0.04387 | 22.795 |
| 27 | 1.308 | 0.7644 | 30.821 | 0.03245 | 0.04245 | 23.560 |
| 28 | 1.321 | 0.7568 | 32.129 | 0.03112 | 0.04112 | 24.316 |
| 29 | 1.335 | 0.7493 | 33.450 | 0.02990 | 0.03990 | 25.066 |
| 30 | 1.348 | 0.7419 | 34.785 | 0.02875 | 0.03875 | 25.808 |
| 35 | 1.417 | 0.7059 | 41.660 | 0.02400 | 0.03400 | 29.409 |
| 40 | 1.489 | 0.6717 | 48.886 | 0.02046 | 0.03046 | 32.835 |
| 45 | 1.565 | 0.6391 | 56.481 | 0.01771 | 0.02771 | 36.095 |
| 50 | 1.645 | 0.6080 | 64.463 | 0.01551 | 0.02551 | 39.196 |
| 55 | 1.729 | 0.5785 | 72.852 | 0.01373 | 0.02373 | 42.147 |
| 60 | 1.817 | 0.5504 | 81.670 | 0.01224 | 0.02224 | 44.955 |
| 65 | 1.909 | 0.5237 | 90.937 | 0.01100 | 0.02100 | 47.627 |
| 70 | 2.007 | 0.4983 | 100.676 | 0.00993 | 0.01993 | 50.169 |
| 75 | 2.109 | 0.4741 | 110.913 | 0.00902 | 0.01902 | 52.587 |
| 80 | 2.217 | 0.4511 | 121.672 | 0.00822 | 0.01822 | 54.888 |
| 85 | 2.330 | 0.4292 | 132.979 | 0.00752 | 0.01752 | 57.078 |
| 90 | 2.449 | 0.4084 | 144.863 | 0.00690 | 0.01690 | 59.161 |
| 95 | 2.574 | 0.3886 | 157.354 | 0.00636 | 0.01636 | 61.143 |
| 100 | 2.705 | 0.3697 | 170.481 | 0.00587 | 0.01587 | 63.029 |

附表 1-3　1.5%

| n | (F/P,i,n) | (P/F,i,n) | (F/A,i,n) | (A/F,i,n) | (A/P,i,n) | (P/A,i,n) |
|---|---|---|---|---|---|---|
| 1 | 1.015 | 0.9852 | 1.000 | 1.0000 | 0.0150 | 0.985 |
| 2 | 1.030 | 0.9707 | 2.015 | 0.4963 | 0.5113 | 1.956 |
| 3 | 1.046 | 0.9563 | 3.045 | 0.3284 | 0.3434 | 2.912 |
| 4 | 1.061 | 0.9422 | 4.091 | 0.2444 | 0.2594 | 3.854 |
| 5 | 1.077 | 0.9283 | 5.152 | 0.1941 | 0.2091 | 4.783 |
| 6 | 1.093 | 0.9145 | 6.230 | 0.1605 | 0.1755 | 5.697 |
| 7 | 1.110 | 0.9010 | 7.323 | 0.1366 | 0.1516 | 6.598 |
| 8 | 1.126 | 0.8877 | 8.433 | 0.1186 | 0.1336 | 7.486 |
| 9 | 1.143 | 0.8746 | 9.559 | 0.1046 | 0.1196 | 8.361 |
| 10 | 1.161 | 0.8617 | 10.703 | 0.0934 | 0.1084 | 9.222 |
| 11 | 1.178 | 0.8489 | 11.863 | 0.0843 | 0.0993 | 10.071 |
| 12 | 1.196 | 0.8364 | 13.041 | 0.0767 | 0.0917 | 10.908 |
| 13 | 1.214 | 0.8240 | 14.237 | 0.0702 | 0.0852 | 11.732 |
| 14 | 1.232 | 0.8118 | 15.450 | 0.0647 | 0.0797 | 12.543 |
| 15 | 1.250 | 0.7999 | 16.682 | 0.0599 | 0.0749 | 13.343 |
| 16 | 1.269 | 0.7880 | 17.932 | 0.0558 | 0.0708 | 14.131 |
| 17 | 1.288 | 0.7764 | 19.201 | 0.0521 | 0.0671 | 14.908 |
| 18 | 1.307 | 0.7649 | 20.489 | 0.0488 | 0.0638 | 15.673 |
| 19 | 1.327 | 0.7536 | 21.797 | 0.0459 | 0.0609 | 16.426 |
| 20 | 1.347 | 0.7425 | 23.124 | 0.0432 | 0.0582 | 17.169 |
| 21 | 1.367 | 0.7315 | 24.471 | 0.0409 | 0.0559 | 17.900 |
| 22 | 1.388 | 0.7207 | 25.838 | 0.0387 | 0.0537 | 18.621 |
| 23 | 1.408 | 0.7100 | 27.225 | 0.0367 | 0.0517 | 19.331 |
| 24 | 1.430 | 0.6995 | 28.634 | 0.0349 | 0.0499 | 20.030 |
| 25 | 1.451 | 0.6892 | 30.063 | 0.0333 | 0.0483 | 20.720 |
| 26 | 1.473 | 0.6790 | 31.514 | 0.0317 | 0.0467 | 21.399 |
| 27 | 1.495 | 0.6690 | 32.987 | 0.0303 | 0.0453 | 22.068 |
| 28 | 1.517 | 0.6591 | 34.481 | 0.0290 | 0.0440 | 22.727 |
| 29 | 1.540 | 0.6494 | 35.999 | 0.0278 | 0.0428 | 23.376 |
| 30 | 1.563 | 0.6398 | 37.539 | 0.0266 | 0.0416 | 24.016 |
| 35 | 1.684 | 0.5939 | 45.562 | 0.0219 | 0.0369 | 27.076 |
| 40 | 1.814 | 0.5513 | 54.268 | 0.0184 | 0.0334 | 29.916 |
| 45 | 1.954 | 0.5117 | 63.614 | 0.0157 | 0.0307 | 32.552 |
| 50 | 2.105 | 0.4750 | 73.683 | 0.0136 | 0.0286 | 35.000 |
| 55 | 2.268 | 0.4409 | 84.529 | 0.0118 | 0.0268 | 37.271 |
| 60 | 2.443 | 0.4093 | 96.215 | 0.0104 | 0.0254 | 39.380 |
| 65 | 2.632 | 0.3799 | 108.803 | 0.0092 | 0.0242 | 41.338 |
| 70 | 2.836 | 0.3527 | 122.364 | 0.0082 | 0.0232 | 43.155 |
| 75 | 3.055 | 0.3274 | 136.973 | 0.0073 | 0.0223 | 44.842 |
| 80 | 3.291 | 0.3039 | 152.711 | 0.0065 | 0.0215 | 46.407 |
| 85 | 3.545 | 0.2821 | 169.665 | 0.0059 | 0.0209 | 47.861 |
| 90 | 3.819 | 0.2619 | 187.930 | 0.0053 | 0.0203 | 49.210 |
| 95 | 4.114 | 0.2431 | 207.606 | 0.0048 | 0.0198 | 50.462 |
| 100 | 4.432 | 0.2256 | 228.803 | 0.0044 | 0.0194 | 51.625 |

附表 1-4　2%

| $n$ | $(F/P,i,n)$ | $(P/F,i,n)$ | $(F/A,i,n)$ | $(A/F,i,n)$ | $(A/P,i,n)$ | $(P/A,i,n)$ |
| --- | --- | --- | --- | --- | --- | --- |
| 1 | 1.020 | 0.9804 | 1.000 | 1.00000 | 1.02000 | 0.980 |
| 2 | 1.040 | 0.9612 | 2.020 | 0.49505 | 0.51505 | 1.942 |
| 3 | 1.061 | 0.9423 | 3.060 | 0.32675 | 0.34675 | 2.884 |
| 4 | 1.082 | 0.9238 | 4.122 | 0.24262 | 0.26262 | 3.808 |
| 5 | 1.104 | 0.9057 | 5.204 | 0.19216 | 0.21216 | 4.713 |
| 6 | 1.126 | 0.8880 | 6.308 | 0.15853 | 0.17853 | 5.601 |
| 7 | 1.149 | 0.8706 | 7.434 | 0.13451 | 0.15451 | 6.472 |
| 8 | 1.172 | 0.8535 | 8.583 | 0.11651 | 0.13651 | 7.325 |
| 9 | 1.195 | 0.8368 | 9.755 | 0.10252 | 0.12252 | 8.162 |
| 10 | 1.219 | 0.8203 | 10.950 | 0.09133 | 0.11133 | 8.983 |
| 11 | 1.243 | 0.8043 | 12.169 | 0.08218 | 0.10218 | 9.787 |
| 12 | 1.286 | 0.7885 | 13.412 | 0.07456 | 0.09456 | 10.575 |
| 13 | 1.294 | 0.7730 | 14.680 | 0.06812 | 0.08812 | 11.348 |
| 14 | 1.319 | 0.7579 | 15.974 | 0.06260 | 0.08260 | 12.106 |
| 15 | 1.346 | 0.7430 | 17.293 | 0.05783 | 0.07783 | 12.849 |
| 16 | 1.373 | 0.7284 | 18.639 | 0.05365 | 0.07365 | 13.578 |
| 17 | 1.400 | 0.7142 | 20.012 | 0.04997 | 0.06997 | 14.292 |
| 18 | 1.428 | 0.7002 | 21.412 | 0.04670 | 0.06670 | 14.992 |
| 19 | 1.457 | 0.6864 | 22.841 | 0.04378 | 0.06378 | 15.678 |
| 20 | 1.486 | 0.6730 | 24.297 | 0.04116 | 0.06116 | 16.351 |
| 21 | 1.516 | 0.6598 | 25.783 | 0.03878 | 0.05878 | 17.011 |
| 22 | 1.546 | 0.6468 | 27.299 | 0.03663 | 0.05663 | 17.658 |
| 23 | 1.577 | 0.6342 | 28.845 | 0.03467 | 0.05467 | 18.292 |
| 24 | 1.608 | 0.6217 | 30.422 | 0.03287 | 0.05287 | 18.914 |
| 25 | 1.641 | 0.6095 | 32.030 | 0.03122 | 0.05122 | 19.523 |
| 26 | 1.673 | 0.5976 | 33.671 | 0.02970 | 0.04970 | 20.121 |
| 27 | 1.707 | 0.5859 | 35.344 | 0.02829 | 0.04829 | 20.707 |
| 28 | 1.741 | 0.5744 | 37.051 | 0.02699 | 0.04699 | 21.281 |
| 29 | 1.776 | 0.5631 | 38.792 | 0.02578 | 0.04578 | 21.844 |
| 30 | 1.811 | 0.5521 | 40.568 | 0.02465 | 0.04465 | 22.396 |
| 35 | 2.000 | 0.5000 | 49.994 | 0.02000 | 0.04000 | 24.999 |
| 40 | 2.208 | 0.4529 | 60.402 | 0.01656 | 0.03656 | 27.355 |
| 45 | 2.438 | 0.4102 | 71.893 | 0.01391 | 0.03391 | 29.490 |
| 50 | 2.692 | 0.3715 | 84.579 | 0.01182 | 0.03182 | 31.424 |
| 55 | 2.972 | 0.3365 | 98.587 | 0.01014 | 0.03014 | 33.175 |
| 60 | 3.281 | 0.3048 | 114.052 | 0.00877 | 0.02877 | 34.761 |
| 65 | 3.623 | 0.2761 | 131.126 | 0.00763 | 0.02763 | 36.197 |
| 70 | 4.000 | 0.2500 | 149.978 | 0.00667 | 0.02667 | 37.499 |
| 75 | 4.416 | 0.2265 | 170.792 | 0.00586 | 0.02586 | 38.677 |
| 80 | 4.875 | 0.2051 | 193.772 | 0.00516 | 0.02516 | 39.745 |
| 85 | 5.383 | 0.1858 | 219.144 | 0.00456 | 0.02456 | 40.711 |
| 90 | 5.943 | 0.1683 | 247.157 | 0.00405 | 0.02405 | 41.587 |
| 95 | 6.562 | 0.1524 | 278.085 | 0.00360 | 0.02360 | 42.380 |
| 100 | 7.245 | 0.1380 | 312.232 | 0.00320 | 0.02320 | 43.098 |

附表 1-5　2.5%

| n | (F/P,i,n) | (P/F,i,n) | (F/A,i,n) | (A/F,i,n) | (A/P,i,n) | (P/A,i,n) |
|---|---|---|---|---|---|---|
| 1 | 1.025 | 0.9756 | 1.000 | 1.00000 | 1.02500 | 0.976 |
| 2 | 1.051 | 0.9518 | 2.025 | 0.49383 | 0.51883 | 1.927 |
| 3 | 1.077 | 0.9286 | 3.076 | 0.32514 | 0.35014 | 2.856 |
| 4 | 1.104 | 0.9060 | 4.153 | 0.24028 | 0.26582 | 3.762 |
| 5 | 1.131 | 0.8839 | 5.256 | 0.19025 | 0.21525 | 4.646 |
| 6 | 1.160 | 0.8623 | 6.388 | 0.15655 | 0.18155 | 5.508 |
| 7 | 1.189 | 0.8413 | 7.547 | 0.13250 | 0.15750 | 6.349 |
| 8 | 1.218 | 0.8207 | 8.736 | 0.11447 | 0.13947 | 7.170 |
| 9 | 1.249 | 0.8007 | 9.955 | 0.10046 | 0.12546 | 7.971 |
| 10 | 1.280 | 0.7812 | 11.203 | 0.08926 | 0.11426 | 8.752 |
| 11 | 1.312 | 0.7621 | 12.483 | 0.08011 | 0.10511 | 9.514 |
| 12 | 1.345 | 0.7436 | 13.796 | 0.07249 | 0.09749 | 10.258 |
| 13 | 1.379 | 0.7254 | 15.140 | 0.06605 | 0.09105 | 10.983 |
| 14 | 1.413 | 0.7077 | 16.519 | 0.06054 | 0.08554 | 11.691 |
| 15 | 1.448 | 0.6905 | 17.932 | 0.05577 | 0.08077 | 12.381 |
| 16 | 1.485 | 0.6736 | 19.380 | 0.05160 | 0.07660 | 13.055 |
| 17 | 1.522 | 0.6572 | 20.865 | 0.04793 | 0.07293 | 13.712 |
| 18 | 1.560 | 0.6412 | 22.386 | 0.04467 | 0.06967 | 14.353 |
| 19 | 1.599 | 0.6255 | 23.946 | 0.04176 | 0.06676 | 14.979 |
| 20 | 1.639 | 0.6103 | 25.545 | 0.03915 | 0.06415 | 15.589 |
| 21 | 1.680 | 0.5954 | 27.183 | 0.03679 | 0.06179 | 16.185 |
| 22 | 1.722 | 0.5809 | 28.863 | 0.03465 | 0.05965 | 16.765 |
| 23 | 1.765 | 0.5667 | 30.584 | 0.03270 | 0.05770 | 17.332 |
| 24 | 1.809 | 0.5529 | 32.349 | 0.03091 | 0.05591 | 17.885 |
| 25 | 1.854 | 0.5394 | 34.158 | 0.02928 | 0.05428 | 18.424 |
| 26 | 1.900 | 0.5262 | 36.012 | 0.02777 | 0.05277 | 18.951 |
| 27 | 1.948 | 0.5134 | 37.912 | 0.02638 | 0.05138 | 19.464 |
| 28 | 1.996 | 0.5009 | 39.860 | 0.02509 | 0.05009 | 19.965 |
| 29 | 2.046 | 0.4887 | 41.856 | 0.02389 | 0.04889 | 20.454 |
| 30 | 2.098 | 0.4767 | 43.903 | 0.02278 | 0.04778 | 20.930 |
| 35 | 2.373 | 0.4214 | 54.928 | 0.01821 | 0.04321 | 23.145 |
| 40 | 2.685 | 0.3724 | 67.403 | 0.01484 | 0.03981 | 25.103 |
| 45 | 3.038 | 0.3292 | 81.516 | 0.01227 | 0.03727 | 26.833 |
| 50 | 3.437 | 0.2909 | 97.484 | 0.01026 | 0.03526 | 28.362 |
| 55 | 3.889 | 0.2571 | 115.551 | 0.00865 | 0.03365 | 29.714 |
| 60 | 4.400 | 0.2273 | 135.992 | 0.00735 | 0.03235 | 30.909 |
| 65 | 4.978 | 0.2009 | 159.118 | 0.00628 | 0.03128 | 31.965 |
| 70 | 5.632 | 0.1776 | 185.284 | 0.00540 | 0.03040 | 32.898 |
| 75 | 6.372 | 0.1569 | 214.888 | 0.00465 | 0.02965 | 33.723 |
| 80 | 7.210 | 0.1387 | 248.383 | 0.00403 | 0.02903 | 34.452 |
| 85 | 8.157 | 0.1226 | 286.279 | 0.00349 | 0.02849 | 35.096 |
| 90 | 9.229 | 0.1084 | 329.154 | 0.00304 | 0.02804 | 35.666 |
| 95 | 10.442 | 0.0958 | 377.664 | 0.00265 | 0.02765 | 36.169 |
| 100 | 11.814 | 0.0846 | 432.549 | 0.00231 | 0.02731 | 36.614 |

附表 1-6  3%

| n | (F/P,i,n) | (P/F,i,n) | (F/A,i,n) | (A/F,i,n) | (A/P,i,n) | (P/A,i,n) |
|---|---|---|---|---|---|---|
| 1 | 1.030 | 0.9709 | 1.000 | 1.00000 | 1.03000 | 0.971 |
| 2 | 1.061 | 0.9426 | 2.030 | 0.49261 | 0.52261 | 1.913 |
| 3 | 1.093 | 0.9151 | 3.091 | 0.32353 | 0.35353 | 2.829 |
| 4 | 1.126 | 0.8885 | 4.184 | 0.23903 | 0.26903 | 3.717 |
| 5 | 1.159 | 0.8626 | 5.309 | 0.18835 | 0.21835 | 4.580 |
| 6 | 1.194 | 0.8375 | 6.468 | 0.15460 | 0.18460 | 5.417 |
| 7 | 1.230 | 0.8131 | 7.662 | 0.13051 | 0.16051 | 6.230 |
| 8 | 1.267 | 0.7894 | 8.892 | 0.11246 | 0.14246 | 7.020 |
| 9 | 1.305 | 0.7664 | 10.159 | 0.09843 | 0.12843 | 7.786 |
| 10 | 1.344 | 0.7441 | 11.464 | 0.08723 | 0.11723 | 8.530 |
| 11 | 1.384 | 0.7224 | 12.808 | 0.07808 | 0.10808 | 9.253 |
| 12 | 1.426 | 0.7014 | 14.192 | 0.07046 | 0.10046 | 9.954 |
| 13 | 1.469 | 0.6810 | 15.618 | 0.06403 | 0.09403 | 10.635 |
| 14 | 1.513 | 0.6611 | 17.086 | 0.05853 | 0.08853 | 11.296 |
| 15 | 1.558 | 0.6419 | 18.599 | 0.05377 | 0.08377 | 11.938 |
| 16 | 1.605 | 0.6232 | 20.157 | 0.04961 | 0.07961 | 12.561 |
| 17 | 1.653 | 0.6050 | 21.762 | 0.04595 | 0.07595 | 13.166 |
| 18 | 1.702 | 0.5874 | 23.414 | 0.04271 | 0.07271 | 13.754 |
| 19 | 1.754 | 0.5703 | 25.117 | 0.03981 | 0.06981 | 14.324 |
| 20 | 1.806 | 0.5537 | 26.870 | 0.03722 | 0.06722 | 14.877 |
| 21 | 1.860 | 0.5375 | 28.676 | 0.03487 | 0.06487 | 15.415 |
| 22 | 1.916 | 0.5219 | 30.537 | 0.03275 | 0.06275 | 15.937 |
| 23 | 1.974 | 0.5067 | 32.453 | 0.03081 | 0.06081 | 16.444 |
| 24 | 2.033 | 0.4919 | 34.426 | 0.02905 | 0.05905 | 16.936 |
| 25 | 2.094 | 0.4776 | 36.459 | 0.02743 | 0.05743 | 17.413 |
| 26 | 2.157 | 0.4637 | 38.553 | 0.02594 | 0.05594 | 17.877 |
| 27 | 2.221 | 0.4502 | 40.710 | 0.02456 | 0.05456 | 18.327 |
| 28 | 2.288 | 0.4371 | 42.931 | 0.02329 | 0.05329 | 18.764 |
| 29 | 2.357 | 0.4243 | 45.219 | 0.02211 | 0.05211 | 19.188 |
| 30 | 2.427 | 0.4120 | 47.575 | 0.02102 | 0.05102 | 19.600 |
| 35 | 2.814 | 0.3554 | 60.462 | 0.01654 | 0.04654 | 21.487 |
| 40 | 3.262 | 0.3066 | 75.401 | 0.01326 | 0.04326 | 23.115 |
| 45 | 3.782 | 0.2644 | 92.720 | 0.01079 | 0.04079 | 24.519 |
| 50 | 4.384 | 0.2281 | 112.797 | 0.00887 | 0.03887 | 25.730 |
| 55 | 5.082 | 0.1968 | 136.072 | 0.00735 | 0.03735 | 26.774 |
| 60 | 5.892 | 0.1697 | 163.053 | 0.00613 | 0.03613 | 27.676 |
| 65 | 6.830 | 0.1464 | 194.333 | 0.00515 | 0.03515 | 28.453 |
| 70 | 7.918 | 0.1263 | 230.594 | 0.00434 | 0.03434 | 29.123 |
| 75 | 9.179 | 0.1089 | 272.631 | 0.00367 | 0.03367 | 29.702 |
| 80 | 10.641 | 0.0940 | 321.363 | 0.00311 | 0.03311 | 30.201 |
| 85 | 12.336 | 0.0811 | 377.857 | 0.00265 | 0.03265 | 30.631 |
| 90 | 14.300 | 0.0699 | 443.349 | 0.00226 | 0.03226 | 31.002 |
| 95 | 16.578 | 0.0603 | 519.272 | 0.00193 | 0.03193 | 31.323 |
| 100 | 19.219 | 0.0520 | 607.288 | 0.00165 | 0.03165 | 31.599 |

附表 1-7  4%

| $n$ | $(F/P,i,n)$ | $(P/F,i,n)$ | $(F/A,i,n)$ | $(A/F,i,n)$ | $(A/P,i,n)$ | $(P/A,i,n)$ |
| --- | --- | --- | --- | --- | --- | --- |
| 1 | 1.040 | 0.9615 | 1.000 | 1.00000 | 1.04000 | 0.962 |
| 2 | 1.082 | 0.9246 | 2.040 | 0.49020 | 0.53020 | 1.886 |
| 3 | 1.125 | 0.8890 | 3.122 | 0.32035 | 0.36035 | 2.775 |
| 4 | 1.170 | 0.8548 | 4.246 | 0.23549 | 0.27549 | 3.630 |
| 5 | 1.217 | 0.8219 | 5.416 | 0.18463 | 0.22463 | 4.452 |
| 6 | 1.265 | 0.7903 | 6.633 | 0.15076 | 0.19076 | 5.242 |
| 7 | 1.316 | 0.7599 | 7.898 | 0.12661 | 0.16661 | 6.002 |
| 8 | 1.369 | 0.7307 | 9.214 | 0.10853 | 0.14853 | 6.733 |
| 9 | 1.423 | 0.7026 | 10.583 | 0.09449 | 0.13449 | 7.435 |
| 10 | 1.480 | 0.6756 | 12.006 | 0.08329 | 0.12329 | 8.111 |
| 11 | 1.539 | 0.6496 | 13.486 | 0.07415 | 0.11415 | 8.760 |
| 12 | 1.601 | 0.6246 | 15.026 | 0.06655 | 0.10655 | 9.385 |
| 13 | 1.665 | 0.6006 | 16.627 | 0.06014 | 0.10014 | 9.986 |
| 14 | 1.732 | 0.5775 | 18.292 | 0.05467 | 0.09467 | 10.563 |
| 15 | 1.801 | 0.5553 | 20.024 | 0.04994 | 0.08994 | 11.118 |
| 16 | 1.873 | 0.5339 | 21.825 | 0.04582 | 0.08582 | 11.652 |
| 17 | 1.948 | 0.5134 | 23.698 | 0.04220 | 0.08220 | 12.166 |
| 18 | 2.026 | 0.4936 | 25.645 | 0.03899 | 0.07899 | 12.659 |
| 19 | 2.107 | 0.4746 | 27.671 | 0.03614 | 0.07614 | 13.134 |
| 20 | 2.191 | 0.4564 | 29.778 | 0.03358 | 0.07358 | 13.590 |
| 21 | 2.279 | 0.4388 | 31.969 | 0.03128 | 0.07128 | 14.029 |
| 22 | 2.370 | 0.4220 | 34.248 | 0.02920 | 0.06920 | 14.451 |
| 23 | 2.465 | 0.4057 | 36.618 | 0.02731 | 0.06731 | 14.857 |
| 24 | 2.563 | 0.3901 | 39.083 | 0.02559 | 0.06559 | 15.247 |
| 25 | 2.666 | 0.3751 | 41.646 | 0.02401 | 0.06401 | 15.622 |
| 26 | 2.772 | 0.3607 | 44.312 | 0.02257 | 0.06257 | 15.983 |
| 27 | 2.883 | 0.3468 | 47.084 | 0.02124 | 0.06124 | 16.330 |
| 28 | 2.999 | 0.3335 | 49.968 | 0.02001 | 0.06001 | 16.663 |
| 29 | 3.119 | 0.3207 | 52.966 | 0.01888 | 0.05888 | 16.984 |
| 30 | 3.243 | 0.3083 | 56.085 | 0.01783 | 0.05783 | 17.292 |
| 35 | 3.946 | 0.2534 | 73.652 | 0.01358 | 0.05358 | 18.665 |
| 40 | 4.801 | 0.2083 | 95.026 | 0.01052 | 0.05052 | 19.793 |
| 45 | 5.841 | 0.1712 | 121.029 | 0.00826 | 0.04826 | 20.720 |
| 50 | 7.107 | 0.1407 | 152.667 | 0.00655 | 0.04655 | 21.482 |
| 55 | 8.646 | 0.1157 | 191.159 | 0.00523 | 0.04523 | 22.109 |
| 60 | 10.520 | 0.0951 | 237.991 | 0.00420 | 0.04420 | 22.623 |
| 65 | 12.799 | 0.0781 | 294.968 | 0.00339 | 0.04339 | 23.047 |
| 70 | 15.572 | 0.0642 | 364.290 | 0.00275 | 0.04275 | 23.395 |
| 75 | 18.945 | 0.0528 | 448.631 | 0.00223 | 0.04223 | 23.680 |
| 80 | 23.050 | 0.0434 | 551.245 | 0.00181 | 0.04181 | 23.915 |
| 85 | 28.044 | 0.0357 | 676.090 | 0.00148 | 0.04148 | 24.109 |
| 90 | 34.119 | 0.0293 | 827.983 | 0.00121 | 0.04121 | 24.267 |
| 95 | 41.511 | 0.0241 | 1012.785 | 0.00099 | 0.04099 | 24.398 |
| 100 | 50.505 | 0.0198 | 1237.624 | 0.00081 | 0.04081 | 24.505 |

附表 1-8　5%

| $n$ | $(F/P,i,n)$ | $(P/F,i,n)$ | $(F/A,i,n)$ | $(A/F,i,n)$ | $(A/P,i,n)$ | $(P/A,i,n)$ |
|---|---|---|---|---|---|---|
| 1 | 1.050 | 0.9524 | 1.000 | 1.00000 | 1.05000 | 0.952 |
| 2 | 1.103 | 0.9070 | 2.050 | 0.48780 | 0.53780 | 1.859 |
| 3 | 1.158 | 0.8638 | 3.153 | 0.31721 | 0.36721 | 2.723 |
| 4 | 1.216 | 0.8227 | 4.310 | 0.23201 | 0.28201 | 3.546 |
| 5 | 1.276 | 0.7835 | 5.526 | 0.18097 | 0.23097 | 4.329 |
| 6 | 1.340 | 0.7462 | 6.802 | 0.14702 | 0.19702 | 5.076 |
| 7 | 1.407 | 0.7107 | 8.142 | 0.12282 | 0.17282 | 5.786 |
| 8 | 1.477 | 0.6768 | 9.549 | 0.10472 | 0.15472 | 6.463 |
| 9 | 1.551 | 0.6446 | 11.027 | 0.09069 | 0.14069 | 7.108 |
| 10 | 1.629 | 0.6139 | 12.578 | 0.07950 | 0.12950 | 7.722 |
| 11 | 1.710 | 0.5847 | 14.207 | 0.07039 | 0.12039 | 8.306 |
| 12 | 1.796 | 0.5568 | 15.917 | 0.06283 | 0.11283 | 8.863 |
| 13 | 1.886 | 0.5303 | 17.713 | 0.05646 | 0.10646 | 9.394 |
| 14 | 1.980 | 0.5051 | 19.599 | 0.05102 | 0.10102 | 9.899 |
| 15 | 2.079 | 0.4810 | 21.579 | 0.04634 | 0.09634 | 10.380 |
| 16 | 2.183 | 0.4581 | 23.657 | 0.04227 | 0.09227 | 10.838 |
| 17 | 2.292 | 0.4363 | 25.840 | 0.03870 | 0.08870 | 11.274 |
| 18 | 2.407 | 0.4155 | 25.132 | 0.03555 | 0.08555 | 11.690 |
| 19 | 2.527 | 0.3957 | 30.539 | 0.03275 | 0.08275 | 12.085 |
| 20 | 2.653 | 0.3769 | 33.066 | 0.03024 | 0.08024 | 12.462 |
| 21 | 2.786 | 0.3589 | 35.719 | 0.02800 | 0.07800 | 12.821 |
| 22 | 2.925 | 0.3418 | 38.505 | 0.02597 | 0.07597 | 13.163 |
| 23 | 3.072 | 0.3256 | 41.430 | 0.02414 | 0.07414 | 13.489 |
| 24 | 3.225 | 0.3101 | 44.502 | 0.02247 | 0.07247 | 13.799 |
| 25 | 3.386 | 0.2953 | 47.727 | 0.02095 | 0.07095 | 14.094 |
| 26 | 3.556 | 0.2812 | 51.113 | 0.01956 | 0.06956 | 14.375 |
| 27 | 3.733 | 0.2678 | 54.669 | 0.01829 | 0.06829 | 14.643 |
| 28 | 3.920 | 0.2551 | 58.403 | 0.01712 | 0.06712 | 14.898 |
| 29 | 4.116 | 0.2429 | 62.323 | 0.01605 | 0.06605 | 15.141 |
| 30 | 4.322 | 0.2314 | 66.139 | 0.01505 | 0.06505 | 15.372 |
| 35 | 5.516 | 0.1813 | 90.320 | 0.01107 | 0.06107 | 16.374 |
| 40 | 7.040 | 0.1420 | 120.800 | 0.00828 | 0.05828 | 17.159 |
| 45 | 8.985 | 0.1113 | 159.700 | 0.00626 | 0.05626 | 17.774 |
| 50 | 11.467 | 0.0872 | 209.348 | 0.00478 | 0.05478 | 18.256 |
| 55 | 14.636 | 0.0683 | 272.713 | 0.00367 | 0.05367 | 18.633 |
| 60 | 18.679 | 0.0535 | 353.584 | 0.00283 | 0.05283 | 18.929 |
| 65 | 23.840 | 0.0419 | 456.798 | 0.00219 | 0.05219 | 19.161 |
| 70 | 30.426 | 0.0329 | 588.529 | 0.00170 | 0.05170 | 19.343 |
| 75 | 38.833 | 0.0258 | 756.654 | 0.00132 | 0.05132 | 19.485 |
| 80 | 49.561 | 0.020 | 971.229 | 0.00103 | 0.05103 | 19.596 |
| 85 | 63.254 | 0.0158 | 1245.087 | 0.00080 | 0.05080 | 19.684 |
| 90 | 80.730 | 0.0124 | 1594.607 | 0.00063 | 0.05063 | 19.752 |
| 95 | 103.035 | 0.0097 | 2040.694 | 0.00049 | 0.05049 | 19.806 |
| 100 | 131.501 | 0.0076 | 2610.025 | 0.00038 | 0.05038 | 19.848 |

附表 1-9　6%

| $n$ | $(F/P,i,n)$ | $(P/F,i,n)$ | $(F/A,i,n)$ | $(A/F,i,n)$ | $(A/P,i,n)$ | $(P/A,i,n)$ |
|---|---|---|---|---|---|---|
| 1 | 1.060 | 0.9434 | 1.000 | 1.00000 | 1.06000 | 0.943 |
| 2 | 1.124 | 0.8900 | 2.060 | 0.48544 | 0.54544 | 1.833 |
| 3 | 1.191 | 0.8396 | 3.184 | 0.31411 | 0.37411 | 2.673 |
| 4 | 1.262 | 0.7921 | 4.375 | 0.22859 | 0.28859 | 3.465 |
| 5 | 1.338 | 0.7473 | 5.637 | 0.17740 | 0.23740 | 4.212 |
| 6 | 1.419 | 0.7050 | 6.975 | 0.14336 | 0.20336 | 4.917 |
| 7 | 1.504 | 0.6651 | 8.394 | 0.11914 | 0.17914 | 5.582 |
| 8 | 1.594 | 0.6274 | 9.897 | 0.10104 | 0.16104 | 6.210 |
| 9 | 1.689 | 0.5619 | 11.491 | 0.08702 | 0.14702 | 6.802 |
| 10 | 1.791 | 0.5584 | 13.181 | 0.07587 | 0.13587 | 7.360 |
| 11 | 1.898 | 0.5268 | 14.972 | 0.06679 | 0.12679 | 7.887 |
| 12 | 2.012 | 0.4970 | 16.870 | 0.05928 | 0.11928 | 8.384 |
| 13 | 2.133 | 0.4688 | 18.882 | 0.05296 | 0.11296 | 8.853 |
| 14 | 2.261 | 0.4423 | 21.015 | 0.04758 | 0.10758 | 9.295 |
| 15 | 2.397 | 0.4173 | 23.276 | 0.04296 | 0.10296 | 9.712 |
| 16 | 2.540 | 0.3936 | 25.673 | 0.03895 | 0.09895 | 10.106 |
| 17 | 2.693 | 0.3714 | 28.213 | 0.03544 | 0.09544 | 10.477 |
| 18 | 2.854 | 0.3503 | 30.906 | 0.03236 | 0.09236 | 10.828 |
| 19 | 3.026 | 0.3305 | 33.760 | 0.02962 | 0.08962 | 11.158 |
| 20 | 3.207 | 0.3118 | 36.786 | 0.02718 | 0.08718 | 11.470 |
| 21 | 3.400 | 0.2942 | 39.993 | 0.02500 | 0.08500 | 11.764 |
| 22 | 3.604 | 0.2775 | 43.392 | 0.02305 | 0.08305 | 12.042 |
| 23 | 3.820 | 0.2618 | 46.996 | 0.02128 | 0.08128 | 12.303 |
| 24 | 4.049 | 0.2470 | 50.816 | 0.01968 | 0.07968 | 12.550 |
| 25 | 4.292 | 0.2330 | 54.865 | 0.01823 | 0.07823 | 12.783 |
| 26 | 4.549 | 0.2198 | 59.156 | 0.01690 | 0.07690 | 13.003 |
| 27 | 4.822 | 0.2074 | 63.706 | 0.01570 | 0.07570 | 13.211 |
| 28 | 5.112 | 0.1956 | 68.528 | 0.01459 | 0.07459 | 13.406 |
| 29 | 5.418 | 0.1846 | 73.640 | 0.01358 | 0.07358 | 13.591 |
| 30 | 5.743 | 0.1741 | 79.058 | 0.01265 | 0.07265 | 13.765 |
| 35 | 7.686 | 0.1301 | 111.435 | 0.00897 | 0.06897 | 14.498 |
| 40 | 10.286 | 0.0972 | 154.762 | 0.00646 | 0.06646 | 15.046 |
| 45 | 13.765 | 0.0727 | 212.744 | 0.00470 | 0.06470 | 15.456 |
| 50 | 18.420 | 0.0543 | 290.336 | 0.00344 | 0.06344 | 15.762 |
| 55 | 24.650 | 0.0406 | 394.172 | 0.00254 | 0.06254 | 15.991 |
| 60 | 32.988 | 0.0303 | 533.128 | 0.00188 | 0.06188 | 16.161 |
| 65 | 44.145 | 0.0227 | 719.083 | 0.00139 | 0.06139 | 16.289 |
| 70 | 59.076 | 0.0169 | 967.932 | 0.00103 | 0.06103 | 16.385 |
| 75 | 79.057 | 0.0126 | 1300.949 | 0.00077 | 0.06077 | 16.456 |
| 80 | 105.796 | 0.0095 | 1746.600 | 0.00057 | 0.06057 | 16.509 |
| 85 | 141.579 | 0.0071 | 2342.982 | 0.00043 | 0.06043 | 16.549 |
| 90 | 189.465 | 0.0053 | 3141.075 | 0.00032 | 0.06032 | 16.579 |
| 95 | 253.546 | 0.0039 | 4209.104 | 0.00024 | 0.06024 | 16.601 |
| 100 | 339.302 | 0.0029 | 5638.368 | 0.00018 | 0.06018 | 16.618 |

附表 1-10  7%

| $n$ | $(F/P,i,n)$ | $(P/F,i,n)$ | $(F/A,i,n)$ | $(A/F,i,n)$ | $(A/P,i,n)$ | $(P/A,i,n)$ |
|---|---|---|---|---|---|---|
| 1 | 1.070 | 0.9346 | 1.000 | 1.0000 | 1.0700 | 0.935 |
| 2 | 1.145 | 0.8134 | 2.070 | 0.4831 | 0.5531 | 1.808 |
| 3 | 1.225 | 0.8163 | 3.215 | 0.3111 | 0.3811 | 2.624 |
| 4 | 1.311 | 0.7629 | 4.440 | 0.2252 | 0.2952 | 3.387 |
| 5 | 1.403 | 0.7130 | 5.751 | 0.1739 | 0.2439 | 4.100 |
| 6 | 1.501 | 0.6663 | 7.153 | 0.1398 | 0.2098 | 4.767 |
| 7 | 1.606 | 0.6227 | 8.654 | 0.1156 | 0.1856 | 5.389 |
| 8 | 1.718 | 0.5820 | 10.260 | 0.0975 | 0.1675 | 5.971 |
| 9 | 1.838 | 0.5439 | 11.978 | 0.0835 | 0.1535 | 6.515 |
| 10 | 1.967 | 0.5083 | 13.816 | 0.0724 | 0.1424 | 7.024 |
| 11 | 2.105 | 0.4751 | 15.784 | 0.0634 | 0.1334 | 7.499 |
| 12 | 2.252 | 0.4440 | 17.888 | 0.0559 | 0.1259 | 7.943 |
| 13 | 2.410 | 0.4150 | 20.141 | 0.0497 | 0.1197 | 8.358 |
| 14 | 2.579 | 0.3878 | 22.550 | 0.0443 | 0.1143 | 8.745 |
| 15 | 2.759 | 0.3624 | 25.129 | 0.0398 | 0.1098 | 9.108 |
| 16 | 2.952 | 0.3387 | 27.888 | 0.0359 | 0.1059 | 9.447 |
| 17 | 3.159 | 0.3166 | 30.840 | 0.0324 | 0.1024 | 9.763 |
| 18 | 3.380 | 0.2959 | 33.999 | 0.0294 | 0.0994 | 10.059 |
| 19 | 3.617 | 0.2765 | 37.379 | 0.0268 | 0.0968 | 10.336 |
| 20 | 3.870 | 0.2765 | 37.379 | 0.0268 | 0.0944 | 10.336 |
| 21 | 4.141 | 0.2415 | 44.865 | 0.0223 | 0.0923 | 10.836 |
| 22 | 4.430 | 0.2257 | 49.006 | 0.0204 | 0.0904 | 11.061 |
| 23 | 4.741 | 0.2109 | 53.436 | 0.0187 | 0.0887 | 11.272 |
| 24 | 5.072 | 0.1971 | 58.177 | 0.0172 | 0.0872 | 11.469 |
| 25 | 5.427 | 0.1842 | 63.249 | 0.0158 | 0.0858 | 11.654 |
| 26 | 5.807 | 0.1722 | 68.676 | 0.0146 | 0.0846 | 11.826 |
| 27 | 6.214 | 0.1609 | 74.484 | 0.0134 | 0.0834 | 11.987 |
| 28 | 6.649 | 0.1504 | 80.698 | 0.0124 | 0.0824 | 12.137 |
| 29 | 7.114 | 0.1406 | 87.347 | 0.0114 | 0.0814 | 12.278 |
| 30 | 7.612 | 0.1314 | 94.461 | 0.0106 | 0.0806 | 12.409 |
| 35 | 10.677 | 0.0937 | 138.237 | 0.0072 | 0.0772 | 12.948 |
| 40 | 14.974 | 0.0668 | 199.635 | 0.0050 | 0.0750 | 13.332 |
| 45 | 21.007 | 0.0476 | 285.749 | 0.0035 | 0.0735 | 13.606 |
| 50 | 29.457 | 0.0339 | 406.529 | 0.0025 | 0.0725 | 13.801 |
| 55 | 41.315 | 0.0242 | 575.929 | 0.0017 | 0.0717 | 13.940 |
| 60 | 57.946 | 0.0173 | 813.520 | 0.0012 | 0.0712 | 14.039 |
| 65 | 81.273 | 0.0123 | 1146.755 | 0.0009 | 0.0709 | 14.110 |
| 70 | 113.989 | 0.0088 | 1614.134 | 0.0006 | 0.0706 | 14.160 |
| 75 | 159.876 | 0.0063 | 2269.657 | 0.0004 | 0.0704 | 14.196 |
| 80 | 224.234 | 0.0045 | 3189.063 | 0.0003 | 0.0703 | 14.222 |
| 85 | 314.500 | 0.0032 | 4478.576 | 0.0002 | 0.0702 | 14.240 |
| 90 | 441.103 | 0.0023 | 6287.185 | 0.0002 | 0.0702 | 14.253 |
| 95 | 618.670 | 0.0016 | 8823.854 | 0.0001 | 0.0701 | 14.263 |
| 100 | 867.716 | 0.0012 | 12381.662 | 0.0001 | 0.0701 | 14.269 |

附表 1-11　8%

| n | $(F/P,i,n)$ | $(P/F,i,n)$ | $(F/A,i,n)$ | $(A/F,i,n)$ | $(A/P,i,n)$ | $(P/A,i,n)$ |
|---|---|---|---|---|---|---|
| 1 | 1.080 | 0.9259 | 1.000 | 1.00000 | 1.08000 | 0.926 |
| 2 | 1.166 | 0.8573 | 2.080 | 0.48077 | 0.56077 | 1.783 |
| 3 | 1.260 | 0.7938 | 3.246 | 0.30803 | 0.38803 | 2.577 |
| 4 | 1.360 | 0.7350 | 4.506 | 0.22192 | 0.30192 | 3.312 |
| 5 | 1.469 | 0.6806 | 5.867 | 0.17046 | 0.25046 | 3.993 |
| 6 | 1.587 | 0.6302 | 7.336 | 0.13632 | 0.21632 | 4.623 |
| 7 | 1.714 | 0.5835 | 8.932 | 0.11207 | 0.19207 | 5.206 |
| 8 | 1.851 | 0.5403 | 10.637 | 0.09401 | 0.17401 | 5.747 |
| 9 | 1.999 | 0.5002 | 12.488 | 0.08008 | 0.16008 | 6.247 |
| 10 | 2.159 | 0.4632 | 14.487 | 0.06930 | 0.14903 | 6.710 |
| 11 | 2.332 | 0.4289 | 16.645 | 0.06008 | 0.14008 | 7.139 |
| 12 | 2.518 | 0.3971 | 18.977 | 0.05270 | 0.13270 | 7.536 |
| 13 | 2.720 | 0.3677 | 21.495 | 0.04652 | 0.12652 | 7.904 |
| 14 | 2.937 | 0.3405 | 24.215 | 0.04130 | 0.12130 | 8.244 |
| 15 | 3.172 | 0.3152 | 27.152 | 0.03683 | 0.11683 | 8.559 |
| 16 | 3.426 | 0.2919 | 30.324 | 0.03298 | 0.11298 | 8.851 |
| 17 | 3.700 | 0.2703 | 33.750 | 0.02963 | 0.10963 | 9.122 |
| 18 | 3.996 | 0.2502 | 37.450 | 0.02670 | 0.10670 | 9.372 |
| 19 | 4.316 | 0.2317 | 41.446 | 0.02413 | 0.10413 | 9.604 |
| 20 | 4.661 | 0.2145 | 45.762 | 0.02185 | 0.10185 | 9.818 |
| 21 | 5.034 | 0.1987 | 50.423 | 0.01983 | 0.09983 | 10.017 |
| 22 | 5.437 | 0.1839 | 55.457 | 0.01803 | 0.09803 | 10.201 |
| 23 | 5.871 | 0.1703 | 60.893 | 0.01642 | 0.09642 | 10.371 |
| 24 | 6.341 | 0.1577 | 66.765 | 0.01498 | 0.09498 | 10.529 |
| 25 | 6.848 | 0.1460 | 73.106 | 0.01368 | 0.09368 | 10.675 |
| 26 | 7.396 | 0.1352 | 79.954 | 0.01251 | 0.09251 | 10.810 |
| 27 | 7.988 | 0.1252 | 87.351 | 0.01145 | 0.09145 | 10.935 |
| 28 | 8.627 | 0.1159 | 95.339 | 0.01049 | 0.09049 | 11.051 |
| 29 | 9.317 | 0.1073 | 103.966 | 0.00962 | 0.08962 | 11.158 |
| 30 | 10.063 | 0.0994 | 113.283 | 0.00883 | 0.08883 | 11.258 |
| 35 | 14.785 | 0.0676 | 172.317 | 0.00580 | 0.08580 | 11.655 |
| 40 | 21.725 | 0.0460 | 259.057 | 0.00386 | 0.08386 | 11.925 |
| 45 | 31.920 | 0.0313 | 386.506 | 0.00259 | 0.08259 | 12.108 |
| 50 | 46.902 | 0.0213 | 573.770 | 0.00174 | 0.08174 | 12.233 |
| 55 | 68.914 | 0.0145 | 848.923 | 0.00118 | 0.08118 | 12.319 |
| 60 | 101.257 | 0.0099 | 1253.213 | 0.00080 | 0.08080 | 12.377 |
| 65 | 148.780 | 0.0067 | 1847.248 | 0.00054 | 0.08054 | 12.416 |
| 70 | 218.606 | 0.0046 | 2720.080 | 0.00037 | 0.08037 | 12.443 |
| 75 | 321.205 | 0.0031 | 4002.557 | 0.00025 | 0.08025 | 12.461 |
| 80 | 471.955 | 0.0021 | 5886.935 | 0.00017 | 0.08017 | 12.474 |
| 85 | 693.456 | 0.0014 | 8655.706 | 0.00012 | 0.08012 | 12.482 |
| 90 | 1018.915 | 0.0010 | 12723.939 | 0.00008 | 0.08008 | 12.488 |
| 95 | 1497.121 | 0.0007 | 18701.507 | 0.00005 | 0.08005 | 12.492 |
| 100 | 2199.761 | 0.0005 | 27484.516 | 0.00004 | 0.08004 | 12.494 |

附表 1-12  10%

| n | $(F/P,i,n)$ | $(P/F,i,n)$ | $(F/A,i,n)$ | $(A/F,i,n)$ | $(A/P,i,n)$ | $(P/A,i,n)$ |
|---|---|---|---|---|---|---|
| 1 | 1.100 | 0.9091 | 1.000 | 1.00000 | 1.10000 | 0.909 |
| 2 | 1.210 | 0.8264 | 2.100 | 0.47619 | 0.57619 | 1.736 |
| 3 | 1.331 | 0.7513 | 3.310 | 0.30211 | 0.40211 | 2.487 |
| 4 | 1.464 | 0.6830 | 4.641 | 0.21547 | 0.31547 | 3.170 |
| 5 | 1.611 | 0.6209 | 6.105 | 0.16380 | 0.26380 | 3.791 |
| 6 | 1.772 | 0.5645 | 7.716 | 0.12961 | 0.22961 | 4.355 |
| 7 | 1.949 | 0.5132 | 9.487 | 0.10541 | 0.20541 | 4.868 |
| 8 | 2.144 | 0.4665 | 11.436 | 0.08744 | 0.18744 | 5.335 |
| 9 | 2.358 | 0.4241 | 13.579 | 0.07364 | 0.17364 | 5.759 |
| 10 | 2.594 | 0.3855 | 15.937 | 0.06275 | 0.16275 | 6.144 |
| 11 | 2.853 | 0.3505 | 18.531 | 0.05396 | 0.15396 | 6.495 |
| 12 | 3.138 | 0.3186 | 21.384 | 0.04676 | 0.14676 | 6.814 |
| 13 | 3.452 | 0.2897 | 24.523 | 0.04078 | 0.14078 | 7.103 |
| 14 | 3.797 | 0.2633 | 27.975 | 0.03575 | 0.13575 | 7.367 |
| 15 | 4.177 | 0.2394 | 31.772 | 0.03147 | 0.13147 | 7.606 |
| 16 | 4.595 | 0.2176 | 35.950 | 0.02782 | 0.12782 | 7.824 |
| 17 | 5.054 | 0.1978 | 40.545 | 0.02466 | 0.12466 | 8.022 |
| 18 | 5.560 | 0.1799 | 45.599 | 0.02193 | 0.12193 | 8.201 |
| 19 | 6.116 | 0.1635 | 51.159 | 0.01955 | 0.11955 | 8.365 |
| 20 | 6.727 | 0.1486 | 57.275 | 0.01746 | 0.11746 | 8.514 |
| 21 | 7.400 | 0.1351 | 64.002 | 0.01562 | 0.11562 | 8.649 |
| 22 | 8.140 | 0.1228 | 71.403 | 0.01401 | 0.11401 | 8.772 |
| 23 | 8.954 | 0.1117 | 79.543 | 0.01257 | 0.11257 | 8.883 |
| 24 | 9.850 | 0.1015 | 88.497 | 0.01130 | 0.11130 | 8.985 |
| 25 | 10.835 | 0.0923 | 98.347 | 0.01017 | 0.11017 | 9.077 |
| 26 | 11.918 | 0.0839 | 109.182 | 0.00916 | 0.10916 | 9.161 |
| 27 | 13.110 | 0.0763 | 121.100 | 0.00826 | 0.10826 | 9.237 |
| 28 | 14.421 | 0.0693 | 134.210 | 0.00745 | 0.10745 | 9.307 |
| 29 | 15.863 | 0.0630 | 148.631 | 0.00673 | 0.10673 | 9.370 |
| 30 | 17.449 | 0.0573 | 164.494 | 0.00608 | 0.10608 | 9.427 |
| 35 | 28.102 | 0.0356 | 271.024 | 0.00369 | 0.10369 | 9.644 |
| 40 | 45.259 | 0.0221 | 442.593 | 0.00226 | 0.10226 | 9.779 |
| 45 | 72.890 | 0.0137 | 718.905 | 0.00139 | 0.10139 | 9.863 |
| 50 | 117.391 | 0.0085 | 1163.909 | 0.00086 | 0.10086 | 9.915 |
| 55 | 189.059 | 0.0053 | 1880.591 | 0.00053 | 0.10053 | 9.947 |
| 60 | 304.482 | 0.0033 | 3034.816 | 0.00033 | 0.10033 | 9.967 |
| 65 | 490.371 | 0.0020 | 4893.707 | 0.00020 | 0.10020 | 9.980 |
| 70 | 789.747 | 0.0013 | 7887.470 | 0.00013 | 0.10013 | 9.987 |
| 75 | 1271.895 | 0.0008 | 12708.954 | 0.00008 | 0.10008 | 9.992 |
| 80 | 2048.400 | 0.0005 | 20474.002 | 0.00005 | 0.10005 | 9.995 |
| 85 | 3298.969 | 0.0003 | 32979.690 | 0.00003 | 0.10003 | 9.997 |
| 90 | 5313.023 | 0.0002 | 53120.226 | 0.00002 | 0.10002 | 9.998 |
| 95 | 8556.676 | 0.0001 | 85556.760 | 0.00001 | 0.10001 | 9.999 |

附表 1-13　12%

| n | $(F/P,i,n)$ | $(P/F,i,n)$ | $(F/A,i,n)$ | $(A/F,i,n)$ | $(A/P,i,n)$ | $(P/A,i,n)$ |
|---|---|---|---|---|---|---|
| 1 | 1.120 | 0.8929 | 1.000 | 1.00000 | 1.12000 | 0.893 |
| 2 | 1.254 | 0.7972 | 2.120 | 0.47170 | 0.59170 | 1.690 |
| 3 | 1.405 | 0.7118 | 3.374 | 0.29635 | 0.41635 | 2.402 |
| 4 | 1.574 | 0.6355 | 4.779 | 0.20923 | 0.32923 | 3.037 |
| 5 | 1.762 | 0.5674 | 6.353 | 0.15741 | 0.27741 | 3.605 |
| 6 | 1.974 | 0.5066 | 8.115 | 0.12323 | 0.24323 | 4.111 |
| 7 | 2.211 | 0.4523 | 10.089 | 0.09912 | 0.21912 | 4.564 |
| 8 | 2.476 | 0.4039 | 12.300 | 0.08130 | 0.20130 | 4.968 |
| 9 | 2.773 | 0.3606 | 14.776 | 0.06768 | 0.18768 | 5.328 |
| 10 | 3.106 | 0.3220 | 17.549 | 0.05698 | 0.17698 | 5.650 |
| 11 | 3.479 | 0.2875 | 20.655 | 0.04842 | 0.16842 | 5.938 |
| 12 | 3.896 | 0.2567 | 24.133 | 0.04144 | 0.16144 | 6.194 |
| 13 | 4.363 | 0.2292 | 28.029 | 0.03568 | 0.15568 | 6.424 |
| 14 | 4.887 | 0.2046 | 32.393 | 0.03087 | 0.15087 | 6.628 |
| 15 | 5.474 | 0.1827 | 37.280 | 0.02682 | 0.14682 | 6.811 |
| 16 | 6.130 | 0.1631 | 42.753 | 0.02339 | 0.14339 | 6.974 |
| 17 | 6.866 | 0.1456 | 48.884 | 0.02046 | 0.14046 | 7.120 |
| 18 | 7.690 | 0.1300 | 55.750 | 0.01794 | 0.13794 | 7.250 |
| 19 | 8.613 | 0.1161 | 63.440 | 0.01576 | 0.13576 | 7.366 |
| 20 | 9.646 | 0.1037 | 72.052 | 0.01388 | 0.13388 | 7.469 |
| 21 | 10.804 | 0.0926 | 81.699 | 0.01224 | 0.13224 | 7.562 |
| 22 | 12.100 | 0.0826 | 92.503 | 0.01081 | 0.13081 | 7.645 |
| 23 | 13.552 | 0.0738 | 104.603 | 0.00956 | 0.12956 | 7.718 |
| 24 | 15.179 | 0.0659 | 118.155 | 0.00846 | 0.12846 | 7.784 |
| 25 | 17.000 | 0.0588 | 133.334 | 0.00750 | 0.12750 | 7.843 |
| 26 | 19.040 | 0.0525 | 150.334 | 0.00665 | 0.12665 | 7.896 |
| 27 | 21.325 | 0.0469 | 169.374 | 0.00590 | 0.12590 | 7.943 |
| 28 | 23.884 | 0.0419 | 190.699 | 0.00524 | 0.12524 | 7.984 |
| 29 | 26.750 | 0.0374 | 214.583 | 0.00466 | 0.12466 | 8.022 |
| 30 | 29.960 | 0.0334 | 241.333 | 0.00414 | 0.12414 | 8.055 |
| 35 | 52.800 | 0.0189 | 431.663 | 0.00232 | 0.12232 | 8.176 |
| 40 | 93.051 | 0.0107 | 767.091 | 0.00130 | 0.12130 | 8.244 |
| 45 | 163.988 | 0.0061 | 1358.230 | 0.00074 | 0.12074 | 8.283 |
| 50 | 289.002 | 0.0035 | 2400.018 | 0.00042 | 0.12042 | 8.304 |
| 55 | 509.321 | 0.0020 | 4236.005 | 0.00024 | 0.12024 | 8.317 |
| 60 | 897.597 | 0.0011 | 7471.641 | 0.00013 | 0.12013 | 8.324 |
| 65 | 1581.872 | 0.0006 | 13173.937 | 0.00008 | 0.12008 | 8.328 |
| 70 | 2787.800 | 0.0004 | 23223.332 | 0.00004 | 0.12004 | 8.330 |
| 75 | 4913.056 | 0.0002 | 40933.799 | 0.00002 | 0.12002 | 8.332 |
| 80 | 8658.483 | 0.0001 | 72145.692 | 0.00001 | 0.12001 | 8.332 |

附表 1-14　15%

| $n$ | $(F/P,i,n)$ | $(P/F,i,n)$ | $(F/A,i,n)$ | $(A/F,i,n)$ | $(A/P,i,n)$ | $(P/A,i,n)$ |
| --- | --- | --- | --- | --- | --- | --- |
| 1 | 1.150 | 0.8696 | 1.000 | 1.00000 | 1.15000 | 0.870 |
| 2 | 1.322 | 0.7561 | 2.150 | 0.46512 | 0.61512 | 1.626 |
| 3 | 1.521 | 0.6575 | 3.472 | 0.28798 | 0.43798 | 2.283 |
| 4 | 1.749 | 0.5718 | 4.993 | 0.20027 | 0.35027 | 2.855 |
| 5 | 2.011 | 0.4972 | 6.742 | 0.14832 | 0.29832 | 3.352 |
| 6 | 2.313 | 0.4323 | 8.754 | 0.11424 | 0.26424 | 3.784 |
| 7 | 2.660 | 0.3759 | 11.067 | 0.09036 | 0.24036 | 4.160 |
| 8 | 3.059 | 0.3269 | 13.727 | 0.07285 | 0.22285 | 4.487 |
| 9 | 3.518 | 0.2843 | 16.786 | 0.05957 | 0.20957 | 4.772 |
| 10 | 4.046 | 0.2472 | 20.304 | 0.04925 | 0.19930 | 5.019 |
| 11 | 4.652 | 0.2149 | 24.349 | 0.04107 | 0.19107 | 5.234 |
| 12 | 5.350 | 0.1869 | 29.002 | 0.03448 | 0.18448 | 5.421 |
| 13 | 6.153 | 0.1625 | 34.352 | 0.02911 | 0.17911 | 5.583 |
| 14 | 7.076 | 0.1413 | 40.505 | 0.02469 | 0.17469 | 5.724 |
| 15 | 8.137 | 0.1229 | 47.580 | 0.02102 | 0.17102 | 5.847 |
| 16 | 9.358 | 0.1069 | 55.717 | 0.01795 | 0.16795 | 5.954 |
| 17 | 10.761 | 0.0929 | 65.075 | 0.01537 | 0.16537 | 6.047 |
| 18 | 12.375 | 0.0808 | 75.836 | 0.01319 | 0.16319 | 6.128 |
| 19 | 14.232 | 0.0703 | 88.212 | 0.01134 | 0.16134 | 6.198 |
| 20 | 16.367 | 0.0611 | 102.444 | 0.00976 | 0.15976 | 6.259 |
| 21 | 18.822 | 0.0531 | 118.810 | 0.00842 | 0.15842 | 6.312 |
| 22 | 21.645 | 0.0462 | 137.632 | 0.00727 | 0.15727 | 6.359 |
| 23 | 24.891 | 0.0402 | 159.276 | 0.00628 | 0.15628 | 6.399 |
| 24 | 28.625 | 0.0349 | 184.168 | 0.00543 | 0.15543 | 6.434 |
| 25 | 32.919 | 0.0304 | 212.793 | 0.00470 | 0.15470 | 6.464 |
| 26 | 37.857 | 0.0264 | 245.712 | 0.00407 | 0.15407 | 6.491 |
| 27 | 43.535 | 0.0230 | 283.569 | 0.00353 | 0.15353 | 6.514 |
| 28 | 50.066 | 0.0200 | 327.104 | 0.00306 | 0.15306 | 6.534 |
| 29 | 57.575 | 0.0174 | 377.170 | 0.00265 | 0.15265 | 6.551 |
| 30 | 66.212 | 0.0151 | 434.745 | 0.00230 | 0.15230 | 6.566 |
| 35 | 133.176 | 0.0075 | 881.170 | 0.00113 | 0.15113 | 6.617 |
| 40 | 267.864 | 0.0037 | 1779.090 | 0.00056 | 0.15056 | 6.642 |
| 45 | 538.769 | 0.0019 | 3585.128 | 0.00028 | 0.15028 | 6.654 |
| 50 | 1083.657 | 0.0009 | 7217.716 | 0.00014 | 0.15014 | 6.661 |
| 55 | 2179.622 | 0.0005 | 14524.148 | 0.00007 | 0.15007 | 6.664 |
| 60 | 4383.999 | 0.0002 | 29219.992 | 0.00003 | 0.15003 | 6.665 |
| 65 | 8817.787 | 0.0001 | 58778.583 | 0.00002 | 0.15002 | 6.666 |

附表 1-15　20%

| n | $(F/P,i,n)$ | $(P/F,i,n)$ | $(F/A,i,n)$ | $(A/F,i,n)$ | $(A/P,i,n)$ | $(P/A,i,n)$ |
|---|---|---|---|---|---|---|
| 1 | 1.200 | 0.8333 | 1.000 | 1.00000 | 1.20000 | 0.833 |
| 2 | 1.440 | 0.6944 | 2.200 | 0.45455 | 0.65455 | 1.528 |
| 3 | 1.728 | 0.5787 | 3.640 | 0.27473 | 0.47473 | 2.106 |
| 4 | 2.074 | 0.4823 | 5.368 | 0.18629 | 0.38629 | 2.589 |
| 5 | 2.488 | 0.4019 | 7.442 | 0.13438 | 0.33438 | 2.991 |
| 6 | 2.986 | 0.3349 | 9.930 | 0.10071 | 0.30071 | 3.326 |
| 7 | 3.583 | 0.2791 | 12.916 | 0.07742 | 0.27742 | 3.605 |
| 8 | 4.300 | 0.2326 | 16.499 | 0.06061 | 0.26061 | 3.837 |
| 9 | 5.160 | 0.1938 | 20.799 | 0.04808 | 0.24808 | 4.031 |
| 10 | 6.192 | 0.1615 | 25.959 | 0.03852 | 0.23852 | 4.192 |
| 11 | 7.430 | 0.1346 | 32.150 | 0.03110 | 0.23110 | 4.327 |
| 12 | 8.916 | 0.1122 | 39.581 | 0.02528 | 0.22526 | 4.439 |
| 13 | 10.699 | 0.0935 | 48.497 | 0.02062 | 0.22062 | 4.533 |
| 14 | 12.839 | 0.0779 | 59.196 | 0.01689 | 0.21689 | 4.611 |
| 15 | 15.407 | 0.0649 | 72.035 | 0.01388 | 0.21388 | 4.675 |
| 16 | 18.488 | 0.0541 | 87.442 | 0.01144 | 0.21144 | 4.730 |
| 17 | 22.186 | 0.0451 | 105.931 | 0.00944 | 0.20944 | 4.775 |
| 18 | 26.623 | 0.0376 | 128.117 | 0.00781 | 0.20781 | 4.812 |
| 19 | 31.948 | 0.0313 | 154.740 | 0.00646 | 0.20646 | 4.843 |
| 20 | 38.338 | 0.0261 | 186.688 | 0.00538 | 0.20536 | 4.870 |
| 21 | 46.005 | 0.0217 | 225.026 | 0.00444 | 0.20444 | 4.891 |
| 22 | 55.206 | 0.0181 | 271.031 | 0.00369 | 0.20369 | 4.909 |
| 23 | 66.247 | 0.0151 | 326.237 | 0.00307 | 0.20307 | 4.925 |
| 24 | 79.497 | 0.0126 | 392.484 | 0.00255 | 0.20255 | 4.937 |
| 25 | 95.396 | 0.0105 | 471.981 | 0.00212 | 0.20212 | 4.948 |
| 26 | 114.475 | 0.0087 | 567.377 | 0.00176 | 0.20176 | 4.956 |
| 27 | 137.371 | 0.0073 | 681.853 | 0.00147 | 0.20147 | 4.964 |
| 28 | 164.845 | 0.0061 | 819.223 | 0.00122 | 0.20122 | 4.970 |
| 29 | 197.814 | 0.0051 | 984.068 | 0.00102 | 0.20102 | 4.975 |
| 30 | 237.376 | 0.0042 | 1181.882 | 0.00085 | 0.20085 | 4.979 |
| 35 | 590.668 | 0.0017 | 2948.341 | 0.00034 | 0.20034 | 4.992 |
| 40 | 1469.772 | 0.0007 | 7343.858 | 0.00014 | 0.20014 | 4.997 |
| 45 | 3657.262 | 0.0003 | 18281.310 | 0.00005 | 0.20005 | 4.999 |
| 50 | 9100.438 | 0.0001 | 45497.191 | 0.00002 | 0.20002 | 4.999 |

附表 1-16　25%

| n | (F/P,i,n) | (P/F,i,n) | (F/A,i,n) | (A/F,i,n) | (A/P,i,n) | (P/A,i,n) |
| --- | --- | --- | --- | --- | --- | --- |
| 1 | 1.250 | 0.8000 | 1.000 | 1.00000 | 1.25000 | 0.800 |
| 2 | 1.562 | 0.6400 | 2.250 | 0.44444 | 0.69444 | 1.440 |
| 3 | 1.953 | 0.5120 | 3.812 | 0.26230 | 0.51230 | 1.952 |
| 4 | 2.441 | 0.4096 | 5.766 | 0.17344 | 0.42344 | 2.362 |
| 5 | 3.052 | 0.3277 | 8.207 | 0.12185 | 0.37185 | 2.689 |
| 6 | 3.815 | 0.2621 | 11.259 | 0.08882 | 0.33882 | 2.951 |
| 7 | 4.768 | 0.2097 | 15.073 | 0.06634 | 0.31634 | 3.161 |
| 8 | 5.960 | 0.1678 | 19.842 | 0.05040 | 0.30040 | 3.329 |
| 9 | 7.451 | 0.1342 | 25.802 | 0.03876 | 0.28876 | 3.463 |
| 10 | 9.313 | 0.1074 | 33.253 | 0.03007 | 0.28007 | 3.571 |
| 11 | 11.642 | 0.0859 | 42.566 | 0.02349 | 0.27349 | 3.656 |
| 12 | 14.552 | 0.0687 | 54.208 | 0.01845 | 0.26845 | 3.725 |
| 13 | 18.190 | 0.0550 | 68.760 | 0.01454 | 0.26454 | 3.780 |
| 14 | 22.737 | 0.0440 | 86.949 | 0.01150 | 0.26150 | 3.824 |
| 15 | 28.422 | 0.0352 | 109.687 | 0.00912 | 0.25912 | 3.859 |
| 16 | 35.527 | 0.0281 | 138.109 | 0.00724 | 0.25724 | 3.887 |
| 17 | 44.409 | 0.0225 | 173.636 | 0.00576 | 0.25576 | 3.910 |
| 18 | 55.511 | 0.0180 | 218.045 | 0.00459 | 0.25459 | 3.928 |
| 19 | 69.389 | 0.0144 | 273.556 | 0.00366 | 0.25366 | 3.942 |
| 20 | 86.736 | 0.0115 | 342.945 | 0.00292 | 0.25292 | 3.954 |
| 21 | 108.420 | 0.0092 | 429.681 | 0.00233 | 0.25233 | 3.963 |
| 22 | 135.525 | 0.0074 | 538.101 | 0.00186 | 0.25186 | 3.970 |
| 23 | 169.407 | 0.0059 | 673.626 | 0.00148 | 0.25148 | 3.976 |
| 24 | 211.758 | 0.0047 | 834.038 | 0.00119 | 0.25119 | 3.981 |
| 25 | 264.698 | 0.0038 | 1054.791 | 0.00095 | 0.25095 | 3.985 |
| 26 | 330.872 | 0.0030 | 1319.489 | 0.00076 | 0.25076 | 3.988 |
| 27 | 413.590 | 0.0024 | 1650.361 | 0.00061 | 0.25061 | 3.990 |
| 28 | 516.988 | 0.0019 | 2063.952 | 0.00048 | 0.25048 | 3.992 |
| 29 | 646.235 | 0.0015 | 2580.939 | 0.00039 | 0.25039 | 3.994 |
| 30 | 807.794 | 0.0012 | 3227.174 | 0.00031 | 0.25031 | 3.995 |
| 35 | 2465.190 | 0.0004 | 9856.761 | 0.00010 | 0.25010 | 3.998 |
| 40 | 7523.164 | 0.0001 | 30088.655 | 0.00003 | 0.25003 | 3.999 |

附表 1-17  30%

| $n$ | $(F/P,i,n)$ | $(P/F,i,n)$ | $(F/A,i,n)$ | $(A/F,i,n)$ | $(A/P,i,n)$ | $(P/A,i,n)$ |
|---|---|---|---|---|---|---|
| 1 | 1.300 | 0.7692 | 1.000 | 1.00000 | 1.30000 | 0.769 |
| 2 | 1.690 | 0.5917 | 2.300 | 0.43478 | 0.73478 | 1.361 |
| 3 | 2.197 | 0.4552 | 3.990 | 0.25063 | 0.55063 | 1.816 |
| 4 | 2.856 | 0.3501 | 6.187 | 0.16163 | 0.46163 | 2.166 |
| 5 | 3.713 | 0.2693 | 9.043 | 0.11058 | 0.41058 | 2.436 |
| 6 | 4.827 | 0.2072 | 12.756 | 0.07839 | 0.37839 | 2.643 |
| 7 | 6.275 | 0.1594 | 17.583 | 0.05687 | 0.35687 | 2.802 |
| 8 | 8.157 | 0.1226 | 23.858 | 0.04192 | 0.34192 | 2.925 |
| 9 | 10.604 | 0.0943 | 32.015 | 0.03124 | 0.33124 | 3.019 |
| 10 | 13.786 | 0.0725 | 42.619 | 0.02346 | 0.32346 | 3.092 |
| 11 | 17.922 | 0.0558 | 56.405 | 0.01773 | 0.31773 | 3.147 |
| 12 | 23.298 | 0.0429 | 74.327 | 0.01345 | 0.31345 | 3.190 |
| 13 | 30.288 | 0.0330 | 97.625 | 0.01024 | 0.31024 | 3.223 |
| 14 | 39.374 | 0.0254 | 127.913 | 0.00782 | 0.30782 | 3.249 |
| 15 | 51.186 | 0.0195 | 167.286 | 0.00598 | 0.30598 | 3.268 |
| 16 | 66.542 | 0.0150 | 218.472 | 0.00458 | 0.30458 | 3.283 |
| 17 | 86.504 | 0.0116 | 285.014 | 0.00351 | 0.30351 | 3.295 |
| 18 | 112.455 | 0.0089 | 371.518 | 0.00269 | 0.30269 | 3.304 |
| 19 | 146.192 | 0.0068 | 483.973 | 0.00207 | 0.30207 | 3.311 |
| 20 | 190.050 | 0.0053 | 630.165 | 0.00159 | 0.30159 | 3.316 |
| 21 | 247.065 | 0.0040 | 820.215 | 0.00122 | 0.30122 | 3.320 |
| 22 | 321.184 | 0.0031 | 1067.280 | 0.00094 | 0.30094 | 3.323 |
| 23 | 417.539 | 0.0024 | 1388.464 | 0.00072 | 0.30072 | 3.325 |
| 24 | 542.801 | 0.0018 | 1806.003 | 0.00055 | 0.30055 | 3.327 |
| 25 | 705.641 | 0.0014 | 2348.803 | 0.00043 | 0.30043 | 3.329 |
| 26 | 917.333 | 0.0011 | 3054.444 | 0.00033 | 0.30033 | 3.330 |
| 27 | 1192.533 | 0.0008 | 3971.778 | 0.00025 | 0.30025 | 3.331 |
| 28 | 1550.293 | 0.0006 | 5164.311 | 0.00019 | 0.30019 | 3.331 |
| 29 | 2015.381 | 0.0005 | 6714.604 | 0.00015 | 0.30015 | 3.332 |
| 30 | 2619.996 | 0.0004 | 8729.985 | 0.00011 | 0.30011 | 3.332 |
| 35 | 9727.860 | 0.0001 | 32422.868 | 0.00003 | 0.30003 | 3.333 |

# 附录二  均匀梯度系列因子（$A/G, i, n$）

附表 2-1  0.75%～6%

| $n$ \ $i$ | 0.75% | 1% | 1.5% | 2% | 2.5% | 3% | 4% | 5% | 6% |
|---|---|---|---|---|---|---|---|---|---|
| 1 | 0.0000 | 0.0000 | 0.0000 | 0.0000 | 0.0000 | 0.0000 | 0.0000 | 0.0000 | 0.0000 |
| 2 | 0.4981 | 0.4975 | 0.4963 | 0.4960 | 0.4938 | 0.4926 | 0.4902 | 0.4878 | 0.4854 |
| 3 | 0.9950 | 0.9934 | 0.9901 | 0.9868 | 0.9835 | 0.9803 | 0.9739 | 0.9675 | 0.9612 |
| 4 | 1.4907 | 1.4876 | 1.4814 | 1.4752 | 1.4691 | 1.4631 | 1.4510 | 1.4391 | 1.4272 |
| 5 | 1.9851 | 1.9801 | 1.9702 | 1.9604 | 1.9506 | 1.9409 | 1.9216 | 1.9025 | 1.8836 |
| 6 | 2.4732 | 2.4710 | 2.4566 | 2.4423 | 2.4280 | 2.4138 | 2.3857 | 2.3579 | 2.3304 |
| 7 | 2.9701 | 2.9602 | 2.9405 | 2.9208 | 2.9013 | 2.8819 | 2.8433 | 2.8052 | 2.7676 |
| 8 | 3.4608 | 3.4478 | 3.4219 | 3.3961 | 3.3704 | 3.3450 | 3.2944 | 3.2445 | 3.1952 |
| 9 | 3.9502 | 3.9337 | 3.9008 | 3.8681 | 3.8355 | 3.8032 | 3.7391 | 3.6758 | 3.6133 |
| 10 | 4.4384 | 4.4179 | 4.3772 | 4.3367 | 4.2965 | 4.2565 | 4.1773 | 4.0991 | 4.0220 |
| 11 | 4.9253 | 4.9005 | 4.8512 | 4.8021 | 4.7534 | 4.7049 | 4.6090 | 4.5144 | 4.4213 |
| 12 | 5.4110 | 5.3815 | 5.3227 | 5.2642 | 5.2062 | 5.1485 | 5.0343 | 4.9219 | 4.8113 |
| 13 | 5.8954 | 5.8607 | 5.7917 | 5.7231 | 5.6549 | 5.5872 | 5.4533 | 5.3215 | 5.1920 |
| 14 | 6.3786 | 6.3384 | 6.2582 | 6.1786 | 6.0995 | 6.0210 | 5.8659 | 5.7133 | 5.5635 |
| 15 | 6.8606 | 6.8143 | 6.7223 | 6.6309 | 6.5401 | 6.4500 | 6.2721 | 6.0973 | 5.9260 |
| 16 | 7.3413 | 7.2886 | 7.1839 | 7.0799 | 6.9786 | 6.8742 | 6.6720 | 6.4736 | 6.2794 |
| 17 | 7.8207 | 7.7613 | 7.6431 | 7.5256 | 7.4091 | 7.2936 | 7.0656 | 6.8423 | 6.6240 |
| 18 | 8.2989 | 8.2323 | 8.0997 | 7.9681 | 7.8375 | 7.7081 | 7.4530 | 7.2034 | 6.9597 |
| 19 | 8.7759 | 8.7017 | 8.5539 | 8.4073 | 8.2619 | 8.1179 | 7.8342 | 7.5569 | 7.2867 |
| 20 | 9.2516 | 9.1694 | 9.0057 | 8.8433 | 8.6823 | 8.5229 | 8.2091 | 7.9030 | 7.6051 |
| 21 | 9.7261 | 9.6354 | 9.4550 | 9.2760 | 9.0986 | 8.9231 | 8.5779 | 8.2416 | 7.9151 |
| 22 | 10.1994 | 10.0998 | 9.9018 | 9.7055 | 9.5110 | 9.3186 | 8.9407 | 8.5730 | 8.2166 |
| 23 | 10.6714 | 10.5626 | 10.3462 | 10.1317 | 9.9193 | 9.7093 | 9.2973 | 8.8971 | 8.5099 |
| 24 | 11.1422 | 11.0237 | 10.7881 | 10.5547 | 10.3237 | 10.0954 | 9.6479 | 9.2140 | 8.7951 |
| 25 | 11.6117 | 11.4831 | 11.2276 | 10.9745 | 10.7241 | 10.4768 | 9.9925 | 9.5238 | 9.0722 |
| 26 | 12.0800 | 11.9409 | 11.6646 | 11.3910 | 11.1205 | 10.8535 | 10.3312 | 9.8266 | 9.3414 |
| 27 | 12.5470 | 12.3971 | 12.0392 | 11.8043 | 11.5130 | 11.2255 | 10.6640 | 10.1224 | 9.6029 |
| 28 | 13.0128 | 12.8516 | 12.5313 | 12.2145 | 11.9015 | 11.5930 | 10.9909 | 10.4114 | 9.8568 |
| 29 | 13.4774 | 13.3044 | 12.9610 | 12.6214 | 12.2861 | 11.9558 | 11.3120 | 10.6936 | 10.1032 |
| 30 | 13.9407 | 13.7557 | 13.3883 | 13.0251 | 12.6668 | 12.3141 | 11.6274 | 10.9691 | 10.3422 |
| 31 | 14.4028 | 14.2052 | 13.8131 | 13.4257 | 13.0436 | 12.6678 | 11.9371 | 11.2381 | 10.5740 |
| 32 | 14.8636 | 14.6532 | 14.2355 | 13.8230 | 13.4166 | 13.0169 | 12.2411 | 11.5005 | 10.7988 |
| 33 | 15.3232 | 15.0995 | 14.6555 | 14.2172 | 13.7856 | 13.3616 | 12.5396 | 11.7566 | 11.0166 |
| 34 | 15.7816 | 15.5441 | 15.0731 | 14.0683 | 14.1508 | 13.7018 | 12.8324 | 12.0063 | 11.2276 |
| 35 | 16.2387 | 15.8871 | 15.4882 | 14.9961 | 14.5122 | 14.0375 | 13.1198 | 12.2498 | 11.4319 |
| 40 | 18.5058 | 18.1778 | 17.5277 | 16.8885 | 16.2620 | 15.6502 | 14.4765 | 13.3775 | 12.3590 |
| 45 | 20.7421 | 20.3273 | 19.5074 | 18.7034 | 17.9185 | 17.1556 | 15.7047 | 14.3844 | 13.1413 |
| 50 | 22.9476 | 22.4363 | 21.4277 | 20.4420 | 19.4839 | 18.5575 | 16.8122 | 15.2233 | 13.7964 |
| 55 | 25.1223 | 24.5049 | 23.2894 | 22.1057 | 20.9608 | 19.8600 | 17.8070 | 15.9664 | 14.3411 |
| 60 | 27.2665 | 26.5333 | 25.0930 | 23.6961 | 22.3518 | 21.0674 | 18.6972 | 16.6062 | 14.7909 |
| 65 | 29.3801 | 28.5217 | 26.8393 | 25.2147 | 23.6600 | 22.1841 | 19.4909 | 17.1541 | 15.1601 |
| 70 | 31.4634 | 30.4703 | 28.5290 | 26.6632 | 24.8881 | 23.2145 | 20.1961 | 17.6212 | 15.4613 |
| 75 | 33.5163 | 32.3793 | 30.1631 | 28.0434 | 26.0393 | 24.1634 | 20.8206 | 18.0176 | 15.7058 |
| 80 | 35.5391 | 34.2492 | 31.7423 | 29.3572 | 27.1167 | 25.0353 | 21.3718 | 18.3526 | 15.0933 |
| 85 | 37.5318 | 36.0801 | 33.2676 | 30.6064 | 28.1235 | 25.8349 | 21.8569 | 18.6346 | 16.0620 |
| 90 | 39.4946 | 37.8724 | 34.7399 | 31.7929 | 29.0629 | 26.5667 | 22.2826 | 18.8712 | 16.1891 |
| 95 | 41.4277 | 39.6265 | 36.1602 | 32.9189 | 29.9382 | 27.2351 | 22.6550 | 19.0689 | 16.2905 |
| 100 | 43.3311 | 41.3426 | 37.5295 | 33.9863 | 30.7525 | 27.8444 | 22.9800 | 19.2337 | 16.3711 |

附表 2-2　7%～30%

| n \ i | 7% | 8% | 9% | 10% | 12% | 15% | 20% | 25% | 30% |
|---|---|---|---|---|---|---|---|---|---|
| 1 | 0.0000 | 0.0000 | 0.0000 | 0.0000 | 0.0000 | 0.0000 | 0.0000 | 0.0000 | 0.0000 |
| 2 | 0.4831 | 0.4808 | 0.4785 | 0.4762 | 0.4717 | 0.4651 | 0.4545 | 0.4444 | 0.4348 |
| 3 | 0.9549 | 0.9487 | 0.9426 | 0.9366 | 0.9246 | 0.9071 | 0.8791 | 0.8525 | 0.8271 |
| 4 | 1.4155 | 1.4040 | 1.3925 | 1.3812 | 1.3589 | 1.3263 | 1.2742 | 1.2249 | 1.1783 |
| 5 | 1.8650 | 1.8465 | 1.8282 | 1.8101 | 1.7746 | 1.7228 | 1.6405 | 1.5631 | 1.4903 |
| 6 | 2.3032 | 2.2763 | 2.2498 | 2.2236 | 2.1720 | 2.0972 | 1.9788 | 1.8683 | 1.7654 |
| 7 | 2.7304 | 2.6937 | 2.6574 | 2.6216 | 2.5515 | 2.4498 | 2.2902 | 2.1424 | 2.0063 |
| 8 | 3.1465 | 3.0985 | 3.0512 | 3.0045 | 2.9131 | 2.7813 | 2.5756 | 2.3872 | 2.2156 |
| 9 | 3.5517 | 3.4910 | 3.4312 | 3.3724 | 3.2574 | 3.0922 | 2.8364 | 2.6048 | 2.3963 |
| 10 | 3.9461 | 3.8713 | 3.7978 | 3.7255 | 3.5847 | 3.3832 | 3.0739 | 2.7971 | 2.5512 |
| 11 | 4.3296 | 4.2395 | 4.1510 | 4.0641 | 3.8953 | 3.6549 | 3.2893 | 2.9663 | 2.6833 |
| 12 | 4.7025 | 5.5957 | 4.4910 | 4.3884 | 4.1897 | 3.9082 | 3.4841 | 3.1145 | 2.7952 |
| 13 | 5.0648 | 4.9402 | 4.8182 | 4.6988 | 4.4683 | 4.1438 | 3.6597 | 3.2437 | 2.8895 |
| 14 | 5.4167 | 5.2731 | 5.1326 | 4.9955 | 4.7317 | 4.3624 | 3.8175 | 3.3559 | 2.9685 |
| 15 | 5.7583 | 5.5945 | 5.4346 | 5.2789 | 4.9803 | 4.5650 | 3.9588 | 3.4530 | 3.0344 |
| 16 | 6.0897 | 5.9046 | 5.7245 | 5.5493 | 5.2147 | 4.7522 | 4.0851 | 3.5366 | 3.0892 |
| 17 | 6.4110 | 6.2037 | 6.0024 | 5.8071 | 5.4353 | 4.9251 | 4.1976 | 3.6084 | 3.1345 |
| 18 | 6.7225 | 6.4920 | 6.2687 | 6.0526 | 5.6427 | 5.0843 | 4.2975 | 3.6698 | 3.1718 |
| 19 | 7.0242 | 6.7697 | 6.5236 | 6.2861 | 5.8375 | 5.2307 | 4.3861 | 3.7222 | 3.2025 |
| 20 | 7.3163 | 7.0369 | 6.7674 | 6.5081 | 6.0202 | 5.3651 | 4.4643 | 3.7667 | 3.2275 |
| 21 | 7.5990 | 7.2940 | 7.0006 | 6.7189 | 6.1913 | 5.4883 | 4.5334 | 3.8045 | 3.2480 |
| 22 | 7.8725 | 7.5412 | 7.2232 | 6.9189 | 6.3514 | 5.6010 | 4.5941 | 3.8365 | 3.2646 |
| 23 | 8.1369 | 7.7786 | 7.4357 | 7.1085 | 6.5010 | 5.7040 | 4.6475 | 3.8634 | 3.2781 |
| 24 | 8.3923 | 8.0066 | 7.6384 | 7.2881 | 6.6406 | 5.7979 | 4.6943 | 3.8861 | 3.2890 |
| 25 | 8.6391 | 8.2254 | 7.8316 | 7.4580 | 6.7708 | 5.8834 | 4.7352 | 3.9052 | 3.2979 |
| 26 | 8.8773 | 8.4352 | 8.0156 | 7.6186 | 6.8921 | 5.9612 | 4.7709 | 3.9212 | 3.3050 |
| 27 | 9.1072 | 8.6363 | 8.1906 | 7.7704 | 7.0049 | 6.0319 | 4.8020 | 3.9346 | 3.3107 |
| 28 | 9.3289 | 8.8289 | 8.3571 | 7.9137 | 7.1098 | 6.0906 | 4.8291 | 3.9457 | 3.3153 |
| 29 | 9.5427 | 9.0133 | 8.5154 | 8.0489 | 7.2071 | 6.1541 | 4.8527 | 3.9551 | 3.3189 |
| 30 | 9.7487 | 9.1897 | 8.6657 | 8.1762 | 7.2974 | 6.2066 | 4.8731 | 3.9628 | 3.3219 |
| 31 | 9.9471 | 9.3584 | 8.8083 | 8.2962 | 7.3811 | 6.2541 | 4.8908 | 3.9693 | 3.3242 |
| 32 | 10.1381 | 9.6197 | 8.9436 | 8.4091 | 7.4586 | 6.2970 | 4.9061 | 3.9746 | 3.3261 |
| 33 | 10.3219 | 9.6737 | 9.0718 | 8.5152 | 7.5302 | 6.3357 | 4.9194 | 3.9791 | 3.3276 |
| 34 | 10.4987 | 9.8208 | 9.1933 | 8.6149 | 7.5965 | 6.3705 | 4.9308 | 3.9828 | 3.3288 |
| 35 | 10.6687 | 9.9611 | 9.3083 | 8.7086 | 7.6577 | 6.4019 | 4.9406 | 3.9858 | 3.3297 |
| 40 | 11.4233 | 10.5699 | 9.7957 | 9.0962 | 7.8988 | 6.5168 | 4.9728 | | |
| 45 | 12.0360 | 11.0447 | 10.1603 | 9.3740 | 8.0572 | 6.5830 | 4.9877 | | |
| 50 | 12.5287 | 11.4107 | 10.4295 | 9.5704 | 8.1597 | 6.6205 | 4.9945 | | |
| 55 | 12.9215 | 11.6902 | 10.6261 | 9.7075 | | | | | |
| 60 | 13.2321 | 11.9015 | 10.7683 | 9.8023 | | | | | |
| 65 | 13.4760 | 12.0602 | 10.8702 | 9.8672 | | | | | |
| 70 | 13.6662 | 12.1783 | 10.9427 | 9.9113 | | | | | |
| 75 | 13.8136 | 12.2658 | 10.9940 | 9.9410 | | | | | |
| 80 | 13.9273 | 12.3301 | 11.0299 | 9.9609 | | | | | |
| 85 | 14.0146 | 12.3772 | 11.0551 | 9.9742 | | | | | |
| 90 | 14.0812 | 12.4116 | 11.0726 | 9.9831 | | | | | |
| 95 | 14.1319 | 12.4365 | 11.0847 | 9.9889 | | | | | |
| 100 | 14.1703 | 12.4545 | 11.0930 | 9.9927 | | | | | |

# 附录三 标准正态分布表

附表 3-1

| Z | 0.00 | 0.01 | 0.02 | 0.03 | 0.04 | 0.05 | 0.06 | 0.07 | 0.08 | 0.09 |
|---|---|---|---|---|---|---|---|---|---|---|
| 0.0 | 0.5000 | 0.5040 | 0.5080 | 0.5120 | 0.5160 | 0.5199 | 0.5239 | 0.5279 | 0.5319 | 0.5359 |
| 0.1 | 0.5398 | 0.5438 | 0.5478 | 0.5517 | 0.5557 | 0.5596 | 0.5636 | 0.5675 | 0.5714 | 0.5753 |
| 0.2 | 0.5793 | 0.5832 | 0.5871 | 0.5910 | 0.5948 | 0.5987 | 0.6026 | 0.6064 | 0.6103 | 0.6141 |
| 0.3 | 0.6179 | 0.6217 | 0.6255 | 0.6293 | 0.6331 | 0.6368 | 0.6404 | 0.6443 | 0.6480 | 0.6517 |
| 0.4 | 0.6554 | 0.6591 | 0.6628 | 0.6664 | 0.6700 | 0.6736 | 0.6772 | 0.6808 | 0.6844 | 0.6879 |
| 0.5 | 0.6915 | 0.6950 | 0.6985 | 0.7019 | 0.7054 | 0.7088 | 0.7123 | 0.7157 | 0.7190 | 0.7224 |
| 0.6 | 0.7257 | 0.7291 | 0.7324 | 0.7357 | 0.7389 | 0.7422 | 0.7454 | 0.7486 | 0.7517 | 0.7549 |
| 0.7 | 0.7580 | 0.7611 | 0.7642 | 0.7673 | 0.7703 | 0.7734 | 0.7764 | 0.7794 | 0.7823 | 0.7852 |
| 0.8 | 0.7881 | 0.7910 | 0.7939 | 0.7967 | 0.7995 | 0.8023 | 0.8051 | 0.8078 | 0.8106 | 0.8133 |
| 0.9 | 0.8159 | 0.8186 | 0.8212 | 0.8238 | 0.8264 | 0.8289 | 0.8355 | 0.8340 | 0.8365 | 0.8389 |
| 1.0 | 0.8413 | 0.8438 | 0.8461 | 0.8485 | 0.8508 | 0.8531 | 0.8554 | 0.8577 | 0.8599 | 0.8621 |
| 1.1 | 0.8643 | 0.8665 | 0.8686 | 0.8708 | 0.8729 | 0.8749 | 0.8770 | 0.8790 | 0.8810 | 0.8830 |
| 1.2 | 0.8849 | 0.8869 | 0.8888 | 0.8907 | 0.8925 | 0.8944 | 0.8962 | 0.8980 | 0.8997 | 0.9015 |
| 1.3 | 0.9032 | 0.9049 | 0.9066 | 0.9082 | 0.9099 | 0.9115 | 0.9131 | 0.9147 | 0.9162 | 0.9177 |
| 1.4 | 0.9192 | 0.9207 | 0.9222 | 0.9236 | 0.9251 | 0.9265 | 0.9279 | 0.9292 | 0.9306 | 0.9319 |
| 1.5 | 0.9332 | 0.9345 | 0.9357 | 0.9370 | 0.9382 | 0.9394 | 0.9406 | 0.9418 | 0.9430 | 0.9441 |
| 1.6 | 0.9452 | 0.9463 | 0.9474 | 0.9484 | 0.9495 | 0.9505 | 0.9515 | 0.9525 | 0.9535 | 0.9535 |
| 1.7 | 0.9554 | 0.9564 | 0.9573 | 0.9582 | 0.9591 | 0.9599 | 0.9608 | 0.9616 | 0.9625 | 0.9633 |
| 1.8 | 0.9641 | 0.9648 | 0.9656 | 0.9664 | 0.9672 | 0.9678 | 0.9686 | 0.9693 | 0.9700 | 0.9706 |
| 1.9 | 0.9713 | 0.9719 | 0.9726 | 0.9732 | 0.9738 | 0.9744 | 0.9750 | 0.9756 | 0.9762 | 0.9767 |
| 2.0 | 0.9772 | 0.9778 | 0.9783 | 0.9788 | 0.9793 | 0.9798 | 0.9803 | 0.9808 | 0.9812 | 0.9817 |
| 2.1 | 0.9821 | 0.9826 | 0.9830 | 0.9834 | 0.9838 | 0.9842 | 0.9846 | 0.9850 | 0.9854 | 0.9857 |
| 2.2 | 0.9861 | 0.9864 | 0.9868 | 0.9871 | 0.9874 | 0.9878 | 0.9881 | 0.9884 | 0.9887 | 0.9890 |
| 2.3 | 0.9893 | 0.9896 | 0.9898 | 0.9901 | 0.9904 | 0.9906 | 0.9909 | 0.9911 | 0.9913 | 0.9916 |
| 2.4 | 0.9918 | 0.9920 | 0.9922 | 0.9925 | 0.9927 | 0.9929 | 0.9931 | 0.9932 | 0.9934 | 0.9936 |
| 2.5 | 0.9938 | 0.9940 | 0.9941 | 0.9943 | 0.9945 | 0.9946 | 0.9948 | 0.9949 | 0.9951 | 0.9952 |
| 2.6 | 0.9953 | 0.9955 | 0.9956 | 0.9957 | 0.9959 | 0.9960 | 0.9961 | 0.9962 | 0.9963 | 0.9964 |
| 2.7 | 0.9965 | 0.9966 | 0.9967 | 0.9968 | 0.9969 | 0.9970 | 0.9971 | 0.9972 | 0.9973 | 0.9974 |
| 2.8 | 0.9974 | 0.9975 | 0.9976 | 0.9977 | 0.9977 | 0.9978 | 0.9979 | 0.9979 | 0.9980 | 0.9981 |
| 2.9 | 0.9981 | 0.9982 | 0.9982 | 0.9983 | 0.9984 | 0.9984 | 0.9985 | 0.9985 | 0.9986 | 0.9986 |
| 3.0 | 0.9987 | 0.9990 | 0.9993 | 0.9995 | 0.9997 | 0.9998 | 0.9998 | 0.9999 | 0.9999 | 1.0000 |

# 参 考 文 献

[1] 冯为民,付晓灵. 工程经济学. 北京:北京大学出版社,2013.
[2] 邓卫. 建筑工程经济. 北京:清华大学出版社,2013.
[3] 渠晓伟. 建筑工程经济. 北京:机械工业出版社,2014.
[4] 刘晓军. 工程经济学. 北京. 中国建筑工业出版社,2013.
[5] 武育秦,赵彬. 建筑工程经济与管理. 武汉:武汉理工大学出版社,2009.
[6] 朱永祥. 陈茂明. 工程招投标与合同管理. 武汉:武汉理工大学出版社,2013.
[7] 武育秦. 工程招投标与合同管理. 重庆:重庆大学出版社,2013.
[8] 成虎编著. 建筑工程合同管理与索赔. 南京:东南大学出版社,2012.
[9] 国家发展改革委员会,住房与城乡建设部. 建设项目经济评价方法与参数. 北京:中国计划出版社,2014.